Im Ausland leben
für Dummies

W0388101

Im Ausland leben für Dummies – Schummelseite

Informationen über das Zielland einholen

Bevor Sie sich für eine Auswanderung oder einen Auslandseinsatz entscheiden, sollten Sie sich folgende Fragen über Ihre Wunschheimat stellen:

- ✔ Ist das Land politisch stabil? Ist das politische System eines, unter dem Sie leben können?
- ✔ Welche Sprache wird in Ihrer Wunschheimat gesprochen? Nur eine oder je nach Landesteil verschiedene (wie in der Schweiz)?
- ✔ Wie wichtig ist Ihnen das Klima?
- ✔ Welche Arbeitskräfte werden in Ihrem Wunschland wohl benötigt? Informationen zu den Berufen, die in einzelnen Ländern gesucht werden, finden Sie für Europa unter: `http://ec.europa.eu/eures/`
- ✔ Wenn Sie Kinder haben, wird auch das Schulsystem ein wichtiger Faktor sein. Wie würden Sie den Wechsel vom deutschen zu einem anderen Schulsystem organisieren? Welche Sprache wird in der neuen Schule gesprochen?
- ✔ Wovon werden Sie in der neuen Heimat leben?
- ✔ Wo werden Sie wohnen?
- ✔ Welche Behörden sind für Sie zuständig?

Was Sie bei einem Auslandseinsatz mit Ihrem Arbeitgeber klären sollten

Im Gespräch mit dem Chef oder der Personalabteilung sollten Sie folgende Punkte besprechen und auch vertraglich regeln und festlegen:

- ✔ Ist es vorgesehen, dass die ganze Familie mitgeht? Wer kommt für die eventuellen Kosten der Schulen auf?
- ✔ Reisekosten, Umzug, neues Auto, Möbel und neuer Hausrat – was wird benötigt und was wird vom Arbeitgeber bezahlt? Können Haustiere mitgenommen werden? Beteiligt sich die Firma an der Wohnungssuche? Welche Umzugsnebenkosten (Hotel, Verpflegung, Mietwagen ...) werden bezahlt?
- ✔ Welche zusätzlichen Angebote wie Coaching, Sprachschulen (auch für die Familie?) und Seminare zum Thema Auslandsarbeit bezahlt der Arbeitgeber?
- ✔ In welcher Währung wird das Gehalt bezahlt? Gibt es Auslandszulagen?
- ✔ Wer ist während der Zeit im Ausland der Ansprechpartner? An wen können Sie sich bei Fragen zu Steuern und Sozialversicherung wenden?
- ✔ Wie sind Urlaub und Heimreisen geregelt?
- ✔ Welche Regelungen gibt es für den Fall einer Kündigung?
- ✔ Was geschieht nach dem Auslandseinsatz, welche Tätigkeit ist nach der Rückkehr vorgesehen?
- ✔ Wie werden Kranken- und Rentenversicherung geregelt? In welchem Land muss die Steuer bezahlt werden?

Sich fürs Ausland entscheiden: Stimmen die Voraussetzungen?

Ob für die Firma oder als Auswanderer: Wer im Ausland leben möchte, sollte sich über seine Voraussetzungen klar werden.

- ✔ Was ist die Sprache des Ziellandes? Welche Sprache wird im Berufsalltag verlangt? Deutsch, Englisch, die Landessprache oder beides? Falls Sie problemlos in der verlangten Sprache arbeiten können, bleibt die Frage, wie es mit dem Partner und der Familie aussieht. Werden sie im Alltag ohne Hilfe zurechtkommen können?
- ✔ Welche Erfahrungen gibt es mit ausländischen Kollegen, Klienten oder Nachbarn. Waren die immer positiv? Wenn nicht – was lief falsch? Welches Gefühl macht sich beim Gedanken an die Erfahrungen breit – Neugier, Unsicherheit, Ängstlichkeit ...?

Im Ausland leben für Dummies – Schummelseite

- ✔ Haben Sie sich jemals Gedanken über die unterschiedlichen Kulturen der Menschen gemacht? Welche Reiseerfahrungen gibt es?
- ✔ Wie wäre für Sie das Leben in einem Land, in dem Pünktlichkeit wenig Bedeutung hat oder der Einzelne weniger zählt als die Gemeinschaft?

Der Entsendungsvertrag

Zum normalen Arbeitsvertrag sollte bei der Auslandsentsendung auch ein Entsendungsvertrag aufgesetzt werden. Folgende Punkte sollten darin geregelt sein:

- ✔ Die Aufgaben des Arbeitnehmers
- ✔ Die Länge der Entsendung
- ✔ Arbeits- und Urlaubszeiten
- ✔ Sozialversicherung und eventuelle Sonderleistungen
- ✔ Die Mitnahme von Familienangehörigen
- ✔ Das Gehalt und sonstige Bezüge
- ✔ Die Übernahme von Umzugs- und Visakosten, Reisekosten, Kosten für Sprachkurse. Außerdem sollte angesprochen werden, ob der Arbeitnehmer den Umzug mehr oder weniger allein organisieren muss oder ob eine Umzugsfirma vom Unternehmen bezahlt wird.
- ✔ Wenn Kinder mit ausreisen, sollte die Übernahme der Schulkosten vereinbart werden. Über mögliche Schulen für die Kinder sollte man sich vorher informieren. Denn von einer öffentlichen Schule, für die man nur die Lehrmittel wie Schulbücher und so weiter bezahlt, bis zu einer teuren Privatschule ist theoretisch alles möglich.
- ✔ Wem und wie oft muss in der Heimat Bericht erstattet werden?
- ✔ Wichtig ist auch die Frage, in welchem Land der Mitarbeiter steuerpflichtig sein wird.
- ✔ Wie ist die Rückkehr aus dem Einsatzland im Notfall geregelt, etwa bei Krankheit oder inneren Unruhen? Gibt es eine Auslandskrankenversicherung, die erkrankte Mitarbeiter im Notfall nach Hause fliegt?
- ✔ Wie ist für die Sicherheit des Mitarbeiters und seiner Familie in unsicheren Gebieten (beispielsweise Irak, Kolumbien) gesorgt? Gibt es Notfallpläne oder sogar eine Lösegeldversicherung?
- ✔ Auch über das weitere Arbeitsverhältnis nach der Entsendung sollte der Vertrag einen Paragrafen enthalten.

Erste Fragen zum neuen Job

Wer im Ausland einen Job bekommt, wird feststellen, dass viele Dinge unterschiedlich geregelt sind. In den ersten Tagen sollte man sich über folgende Einzelheiten informieren:

- ✔ Wie sind die Pausenzeiten geregelt?
- ✔ Wie viel Urlaub gibt es und wie wird er angemeldet?
- ✔ Wie ist es bei einer Krankmeldung? Muss die Bestätigung des Arztes gleich am ersten Tag gebracht werden oder gibt es eine Frist?
- ✔ Wie lang sind die Kündigungsfristen?
- ✔ Welche Feiertage sind arbeitsfrei?
- ✔ Arbeiten viele Ausländer oder sogar Auswanderer in der Firma? Sind vielleicht Landsleute darunter, die Ihnen behilflich sein können?
- ✔ Gibt es eine berufliche Fachsprache, die Sie beherrschen sollten, und gibt es dafür eventuell sogar ein Wörterbuch?

Marco Kranjc

Im Ausland leben für Dummies

WILEY-VCH

WILEY-VCH Verlag GmbH & Co. KGaA

Bibliografische Information der Deutschen Nationalbibliothek
Die Deutsche Nationalbibliothek verzeichnet diese Publikation in der Deutschen Nationalbibliografie; detaillierte bibliografische Daten sind im Internet über http://dnb.d-nb.de abrufbar.

1. Auflage 2011

© 2011 WILEY-VCH Verlag GmbH & Co. KGaA, Weinheim

Alle Rechte vorbehalten inklusive des Rechtes auf Reproduktion im Ganzen oder in Teilen und in jeglicher Form.

Wiley, the Wiley logo, Für Dummies, the Dummies Man logo, and related trademarks and trade dress are trademarks or registered trademarks of John Wiley & Sons, Inc. and/or its affiliates, in the United States and other countries. Used by permission.

Wiley, die Bezeichnung »Für Dummies«, das Dummies-Mann-Logo und darauf bezogene Gestaltungen sind Marken oder eingetragene Marken von John Wiley & Sons, Inc., USA, Deutschland und in anderen Ländern.

Das vorliegende Werk wurde sorgfältig erarbeitet. Dennoch übernehmen Autor und Verlag für die Richtigkeit von Angaben, Hinweisen und Ratschlägen sowie eventuelle Druckfehler keine Haftung.

Der Verlag und P&T wünschen Dagmar Kleemann alles Gute!

Printed in Germany

Gedruckt auf säurefreiem Papier

Coverfoto: fotolia © Gerhard Seybert
Korrektur: Frauke Wilkens, München
Satz: Mitterweger und Partner, Plankstadt
Druck und Bindung: CPI – Ebner & Spiegel, Ulm

ISBN: 978-3-527-70632-7

Über den Autor

Marco Kranjc hätte vielleicht ein wenig besser auf seine Füße aufpassen sollen, als er vor über 25 Jahren den Fuß aus seinem Elternhaus im Bergischen Land setzte. Denn wie sagt es Bilbo in »Der Herr der Ringe«: *Es ist eine gefährliche Sache, aus deiner Haustür hinauszugehen, du betrittst die Straße, und wenn du nicht auf deine Füße aufpasst, kann man nicht wissen, wohin sie dich tragen.*

Damals hatte er gerade seine Tischlerlehre beendet und wandte sich dann der Theologie zu. Nachdem er 1996 beruflich nach Maribor in Slowenien zog (wo er heute immer noch lebt), wollten seine Füße immer weiter: Als Mitglied des Vorstands arbeitete er für einen gemeinnützigen amerikanischen Verein unter anderem in Japan, den USA, Taiwan, Ungarn, Kroatien, Bulgarien und Makedonien. Dabei ging es in dieser Zeit auf dem Balkan ziemlich wild zu. Später rundete eine Ausbildung zum interkulturellen Trainer seine Arbeit mit Menschen aus verschiedenen Kulturen ab. 2009 beschrieb er in seinem Buch »Kulturschock Slowenien« als Erster Kultur und Mentalität der Slowenen.

Tischler, Theologe, Trainer – diesem Dreiklang seines Lebenslaufs verdanken die Seminare und Coachings des Autors die praktische Herangehensweise, gute Menschenkenntnis und kurzweilige Vermittlung der Inhalte (`www.fremde-kulturen-verstehen.de`).

Widmung

Meiner Frau Sonja, die mich an ruhigen Abenden und freien Wochenenden entbehren musste, weil ich schrieb. Jetzt wird wieder im Weinberg gesessen.

Cartoons im Überblick

von Rich Tennant

Seite 27

Die Kinder hatten sich ein Puzzle mit all den Ländern gewünscht, in denen sie Freunde haben.

Seite 81

»Das mag ja Ihr Markenzeichen sein, aber damit wir es in unserem Land anerkennen können, müssen Sie noch folgende Formulare ausfüllen …«

Seite 151

»Den Gästen vor dem Essen ein heißes Bad zu bereiten ist doch wirklich eine schöne Sitte, oder?«

Seite 225

Seite 305

Fax: 001-978-546-7747

Internet: www.the5thwave.com

E-Mail: richtennant@the5thwave.com

Inhaltsverzeichnis

Kapitel 2
Hohe Erwartungen, schwere Entscheidungen 35

Kapitel 3
Auslandseinsatz und die Personalabteilung 53

Kapitel 4
Nichts Neues in Babylon – Sprachverwirrungen 63

Einführung

Menschen haben viele Gründe, ihre Heimat zu verlassen und ins Ausland zu ziehen. Beim einen ist es Abenteuerlust und beim anderen ein gutes Angebot seines Arbeitgebers. Der eine möchte im Ausland sein Auskommen finden, der andere fühlt sich in seiner Heimat zu sehr eingeschränkt und bevormundet. Und wieder ein anderer hat im Ausland vielleicht seine große Liebe gefunden.

Und warum sollte man sich auch nicht auf den Weg machen? Wer die Freiheit und die Möglichkeit hat, kann sich überall auf der Welt nach einem Auskommen umsehen.

Wenn Sie sich auch mit dem Gedanken tragen, Ihren Platz in der Welt woanders als in Deutschland zu finden, haben Sie das richtige Buch in den Händen. Verfolgen Sie gespannt die Auswandererschicksale, die von verschiedenen Fernsehsendern ausgestrahlt werden? Fragen Sie sich, ob Sie selbst wohl den Mut und die Mittel für einen solchen Schritt haben? Vielleicht hat auch Ihr Arbeitgeber Ihnen einen Job im Ausland angeboten. Nun ist die Frage, was bei einem solchen Schritt wohl alles zu beachten ist.

»Wenn ich die Möglichkeit hätte, mir im Ausland eine Existenz aufzubauen, würde ich sie nutzen.« Dieser Aussage stimmten in einer Forsa-Umfrage rund 68 Prozent der Befragten zu. Aber reicht es, wenn einfach der Frust groß genug ist? »Deutschlandfrust« ist wohl nicht unbedingt der beste Ratgeber, wenn man sein Leben auf neue Füße stellen will.

Denn es gibt viele offene Fragen:

- ✔ Brauche ich Geld, um auszuwandern?
- ✔ Wo und wie finde ich Arbeit?
- ✔ Welche Formalitäten muss ich beachten?
- ✔ Wie steht es mit Sprache und Kultur in der neuen Heimat?
- ✔ Wie wird es den Kindern dort gehen?

Und viele weitere Fragen …

Sicher gibt es keine Garantie dafür, dass man sich beim Abenteuer »Im Ausland leben« auch seinen Lieblingsplatz erobern wird. Die vielen Themen dieses Buches werden Ihnen aber helfen, die Hürden auf dem Weg in Ihr neues Leben leichter zu nehmen.

Über dieses Buch

Wenn man darüber nachdenkt, einen Teil oder gar den Rest seines Lebens im Ausland zu verbringen, begibt man sich auf abenteuerliches Gebiet. Das Angebot der Firma, ein paar Jahre bei einer ausländischen Tochterfirma zu arbeiten, mag verlockend sein. Aber was springt dabei heraus? Und worauf lässt man sich wirklich ein? Die Vorstellung, deutscher Bürokratie oder Hartz IV zu entkommen und als Auswanderer frei und wohlhabend zu werden, mag verlockend sein. Doch wie kommt man vom Traum zum konkreten Vorhaben?

Im Ausland leben für Dummies möchte Ihnen zu einem guten Start ins neue Leben verhelfen. Dieses Buch ist richtig für Sie,

- ✔ wenn Sie den Traum vom Leben im Ausland träumen und wissen wollen, ob er für Sie in Erfüllung gehen kann.
- ✔ wenn Ihre Firma Sie gefragt hat, ob Sie für ein paar Jahre eine Stellung im Ausland annehmen könnten.
- ✔ wenn Sie herausfinden möchten, ob Ihre Träume sich mit der Realität decken.
- ✔ wenn Sie Informationen brauchen, wie Sie eine Auswanderung angehen können.
- ✔ wenn Sie nicht nur auf Ihr Glück vertrauen wollen, sondern Ihr Leben im Ausland auf ein gutes Fundament stellen möchten.
- ✔ wenn Sie schon ausgewandert sind oder einen Job im Ausland angetreten haben und Hilfe bei den täglichen Schwierigkeiten in Familie und Alltag brauchen.

Konventionen in diesem Buch

Damit Ihnen dieses Buch jederzeit von Nutzen ist, müssen Sie es nicht von vorn bis hinten durchlesen. Sollten Sie noch grundsätzlich über ein Leben im Ausland nachdenken, bietet Ihnen das Buch zu Beginn einige Entscheidungshilfen. Sollten Sie schon eine Weile im Ausland leben, werden Sie vielleicht gleich zum Kapitel über Kinder, Kulturschock oder Sicherheit blättern wollen.

In diesem Sinne soll *Im Ausland leben für Dummies* ein Begleiter sein, den Sie immer wieder zurate ziehen können.

Internetadressen werden in `Schreibmaschinenschrift` gedruckt.

Zu guter Letzt finden sich im ganzen Buch Texte in grau unterlegten Kästen. Sie erzählen Geschichten von Menschen, die den Sprung ins Ausland schon gewagt haben. Ob Sprachprobleme in Portugal oder eine Jugend in Österreich – von den Erfolgen und Fehlern anderer Menschen kann man immer nur lernen. In den grauen Kästen finden sich auch Filmtipps, die Ihnen und Ihrer Familie helfen können, über das Leben im Ausland oder als Ausländer ins Gespräch zu kommen.

Törichte Annahmen über den Leser

Wenn ein Autor den Text eines Ratgebers in seinen Rechner tippt, sieht er meist den Leser vor sich, für den er sein Buch schreibt.

Ich stelle mir also vor, dass Sie

- ✔ sich irgendwie über ein Leben im Ausland Gedanken machen. Vielleicht wollen Sie für immer auswandern, vielleicht nur für ein paar Jahre – auf jeden Fall sollen die Koffer gepackt werden und Sie wollen weg aus Deutschland.

- ✔ nicht abenteuerlustig genug sind, einfach nur die Koffer zu packen und sich ein Flugticket in Ihr Traumland zu kaufen. Sie möchten die Sache gut planen und vorbereitet sein.
- ✔ gut verständliche Informationen über die vielen Bereiche suchen, die es bei einem Leben im Ausland zu beachten gibt.
- ✔ Außerdem wollen Sie, dass man Ihnen jede Schönfärberei erspart: Sie möchten genau wissen, wo es Schwierigkeiten geben kann. Und dieses Buch wird sich auch dann (oder erst recht?) für Sie gelohnt haben, wenn Sie schon nach dem zweiten Kapitel erkennen, dass eine Auswanderung nichts für Sie ist.

Wie dieses Buch aufgebaut ist

Das praktische an einem ... *für Dummies*-Buch ist, dass man es nicht von vorn bis hinten durchlesen muss. Sie können zwar die Kapitel der Reihenfolge nach lesen, wenn Sie das Thema ganz erfassen möchten. Aber die einzelnen Kapitel sprechen auch für sich. Sie können das Inhaltsverzeichnis und das Stichwortverzeichnis dazu benutzen, genau das zu finden, was Sie gerade brauchen. Im Folgenden finden Sie einen kurzen Überblick darüber, welche Themen Sie in den einzelnen Teilen erwarten.

Teil I: Ab ins Ausland: Wunschtraum oder neues Leben?

Wenn Sie sich über Ihre Zukunft noch absolut nicht im Klaren sind, sollten Sie hier beginnen. Es geht darum, verschiedene Möglichkeiten abzuwägen und die richtigen Entscheidungen zu treffen. Welche Beweggründe gibt es überhaupt, Deutschland zu verlassen? Welche Chancen kann man sich in der neuen Heimat ausrechnen? Sie werden unter anderem dazu angeleitet, Ihre eigenen Voraussetzungen kritisch zu prüfen.

Für diejenigen, die von ihrem Arbeitgeber ins Ausland geschickt werden, gibt es Hinweise dazu, was man mit der Personalabteilung schon vorab klären sollte.

Teil II: Die große Herausforderung – im Ausland leben mit und ohne Familie

Hier geht es um den Familienalltag – Kinder, Partnerschaft und Familienleben. Es geht um die Chancen und Gefährdungen, die das Leben im Ausland mit sich bringt. Denn ein Auslandseinsatz oder eine Auswanderung bedeuten für niemanden einfach einen Umzug – zumeist wird das Leben erst einmal auf den Kopf gestellt. Besondere Beachtung schenke ich in diesem Teil den Themen »Kinder und Schule« und »Partnerschaft«. Ein Kapitel über »Singles« schließt diesen Teil ab.

Teil III: Nichts geht ohne Geld und Papiere

Es geht um die Themen, die der ersten Begeisterung über das Auslandsleben einen schnellen, kräftigen Dämpfer versetzen können: Bürokratie, Finanzen, Sozialversicherung, Visum und Arbeitserlaubnis. Außerdem steht die erste Wohnungssuche in der Fremde an und ja, es geht jetzt tatsächlich los, Sie müssen einen Container oder einen Lastwagen bestellen und packen oder Ihren Haushalt auflösen. In diesem Teil finden Sie Informationen, die Ihnen den Umgang mit den Formalitäten erleichtern.

Teil IV: Ausländer sein

Nun ist es tatsächlich wahr: Sie sind ausgereist – und somit Ausländer. In diesem Teil finden Sie Informationen darüber, wie man fremde Kulturen verstehen und sich schnell in ihnen zurechtfinden kann. Sie finden Informationen über den Kulturschock, über Sicherheit und Kriminalität und auch ein wenig darüber, wie sich der Kontakt zur alten Heimat aufrechterhalten lässt.

Teil V: Der Top-Ten-Teil

Der »Top Ten Teil« gehört einfach zu jedem … *für Dummies*-Buch. Hier finden Sie Infos zu den zehn beliebtesten Auswanderungsländern, zehn Tipps, damit die Auswanderung gelingt, und einiges mehr.

Symbole, die in diesem Buch verwendet werden

Unter diesem Symbol finden Sie Tipps, die Ihnen das Leben erleichtern oder mit denen Sie Schwierigkeiten gleich im Vorfeld aus dem Weg gehen können. Manchmal finden Sie dort ein Konzentrat dessen, was im betreffenden Abschnitt ausführlich behandelt wurde.

Auf besondere Stolpersteine macht Sie dieses Symbol aufmerksam. Es muss nicht gleich der ganze Auslandsaufenthalt scheitern, doch lauern auf dem Wege immer wieder tückische Fallen, denen man doch lieber ausweicht, wenn man sie kennt.

Wie es weitergeht

Alles, was Sie in diesem Buch lesen, soll Ihnen dabei helfen, dass Ihr Weg ins Ausland erfolgreich wird. Und doch kann kein Buch auf alle Länder eingehen, kein Autor alle kritischen Ereignisse voraussehen und niemand wissen, wie sich Ihr persönliches Abenteuer entwickeln wird. Suchen Sie sich also die Kapitel des Buches heraus, die Ihnen zunächst am wichtigsten scheinen, und ergänzen Sie das Gelesene durch Gespräche mit Kollegen, Freunden und Familie. Der Anhang enthält außerdem Internetadressen und Literatur, damit Sie für Ihr persönliches Traumziel weitergehende Informationen finden.

Teil I

Ab ins Ausland: Wunschtraum oder neues Leben?

The 5th Wave By Rich Tennant

In diesem Teil ...

geht es darum, die richtigen Entscheidungen zu treffen, sich seiner Erwartungen bewusst zu werden und seine Situation richtig einzuschätzen. Wer für seine Firma ins Ausland gehen möchte, findet erste Hinweise zu Rechtsfragen und Verträgen in Kapitel 3. In Kapitel 4 geht es dann um einige grundsätzliche Dinge zum Thema »Sprache«. Nach der Lektüre der folgenden Kapitel werden Sie schon recht genau beurteilen können, ob ein Auslandseinsatz oder eine Auswanderung für Sie infrage kommt.

Leben im Ausland – ein bunter Lebensentwurf

1

In diesem Kapitel

- Möglichkeiten des Lebens im Ausland
- Der Auslandseinsatz für die Firma
- Wagnis Auswanderung
- Hindernisse auf dem Weg ins Ausland

Jeder Umzug ins Ausland ist anders. Und doch folgen die meisten einem besonderen Muster: Man bekommt ein Jobangebot aus dem Ausland oder will einfach weg aus Deutschland. Man informiert sich, trifft eine Entscheidung und macht sich auf den Weg. In der neuen Heimat müssen Schwierigkeiten und Hindernisse überwunden werden, Erfolge und Misserfolge wechseln sich ab, man lebt sich mehr oder weniger gut ein und irgendwann hat man es hoffentlich geschafft – man fühlt sich in seiner neuen Heimat zu Hause. Oder man packt noch einmal die Koffer (oder den Container) und kehrt zurück – planmäßig oder unplanmäßig, hoffentlich erfolgreich, aber manchmal auch gescheitert.

Was die Entscheidung angeht, ins Ausland zu gehen, sollten Sie nichts überstürzen. Wie gut Sie spätere Schwierigkeiten meistern werden, hängt auch davon ab, wie gründlich und überzeugt Sie die Entscheidung für das Ausland getroffen haben. Wenn Sie später ständig das Gefühl haben, vielleicht einen Fehler gemacht zu haben, wird es schwer werden, Schwierigkeiten zu überstehen.

Zunächst gebe ich Ihnen einen kurzen Überblick über die verschiedenen Möglichkeiten, sein Leben ins Ausland zu verlegen. Letztlich wird es dann aber um Menschen im Auslandseinsatz für die Firma und um Auswanderer gehen.

Auch wenn *Im Ausland leben für Dummies* für alle deutschsprachigen Leser gedacht ist, ist es leider nicht möglich, alle gesetzlichen Bestimmungen auch für die Schweiz und Österreich darzustellen. Einzelne Gesetze, Fristen, Verordnungen oder auch Bezeichnungen werden sich von den deutschen unterscheiden. Die Kapitel über Rechts- und Sozialversicherungsfragen können für Österreicher und Schweizer aber Richtlinien dafür bilden, worauf beim Leben im Ausland geachtet werden sollte.

Unterwegs für die Firma – der Auslandseinsatz

Grundsätzlich gibt es zwei verschiedene Möglichkeiten, Leben und Arbeit ins Ausland zu verlagern. Zum einen geht es um einen Auslandseinsatz, währenddessen man Angestellter seiner Firma bleibt. Zum anderen geht es um die Auswanderung, bei der man sich freiwillig dafür entscheidet, sein Hab und Gut zu packen oder zu verkaufen und das Leben von nun an im Ausland zu verbringen.

Andere berufliche Möglichkeiten, mehr oder weniger lange im Ausland zu arbeiten, sind noch die Dienstreise und die Abordnung.

Sehen Sie dort mal nach dem Rechten ... – die Dienstreise

Wer lediglich zu Dienstreisen im Ausland unterwegs ist, für den ist die rechtliche Lage nicht weiter kompliziert. Von einer Dienstreise spricht man bei einem Auslandsaufenthalt von bis zu drei Monaten. Der Lebensmittelpunkt bleibt weiter im Inland und auch der Arbeitsvertrag bleibt bestehen. Nur für das Finanzamt und die Steuererklärung ist es wichtig, wann die Dienstreise aufhört und wo die Entsendung anfängt. Denn bei einer Dienstreise hat der Arbeitnehmer Anspruch auf die Erstattung von beruflichen Reisekosten durch seinen Arbeitgeber. Diese Erstattung ist steuerfrei.

Reisekosten bestehen aus:

- ✔ Verpflegungsmehraufwendungen, das ist ein Pauschalbetrag, der dem dienstreisenden Arbeitnehmer pro Tag für Essen und Trinken gezahlt wird. Man geht davon aus, dass er sich in der Fremde nicht so günstig verpflegen kann wie zu Hause. Meist ist er auf Restaurants angewiesen und wird eher selten selbst kochen.
- ✔ Übernachtungskosten, wieder ein Pauschalbetrag, der eine feste Zahlung pro Übernachtung festsetzt.

Für die Verpflegungsmehraufwendungen und die Übernachtungskosten gibt es vom Staat festgeschriebene Sätze, die sich von Land zu Land unterscheiden und auch in gewissen Abständen neu festgelegt werden.

Sollte es sich in Ihrem Fall bei Auslandsaufenthalten immer nur um Dienstreisen handeln, können Sie sich nun eigentlich gleich Teil IV zuwenden. Sie gehören sozusagen zu den sorgenfreisten Lesern dieses Buches.

Wir brauchen Sie mal kurz woanders – die Abordnung

Von einer Abordnung ins Ausland spricht man, wenn der Auslandseinsatz zwischen drei und zwölf Monaten dauern soll. Der Lebensmittelpunkt liegt weiterhin im Heimatland, allerdings fallen die Zuschüsse für Verpflegung und Übernachtung weg. An ihre Stelle tritt die vertragliche Angleichung des Gehalts an die Bedürfnisse und Gegebenheiten im Ausland.

Das dauert da wohl länger ... – die Entsendung

In Falle der Entsendung bittet eine Firma ihren Mitarbeiter darum, zum Beispiel für zwei Jahre nach China zu gehen, um die Arbeit des dortigen Firmenzweigs mit der deutschen Firma zu koordinieren. Im Normalfall bleibt der Arbeitnehmer in Deutschland angestellt und erhält sämtliche deutschen Sozialleistungen. Er wird im Idealfall von der Firma in Seminaren vorbereitet und bekommt finanzielle und praktische Hilfe beim Umzug. Eine normale Entsendung ist hinsichtlich Gehalt und Sozialversicherung abgesichert. Meist ist so ein Auslandseinsatz zeitlich begrenzt und nach ein paar Jahren wird der betreffende Mitarbeiter wieder nach Deutschland ziehen und weiter dort für die Firma arbeiten. Das ist der Normalfall einer Entsendung, die einem Arbeitnehmer und seiner Familie einen längeren Auslandsaufenthalt bei gleichzeitiger finanzieller und sozialer Absicherung ermöglicht.

So gut auch alles geregelt ist, hat eine Auslandsentsendung immer auch ihre juristischen Tücken. Da muss man Formulare ausfüllen, Fristen beachten und vor allem Steuern am richtigen Ort bezahlen. Mehr darüber finden Sie in Kapitel 3.

Bei der »Entsendung« dreht sich alles hauptsächlich um die Sozialversicherung und Steuern. Auf Weisung der Firma arbeitet der Arbeitnehmer im Ausland und wird, was die Sozialversicherung angeht, trotzdem so behandelt, als würde er weiterhin im Inland arbeiten. Man bleibt also weiterhin in Deutschland krankenversichert und für die Rente wird weiterhin gesorgt. Nur beim Thema Steuern wird das etwas komplizierter.

Ein Begriff, der Ihnen im Zusammenhang mit einem Auslandseinsatz immer wieder begegnen wird, ist der des »Expatriates«. Das Wort *Expatriate* stammt aus dem Englischen und setzt sich ursprünglich zusammen aus den lateinischen Silben »ex« (aus) und »patria« (Vaterland). Die Bezeichnung wird international für jemanden verwendet, der für seinen Arbeitgeber im Ausland tätig ist. Man würde also auch den Mitarbeiter einer ausländischen Firma, der in Deutschland arbeitet, als *Expatriate* bezeichnen. Bei einem Expatriate geht man zumeist davon aus, dass er nur begrenzte Zeit im Land ist, sich nur einigermaßen an die fremde Kultur anpasst und nach ein paar Jahren das Land wieder verlässt. Den Begriff sollte man zwar kennen, da er aber mühsam zu lesen und zu schreiben ist, wird er in diesem Buch nicht mehr vorkommen. Stattdessen schreibe ich vom »Auslandsmitarbeiter« oder »Entsandten«.

Der Vollständigkeit halber sei hier noch der »Übertritt« erwähnt, bei dem ein Mitarbeiter vollständig bei der ausländischen Firmentochter (oder -mutter) angestellt und auch ins Sozialsystem des betreffenden Landes übernommen wird. Das ist schon fast eine Auswanderung, auch wenn einem die Arbeitsstelle im Ausland zunächst einmal zugewiesen wurde. Für den Arbeitsvertrag gelten nun die Rechtsvorschriften des entsprechenden Landes und der Lebensmittelpunkt verlagert sich ins Ausland. Mitglied des deutschen Sozialversicherungssystems ist man nun nicht mehr.

Ausland extrem – Fremdenlegion, Bohrinseln & Co.

Krabbenfischer vor Alaska oder Holzfäller in Kanada sein – manch einen zieht die Abenteuerlust oder der gute Verdienst im gefährlichen Beruf in die Fremde. Das ist natürlich nicht jedermanns Sache und man wird im Familien- und Freundeskreis meist nicht gerade begeistert unterstützt. Wer aber über solch ungewöhnliche Wege nachdenkt, sollte sich auch besonders gut vorbereiten. Und so einfach ist es dann auch wieder nicht, an gute Jobs zu kommen.

Um Leib und Leben: Arbeiten auf Bohrinseln

Arbeiten auf hoher See, zwei Wochen Arbeit, zwei Wochen frei, harter Job aber gute Bezahlung – ein Job auf einer Bohrinsel scheint manchem reizvoll zu sein. Wer dann im Internet sucht, findet auch eine Fülle von Angeboten. Doch muss man hier aufpassen, nicht über den Tisch gezogen zu werden: Im Internet gibt es einige Agenturen, die Kontakte zu Ölförderfirmen versprechen. Informationsmaterial gibt es dann aber nur gegen Bezahlung. Und das ist schon mal verdächtig. Denn diese 20 bis 100 Euro kann man sich getrost sparen. Man bekommt lediglich einen Haufen Adressen, die man sich auch selbst zusammensuchen kann.

- ✔ Wer auf einer Bohrinsel arbeiten will, sollte gut ausgebildeter Fachmann (zum Beispiel Ingenieur) sein. Falls sich in Ihrem Profil noch Fähigkeiten wie »Unterwasserschweißen« finden, steigen Ihre Chancen gleich noch mal.
- ✔ Natürlich sollte man sich auch verständlich machen können. Englisch könnte passen, manchmal kann es aber zum Beispiel auch Norwegisch sein, das man lernen sollte.

Eine erste Adresse für Bewerbungen sind die Internetseiten der großen Energie- oder Mineralölkonzerne wie die Rheinisch-Westfälischen Elektrizitätswerke (RWE) oder BP. Meist findet man unter dem Stichwort »Karriere« offene Stellen auch im Ausland.

Um Kopf und Kragen: Die Fremdenlegion

Kann eine Werbung verlockender sein als die auf der Internetseite der Fremdenlegion?

> *»Sie wollen Ihre Vergangenheit hinter sich lassen, ein neues Leben beginnen … ? Die Fremdenlegion bietet Ihnen diese einmalige Chance! Egal welcher Herkunft, Religion oder Staatsangehörigkeit, Zeugnisse und Schulausbildung, selbst Ihr Familienstand oder Ihre berufliche Situation; die Fremdenlegion bietet Ihnen eine neue Chance für ein neues Leben …«* (`www.legion-recrute.com/de/`)

Natürlich ist das im Grunde alles, was man von einem neuen Leben im Ausland verlangen kann. Und doch sollte man daran denken, dass man Soldat mit einer harten Ausbildung wird. Und nicht nur das: Die Fremdenlegion wird auch heute noch auf vielen Brennpunkten dieser Welt eingesetzt. Ein Kampfeinsatz ist also nicht unwahrscheinlich. Und so krass – und eventuell kurz – hat man sich sein neues Leben im Ausland dann vielleicht doch nicht vorgestellt.

Drei Jahre und ein Tag: Die Wandergesellen

Einen ganz realistischen und ohne größere Schwierigkeiten gangbaren Weg auch ins Ausland bietet jungen Handwerkern ein Leben als Wandergeselle. Nach der Ausbildung haben alle Handwerker (nicht nur Zimmerleute) die Möglichkeit, auf die »Walz« zu gehen. Der Geselle geht mindestens drei Jahre und einen Tag lang auf die Wanderschaft von Arbeitsstelle zu Arbeitsstelle, um dort neue Erfahrungen zu sammeln. Allerdings wird um seinen Heimatort eine »Bannmeile« von 50 Kilometern festgelegt. Während seiner Wanderschaft darf er diese Bannmeile nicht betreten.

Auch wenn dieser Brauch außerhalb der deutschsprachigen Länder weniger bekannt ist, bietet er natürlich auch die Möglichkeit, im Ausland zu arbeiten. Im deutschsprachigen Ausland ist das nicht allzu schwierig, woanders wird man wohl aufgrund der Kleidung und des Wanderlebens erst mal auffallen. Vielleicht muss man auch Misstrauen aushalten und hoffentlich überwinden können.

Einige Jahre als Wandergeselle zu arbeiten, bietet sich für junge Handwerker (auch Frauen) an, die ein wenig von der Welt sehen wollen. Bei Interesse sollte man sich bei der örtlichen Handwerkskammer nach der zuständigen *Vereinigung von Wandergesellen* (»Schacht« genannt) erkundigen. Dort wird man über die Voraussetzungen, Riten und Bräuche des jeweiligen Schachtes informiert. Und wer weiß: Vielleicht findet sich während der Wanderschaft ein schöner Ort, an dem man sich später einmal niederlassen möchte.

Ohne Netz und doppelten Boden: Auswandern

Wer bis hierhin gelesen hat, dem fällt vielleicht ein Punkt bei der Auslandsentsendung besonders auf: Es ist immer jemand da, der sich mit einem wenigstens um die lebensnotwendigsten Dinge kümmert. Gehalt und Sozialversicherung geben dem neuen Leben im Ausland ein sicheres Fundament.

Wer aber auswandert, steht von nun an mehr oder weniger allein da. Job und Wohnung müssen gesucht werden, man muss sich mit neuen Steuer-, Renten- und Krankenversicherungssystemen herumschlagen und will sich bei aller Sorge um das tägliche Leben doch auch nicht die Freude am neuen Leben nehmen lassen. Viele Kapitel in diesem Buch geben daher Anleitungen dazu, wie man in fremden Systemen leben kann, ohne gleich zu verzweifeln.

Der Knackpunkt: Geld verdienen

Wer auswandern möchte, muss von nun an auch seinen Lebensunterhalt in der Fremde verdienen. Doch wie Arbeit finden? Oder wie seine Geschäftsidee verwirklichen? Oft braucht es noch in der Heimat viel Zeit, einen Job in der Wunschheimat zu finden.

- ✔ In der Europäischen Union kann man als EU-Bürger problemlos eine Arbeit in einem anderen Land annehmen. Die Behörden stehen da nicht im Weg.
- ✔ Außerhalb der Europäischen Union sieht das anders aus. Neben einer Aufenthaltserlaubnis für sich und seine Familie braucht man auch noch eine Arbeitserlaubnis für das betreffende Land. Hier ist man den Behörden oft auf Gedeih und Verderb ausgeliefert. Aber das geht natürlich Ausländern, die in die EU kommen, auch nicht anders …
- ✔ Hat man die Aufenthaltserlaubnis und die Arbeitserlaubnis in der Hand, braucht man auch ein Dach über dem Kopf. Denn Übergangslösungen in Hotels oder Pensionen fressen schnell große Löcher in die Auswanderungskasse.

Mit diesen und vielen anderen praktischen Fragen beschäftigen sich vor allem die Kapitel 9, 10 und 12.

Ein wenig Halt: Soziale Absicherung

Wer seine Heimat für immer verlässt, wird über kurz oder lang auch aus dem heimischen Sozialversicherungssystem aussteigen müssen. Für eine Übergangszeit kann man sich zwar noch daheim privat krankenversichern lassen. Doch das ist teuer, erst recht für eine ganze Familie. Auch deshalb empfiehlt es sich, die Heimat erst zu verlassen, wenn man Arbeit auch relativ sicher in Aussicht hat. Erst wenn Sie im Ausland eine Arbeit gefunden haben, sind Sie dort (vielleicht) auch wieder pflichtversichert.

Gerade hinsichtlich der Krankenversicherung muss man sich auf Änderungen einstellen:

- ✔ Wichtig ist, sich genau zu informieren. Viele Länder setzen stärker auf die selbstständige, private Vorsorge als man das vielleicht aus Deutschland, Österreich oder der Schweiz gewöhnt ist.
- ✔ Es kann gut sein, dass die medizinische Versorgung in der neuen Heimat nicht den Standard hat, den man gewöhnt ist – auch in Europa. Wer also Deutschland, Österreich oder die Schweiz verlässt, muss sich vielleicht darauf einstellen, medizinisch niedrigere Standards anzutreffen.
- ✔ Wer auswandert, verliert damit auch den Großteil seiner Ansprüche auf die Sozialleistungen seiner alten Heimat. Lediglich Rentenansprüche, die man sich schon erworben hat, verfallen nicht.

Mit all diesen und weiteren bürokratischen Fragen beschäftigen sich die Kapitel 9, 11 und 13.

Überlebenswichtig: Die gute Vorbereitung

Als ein Kollege von mir seinen Hausrat in einen Container packte und ihn aus den USA in Richtung Budapest verschiffen wollte, war er zunächst froh, dass ihm ein Bekannter über Beziehungen so ein günstiges Angebot für die Verschiffung besorgt hatte. Als er aber die Containertür schloss und sich nicht anders zu helfen wusste, als einen Aufkleber mit seinem Namen und dem Bestimmungsort »Budapest« auf den Container zu kleben, wurde es ihm doch langsam mulmig zumute. Und in Budapest angekommen, bat er mich dann, seinen Container zu finden …

Der Container hatte es glücklicherweise schon mal bis Bremerhaven geschafft und landete sogar irgendwann doch noch in Budapest. Aber wer ins Ausland umzieht, wird auf alle möglichen Probleme stoßen: zu kleine oder zu große Lastwagen, Wartezeiten bei Grenze und Zoll, übermüdete Kinder und beschädigtes Mobiliar – die Liste der möglichen Schwierigkeiten ist schier unendlich. Doch auch beim Umzug gilt: Je früher man anfängt und je besser man informiert und vorbereitet ist, desto mehr Probleme kann man schon im Vorfeld vermeiden. Dabei helfen besonders die Kapitel 6, 10 und 12.

Herausforderung für Familien

Ein Umzug ins Ausland ist nicht nur eine praktische Herausforderung. Neben der Organisation heißt es auch immer wieder, mit dem Stress klarzukommen, den sowohl der Umzug als auch das neue Leben bringt. Das ist nicht immer einfach, denn wenn man seine vertraute Heimat und Kultur verlässt, weiß man oft einfach nicht, wie man sich verhalten soll. Wenn es dann auch noch Sprachprobleme gibt, fühlt man sich oft hilflos der ungewohnten Situation oder den fremden Menschen ausgeliefert.

Kinder – entwurzelt und verpflanzt

Kinder reagieren je nach Alter unterschiedlich auf einen Umzug ins Ausland. Kleineren Kindern (etwa bis zum dritten Lebensjahr) ist es relativ egal, wo sie leben. Erster Bezugspunkt für sie sind die Eltern. Und wo die Eltern sind, fühlen sie sich sicher. Je älter aber die Kinder sind, desto schwerer kann ihnen das Verlassen von Heimat und Freunden fallen. Sind die Kinder erst einmal Teenager, hat man kaum noch Möglichkeiten, sie gegen ihren Willen in eine Auswanderung zu zwingen.

Bei allen eigenen Schwierigkeiten ist es also auch immer eine große Aufgabe, den Kindern mit ihren Problemen zu helfen. Eine neue Sprache lernen, neue Freunde finden und eine fremde Schule besuchen, dazu den Verlust der vertrauten Heimat verarbeiten – für alles brauchen Kinder die besondere Hilfe und Unterstützung der Eltern. Und das oft auch dann, wenn aufgrund der neuen Umstände die Nerven der Eltern eh schon blank liegen.

Partnerschaft im Stresstest

Auch eine Partnerschaft muss sich im neuen Leben neu finden. Vielleicht müssen manche Aufgaben neu verteilt werden, vielleicht kommt man in der neuen Kultur auch unterschiedlich gut zurecht. Bis man sich eingelebt hat, muss man also ständig aufeinander achten und schauen, wie sich das neue Leben entwickelt – und dass es sich auch gemeinsam entwickelt. Wahrscheinlich wird man neue Seiten am Partner entdecken, und zwar Schwächen genauso wie Stärken.

Eltern neigen dazu, sich im Vorfeld mehr Gedanken über die Kinder zu machen als über sich selbst. Aber es lohnt sich, noch in der Heimat auch mal über die eigene Partnerschaft zu sprechen: Über das, was man sich für die Partnerschaft im Ausland erhofft, über seine Ängste und Träume.

Von den praktischen Seiten des neuen Lebens im Ausland und den Auswirkungen auf Familie und Partnerschaft handeln besonders die Kapitel in Teil II.

Als Ausländer leben

Wie viel Arbeit man auch immer in Job- und Wohnungssuche, Visa und Arbeitsgenehmigungen und Umzug steckt – letztlich sind das nur Vorbereitung auf das Eigentliche: das neue Leben im Ausland. In diesem Leben wird man entdecken, dass die Menschen woanders auch tatsächlich anders sind. Der Alltag ist anders organisiert, die Rollen von Mann und Frau können sich unterscheiden und das Schulsystem ist vielleicht auch ganz anders als das der alten Heimat.

Der Kampf mit der Sprache

Selbst mit der deutschen Sprache ist es ein Kreuz: Man wird nicht überall dort verstanden, wo eigentlich Deutsch gesprochen wird, und man versteht auch nicht überall alles, was eigentlich Deutsch sein sollte … Deutsche bemerken das schmerzlich in Österreich und der

Schweiz. Doch genauso hilflos kann sich ein Österreicher in Hamburg fühlen. Da benutzt man sein bestes Hochdeutsch und bekommt doch zu hören: »Aha, Sie sind aus Österreich?«

Wenig sorgt für mehr Stress als eine fremde Sprache, die man nicht beherrscht und in der man doch jetzt leben und arbeiten soll. Niemand steht gern als Idiot da. Wer aber in einer Sprache leben muss, die er nicht gut beherrscht, fühlt sich allerdings öfter mal wie ein Idiot. Und das stresst. Einfache Telefonate fordern plötzlich höchste Konzentration und die Angst vor Missverständnissen wird zum ständigen Begleiter. Kaum etwas hilft deshalb beim Gelingen des neuen Lebens mehr als die Beherrschung der Sprache. In Kapitel 4 erfahren Sie daher mehr über Erfolge und Schwierigkeiten beim Erlernen einer neuen Sprache.

Neu denken und leben lernen – Kultur

Oft genug wird einem im Ausland auch Folgendes passieren: Man kann die Sprache – und versteht die Menschen trotzdem nicht. Man versteht vielleicht die Worte, die sie sagen, aber nicht, was sie damit wirklich meinen und worauf sie hinauswollen. In diesem Fall begegnet man Kulturunterschieden. Menschen verschiedener Kulturen haben andere Wege, ihre Alltagsprobleme zu lösen und mit Konflikten umzugehen. Sie bringen ihren Kindern andere Dinge bei als man selbst und leben Freundschaften anders. In jedem Lebensbereich kann sich das Leben der Menschen in der neuen Heimat von unserem gewohnten Leben unterscheiden. Letztlich muss so fast jeder Auswanderer das Alltagsleben wieder neu lernen. Nichts ist mehr selbstverständlich und es ist kaum vorstellbar, was Menschen in anderen Kulturen alles als »normal« ansehen können.

Vielleicht ist die Kultur einer neuen Heimat noch schwerer zu lernen als die Sprache. Denn für Denkweisen und Ansichten von Menschen gibt es keinen Lehrplan. Die Kapitel 14 und 15 helfen aber beim Beobachten und Verständnis fremder Kulturen.

Ausblicke auf ein neues Leben

Ohne Zweifel – sein Leben zeitweilig oder für immer ins Ausland zu verlegen ist ein Abenteuer. Aber wenn der Wunsch nun einmal geweckt ist, warum nicht darüber nachdenken? Und wenn die Firma einem die Chance für einen Auslandseinsatz bietet, warum sie nicht ergreifen? Will man sich irgendwann eingestehen müssen, dass man immer nur gewünscht und immer nur gezögert hat, bis es zu spät war?

Damit sage ich nicht, dass man einfach seine Koffer packen und sich ein Ticket ohne Rückflug kaufen soll. Wie ich in den nächsten Kapiteln deutlich machen werde, kann man seine Träume und Wünsche durchaus auf festen Grund stellen. Oder nach reiflicher Überlegung erkennen, dass eine Auswanderung oder ein Auslandseinsatz nicht infrage kommt. Aber eben: Nicht weil man ängstlich zögert, soll man zu Hause bleiben, sondern weil man sich bewusst dafür entschieden hat. Also legen Sie Papier und Bleistift bereit und arbeiten Sie Kapitel 2 durch. Wer dann immer noch ins Ausland will, auf den warten viel Arbeit und eine Menge kleiner und großer Abenteuer.

2

Hohe Erwartungen, schwere Entscheidungen

In diesem Kapitel

- Die Auslandsentsendung
- Erwartungen klären
- Wünsche, Träume, Pläne
- Die Entscheidung zur Auswanderung

Sein ganzes Leben ins Ausland zu verlegen, ist kein leichtes Unternehmen. Allerdings spielt es auch eine Rolle, ob man von Anfang an weiß, dass man nur einen begrenzten Zeitraum im Ausland verbringen wird, oder ob man sich gleich entscheidet, für immer zu gehen. In diesem Kapitel finden Sie Entscheidungshinweise für beide Möglichkeiten.

Für die Firma ins Ausland

Zunächst einmal ist es für jede Firma ein teurer Spaß, Mitarbeiter ins Ausland zu entsenden. Wer also von seiner Firma gefragt wird, die Filiale im Ausland aufzubauen oder ein Bauprojekt zu betreuen, kann davon ausgehen, dass man das von Firmenseite aus auch als unbedingt notwendig ansieht. Man kann sich also normalerweise darauf verlassen, dass man nicht einfach abgeschoben werden soll. Was immer auch seine Aufgabe im Ausland sein wird – ist ein Mitarbeiter ins Ausland entsandt, ist er eine teure Investition, die sich auch lohnen sollte.

In diesem Kapitel beschäftigen wir uns mit der Auslandsentsendung und der Auswanderung. Was die Auswanderung angeht, sitzen in einer Partnerschaft beziehungsweise in der Familie alle in einem Boot. Bei der Auslandsentsendung kann das ganz anders sein. Hier gibt es einen Entsandten und eventuell einen *mitausreisenden Partner*. Für diesen tun sich bei einer Auslandsentsendung ganz andere Probleme auf als für den Arbeitnehmer selbst. Mitausreisende Partner müssen sich also besonders mit den folgenden Kapiteln über Partnerschaft und Familie beschäftigen.

Was will die Firma von Ihnen?

Nicht nur für den Angestellten ist die Frage nach einem eventuellen Auslandseinsatz eine Herausforderung. Auch das Unternehmen darf sich im Grunde keine Fehler erlauben. Denn wie gesagt, der Auslandseinsatz eines Mitarbeiters ist eine erhebliche finanzielle Investition. Und dummerweise lässt sich der größte Unsicherheitsfaktor nicht ausschalten – der Mensch. Denn nicht immer treffen fachliche Kompetenz, der Wunsch, im Ausland zu leben, und die Fähigkeit dazu in einer Person zusammen. Der fachlich kompetenteste Mitarbeiter scheidet vielleicht nur deshalb aus, weil sein Englisch katastrophal ist. Und der fließend Englisch sprechende Single, der seine Unabhängigkeit für einen Auslandseinsatz nutzen möchte, hat sich vielleicht in unabhängiger und selbstständiger Führungsarbeit seine Sporen noch nicht verdient.

Machen Sie sich keine Illusionen über die Ziele Ihres Arbeitgebers. Wenn es um die Arbeit im Ausland geht, liest man sehr viel von der Chance, Erfahrungen zu sammeln, den Horizont zu erweitern, Kindern besondere Erfahrungen zu ermöglichen und so weiter. Den Arbeitgeber interessiert das wenig. Vom Standpunkt Ihrer Firma aus haben Sie Leistung zu bringen und einen Job zu erledigen. Bei allem, was am Leben im Ausland sonst noch interessant sein mag, dürfen Sie diese Frage nicht vergessen: Sind Sie die richtige Person für den Job? Oder noch besser gefragt: Sind Sie die richtige Person dafür, Ihren Job unter extremen Bedingungen zu machen?

Von einer Entsendung mit all ihren rechtlichen Konsequenzen spricht man dann, wenn ein Mitarbeiter auf Wunsch seines Arbeitgebers ins Ausland geht, um dort weiterhin als Angestellter seiner Firma zu arbeiten.

Hierbei muss man zwei Dinge beachten:

- ✔ Um als Entsendung zu gelten, muss der Auslandsaufenthalt von Anfang an vertraglich zeitlich begrenzt werden. Es gilt dann weiterhin Ihr inländischer Arbeitsvertrag, er wird aber durch einen Entsendungsvertrag ergänzt.
- ✔ Die Weiterbeschäftigung *nach* Ihrem Auslandseinsatz muss gewährleistet sein. Nur unter diesen Voraussetzungen gelten die deutschen Sozialleistungen auch während der Zeit Ihres Auslandsaufenthalts.

Bis jetzt bin ich davon ausgegangen, dass Ihre Firma Ihnen bereits ein Angebot für einen Auslandseinsatz unterbreitet hat. Aber vielleicht *suchen* Sie noch eine Möglichkeit zum Auslandseinsatz. Dann sollten Sie in Ihrer Firma die Augen nach Möglichkeiten offen halten. Es schadet auch nicht, wenn Ihre Vorgesetzten schon wissen, dass Sie grundsätzlich bereit wären, ins Ausland zu gehen. Wenn Sie sich dazu schon vorher mit den Chancen und Schwierigkeiten auseinandergesetzt haben, wird es Ihren Chef umso mehr freuen, wenn er von Ihnen eine freiwillige Meldung beziehungsweise schnelle Zusage erhalten kann.

Bilanz ziehen – was man wirklich will

Bei einem Auslandseinsatz kommen zwei Dinge zusammen: die Bedürfnisse des Unternehmens und die persönlichen Ziele des Arbeitnehmers. Der berufliche Auslandsaufenthalt war vielleicht nicht unbedingt Teil der ursprünglichen Lebensplanung. Jetzt ist die Anfrage da und macht einen Schnitt: Es wird eine Entscheidung gefordert, die dem Leben eine ganz andere Richtung geben wird.

Bei dieser Entscheidung merkt man vielleicht auch gleich, dass man nicht unbedingt ganz frei ist.

Denn natürlich stellen sich Fragen nach den beruflichen und persönlichen Vor- und Nachteilen:

- ✔ Kann man die Anfrage ablehnen, ohne berufliche Nachteile befürchten zu müssen? Ungern möchte man sich in Zukunft mangelnden Einsatz oder Illoyalität vorwerfen lassen müssen.
- ✔ Welche Aussichten bestehen nach der Rückkehr? Irgendjemand wird ja den Arbeitsplatz des Entsandten ausfüllen müssen. Wird der Arbeitsplatz später wieder frei sein?
- ✔ Wie sehen die persönlichen Umstände aus? Gibt es ein Haus, das einige Jahre versorgt werden muss, sind die Kinder in einem Alter, in dem sie mit einem Auslandsaufenthalt klarkommen? Dabei geht es nicht nur einfach um einen Schulwechsel. Kinder und Eltern wechseln eventuell in ein vollständig anderes Schulsystem.
- ✔ Wird das Leben im Ausland auch für den Partner und die Kinder eine Bereicherung werden oder lediglich eine Last?

Den Antworten auf diese Fragen begegnen die Menschen dann wieder unterschiedlich. Gemeinsam ist diesen Fragen, dass sie Entscheidungen stark beeinflussen. Einfach die Koffer packen und sich auf den Weg machen, können die wenigsten Menschen. Und so verwendet man mehr oder weniger viel Mühe darauf, den richtigen Weg zu finden.

- ✔ Da gibt es die praktisch Denkenden, die genau abwägen zwischen dem, was sie im Moment haben, und dem, was sie durch einen Auslandsaufenthalt gewinnen können.
- ✔ Die Vorsichtigen wagen den Schritt in Ausland erst, nachdem sie alle Paragrafen ihres Entsendungsvertrags genauestens geprüft und die eventuelle neue Heimat besucht haben. Wenn irgend möglich, hat man für alle Fälle auch weiterhin ein Standbein in Deutschland.
- ✔ Dann gibt es die Abenteuerlustigen, die sich darauf freuen, etwas Neues zu erleben und einfach nur wegwollen. Alles andere findet sich dann schon …

Zu welcher Gruppe Sie auch immer gehören – es ist Ihre Entscheidung und die treffen Sie auf Ihre Weise. Lassen Sie sich nicht unter Druck setzen oder mit großen Versprechungen locken.

Wichtig ist, dass Sie sich von einer Position der Stärke aus entscheiden können. Wenn es heißt »Ausland oder arbeitslos« oder »Karriereknick oder Entsendung«, sollten Sie vielleicht gleich andere Lösungen als einen Auslandseinsatz finden. Denn Schwierigkeiten werden Ihnen auf dem Wege noch genug begegnen und das Gefühl, ins Ausland »gezwungen« worden zu sein, wird kaum helfen, schwierige Zeiten gut zu überstehen.

Starten mit guten Voraussetzungen

Ein wichtiger Schritt hin zur erfolgreichen Entscheidung ist der Blick auf die eigenen Fähigkeiten und Voraussetzungen – und die der Familie. Folgende Liste gibt Ihnen und Ihrem Partner oder der Familie Anregungen, die eigenen Fähigkeiten und Schwachpunkte zu erkennen. Auch als Single sollten Sie über diese Punkte mit Ihrer Herkunftsfamilie und Ihren Freunden sprechen.

- Zunächst ist da die Frage nach der Sprache des Ziellandes. Ist es Deutsch, haben Sie Glück. Was aber wird sonst verlangt? Englisch, die Landessprache oder beides? Falls Sie problemlos in der verlangten Sprache arbeiten können, bleibt die Frage, wie es denn mit dem Partner und der Familie aussieht. Werden sie im Alltag ohne Hilfe zurechtkommen können? Falls nicht: Ist es für alle möglich, vorher Sprachkurse zu belegen?
- Man sollte auch einmal darüber sprechen, welche Erfahrungen es mit ausländischen Kollegen, Klienten oder Nachbarn gibt. Waren die immer positiv? Wenn nicht – was lief falsch? Welches Gefühl macht sich beim Gedanken an die Erfahrungen breit – Neugier, Unsicherheit, Ängstlichkeit …?
- Haben Sie sich jemals Gedanken über die unterschiedlichen Kulturen der Menschen gemacht? Welche Reiseerfahrungen gibt es?
- Damit zusammen hängt die Frage nach der eigenen Fähigkeit, sich auf neue Situationen einzustellen. Wie wäre für Sie das Leben in einem Land, in dem Pünktlichkeit wenig Bedeutung hat oder der Einzelne weniger zählt als die Gemeinschaft? Kann es sein, dass andere Menschen nur *anders* leben, aber *nicht falsch*?

Das Leben in der Gesellschaft, in der Sie bis jetzt gelebt haben, ist im Grunde nur ein kleiner Ausschnitt dessen, was auf dieser Welt so möglich ist. Schon zwischen Hamburg und München sind die Menschen nicht einfach nur »Deutsche« – sie sind auch Hessen oder Westfalen oder Bayern und unterscheiden sich darin, wie sie ihr Leben gestalten. Im Ausland werden Sie diese Erfahrung auf einer viel höheren Ebene machen.

Für das neue Leben im Ausland ist eine Grundeigenschaft die Neugier. Was auch kommt, Sie sollten immer darauf bedacht sein, sie nicht zu verlieren. Eine Speise, die man nie zuvor probiert hat, ein Sprichwort, dessen Worte man versteht, aber dessen Sinn einen total unverständlich bleibt, oder ein Lachen zu einer nach Ihrer Meinung unpassenden Gelegenheit sollte immer wieder Ihre Neugier wecken können. Die Sitten und Traditionen Ihrer neuen Heimat zu verurteilen, schafft Mauern und Trennung. Neugier und der Wille zum Verständnis aber Zuneigung und letztlich auch Anpassung an die neue Kultur.

Auslandseinsatz: Die Familie entscheidet mit

Zwischen Auswanderung und Auslandseinsatz gibt es auch in Bezug auf Familie und Partnerschaft verschiedene Dinge zu bedenken. Der Auslandseinsatz unterbricht mehr oder weniger das »normale« Leben ein paar Jahre. Der neue Job, die neue Sprache, Wechsel in ein neues Schulsystem – geplant ist das alles nur für einen begrenzten Zeitraum. Haben Sie Familie, sollten sich alle Familienmitglieder (soweit sie denn alt genug sind) darüber im Klaren sein, was das für sie bedeutet, und ihre Zustimmung geben.

Neues Leben – auch für den Partner und die Kinder

Auch für den Partner wird sich das Leben vollständig ändern – nur ganz anders als für den Entsandten. Was der mitausreisende Partner in der neuen Heimat tun wird, hängt zunächst einmal von der Familiensituation ab. Sind kleine Kinder im Spiel, wird der Partner sich wohl mehr oder weniger um sie kümmern müssen. Man darf ja auch nicht die Zeit unterschätzen, die man dafür benötigt. Sie müssen sich vorstellen, dass in vielen Fällen Kindergarten und Schule in einer Sprache stattfinden, die weder Sie noch Ihre Kinder beherrschen. Schon ab der ersten Klasse kann Ihr Kind unter Umständen mit Hausaufgaben heimkehren, die Sie nicht verstehen.

Sind keine Kinder da, wird der Partner sehr oft versuchen, selbst auch Arbeit zu finden. Darüber sollte man sich vor der Ausreise informieren. Ist der Beruf des Partners ein gesuchter Beruf? Und wie gut müssen die Sprachkenntnisse sein? Kann man ohne Probleme eine Arbeitserlaubnis bekommen?

Scheuen Sie sich nicht, mit Ihrem Arbeitgeber auch über Ihre familiäre Situation zu sprechen. Sollte man in Ihrem Betrieb bereits Erfahrung mit Auslandsentsendungen haben, wird Ihren Vorgesetzten schon klar sein, dass das Befinden Ihres Partners wesentlich zum Erfolg Ihres Auftrags im Ausland beiträgt. Vielleicht hat Ihr Arbeitgeber selbst schon Erfahrung damit, auch mitausreisenden Partnern bei der Suche nach einer passenden Beschäftigung behilflich zu sein.

Schritt für Schritt nach Istanbul

Nachdem ich zehn Jahre in der Holding Gesellschaft die Auslandsgesellschaften betreut hatte, wollte ich die andere Seite kennenlernen und sprach das in einem Mitarbeitergespräch an. Als alleinstehende Frau wollte ich diese Unabhängigkeit nutzen. In dem Moment, als die erste Anfrage von einem griechischen Vorstand direkt an mich gerichtet wurde, hat aber mein Chef im Hintergrund gebremst, weil meine Nachfolge nicht geregelt war. Ich lernte daraus und arbeitete dann im folgenden Jahr einen Nachfolger ein. Als dann auch mein Vorgesetzter wechselte, war der Weg frei.

Ich wurde dann in die Türkei entsandt, um die Berichterstattung an einen neuen Aktionär sicherzustellen. Mein Wunsch, ins Ausland zu gehen, war so groß, dass ich volles Risiko fuhr. Die Entsendung war zunächst nur für ein Jahr, aber meine frühere Abteilungsleiterstelle wurde neu besetzt. Die Aufgabe war von Anfang an sehr spannend und die Zusammenarbeit mit den Kollegen ausgezeichnet, sodass ich dann den Vertrag verlängerte und in der Türkei die Leitung der Planung&Controlling-Abteilung übernahm.

Der Einstieg in die Entsendung war in meinem Fall schleichend, da es zunächst einige Monate als Projekt angelegt war. Als ich den Entsendungsvertrag unterschrieb, wusste ich schon sehr gut, was der Umzug und die neuen Aufgaben in den Auslandsgesellschaften bedeuteten. Auf der anderen Seite ging alles so schnell, dass ich vor dem Auslandsaufenthalt kein formelles Training über die Kultur oder Sprachunterricht bekam. Auch mein Unternehmen hatte zu diesem Zeitpunkt noch nicht viel Erfahrung mit Entsendungen. Viele organisatorische und kulturelle Fragen habe ich mir daher selbst durch Internetrecherche und einen Workshop per Internet erarbeitet. Natürlich hat es sehr geholfen, dass die Kollegen mich sehr offen aufgenommen haben und sich auch privat sehr schnell gute Kontakte ergaben.

(N.N., Istanbul)

Ob die Auslandsentsendung gelingt oder nicht, hängt wesentlich mit dem Wohlbefinden des Partners zusammen. Denn es ist ja in den allermeisten Fällen nicht mehr so, dass die Frau ihr selbstständiges Leben und ihre Karriere für den Erfolg des Mannes opfert. Sehr viele Auslandsentsendungen werden abgebrochen, weil der mitausreisende Partner sein Glück im neuen Land nicht finden kann. Mehr oder weniger »eingesperrt« in der Wohnung, vielleicht noch mit Kleinkindern, verkümmert er einfach und ist unzufrieden, während der arbeitende Partner weiter Fortschritte in der Sprache macht und am neuen Platz berufliche Erfolge feiert. Es wird also wichtig sein, dass der Partner seinen eigenen Weg ins neue Leben findet. Tatsache ist allerdings, dass die meisten mitausreisenden Partner, die vorher in Deutschland beschäftigt waren, in der neuen Heimat keine Arbeit finden.

Auswandern: Aufbruch in ein neues Leben

Es mag selbstverständlich klingen und doch – zunächst muss man sich einmal dazu entscheiden, sich entscheiden zu wollen. Bei einer Auswanderung stellt kein Chef einen Termin, bis zu dem man sich entschieden haben muss. Man entscheidet selbst, ob man gehen will oder nicht. Das ist das Schöne und auch das Schwierige beim Gedanken an die Auswanderung.

Gerade das ist bei einer Auswanderung aber auch das Problem. Von Anfang an ist man ganz auf sich allein gestellt. Und man kämpft mit sich: Will man nur weg, weil einen alles nervt, oder tut sich mit der Auswanderung wirklich eine bessere Zukunft auf? Verlässt man Deutschland als ein Mensch mit gefestigtem Charakter und gesicherter sozialer Stellung? Oder geht man aus Verzweiflung, weil Hartz IV einem keine andere Wahl lässt?

Die nächsten Abschnitte geben Ihnen ein paar Hinweise darauf, wie Sie zu einer guten Entscheidung kommen. Auswanderung klingt wie eine neue Zukunft, aber ist sie das wirklich? Hat man in einem anderen Land wirklich eine Chance? Durch das Sammeln von Informationen und bedächtiges Abwägen aller Fakten kann man hier zu einer vernünftigen Entscheidung kommen.

Es gibt auch Menschen, die einfach nur wegwollen. Und sicher ist das nicht zu verurteilen. Mancher glaubt, dass er einfach nur weg muss. Wenn Sie so jemand sind und Sie dieses Buch lesen, vermute ich mal, dass Ihre Entscheidung längst gefallen ist: Sie wollen weg aus Deutschland. Doch selbst in diesem Falle empfehle ich Ihnen, die Schritte zu einer Entscheidung noch einmal zu durchdenken. Vielleicht wird es Ihnen letztlich mehr Sicherheit in Ihrer Entscheidung geben, als wenn Sie später sagen, Sie wären nur Ihrem Bauchgefühl gefolgt.

Eine gute Entscheidung treffen

Ich hoffe, Sie haben Zeit. Denn bedenken Sie, was Sie mit der Auswanderung oder auch mit dem Auslandseinsatz vorhaben: Sie wollen Ihr bisheriges Leben hinter sich lassen. Die Familie bleibt zu Hause, die Freunde bleiben zu Hause. Sie verlassen die bisherige Arbeit und den Wohnort. Sie verlassen ein soziales Netz, das Sie im Notfall auffangen wird, für ein Leben in einem neuen System, das sich unter Umständen nicht verpflichtet fühlt, Ihnen in der Not zu helfen. Sie nehmen Ihren Kindern ihre Freunde, ohne Garantie dafür, dass sie neue Freunde finden werden. Sie verlassen den Ort, an den Sie gehören, um dort zu leben, wo Sie immer nur Ausländer sein werden.

Auf der anderen Seite warten woanders neue Chancen. In vielen Ländern sind die Arbeitslosenzahlen niedriger als in Deutschland, etwa in der Schweiz (einem der beliebtesten Auswanderungsländer der Deutschen) oder in England. Doch es ist wie überall: Die besten Chancen hat man mit einer guten Ausbildung. Dabei muss man nicht unbedingt Akademiker sein. Deutsche Handwerker sind aufgrund ihrer guten Ausbildung weltweit beliebte Fachkräfte. Doch vor den Infos und den Fakten kommen die Träume …

Wünsche, Träume, Sehnsüchte…

Der Schriftsteller André Gide schrieb einmal in einem seiner Tagebücher, dass »das Großartige auf dieser Erde ist, dass man gezwungen wird, mehr zu fühlen als zu denken«.

Vielleicht wird man dem nicht gleich ohne Überlegung zustimmen wollen, aber gerade bei der Auswanderung ist es so, dass Menschen nicht nur von ganz nüchternen Kosten-Nutzen-Überlegungen bestimmt werden. Zu beschließen, sein bisheriges Leben zu entwurzeln und zu versuchen, woanders Wurzel zu schlagen, kann selten nur mit dem Wunsch nach mehr Verdienst begründet werden. Es geht um das Leben als Ganzes, das man zu ändern und zu verbessern sucht – selbst wenn es materielle Nachteile einschließen sollte.

Sich über seine Gefühle und Wünsche klar zu werden, ist deshalb ein wichtiger erster Schritt in Richtung Auswanderung.

- ✔ **Wer nicht fühlt, wünscht nicht.** Wünsche stehen immer mit den Gefühlen in Verbindung. Deshalb sprechen wir vom »Herzenswunsch« oder sagen »ich wünsche dir von Herzen …«. Das Herz meint in diesem Fall ja nicht die »Blutpumpe«, sondern unser Innerstes, den Ort, an dem wir fühlen. Auch wenn man Ihnen rät, den Verstand zu benutzen: Die Auswanderung fängt mit Ihren Gefühlen an.

- ✔ **Gründen Sie Ihre Wünsche nicht auf rationale Überlegungen.** Denn dann wünschen Sie nicht, sondern zählen Möglichkeiten auf, die die äußeren Zustände zulassen könnten. **Fühlen Sie. Wünschen Sie.** Vom eigenen Hotel in Südafrika über die Bar auf Mallorca bis hin zur Arbeit auf einer Bohrinsel vor Norwegen sind alle Wünsche erlaubt.

- ✔ **Träumen Sie gemeinsam.** Kennen Sie eigentlich die Träume und Wünsche Ihres Partners? Können Sie sich gemeinsam ein ganz anderes Leben ausmalen, als Sie es jetzt führen? Oft ist es so, dass ein Partner Wünsche und Träume äußert, während der andere ihn gleich auf den Boden der Tatsachen zurückholen will und sagt, was geht und was nicht geht. Aber auch eine Partnerschaft braucht diesen Freiraum für ungehinderte Wünsche oder Träume.

- ✔ **Auswanderer brauchen Leidenschaft.** Es wird sich noch oft zeigen, dass eine Auswanderung kein Kinderspiel ist. Es gehört eine gute Portion Leidenschaft dazu, sein Ziel im Auge zu behalten und trotz aller Hindernisse zu verfolgen. Gute Planung und ein kühler Kopf sind unverzichtbar. Doch wenn es einmal nicht mehr weiter zu gehen scheint, helfen Träume und die Leidenschaft dabei, doch wieder den nächsten Schritt zu tun.

In einer Partnerschaft kann es vorkommen, dass der eine ständig die Rolle des Träumers übernimmt, während der andere der Bremser ist. Doch alles hat seine Zeit. Wenn die Partner ständig in diese beiden Rollen rutschen, sollten sie das bewusst umgehen. Einigen Sie sich darauf, dass jetzt für beide die Zeit des gemeinsamen Träumens und Wünschens ist. Später, wenn es an der Reihe ist, einigen Sie sich dann auf die Zeiten des konkreten Planens, in der auch der Träumer Bodenhaftung behalten muss.

Das eigene Leben erfühlen

Der Wunsch auszuwandern und ein neues Leben zu beginnen, tritt nicht wie ein Blitz aus heiterem Himmel in das Leben eines Menschen. Man hat ein Leben gelebt und möchte nun die Richtung ändern. Doch wie ist man an diese Wegkreuzung des eigenen Lebens überhaupt gekommen? Ein Blick in die Vergangenheit kann helfen, sich über die eigenen Wünsche und Sehnsüchte, aber auch Fähigkeiten und Schwächen klar zu werden. Denn eines wird man auch mit einer Auswanderung nicht los: sich selbst mit allen Stärken, Ängsten und Schwächen.

Die Vergangenheit ist Vergangenheit. Sie mag schön oder schwierig gewesen sein, aber sie ist vorbei. Und was immer auch in der Vergangenheit passiert ist, so muss man doch irgendwann seinen Frieden mit ihr schließen, wenn die Zukunft gelingen soll. Ihre Vergangenheit ist Ihre Vergangenheit und gehört zu Ihnen. Was immer Sie auch tun und wie sehr Sie sich auch mit Ihrer Vergangenheit beschäftigen mögen, eine bessere werden Sie nicht bekommen.

Am besten, Sie nehmen Papier und Stift zur Hand und ziehen ein wenig Bilanz:

- ✔ **Wie sind Sie zu dem Menschen geworden, der Sie sind?** Welche Ereignisse waren entscheidend für Ihr Leben? Welche Beziehungen, Ausbildungen oder Schwierigkeiten, welche traumatischen Ereignisse? Aus was für einer Familie kommen Sie? In Bezug auf die Auswanderung ist eine interessante Frage auch die, wie Sie es mit dem Zuhause halten: Wann sind Sie aus dem Elternhaus ausgezogen und wie weit weg? Führen Sie seit Ihrer Jugendzeit ein Nomadenleben mit flüchtigen Besuchen zu Hause? Oder sind Sie über Ihr Dorf und das Umfeld Ihrer Familie nie hinausgekommen?

- ✔ **Welche Menschen bedeuten Ihnen etwas?** Brauchen Sie neben Ihrem Partner auch die Nähe Ihrer Herkunftsfamilie? Sind Sie an die ständige Erreichbarkeit von Eltern, Geschwistern und Cousins gewöhnt? Oder wohnen Sie schon lange weit weg, hören sich zu Geburtstagen und treffen sich auf Beerdigungen? Was empfinden Sie bei dem Gedanken daran, Ihre Angehörigen eventuell jahrelang nicht mehr zu sehen?

- ✔ **Was ist das Wichtigste in Ihrem Leben?** Schreiben Sie fünf Dinge auf, die es in Ihrem Leben auf jeden Fall geben muss. Vielleicht sind es besondere Werte, vielleicht materielle Dinge, auf die Sie keinesfalls verzichten wollen. Werden Sie diese Dinge auch bei einer Auswanderung haben? Was ist, wenn das »Projekt Auswanderung« scheitert? Haben Sie dann immer noch diese Dinge, die Ihnen wichtig sind?

✔ **Was treibt Sie an?** Wollen Sie reich werden oder einfach nur in Ruhe in der Sonne leben? Was wollen Sie erreichen? Und innerhalb welchen Zeitraums?

✔ **Wovor haben Sie Angst?** Hier sollten Sie Dinge nennen, die Ihnen vielleicht auch früher schon Schwierigkeiten gemacht haben. Welche Ihrer Schwächen könnte der Auswanderung im Weg stehen? Es kann zum Beispiel sein, dass Sie sich bis jetzt immer für wenig sprachbegabt gehalten haben. Vielleicht macht es Ihnen auch Sorgen, wie Ihr Partner oder Ihre Kinder in der neuen Heimat zurechtkommen werden. Oder Sie müssen mit einem dünnen Finanzpolster starten und fürchten, in eine finanzielle Notsituation zu geraten.

Nun haben Sie also Ihre Vergangenheit, Ihre Wünsche und Ängste schwarz auf weiß vor sich. Sehen Sie jetzt wirklich die Geschichte Ihres Lebens vor sich? Was fehlt? Vielleicht benötigt die Geschichte Ihres Lebens hier und da noch ein paar Ergänzungen, aber sicher wird Ihnen nun deutlicher, woher Sie kommen, was Sie können und was Sie überhaupt ins Ausland treibt.

Filmtipp: Chocolat

Man kann sich den Film »Chocolat« (USA/GB 2000) von Lasse Hallström sicher unter vielen Vorzeichen ansehen: Mit der Frage nach dem Verhältnis von Moral und Freiheit oder von Genuss und Pflicht.

»Chocolat« ist aber auch die Geschichte eines getriebenen Menschen: Im Winter 1959 kommt Vianne Rocher (Juliette Binoche) mit ihrer Tochter Anouk (Victoire Thivisol) in das kleine französische Städtchen Lansquenet-sous-Tannes, um dort eine Chocolaterie zu eröffnen. Dem sittenstrengen Bürgermeister Comte de Reynaud (Alfred Molina) gefällt es nicht, dass sie das mitten in der Fastenzeit tut. Noch weniger kann er akzeptieren, dass Anouk ein uneheliches Kind ist. Obwohl sich Vianne bald einige Freunde macht, spitzt sich der Konflikt zu, als Zigeuner in die Stadt kommen und von Vianne freundlich empfangen werden. Doch je näher Vianne den Menschen des Städtchens kommt, desto mehr zeigt sich auch, dass sie eine getriebene ist, die immer wieder an einen neuen Ort muss, wenn sie beginnt, sich zu Hause zu fühlen …

Sollten Sie sich den Film mit Familie oder Freunden ansehen, finden Sie hier ein paar Fragen, die ein Gespräch über den Film und Ihre Situation anregen sollen:

✔ Ist Vianne eigentlich so frei und unabhängig wie sie scheint? Lebt sie ihr Leben – oder wird sie angetrieben?

✔ Wie frei ist Viannes Tochter Anouk? Was erfahren wir über das Mädchen und seine Einstellung zum Wanderleben? Welche Rolle spielt ihr imaginärer Freund, das fußkranke Känguru?

✔ Wie haben Sie sich während des Films gefühlt? Weckt Viannes Leben in Ihnen Sehnsucht? Oder vielleicht etwas anderes?

✔ Mit welcher Figur des Films können Sie sich am ehesten identifizieren?

Wenn Sie mit Ihrem Partner auswandern möchten, sollten natürlich beide diese Lebensbilanz ziehen. Unterhalten Sie sich über Ihre Biografien, wenn Sie Ihre Lebenswege aufgeschrieben vor sich haben. Vielleicht fällt dem Partner etwas ein, was man vergessen hat. Es ist gut, seine Stärken und Schwächen auch von jemand anderem beurteilen zu lassen. Und schließlich wird deutlich, ob es gemeinsame Ängste gibt, die überwunden werden müssen, oder ob jeder Partner seine ganz eigenen Ängste mit ins Projekt »Leben im Ausland« bringt.

Alternativen schließen einander aus

Bevor Sie sich weiter an die Entscheidung für oder gegen eine Auswanderung herantasten, sollten Sie sich eine wichtige Tatsache vor Augen halten: Alternativen schließen einander aus! Wählen Sie den einen Weg, entscheiden Sie sich gegen einen anderen. Entscheiden Sie sich *für* Deutschland, entscheiden Sie sich damit gleichzeitig *gegen* die Auswanderung.

Das mag auf den ersten Blick selbstverständlich scheinen, hilft aber dabei, die Angst der Menschen (und vielleicht Ihre eigene Angst?) vor Entscheidungen zu verstehen. Denn für jedes »Ja«, das man spricht, spricht man auch ein »Nein«. Und nicht nur das. Man hat ja nicht immer das Glück, sich zwischen einer offensichtlich guten und einer offensichtlich schlechteren Alternative entscheiden zu können. Das wäre leicht. Manchmal wird einem auch deutlich, dass man sich zwischen zwei guten Wegen entscheiden muss. Und das hat etwas Beängstigendes. Denn man muss verzichten. Und die Alternative, die auch gut schien, geht verloren …

Sich zu entscheiden bedeutet »Nein« zu sagen zu anderen Möglichkeiten. Es bedeutet auch, Verantwortung zu übernehmen. Denn an der eigenen Entscheidung kann niemand sonst schuld sein. Niemand, noch nicht einmal die Arbeitslosigkeit und Hartz IV können Sie gegen Ihren Willen ins Ausland treiben. Es ist Ihre Entscheidung und Ihre Verantwortung. Daher ist es in einer Partnerschaft wichtig, gemeinsam eine Entscheidung zu treffen, die beide tragen können. Nur dem Partner zuliebe einer Auswanderung oder einem Auslandseinsatz zuzustimmen, ist eine schlechte Wahl. Denn es wird schwierig werden, wenn in jeder späteren Krise einer der Partner behauptet, dass er zur Auswanderung überredet und gedrängt wurde.

Man kann auch die Entscheidung treffen, sich nicht zu entscheiden – und entscheidet damit doch einfach, dass man bleibt, wo man ist und alles so bleibt, wie es ist. Das Bleiben kann natürlich die bessere Alternative zur Auswanderung sein. Doch wenn Sie schon über die Auswanderung nachdenken, sollten Sie sich auch wirklich entscheiden und die Dinge nicht einfach nur geschehen lassen. Sie werden auch in Deutschland zufriedener leben, wenn Sie wissen, warum Sie geblieben sind. Lassen Sie aber einfach nur die Zeit verstreichen, bis es zu spät ist, werden Sie sich in Zukunft vielleicht immer wieder einmal fragen, ob Sie »damals« nicht vielleicht doch hätten gehen sollen … also um Ihrer Seelenruhe willen: Entscheiden Sie sich.

Von Angebot und Nachfrage

Sie werden merken, wie im Laufe dieses Kapitels »die Luft dünner« wird. War zunächst in Wünschen und Träumen alles erlaubt, geht es im Folgenden immer mehr um die Fakten und die tatsächlichen Möglichkeiten und Hindernisse. Dabei muss man einer Tatsache nüchtern ins Auge sehen: Noch nicht einmal die klassischen Einwanderungsländer wie die Vereinigten Staaten, Kanada oder Australien nehmen heute noch jeden auf, der einwandern möchte (diesen Luxus gönnt sich nur noch die französische Fremdenlegion).

Worauf es in den meisten Fällen ankommt, ist, dass Sie einen Beruf haben, der im betreffenden Land gebraucht wird, und das auch mit entsprechenden Diplomen nachweisen können. Für Ihre Bewerbungen wird es Ihnen helfen, wenn Sie Diplome, Zeugnis und Arbeitszeugnisse in die Landessprache übersetzen lassen. Je besser Ihre berufliche Qualifikation, desto höher ist die Chance auf ein Visum mit Arbeitsgenehmigung.

Doch auch wenn Sie eine Selbstständigkeit anstreben, sollten Sie ein paar Dinge nicht außer Acht lassen:

- ✔ Zunächst einmal müssen Sie klären, unter welchen Voraussetzungen Ausländer überhaupt ein Geschäft eröffnen dürfen. Welche Qualifikationen verlangt man von ihm? Müssen Sie vielleicht die Landessprache sprechen? Denken Sie daran, es geht nicht nur um das Gespräch mit dem Kunden. Auch Buchhaltung und Steuererklärung kommen in der neuen Sprache auf Sie zu.
- ✔ Wie stellen Sie überhaupt fest, ob Ihre Geschäftsidee Aussicht auf Erfolg hat? Wie viele deutsche Bäckereien verträgt Phuket, und wie viele deutsche Metzger Kapstadt? Von Deutschland aus ist diese Frage sehr schwierig zu klären. Wahrscheinlich werden Sie nicht um einen Vorabbesuch in Ihre Wunschheimat herumkommen.
- ✔ Wie viel Geld werden Sie brauchen, um ein Geschäft zu eröffnen und die erste Zeit ohne oder nur mit wenig Einkommen zu überstehen? Dazu sollten Sie herausfinden, wie hoch der Durchschnittslohn in Ihrem Zielland ist und wie hoch die Kosten ihres Produkts. Wird es viele Menschen geben, die Ihr Produkt möchten und es sich auch leisten können? Werden Sie in der Lage sein, mehr zu verdienen als den landesüblichen Durchschnittslohn, oder werden Sie sogar damit zufrieden sein (müssen)?

Wenn Sie wirklich planen, sich in der neuen Heimat selbstständig zu machen, werden Sie um eine kleine »Forschungsreise« nicht herumkommen. Doch bereiten Sie Ihre Reise auch gut vor. Versuchen Sie, bereits von Deutschland aus Deutsche zu finden, die schon in Ihrem Zielgebiet leben. Was halten diese von Ihrer Geschäftsidee? Vielleicht zielen Sie mit Ihrem Produkt oder Ihrer Dienstleistung ja auch mehr auf Touristen. Doch wie lange dauert die Saison und womit werden Sie in der übrigen Zeit Ihr Geld verdienen?

Informationen sammeln

Nun wird es konkret: Welches Auswanderungsziel haben Sie denn im Auge? Welches Land ist das Ziel Ihrer Wünsche und Träume? Vielleicht kennen Sie Ihr Traumland ja schon aus dem Urlaub, vielleicht nur aus Fernsehen und Büchern. Was aber gefällt Ihnen so sehr an Ihrem Traumland? Ist es das Klima? Die Menschen? Die beruflichen Möglichkeiten? Oder gar die Liebe? Nichts ist ein schlechter Grund, Sie sollten sich allerdings jetzt daranmachen, Ihre Ansichten und Ihren Eindruck zu überprüfen.

Geben Sie bei www.wikipedia.de das gewünschte Land ein und schon bekommen Sie eine Fülle an Informationen zu Geschichte, Politik und Wirtschaft des betreffenden Landes. Am Ende jeder Seite finden Sie dann auch noch Literaturhinweise und Internetadressen. Diese umfassen meist die offiziellen Webseiten der jeweiligen Regierung und manchmal sogar Auswanderer-Foren.

Worauf sollten Sie nun achten? Zunächst einmal auf alles, was das betreffende Land für Sie attraktiv macht. Sie suchen Sonne und Meer? Dann schauen Sie sich besonders das Klima an: Gibt es Jahreszeiten und wie lang sind eigentlich die Sonnenperioden? Kann man am Meer auch leben und arbeiten? Es gibt viele Fakten, die Ihren ersten Eindruck bestätigen oder korrigieren können.

Hier einige Bereiche, über die Sie sich informieren sollten:

- ✔ Ist das Land politisch stabil? Ist das politische System eines, unter dem Sie leben können? Hier geht es auch um Gewissens- und Glaubensfragen. Als gläubiger Christ möchten Sie vielleicht nicht unbedingt in einem islamischen Land wohnen, in dem es strafbar ist, die Bibel außerhalb der eigenen vier Wände zu zeigen (so zum Beispiel in Saudi-Arabien). Und als aufrechter Demokrat werden Sie kaum nach Nordkorea auswandern wollen …
- ✔ Welche Sprache wird in Ihrer Wunschheimat gesprochen? Nur eine oder je nach Landesteil verschiedene (wie in der Schweiz)?
- ✔ Ist Ihnen das Klima wichtig? Sonne und Wärme? Vielen Menschen ist das Wetter extrem wichtig und sogar Auswanderungsgrund. Aber Achtung: »Spanien« muss nicht immer gleich auch »Meer« bedeuten. Ist es sinnvoll, nach Australien auszuwandern, wenn Sie rothaarig und hellhäutig sind? In Norwegen werden alle möglichen Arbeitskräfte gesucht – aber würde Ihnen Bergen, die zweitgrößte Stadt Norwegens, wohl zusagen? Bergen ist nämlich mit etwa 248 Regentagen im Jahr die regenreichste Stadt Europas. Wem allerdings das Wetter egal ist – auf nach Bergen!
- ✔ Welche Arbeitskräfte werden in Ihrem Wunschland wohl benötigt? Österreich bietet viele Stellen im Tourismus, Spanien sucht Maurer, Ärzte und Krankenschwestern beziehungsweise –pfleger. In den Niederlanden haben Sie gute Chancen, als Koch eine Anstellung zu finden. Informationen zu den Berufen, die in einzelnen Ländern gesucht werden, finden Sie für Europa unter: http://ec.europa.eu/eures/
- ✔ Wenn Sie Kinder haben, wird auch das Schulsystem ein wichtiger Faktor sein. Wie würden Sie den Wechsel vom deutschen auf ein anderes Schulsystem organisieren? Welche Sprache wird in der neuen Schule gesprochen? Oder gibt es in Ihrem Traumland sogar eine deutsche Schule? Erkennt man in Deutschland bereits erlangte Abschlüsse an?

Es wird am besten sein, wenn Sie auch hier Papier und Stift zur Hand haben, damit Sie später bei Gesprächen mit anderen oder beim eigenen Nachdenken immer alle Infos erreichbar haben. Internetseiten, die Ihnen wertvoll erscheinen, können Sie sich auch gleich ausdrucken und die Texte mit Anmerkungen und Markierungen versehen.

Überlegen Sie sich aber auch gut, was Ihre ersten Schritte in der neuen Heimat sein sollten:

- ✔ Wovon werden Sie in der neuen Heimat leben? Möchten Sie wirklich ohne Job aufbrechen oder nehmen Sie sich lieber vorher die Zeit, sich Arbeit zu suchen?
- ✔ Wo werden Sie wohnen? Werden Sie es riskieren, teure Übergangslösungen (zum Beispiel im Hotel) in Kauf zu nehmen? Vielleicht ist es tatsächlich billiger, schon einmal in das Land zu reisen und eine Wohnung zu suchen, als später viel Geld für Hotels auszugeben.
- ✔ Welche Behörden sind für Sie zuständig? Sollten Sie vor der eigentlichen Auswanderung schon einmal in Ihre neue Heimat reisen, informieren Sie sich über die Dokumente und Papiere, die Sie für Visum und Arbeitserlaubnis brauchen werden. Am besten kopieren Sie das alles auch schon in Deutschland. Schwierig wird es, wenn Sie Dokumente und Bestätigungen brauchen, die Ihnen eine deutsche Behörde um die halbe Welt schicken muss.

Man kann niemals auf alles vorbereitet sein. Doch ein paar grundsätzliche Überlegungen und ein paar Telefonate und Internetsitzungen werden sich bei den ersten Schritten in der neuen Heimat auszahlen.

Sich Zeit lassen

Wenn Sie sich bis hierhin durchgearbeitet haben, sollten Sie schon einen tüchtigen Stapel an Notizen in der Hand halten. Oft findet man gerade im Internet mehr Informationen, als man eigentlich sucht. Vielleicht fehlt Ihnen aber auch ein wenig der Überblick darüber, was wirklich notwendig ist und was nicht. Wichtig ist aber zunächst, dass Sie sich Zeit lassen.

Lassen Sie die Informationen in Ihnen arbeiten, denken Sie darüber nach und schreiben Sie sich Fragen auf, die Ihnen jetzt neu kommen. Setzen Sie sich vor allem nicht unter Zeitdruck. Es macht auch nichts, wenn Sie zwischendurch einmal nicht weiterwissen, wenn Sie unsicher werden und daran zweifeln, ob eine Auswanderung wirklich so eine gute Idee ist. Denn in diesen Momenten muss sich auch zeigen, ob die Leidenschaft für eine Auswanderung größer ist als die Angst vor den Hindernissen.

Rat einholen

In Situationen, in denen man wichtige Entscheidungen treffen muss, sind jedem Menschen Freunde zu wünschen. Lebt man in einer Partnerschaft, diskutiert man das Für und Wider einer Auswanderung natürlich mit seinem Partner. Doch ganz objektiv ist ja auch er nicht: Man sitzt schließlich gemeinsam in einem Boot; und Wünsche und Träume, Hoffnungen und Ängste gibt es bei beiden Partnern.

Also ist es gut, Freunde zu fragen. Vielleicht haben Sie mit Ihren Freunden schon öfter gemeinsam über eine Auswanderung gesponnen. Nun aber soll es ernst werden. Ihre Freunde mögen Ihre Wünsche und Träume schon lange kennen, nun aber sollen sie ihre Meinung zu Ihren ganz konkreten Plänen abgeben. Der Stapel voller Notizen mit Bedenken und Chancen, Informationen und offenen Fragen ist auch für Ihre Freunde bestimmt. Vielleicht sehen sie Wege, wo man selbst keinen Weg gesehen hat. Und vielleicht Hindernisse da, wo man selbst eine offene Tür gesehen hat. Vielleicht ist der gute Freund aber auch derjenige, der sich wundert, warum man mit seinen Träumen und Fähigkeiten nicht schon viel eher die Koffer gepackt hat …

Den Rat guter Freunde sollte man nicht unterschätzen. Im besten Falle helfen sie einem, seinen Blick zu weiten und Möglichkeiten und Chancen da zu sehen, wo man vorher keine sah.

Es gibt natürlich auch die Möglichkeit, sich professionelle Hilfe zu holen. Zum einen könnten Sie sich einfach einen Coach suchen, der Ihnen hilft, Ordnung in Ihre Gedanken zu bringen, und Sie auf dem Weg zur Entscheidung begleitet. Zum anderen gibt es besondere Beratungsstellen für Menschen, die auswandern wollen, etwa das Raphaels-Werk der katholischen Kirche. Hier stehen Ihnen erfahrene Berater zur Seite. Solche Beratung kostet natürlich Geld, ist aber in keinem Fall zum Fenster hinausgeworfen. Adressen von Beratungsstellen finden Sie im Anhang.

Auch kritischen Stimmen zuhören

Erwarten Sie von Freunden und Beratern nicht nur Bestätigung. Freunde sind auch für die unbequemen Fragen da und Berater werden auch dafür bezahlt, zu warnen, wenn sie Gefahren entdecken. Das ist der Job der Berater und die Verantwortung Ihrer Freunde.

Vielleicht ist es der gute Freund, der Sie danach fragt, ob Sie auswandern wollen oder in Wahrheit nur auf der Flucht vor den Schwierigkeiten in Deutschland sind. Oder es ist der gute Freund, der Sie darauf hinweist, dass Ihre Englischkenntnisse wirklich noch nicht das sind, was sie sein sollten. Und der Auswanderungsberater kann derjenige sein, der Sie darauf hinweist, dass Sie mit Ihrem Schuldenberg im Ausland einen schweren Start haben werden.

Den positiven Beitrag, den auch Kritik in Bezug auf Planung und Entscheidung für eine Auswanderung liefern kann, sollte man nicht unterschätzen:

- ✔ Kritik soll Schwächen und Ungereimtheiten in einer Überlegung aufdecken. Oft ist man so sehr in seiner Welt gefangen, dass man das Offensichtliche nicht mehr sieht. Wurde man auf eine Schwäche hingewiesen, kann man sich manchmal nur wundern, nicht selbst darauf gekommen zu sein.
- ✔ Kritikern fällt auch schnell auf, wenn Pläne zu sehr von Vermutungen leben. »Wenn ich das richtige Geschäftslokal finden würde und im Monat 100 Kunden hätte, würden wir gut über die Runden kommen ...« Ein aufmerksamer Zuhörer wird zumindest nachfragen, auf welche Fakten man seine Annahmen gründet.
- ✔ Gegen Kritik sollte man sich erst einmal nicht verteidigen, sondern sie in Ruhe überdenken. Wenn sie hilft, Fehler auszumerzen, macht sie einen Plan nur besser. Also auch wenn es wehtut: Erst mal ruhig durchatmen, bis zehn zählen und sich für die Kritik bedanken!

Manchmal finden Sie vielleicht auch nach reiflicher Überlegung noch, dass eine Kritik fehl am Platze war. Wenn es aber um Ihre Auswanderung geht, sollten Sie daran denken, dass Familie und Freunde Sie (hoffentlich) nicht verlieren wollen. Da kann es schon mal passieren, dass jemand Ihren Plan schlecht macht, weil er Sie einfach so gern hat ...

Doch auch wenn man vorgebrachter Kritik ruhig begegnen kann, sollte man darauf achten, welche Gefühle und Gedanken sie in einem auslöst.

Kritik soll Ihre Planung verbessern, aber nicht Ihr Selbstbewusstsein schmälern.

- ✔ Schimpfen Sie nicht auf sich selbst. (»Wie komme ich Dummkopf nur darauf, auswandern zu wollen?«)
- ✔ Denken Sie nicht schlecht von Ihren Wünschen. (»Wie kann ich armer Schlucker nur von der Karibik träumen?«)
- ✔ Werfen Sie sich Ihre Fehler nicht vor. (»Wenn ich nicht so blöd wäre, hätte ich daran schon selbst gedacht.«)
- ✔ Rauben Sie sich nicht selbst den Mut. (»Das schaffen wir nie.«)

Da, wo man selbst um Kritik und Rat bittet, ist Kritik selten böse gemeint. Im Grunde benutzt man die Hilfe anderer, um den eigenen Plan möglichst »wasserdicht« zu machen.

Filmtipp: Zeiten des Aufruhrs – Revolutionary Road

Frank Wheeler (Leonardo DiCaprio) und seine Frau April (Kate Winslet) ziehen 1955 in eine Vorstadt, um ihre Kinder dort großzuziehen. April, die eine Schauspielschule besucht hat, ist nun Hausfrau, während Frank in Manhattan in einer Firma als kleines Rädchen im Getriebe arbeitet. Beide aber sind unzufrieden und merken, dass sie anders sind als ihre Nachbarn in der Vorstadt und die Kollegen in der Firma.

April greift einen alten Traum von Frank wieder auf, als sie vorschlägt, nach Paris zu ziehen, um sich dort »wirklich lebendig« zu fühlen. Frank, der sich anfangs unsicher ist, findet auch nach und nach Freude an dem Gedanken. Kollegen, Freunde und Nachbarn bringen ihnen dagegen nur Unverständnis entgegen.

Doch eine Beförderung lässt Frank sich mit seiner Situation abfinden, langsam treiben Frank und April auseinander. Mit Aprils erneuter Schwangerschaft zerbricht der Traum von Paris endgültig und mit ihm eine Ehe …

»Zeiten des Aufruhrs« (USA 2008) ist nicht gerade das, was man »Popcorn-Kino« nennen kann. Nach den zwei Stunden werden Sie zunächst wahrscheinlich nicht sehr gesprächig sein. Hier einige Fragen, mit denen Sie und Ihr Partner ein Gespräch beginnen können. Im besten Falle fassen Sie sich ein Herz und sprechen über die versteckten Ängste und Hoffnungen, die das Thema Auswanderung in der letzten Zeit bei Ihnen hinterlassen hat.

- ✔ Was macht den Wheelers das Leben so unerträglich?
- ✔ Wann wird ihnen zum ersten Mal die Wahrheit über ihr Leben bewusst und wie reagieren sie darauf?
- ✔ Welchen Eindruck vermittelt Frank, wenn er mit Kollegen oder Nachbarn über Paris redet?
- ✔ Warum ist Paris für April so wichtig?
- ✔ Finden Sie Ihre Ängste und Hoffnungen in April und Frank wieder?

Kassensturz

Geld und Auswanderung – auch diese beiden Themen lassen sich nicht voneinander trennen. Und so gehört zur Entscheidung für oder gegen die Auswanderung auch die finanzielle Seite. Am besten schreiben Sie auch jetzt wieder alles auf eine Liste, um Ihre Berechnungen jederzeit zur Hand zu haben.

Da ist zunächst einmal die Habenseite:

- ✔ Wie hoch sind Ihre Ersparnisse? Und wie viel können Sie bis zum geplanten Ausreisetermin noch zur Seite legen?
- ✔ Gibt es ein Haus oder eine Wohnung, die Sie verkaufen werden? Wie viel Geld wird Ihnen danach zur Verfügung stehen? Müssen noch Kredite abgegolten werden?
- ✔ Vielleicht planen Sie auch, Ihr Haus oder Ihre Eigentumswohnung zu vermieten. Welcher Betrag wird Ihnen daraus monatlich zur Verfügung stehen?
- ✔ Gibt es Ansprüche auf Unterhalt, Renten oder Ähnliches?
- ✔ Falls Sie in der neuen Heimat schon eine Arbeit haben, wie hoch wird Ihr Gehalt sein?

Falls Sie an diesem Punkt auch das Kindergeld einrechnen wollen, muss ich Sie enttäuschen. Als Auswanderer, der seinen Wohnsitz und seine Arbeit – also seinen Lebensmittelpunkt – ins Ausland verlegt und einem anderen Sozialsystem angehört, verlieren Sie Ihren Anspruch auf Kindergeld.

Nun zu den Ausgaben – dem, was Sie zur Verfügung haben, stehen nun beträchtliche Ausgaben gegenüber. Detaillierter beschrieben finden Sie die Positionen in Teil III, für die Entscheidung und die Planung reicht aber ein erster Überblick:

- ✔ Gebühren für Visa und Arbeitsgenehmigungen. In vielen Ländern müssen Sie das erste Visum schon in Deutschland beantragen, wenn es mehr als ein dreimonatiges Touristenvisum sein soll. Planen Sie auch Reisekosten ein, falls sich die entsprechende Botschaft weiter von Ihrem Zuhause entfernt befindet.
- ✔ Gehen Sie in eine Tropenregion, in der Sie gegen bestimmte Krankheiten geimpft sein sollten? Auch diese Impfungen müssen Sie normalerweise aus eigener Tasche bezahlen.
- ✔ Umzugskosten. Reicht ein Möbelwagen für einen Umzug innerhalb der EU oder muss es ein Container sein, der Ihr Hab und Gut auf dem Seeweg in die neue Heimat bringt? Neben den Frachtkosten kommen eventuell auch Zölle und Steuern auf Sie zu.
- ✔ Falls Sie ohne Job gehen – wie werden Sie und Ihre Familie krankenversichert sein?
- ✔ Passen Steckdosen und Netzspannung des Ziellandes zu Ihren Elektrogeräten? Unter Umständen muss man auch diese neu anschaffen.
- ✔ Manchmal verlangt ein Land von einem Einwanderer ohne Arbeit zumindest ein finanzielles Polster, das ihn über die erste Zeit bringt.

Mit ein wenig Überlegung kann man hier noch etliche weitere Posten finden. Hier gilt es nun sehr genau abzuwägen, ob die finanziellen Rücklagen für eine Auswanderung reichen. Es kann durchaus der Fall sein, dass man eine Auswanderung eine Weile verschieben muss, weil man zunächst finanzielle Rücklagen bilden muss.

Die Pro-und-Kontra-Liste

Wahrscheinlich liegt auf Ihrem Notizenstapel mittlerweile auch ein Haufen Listen. Fassen Sie also einmal alles zusammen und schreiben Sie die Liste der Listen: die Pro-und-Kontra-Liste. Auf die »Pro«-Seite kommen alle Argumente, die für eine Auswanderung sprechen, auf die »Kontra«-Seite die Argumente, die dagegensprechen.

Wer schon mal eine solche Liste erstellt hat, weiß auch, dass er mit Liste manchmal auch nicht schlauer war als vorher. Wie kann man die Liste so erstellen, dass sie auch wirklich zu einer Entscheidung verhilft? Wenn man aber ein paar Dinge beachtet, kann die Liste ganz nützlich sein:

- ✔ **Die Liste sollte konkret sein.** »Die Menschen in … scheinen Deutsche zu mögen.« Nun, das ist zwar ein netter Eindruck, aber will man deshalb dorthin auswandern? Man darf seine Wünsche und Hoffnungen nicht mit Fakten verwechseln. Es scheint, es klingt gut, ich glaube, dass – sind Formulierungen, die nicht gerade auf konkretes Wissen schließen lassen. Ganz anders klingt da: »Auf dem Arbeitsamt sagte man mir, dass deutsche Schlosser willkommen sind.« Bei einer solchen Aussage hat man gleich ein deutliches Pro. Wenn es also möglich ist, sollte in die Liste konkretes Wissen fließen.

- ✔ **Man darf nicht Äpfel mit Birnen vergleichen.** »In XYZ kann ich mehr verdienen, dafür ist in ABC das Wetter schöner …« Das klingt zwar wie ein echtes Pro und Kontra, hilft aber eigentlich nicht weiter. Hier müsste man zunächst einmal entscheiden, was überhaupt wichtiger ist – Klima oder Gehalt?

- ✔ **Die Länge der Liste ist nicht entscheidend.** Häufig wird der Fehler gemacht, dass man sich für die Seite der Liste entscheidet, die die meisten Einträge hat. Zehn »Pros« und zwölf »Kontras« – also »nein«?? So einfach darf man es sich nicht machen. Denn wie schon beim vorherigen Punkt kommt es auf die Wichtigkeit der Punkte an. Wem das Gehalt und ein hoher Lebensstandard wichtig sind, dem ist es vielleicht egal, wenn er dafür auf die Wohnung in Strandnähe und Palmen im Garten verzichten muss. »Kein Meer, kein Strand, keine Palmen« wiegen als drei Kontras dann vielleicht viel weniger schwer als das Pro »gesichertes Einkommen«.

- ✔ **Man sollte sich nicht selbst beschummeln.** »Zu heiß, zu laut, zu schmutzig« sind negative Formulierungen, mit denen man schon eine Vorentscheidung trifft. »Zu heiß« könnte man ja auch »schön warm« nennen, »zu laut« als »lustige Leute mit offenem Temperament« und »zu schmutzig« als »einfache, authentische Lebensweise« bezeichnen. Man sollte also darauf achten, ob man nicht eine Pro-und-Kontra-Liste schreibt, die nur das bestätigt, was man eigentlich schon will, aber noch nicht wagte zu entscheiden.

Erstellen Sie die Liste zusammen mit Ihrem Partner oder einem Freund. Ein wenig gegenseitige Korrektur kann der Liste nur guttun.

Wer es nun doch noch genauer wissen will, kann auch ein »Auswandern auf Probe« buchen. Drei Monate lang können Sie in ein Land Ihrer Wahl »auswandern« – inklusive Sprachkurs und Orientierung auf dem Arbeits- und Wohnungsmarkt. Die Sache ist nicht unbedingt billig, aber vielleicht lohnt sich der genaue Blick auf die Wunschheimat, auch wenn das vielleicht bedeutet, dass man noch einmal zwei Jahre sparen muss, bis es wirklich losgeht. Andererseits ist eine Vorabreise, wenn sie gut organisiert ist, nicht der schlechteste Schritt auf dem Weg zu einer endgültigen Entscheidung. Informationen finden Sie unter www.auswandern-auf-probe.de.

Wenn Ja, dann Ja

Kann die Entscheidung nun fallen? Haben Sie eine Vorstellung davon, worauf Sie sich einlassen? Oder haben Sie mittlerweile gemerkt, dass der Traum vom Auswandern doch lieber nur ein Traum bleiben sollte? Wie auch immer Sie sich entschieden haben – nehmen Sie sich Zeit, alles noch einmal zu überdenken.

Haben Sie sich gegen eine Auswanderung entschieden, sollten Sie genau wissen, warum. Denn irgendwo war ja da in Ihnen eine Sehnsucht nach Veränderung. Sie möchten nicht Ihr ganzes Leben lang bereuen, nicht gegangen zu sein. Vielleicht haben Sie entdeckt, dass Sie woanders nicht die Sicherheit finden, die Sie brauchen. Das hat nichts mit Feigheit zu tun, Menschen haben einfach unterschiedliche Bedürfnisse. Bleiben Sie in Deutschland und genießen Sie es, an dem Platz zu sein, an dem Sie sein wollen.

Und wenn Sie sich für eine Auswanderung entschieden haben? Dann aber los, es gibt viel zu tun. Nur zweifeln Sie nicht bei jeder Schwierigkeit Ihre Entscheidung an. In dem Falle sollten Sie wirklich darüber nachdenken, ob Sie die richtige Entscheidung getroffen haben. Natürlich gehören auch Angst und Zweifel zu einer Auswanderung dazu. Nur dürfen Sie sich nicht für den Rest Ihres Lebens fragen, ob Deutschland zu verlassen wohl richtig war. Allein schon deshalb ist es wichtig, die Entscheidung für die Auswanderung auf solide Füße zu stellen.

Sie wollen es also tatsächlich wagen, ein neues Leben in einem neuen Land zu beginnen? Dann warten noch viele tolle Erlebnisse, Abenteuer und manche Hindernisse auf Sie.

Auslandseinsatz und die Personalabteilung

3

In diesem Kapitel

- Was man mit seinem Arbeitgeber abklären sollte
- Die soziale Absicherung
- Steuern hier und dort
- Sozialversicherungsabkommen zwischen Staaten

Wenn man von seinem Arbeitgeber ins Ausland entsandt wird, hat das viele Folgen für die Sozialversicherung. Auch was die Steuern angeht, ist nicht mehr alles so einfach wie zu Hause. In diesem Kapitel finden Sie einige wichtige Dinge, auf die Sie achten müssen. Es dient der Vorbereitung für Ihre Treffen mit der Personalabteilung. Nach der Lektüre dieses Kapitels werden Sie Ihren Entsendungsvertrag mit etwas mehr Wissen beurteilen können.

Die rechtlichen Fragen im Zusammenhang mit einer Entsendung werden in diesem Kapitel nur angerissen. Rechtlich verbindliche Auskünfte kann es Ihnen nicht erteilen. Zum einen ändern sich Gesetze und Verordnungen und es ist wichtig, immer auf dem neuesten Stand zu sein. Zum anderen sind das Steuer- und Sozialversicherungsrecht bei einer Entsendung so komplex, dass tatsächlich nur Fachleute den wirklichen Überblick behalten können.

Man muss sich um Sie kümmern

Wenn eine Firma einen Arbeitnehmer ins Ausland schickt, muss sie auch dafür sorgen, dass es ihm gut geht. Das nennt man die »allgemeine Fürsorgepflicht«. Nun ist normalerweise nicht ganz genau geregelt, was zur Fürsorgepflicht gehört. Da uns das aber im Großen und Ganzen der gesunde Menschenverstand sagt, findet im Gesetz das Prinzip von »Treu und Glauben« Anwendung. Dieses Prinzip schützt den Glauben der jeweiligen Vertragspartner daran, dass alle Vertragsparteien sich anständig verhalten werden.

Beim Grundsatz von »Treu und Glauben« ist auch vieles Ansichtssache. So kann es vorkommen, dass ein im Ausland arbeitender Angestellter überrascht feststellt, dass seine deutsche Krankenkasse ihm nur 80 Prozent der Arztkosten erstattet, die im Ausland anfallen. Er fragt also im Personalbüro seines Unternehmens in Deutschland nach, ob das so richtig sei oder ob sogar das Unternehmen die Differenz trägt. Als Antwort hört er, dass die Krankenkassen das unterschiedlich handhaben und die Erstattungssätze seiner Krankenkasse eine Privatsache seien, um die er sich selbst kümmern müsse. In diesem Falle bekäme der Arbeitgeber wahrscheinlich auch Recht – die Erstattungssätze der Krankenkasse sind nicht wirklich Problem der Firma.

Andererseits sollte das Unternehmen darauf achten, dass der Arbeitnehmer gut versorgt und möglichst genau über Ort und Art seiner Arbeit informiert ist. Das Unternehmen sollte auch bei der Ausreise, Wohnungssuche und Behördengängen behilflich sein.

Um spätere Reibereien zu vermeiden, sollten Sie die Punkte, auf die Sie besonderen Wert legen, nicht nur dem Prinzip von Treu und Glauben überlassen, sondern gleich im Entsendungsvertrag festlegen.

Entsendungsrichtlinien oder Improvisation?

Wer in einem Unternehmen beschäftigt ist, das regelmäßig Mitarbeiter ins Ausland entsendet, sollte vor der Zustimmung zum Auslandseinsatz nach den Entsendungsrichtlinien fragen. Diese Richtlinien bilden noch nicht den Vertrag, zeigen den Mitarbeitern aber, wie ihr Auslandseinsatz organisatorisch geregelt und begleitet wird.

Hier einige Punkte, die in den Entsendungsrichtlinien angesprochen sein sollten; gibt es solche Richtlinien nicht, sollte man diese Punkte unbedingt klären:

- ✔ Ist es vorgesehen, dass die ganze Familie mitgeht? Wie ist die Schulausbildung der Kinder geregelt? Wer kommt für die Kosten von Privat- oder Fernschule auf?
- ✔ Reisekosten, Umzug, neues Auto, Möbel und neuer Hausrat – was wird benötigt und was wird vom Arbeitgeber bezahlt? Können Haustiere mitgenommen werden? Beteiligt sich die Firma an der Wohnungssuche? Und welche Umzugsnebenkosten (Hotel, Verpflegung, Mietwagen …) werden bezahlt?
- ✔ Welche zusätzlichen Angebote wie Coaching, Sprachschulen (auch für die Familie?) und Seminare zum Thema Auslandsarbeit bezahlt der Arbeitgeber?
- ✔ In welcher Währung wird das Gehalt bezahlt? Gibt es Auslandszulagen?
- ✔ Wer ist während der Zeit im Ausland der Ansprechpartner? An wen kann man sich bei Fragen zu Steuern und Sozialversicherung wenden?
- ✔ Wie sind Urlaub und Heimreisen geregelt?
- ✔ Welche Regelungen gibt es für den Fall einer Kündigung?
- ✔ Was geschieht nach dem Auslandseinsatz, welche Tätigkeit ist nach der Rückkehr vorgesehen?
- ✔ Wie werden Kranken- und Rentenversicherung geregelt? In welchem Land muss die Steuer bezahlt werden?

Sicher gibt es noch viel mehr Fragen, die bei der Vorbereitung auf einen Auslandseinsatz auftreten können. Gibt es keine ausführlichen Entsendungsrichtlinien, sollten Sie und Ihr Arbeitgeber sich genug Zeit nehmen, auftretende Fragen zu klären. Sollte man Ihnen Entsendungsrichtlinien aushändigen, tun Sie gut daran, sie gründlich zu lesen.

Der Entsendungsvertrag

Jetzt geht es also an die Erstellung des Entsendungsvertrags, der meist zusätzlich zum bisherigen Arbeitsvertrag aufgesetzt wird. Normalerweise arbeitet ein Mitarbeiter für das Unternehmen, das ihn ins Ausland schickt. Man hatte einen Arbeitsvertrag, zu dem man nun noch einen besonderen Entsendungsvertrag bekommt. Der Entsendungsvertrag umfasst mehr oder weniger folgende Punkte:

- ✔ Die Aufgaben des Arbeitnehmers werden bestimmt.
- ✔ Die Länge der Entsendung wird festgelegt.
- ✔ Arbeits- und Urlaubszeiten werden festgelegt.
- ✔ Die Mitnahme von Familienangehörigen sollte ebenfalls in den Entsendungsvertrag aufgenommen werden.
- ✔ Das Gehalt und sonstige Bezüge werden festgelegt.
- ✔ Die Übernahme von Umzugs- und Visakosten, Reisekosten, Kosten für Sprachkurse werden festgelegt. Außerdem sollte angesprochen werden, ob der Arbeitnehmer den Umzug mehr oder weniger allein organisieren muss oder ob eine professionelle Umzugsfirma vom Unternehmen bezahlt wird.
- ✔ Wenn Kinder mit ausreisen, sollte die Übernahme der Schulkosten vereinbart werden. Über mögliche Schulen für die Kinder sollte man sich vorher informieren. Denn von einer öffentlichen Schule, für die man nur die Lehrmittel wie Schulbücher und so weiter bezahlt, bis zu einer teuren Privatschule ist theoretisch alles möglich.
- ✔ Wem und wie oft muss in der Heimat Bericht erstattet werden?
- ✔ Sozialversicherung und eventuelle Sonderleistungen sollten abgehandelt werden.
- ✔ Auch die Frage, in welchem Land der Mitarbeiter steuerpflichtig sein wird, sollte dargelegt werden.
- ✔ Wie ist die Rückkehr aus dem Einsatzland im Notfall geregelt, etwa bei Krankheit oder inneren Unruhen? Gibt es eine Auslandskrankenversicherung, die erkrankte Mitarbeiter im Notfall nach Hause fliegt?
- ✔ Wie ist für die Sicherheit des Mitarbeiters und seiner Familie in unsicheren Gebieten (Irak, Kolumbien) gesorgt? Gibt es Notfallpläne oder sogar eine Lösegeldversicherung?
- ✔ Auch über das weitere Arbeitsverhältnis nach der Entsendung sollte der Vertrag einen Paragrafen enthalten.
- ✔ Zu guter Letzt sollte der Vertrag auch Bedingungen einer Kündigung festlegen.

Besonderes Augenmerk sollten Sie auf die Fragen der Sozial- und Krankenversicherung legen, da Sie mit diesen Fragen im Alltag am häufigsten zu tun haben werden. Wichtig ist, dass Ihre Auslandsentsendung so geregelt wird, dass die deutsche Kranken- und Sozialversicherungen auch im Ausland für Sie gelten. Man nennt das das Prinzip der Ausstrahlung. Der Versicherungsschutz »strahlt« also bis in den Winkel der Erde auf Sie aus, in den sie entsandt wurden.

Ein paar Worte zum Gehalt

Erfahrung ist natürlich nicht alles, was man sich von einem Auslandsaufenthalt wünscht. Auch das Gehalt sollte stimmen. Allerdings ist es nun einmal so, dass die Menschen nicht überall auf der Welt das Gleiche verdienen. Und auch die Lebenshaltungskosten sind von Land zu Land ganz unterschiedlich. Es könnte also sein, dass man je nachdem, wohin es einen verschlägt, mit seinem normalen deutschen Gehalt wie ein Bettler oder wie ein König lebt. Da man aber normalerweise eine gewisse Gleichheit und Gerechtigkeit unter den Mitarbeitern anstrebt, wird der Arbeitgeber das Auslandsgehalt vielleicht neu berechnen. Dazu gibt es verschiedene Möglichkeiten.

- ✔ Zum einen kann man vom Gehalt in Deutschland ausgehen. Man nimmt das Bruttogehalt, gibt eine Auslandszulage dazu, sozusagen als Köder, damit Sie überhaupt ins Ausland gehen. Dazu bekommen Sie vielleicht noch eine Erschwerniszulage. Oft ist das einfach Verhandlungssache. Jetzt sind Sie also bei Ihrem Bruttogehalt im Einsatzland. Steuern bezahlen Sie dort, wo Sie sich mehr als sechs Monate aufhalten. Sie ziehen also den betreffenden Steuersatz und die Sozialversicherungskosten ab, und schon haben Sie Ihr Nettogehalt. Sind die Lebenshaltungskosten Ihres Einsatzlandes wesentlich höher als die deutschen, haben Sie Anspruch darauf, dass Ihnen die Differenz gezahlt wird (der sogenannte Kaufkraftausgleich). Der Kaufkraftausgleich ist steuer- und sozialversicherungsfrei. Die aktuellen Sätze für bestimmte Länder veröffentlicht jeweils das Bundesfinanzministerium.

- ✔ Die zweite Möglichkeit ist, dass man von Ihrem Einsatzland ausgeht. Sie bekommen also das gleiche Bruttogehalt wie Ihre Kollegen vor Ort, bekommen eventuell noch Zulagen und zahlen davon Ihre Steuern im Land Ihres Einsatzes.

Beide Möglichkeiten haben Vor- und Nachteile. Im ersten Falle ist die Gerechtigkeit innerhalb Ihrer Firma gewahrt, denn alle Entsandten bekommen das gleiche Gehalt. Dafür bekommen Sie für die gleiche Arbeit eventuell wesentlich mehr Geld als die Kollegen in Ihrem Einsatzland, was zu Konflikten führen kann. Kommen Sie zurück nach Deutschland, entfallen allerdings dann nur die Zulagen.

Im zweiten Fall kann es sein, dass Sie so wenig verdienen, wie noch nie zuvor in Ihrem Leben – aber genauso viel wie Ihre Kollegen. Auch mit eventuellen Zulagen wird sich Ihr Gehalt vielleicht nicht wesentlich erhöhen. Sicher ist das eine gerechte Lösung, gerade wenn man in wesentlich ärmeren Gegenden der Welt zu tun hat. Die Frage stellt sich allerdings, ob ein Fremder, der es nicht gelernt hat, mit so wenig Geld auszukommen, der ohne soziales Netzwerk und ohne Verwandtschaft und Freunde ist, wirklich die Voraussetzungen dazu hat, mit so wenig auszukommen. Allein der gute Wille reicht oft nicht.

Seien Sie in der Gehaltsfrage ein wenig vorsichtig mit Ihrem Sinn für soziale Gerechtigkeit. In Ländern mit sehr geringem Einkommen, aber relativ hohen Lebenshaltungskosten, wie das oft in Osteuropa der Fall ist, muss man sich schon sehr auskennen, um mit einem örtlichen Gehalt auszukommen. Man muss Leute kennen, vielleicht Familie auf dem Land haben und in ein soziales Netzwerk eingebunden sein, um Dinge statt mit Geld mit Verpflichtungen und Gefälligkeiten regeln zu können. Ein Ausländer kann das zumindest in den ersten Jahren nicht schaffen. In den meisten Fällen wird man wesentlich mehr Geld brauchen als ein einheimischer Kollege, da man wirklich alles bezahlen muss.

Wie die Gehaltsfrage von den Firmen gehandhabt wird, ist ganz unterschiedlich. Manche Firmen zahlen das Bruttoinlandsgehalt plus eine pauschale Zulage, die sich nicht ändert. Das war's.

Andere berechnen die Zulage aus einem täglichen Verpflegungssatz. Danach kann man sich nach den vom Bundesfinanzministerium festgesetzten Sätzen für die einzelnen Länder richten. Dieser Satz liegt zum Beispiel für Australien im Jahr 2010 bei 42 Euro pro Tag. Also 30 beziehungsweise 31 Tage mal 42 Euro, sind 1302 Euro Zulage monatlich. Dazu Entschädigungen für besondere Schwierigkeiten, Zulage zur Wohnung und so weiter – und schon stehen Sie sich finanziell gar nicht mal so schlecht. Im Grunde ist das alles Verhandlungssache, die allerdings von den vielleicht bestehenden Entsendungsrichtlinien des Unternehmens beschnitten wird. Von Vorteil ist es dann natürlich, wenn außer Ihnen sonst eigentlich keiner gehen will …

Die aktuellen Verpflegungsmehraufwandspauschalen und Übernachtungskosten für einzelne Länder kann man auf der Internetseite des Bundesfinanzministeriums in Erfahrung bringen. Diese Liste wird nicht unbedingt jedes Jahr erneuert, auch ändert sich nicht immer für jedes Land etwas.

Ein Hinweis noch zum Urlaubsanspruch. Deutsche Arbeitnehmer stehen im Vergleich zu anderen Ländern meist nicht schlecht da. In vielen Ländern sind 14 Tage oder drei Wochen Urlaub die Regel. Da kommt es nicht besonders gut an, wenn der deutsche Kollege sechs Wochen Urlaub hat. Selbst der Hinweis darauf, dass man von Gesetzes wegen verpflichtet ist, so viel Urlaub zu nehmen, wird die Gemüter kaum besänftigen … Sollte das in Ihrem Fall ein Problem sein und den »sozialen Frieden« gefährden, versuchen Sie das mit Ihren Vorgesetzten in Deutschland elegant zu regeln. Vielleicht kann man Sie zwei Monate zur Berichterstattung und Aufarbeitung nach Deutschland beordern – und Sie nehmen während dieser Zeit drei Wochen Urlaub. Immer noch billiger als ein mieses Betriebsklima …

Wenn es nicht so läuft – die Kündigung

Ist man als Arbeitnehmer erst mal auf dem Weg ins Ausland, fühlt man sich, zumindest was die Arbeitsstelle angeht, normalerweise auf sicherem Terrain. Und wahrscheinlich hat man auch recht damit anzunehmen, dass ein Unternehmen sich nicht die ganze Mühe mit der Entsendung macht, um einen Mitarbeiter dann zu entlassen. Für den Fall der Fälle aber hier doch ein paar Hinweise.

Gekündigt werden Verträge

Wem während der Auslandsentsendung gekündigt wird, der sollte darauf achten, ob ihm alle Verträge gekündigt wurden oder nur die Auslandsentsendung. Dann würde nämlich das Arbeitsverhältnis in Deutschland weiter bestehen. Von wem auch immer die Kündigung ausgeht – um spätere Streitigkeiten zu vermeiden, sollte man darauf achten, dass eindeutig gesagt wird, welcher Vertrag gekündigt wird.

Gerade bei der Auslandsentsendung muss man auch genau nachhaken, ob die Kündigung überhaupt angekommen ist. Auf dem Weg um die halbe Welt gehen sowohl gewöhnliche Briefe wie auch E-Mails schnell einmal verloren.

Vorsicht Falle – Kündigungsgründe

Ob man nun im Ausland arbeitet oder in der Heimat, die Gründe für eine Kündigung seitens des Unternehmens bleiben gleich. Allerdings gibt es auch Kündigungsgründe, die besonders Arbeitnehmer treffen können, die im Ausland arbeiten. Man unterscheidet folgende Kündigungsgründe:

- ✔ **Aus personenbedingten Gründen** kann einem Arbeitnehmer gekündigt werden, wenn er die Leistung, die er bringen müsste, nicht mehr leisten kann. Daran muss der Arbeitnehmer nicht unbedingt selbst schuld sein. Eine langwierige Krankheit mit schlechten Aussichten kann ein solcher Kündigungsgrund sein oder das Nichtbestehen einer erforderlichen Prüfung.
- ✔ **Verhaltensbedingte Kündigungsgründe** sind Diebstahl, sexuelle Belästigung oder andere Straftaten.
- ✔ Eine **Kündigung aufgrund dringender betrieblicher Erfordernisse**. Das kann passieren, wenn der Umsatz zurückgeht, weniger produziert und daher weniger Personal gebraucht wird.

Solche Kündigungen können jeden Arbeitnehmer jederzeit treffen. Und doch gibt es Bereiche, in denen man besonders gefährdet ist, wenn man für seine Firma im Ausland arbeitet. Personenbedingte Entlassungsgründe im Ausland könnten sein:

- ✔ Wenn man nach aller Vorbereitung im Einsatzland plötzlich **keine Aufenthalts- und/oder Arbeitsgenehmigung bekommt**. Obwohl Sie in diesem Fall nichts dafürkönnen, wäre das ein personenbedingter Kündigungsgrund. Sie sollten vorher mit Ihrer Firma darüber sprechen, was in diesem Fall geschieht, damit Sie keine bösen Überraschungen erleben.
- ✔ Ein anderer persönlicher Kündigungsgrund ist die **fehlende persönliche Eignung**. Wer im Büro ständig Spannungen verursacht, weil er sich doch nicht an die fremde Kultur anpassen kann, liefert einen Entlassungsgrund.

Auch die verhaltensbedingten Kündigungsgründe können bei einer Arbeit im Ausland eine ganz eigene Prägung bekommen:

- ✔ So kann man im Ausland plötzlich, unwissend und ganz ungewollt, straffällig werden, einfach weil man die Kultur nicht kennt und andere Länder nicht nur andere Sitten, sondern auch andere Gesetze haben. Eine Strafanzeige kostet in der Regel schon mal Aufenthalts- und Arbeitsgenehmigung, kann den Mitarbeiter aber auch für die Firma untragbar machen. Und das ganz von einer Strafe abgesehen.
- ✔ Es gibt Kulturen, in denen es an sexuelle Belästigung grenzt, wenn man den Kollegen nach dem Wohlbefinden der Ehefrau fragt.
- ✔ Den privaten Gebrauch von Telefon, Internet und E-Mail sollte man mit seinem Arbeitgeber genau abklären. Da diese Kommunikationsformen den hauptsächlichen Kontakt in

die Heimat herstellen, ist man versucht, sie auch während der Arbeitszeit privat zu benutzen. Das könnte allerdings ein Kündigungsgrund sein.

Was die betriebsbedingte Kündigung angeht, kann es natürlich immer mal wieder passieren, dass man sich entschließt, die Filiale in Ihrem Land zu schließen, und man Sie nicht mehr braucht.

Gegen persönliche und verhaltensbedingte Kündigung hilft die gute Vorbereitung durch ein interkulturelles Training, das Sie für sich und Ihre Familie von Ihrem Arbeitgeber einfordern sollten. Was die Kündigung aus innerbetrieblichen Gründen angeht, hilft nur, Augen und Ohren offen zu halten, was in Ihrer Firma so passiert – und viel Glück.

Gebt dem Kaiser ...

Wo auch immer Sie auf dieser Welt arbeiten – irgendjemand will Steuern von Ihnen. Aber wer hat das Recht dazu, sie auch wirklich einzufordern? Natürlich haben sich viele kluge Köpfe zusammengesetzt, um sicherzugehen, dass irgendein Staat seinen Anteil an Ihrem sauer verdienten Gehalt bekommt.

Die Einkommensteuer

Das Prinzip ist einfach. Wohnen Sie in Deutschland (das heißt, Sie sind beim Einwohnermeldeamt gemeldet) oder haben dort Ihren Aufenthalt (mehr als sechs Monate im Jahr, kleinere Unterbrechungen nicht gerechnet), zahlen Sie auch dort Einkommensteuer. Wer dagegen im Ausland wohnt, muss auch keine deutsche Einkommensteuer zahlen.

Doppelt bezahlt wird nicht

Bei der Entsendung ins Ausland muss zunächst einmal geprüft werden, ob Deutschland mit dem betreffenden Staat ein Doppelbesteuerungsabkommen geschlossen hat. Dieses schöne Wort bedeutet, dass ein Steuerpflichtiger in dem Land seine Steuern bezahlt, in dem er sich mehr als 183 Tage im Jahr aufhält. Steuern im Ausland werden also erst fällig, wenn die Entsendung länger als ein halbes Jahr dauert. Bis dahin bezahlen Sie Ihre Steuern weiter in Deutschland. Außerdem muss die Frist von 183 Tagen jedes Jahr neu ermittelt werden.

Ein Doppelbesteuerungsabkommen besteht zwischen Deutschland und mehr als 70 Staaten der Welt. Was schön ist, aber auch wieder ein Problem: Während die 183-Tage-Regelung in vielen Staaten für das Kalenderjahr gilt, berechnen manche Staaten auch das Steuerjahr. In Großbritannien ist das vom 6.4. bis 5.4., in Neuseeland vom 1.4. bis 31.3. in Pakistan vom 1.7. bis 30.6. Es gilt also, sich genau zu erkundigen, was für einen Ausländer natürlich auch nicht so einfach ist. Im günstigsten Falle hat Ihr Unternehmen einen Steuerberater im Zielland, der solche Dinge regelt.

Werden Sie in einem Land ohne Doppelbesteuerungsabkommen arbeiten, gibt es einen besonderen Auslandstätigkeitserlass. Der besagt, dass ein Arbeitnehmer, der im Inland angestellt ist, aber länger als drei Monate ununterbrochen im Ausland arbeitet, von Steuern befreit ist.

Diese Tätigkeit muss eine »begünstigte Tätigkeit« sein. Das sind zum Beispiel das Betreiben von Industrieanlagen (Überwachung, Wartung ...) oder Hilfe bei der Suche oder der Gewinnung von Bodenschätzen. Nicht begünstigt sind allerdings das Personal auf Schiffen oder Leiharbeiter.

Sollten Sie in einem Land arbeiten, das mit Deutschland kein Doppelbesteuerungsabkommen geschlossen hat, muss wieder ein Fachmann genau prüfen, wie und wo Sie steuerpflichtig sind.

Noch ein Wort zum Finanzamt. Natürlich kann man dort anrufen, um Auskünfte zur Besteuerung von Auslandsaufenthalten zu bekommen. Doch wenn es über die 183-Tage-Regelung hinausgeht, wird auch der Finanzbeamte lieber einen Fachmann fragen. Hinzu kommt, dass der Finanzbeamte Ihnen zwar seine Meinung dazu sagen kann, Sie ihn aber im Streitfall nicht darauf festnageln können. Um wirklich sicher zu sein, müssten Sie beim Finanzamt eine »rechtsverbindliche Auskunft« zu Ihrer Frage beantragen. Dann würde das Finanzamt es prüfen und sich mit seiner Aussage festlegen. Aber solch eine Auskunft kostet Gebühren, die sich nach der Höhe des Betrags richten, um den es geht. Als mindesten Betrag nimmt man 5.000 Euro an (der sogenannte Gegenstandswert), was dann 121 Euro Gebühren kostet. Ob man die Antwort als Laie dann auch versteht, ist noch die Frage ...

Auch nicht ohne – die Sozialversicherung

Unter dem Begriff Sozialversicherung fasst man folgende Bereiche zusammen:

- ✔ Krankenversicherung
- ✔ Arbeitslosenversicherung
- ✔ Pflegeversicherung
- ✔ Rentenversicherung
- ✔ Unfallversicherung

Das Schöne ist, dass man als Arbeitnehmer, der für seine Firma ins Ausland geht, in das hervorragende deutsche Sozialversicherungsnetz eingebunden bleibt.

Es strahlt ...

Das Prinzip, das einen deutschen Arbeitnehmer auch im Ausland in der Sozialversicherung hält, nennt sich »Ausstrahlung«. Die deutsche Sozialversicherung folgt Ihnen sozusagen, wo immer Sie auch hingehen – jedenfalls so lange, wie Sie in Deutschland angestellt sind und ein paar Bedingungen erfüllen. Das gilt natürlich auch für die mitversicherten Familienangehörigen. Die Ausstrahlung setzt allerdings Folgendes voraus:

- ✔ Die Entsendung des Arbeitnehmers ins Ausland. Dabei ist es egal, ob der Arbeitnehmer schon im Inland für das betreffende Unternehmen tätig war oder ob er eigens eingestellt wurde, um für die Firma eine Aufgabe im Ausland zu übernehmen.

- ✔ Der Arbeitnehmer muss bei einer Firma in Deutschland angestellt sein.
- ✔ Außerdem muss die Arbeit im Ausland zeitlich begrenzt sein. Das kann ruhig auch für mehrere Jahre sein. Nur muss deutlich erkennbar sein, dass der Mitarbeiter auch weiterhin für das in Deutschland ansässige Unternehmen arbeitet und dort eingebunden ist.

Bei langen Auslandsaufenthalten kann dieser Bezug zum deutschen Unternehmen schon mal zweifelhaft sein – nach zehn oder 15 Jahren hat man sich normalerweise wirklich schon von Deutschland verabschiedet. Soll aber die Entsendung trotzdem beibehalten und auf die Ausstrahlung weiterhin Wert gelegt werden, ist es besser, den Entsendungsvertrag auf drei oder fünf Jahre zu begrenzen, den Auslandseinsatz ein paar Wochen zu unterbrechen und dann mit einem neuen Vertrag erneut auszureisen. Dann wird für die Behörden deutlicher, dass es einen wirklichen Bezug zum inländischen Unternehmen gibt.

Die Sozialversicherungsabkommen

Ebenso wie ein Arbeitnehmer nicht doppelt besteuert werden soll, soll er auch nicht doppelt versichert sein. Das gilt natürlich in beide Richtungen: Man soll weder doppelt bezahlen müssen noch doppelt kassieren können. Um das sicherzustellen, hat man internationale Abkommen geschlossen. Sie gelten dann jeweils vor dem nationalen Recht der betreffenden Staaten. Diese Regelungen gelten auch immer für das Gesamtpaket der Sozialversicherung, nicht also etwa nur für die Krankenversicherung oder die Rentenversicherung.

Entsendung in die Staaten des Europäischen Wirtschaftsraums

Zu den Staaten des Europäischen Wirtschaftsraums (EWR) gehören die Staaten der Europäischen Union sowie Norwegen, Island und Liechtenstein. Mit der Schweiz ist das zwar vertraglich anders geregelt, die Vorschriften für entsandte Arbeitnehmer sind allerdings gleich.

Die Mitgliedsstaaten des Europäischen Wirtschaftsraums haben sich auf Folgendes verständigt: Bis zu einer Dauer von zwölf Monaten kann ein entsandter Arbeitnehmer mit seiner einheimischen Sozialversicherung in einem Land des Europäischen Wirtschaftsraums arbeiten. Danach muss er in die Sozialversicherung seines Tätigkeitsstaats wechseln. Der Zeitraum von zwölf Monaten darf nicht überschritten werden.

Es gibt zwei Ausnahmen von dieser Regelung:

- ✔ Falls sich erst im Laufe der Entsendung herausstellt, dass der Einsatz länger als zwölf Monate dauern wird, muss der Arbeitgeber vor Ablauf der zwölf Monate bei der zuständigen ausländischen Behörde eine Verlängerung beantragen. Sie darf aber auch nicht mehr als zwölf Monate dauern.
- ✔ Es kann sein, dass die Entsendung von vornherein länger als die maximalen 24 Monate dauert und ein Arbeitnehmer dann gleich ins betreffende ausländische Sozialversicherungssystem wechseln müsste. Das kann aber manchmal dazu führen, dass die Sozialversicherung für den Arbeitnehmer nicht optimal weiterläuft. Dann kann von vornherein bei der »Deutschen Verbindungsstelle Krankenversicherung-Ausland (DVKA)« eine Ausnahmegenehmigung beantragt werden. Länger als fünf Jahre gilt aber auch diese Ausnahme in der Regel nicht.

Andere Staaten mit Sozialversicherungsabkommen

Auch mit Staaten wie Australien, China, Japan, Kroatien, der Türkei, den USA und einigen anderen gibt es Sozialversicherungsabkommen. Sie sind aber in ihren Bestimmungen teilweise unterschiedlich, sodass für jedes Land eigene Bestimmungen beachtet werden müssen. Inhalt fast aller Abkommen ist zum Beispiel die zeitliche Begrenzung des Aufenthalts, die Dauer unterscheidet sich allerdings von Land zu Land.

Der ungünstigste Fall: Staaten ohne Sozialversicherungsabkommen

Teuer wird es für Arbeitnehmer und Arbeitgeber, wenn zwar die Voraussetzungen dafür vorliegen, dass die deutsche Sozialversicherung auf den Arbeitnehmer im Ausland ausstrahlt, das Tätigkeitsland das aber aufgrund fehlender Abkommen nicht anerkennt. Dann müssen Sozialversicherungsbeiträge in beiden Ländern bezahlt werden. Allerdings kann man dann unter Umständen auch Leistungen aus beiden Ländern beziehen.

Genau überlegen sollten Sie sich, ob Sie sich auf eine Entsendung in ein Land ohne Sozialversicherungsabkommen einlassen, wenn auch die Voraussetzungen für die Ausstrahlung der deutschen Sozialversicherung nicht gegeben sind. Dann verlieren Sie unter Umständen Ansprüche in Deutschland. Werden Sie nach Ihrer Rückkehr vom Auslandseinsatz arbeitslos, haben Sie unter Umständen Ihre Ansprüche auf Arbeitslosengeld schon verloren.

Was sonst noch beachtet werden muss

Der eine oder andere hätte sich dieses Kapitel vielleicht ausführlicher gewünscht. Doch dazu gibt es Fachliteratur, die im Anhang aufgelistet ist. Gelesen haben Sie bis jetzt nur einen kurzen Überblick zum Thema. Doch es gibt weitere Gesetze und Verordnungen, Ausnahmeregelungen und Sonderfälle, Regelungen für Schiffs- und Flugzeugbesatzungen und so weiter.

Achten Sie darauf, dass Ihnen von Ihrem Unternehmen ein kompetenter Ansprechpartner in Sachen Steuer- und Sozialversicherungsrecht zur Seite gestellt wird. Ist ein solcher Fachmann in der Firma nicht zu finden, sollte man externe Berater konsultieren. Viele Fragen werden sich Ihnen erst während des Auslandsaufenthalts stellen, wenn Behörden bestimmte Auskünfte von Ihnen wollen oder die Krankenkasse zu wenig erstattet …

Die Erfahrung zeigt, dass im Vorfeld eines Auslandseinsatzes die rechtlichen Dinge intensiv abgeklärt werden, man später im Ausland dann aber ganz andere Dinge wichtig findet.

Die Vorbereitung auf die neue Kultur, auf die Kindererziehung im Ausland und auf das Familienleben findet viel weniger selbstverständlich statt als die Diskussion der Steuermodelle. Diesen Fehler will ich in diesem Buch nicht machen, überlasse das Sozialversicherungsrecht den Fachleuten und konzentriere mich auf die Beschreibung des Lebens im Ausland.

Nichts Neues in Babylon – Sprachverwirrungen

4

In diesem Kapitel

- Die neue Sprache – Ihr größtes Kapital
- Wie Sie ein guter Sprachschüler werden
- Sprachen lernen mit Ziel

Sprache kann alles sein: Der Schlüssel zu einer neuen Kultur und das größte Hindernis zum Verständnis der Menschen. Sie macht uns zu Ausländern und verschafft uns bei den Menschen Respekt, deren Sprache wir lernen. Das Lernen einer Fremdsprache ist ein ständiger Kampf – doch wenn wir sie beherrschen, verleiht sie uns Selbstbewusstsein. Sprachen trennen die Menschen und nur der Wille des Einzelnen, eine Sprache zu lernen, bringt sie wieder zusammen.

Es hat zwar einige Jahre gedauert, aber trotzdem haben wir mittlerweile doch noch gemeinsame Dinge wie die Europäische Union oder die »Globalisierung« hinbekommen. Und das trotz der immer noch herrschenden Sprachverwirrung. Aber vielleicht haben auch Sie schon gemerkt, dass die »babylonische Verwirrung« bei allem, was das Leben im Ausland angeht, ein ständiger Begleiter sein wird. Mit den Hilfestellungen in diesem Kapitel können Sie sich daranmachen, die Sprachverwirrungen zu vereinfachen.

Die neue Sprache – Ausgangspunkt und Fundament

Nun wissen Sie also, wohin Ihr Arbeitgeber Sie schicken will. Oder Sie haben das Traumziel für Ihre Auswanderung fest ins Auge gefasst. An vielen Orten der Welt reicht Englisch fürs Überleben, in Osteuropa oft sogar Deutsch. Aber es geht ja jetzt nicht mehr ums bloße Überleben, sondern ums Leben. Sie sind nicht mehr nur Tourist, sondern müssen in der neuen Heimat eine Aufgabe erledigen, Ziele erreichen, eine neue Existenz aufbauen und neue Freunde finden.

Als vom Arbeitgeber ins Ausland Entsandter wird Ihre Arbeit wohl in der im Unternehmen üblichen Verkehrssprache stattfinden. Sehr oft wird das Englisch sein. Wenn Englisch dann auch noch die Landessprache ist – umso besser. Oft ist das allerdings nicht der Fall.

Auch wenn es Extramühe kostet: Es wird immer nur zu Ihrem Vorteil sein, wenigstens Grundzüge der Sprache des Gastlandes zu beherrschen. Das trifft auch für mitausreisende Lebenspartner zu. Die Gefahr der häuslichen Isolation ist umso größer, je weniger Sprachkenntnisse vorhanden sind.

Für Auswanderer wird es zwingend notwendig sein, sich Gedanken über das Erlernen der Landessprache zu machen. Sind sie finanziell entsprechend ausgestattet, kann ihnen zwar eine Agentur über die ersten Hürden helfen. Normalerweise werden sie sich aber selbst mit Behörden, Arbeitgebern, Lehrern und Frisören herumschlagen müssen. Sollte Englisch in ihrem Zielland nicht die Landessprache sein, fällt auch dieser Notanker weg. Denn seien wir mal ehrlich: Wie viele Beamte in deutschen Ausländerämtern sprechen fließend Englisch und wenden es mit Freuden bei ihren Kunden an? Ich vermute, dass das nicht sehr viele sind – und in den Behörden anderer Länder wird es ähnlich aussehen. Auswanderer sollten immer daran denken, dass sie nun Ausländer sind, die um eine Aufenthaltserlaubnis bitten. Man muss sie ihnen nicht erteilen – besonders dann nicht, wenn es den sich eh schon überlastet fühlenden Beamten furchtbare Mühe kostet, sich mit ihnen zu verständigen …

Auch für all jene, die als Rentner nur die kalten Wintermonate in wärmeren Gefilden verbringen möchten, können Grundzüge der Sprache nützlich sein. Denn dann werden sie nicht nur ihres Geldes wegen zum gern gesehenen Gast.

Was Kinder und die neue Sprache betrifft, darüber finden Sie in Kapitel 6 mehr Informationen.

Wie gut auch immer die Kollegen, Freunde und Nachbarn in der neuen Heimat Englisch (oder eine andere gemeinsame Fremdsprache) sprechen, der einfachste Weg zum Herzen eines Menschen führt über seine Muttersprache. Sicher kann man sich auch mit einer gemeinsamen Fremdsprache behelfen. Nur sollten wir nicht meinen, unser Gegenüber damit wirklich zu verstehen. Wenn Sie eine andere Sprache sprechen, können Sie das leicht an sich selbst testen: Versuchen Sie einmal, in einer fremden Sprache ein deutsches Wort wie »Heimat« oder »Gemütlichkeit« zu erklären. Sie werden schnell merken, dass Sie mit den Worten, die Sie dafür finden können, meist unzufrieden sind. Sie fangen also, die Worte zu umschreiben. Denn »Heimat« oder »Gemütlichkeit« sind nicht einfach zwei Worte, die sich beliebig übersetzen lassen. Sie sind Träger von Ideen, Gefühlen und Werten, die Deutschen oder auch Österreichern und Schweizern wichtig sind.

Das »Budapest-Syndrom«

Nun kann es allerdings auch passieren, dass man Ausländern davon abrät, ernsthaft eine neue Sprache zu lernen. Es gibt da ein Phänomen, das ich das »Budapest-Syndrom« nenne. Das »Budapest-Syndrom« beruht nicht auf einer wissenschaftlichen Studie oder einer statistischen Erhebung. Es ist eine persönliche Erfahrung, der ich einen Namen gegeben habe. Als Anfang der 1990er-Jahre die Grenzen nach Osteuropa aufgingen, wurde Budapest für viele westliche Firmen und Organisationen zum Hauptquartier. Tausende von Ausländern aus allen möglichen westlichen Ländern tummelten sich in der Stadt.

Nun ist Ungarisch eine Sprache, die Ausländer als sehr schwierig und kompliziert empfinden. Es gibt einen alten deutschen Spielfilm aus dem Jahre 1954 mit dem Titel »Ich denke oft an Piroschka«. Der Film spielt in einem kleinen Dorf namens Hódmezővásárhelykutasipuszta und das zeigt schon ziemlich genau, was das Problem mit Ungarisch ist: Um bestimmte Dinge auszudrücken, werden die Wörter einfach immer weiter verlängert. So bedeutet Hódmezővásárhelykutasipuszta eigentlich »Biberfeldmarktplatzbrunnenheide« oder schöner »Marktplatz auf dem Biberfeld«.

Aber zurück zu den Ausländern in Budapest. Interessant war, dass kaum einer auch nur Grundkenntnisse des Ungarischen hatte. Viele von ihnen hatten Sprachkurse besucht, aber über kurz oder lang den Kurs wieder aufgegeben. Man hatte einfach zu viel Arbeit, es fehlte die Zeit für die Familie, man war der Meinung, dass man keine Sprachbegabung hatte oder fand Ungarisch schlichtweg zu schwer zum Lernen.

Kam ein Ausländer in die Stadt, riet man ihm gleich davon ab, es mit Ungarisch zu versuchen. Ungarisch sei zu schwer und man solle sich lieber auf seine Arbeit konzentrieren, anstatt Zeit damit zu verschwenden, diese schwere Sprache zu lernen. So setzte sich die Überzeugung durch, dass Ungarisch für Ausländer nicht lernbar ist. Und es schien fast so, als wäre man darauf bedacht, jeden Ausländer bezüglich der Sprache zu entmutigen. Denn würde es doch jemand lernen, würde sich wohl das schlechte Gewissen regen und einen an die eigene Bequemlichkeit erinnern.

Was auch immer die Menschen um Sie herum sagen, lassen Sie sich vom Budapest-Syndrom nicht beeindrucken. Denn nichts wird Ihnen in der neuen Heimat mehr Erfolg und neue Freunde verschaffen als die Kenntnis der Sprache der Menschen.

Ein erster Test – Stellenanzeigen

Gehen Sie doch gleich mal ans Eingemachte und prüfen Sie Ihre Sprachkenntnisse da, wo Sie sie zunächst wahrscheinlich am dringendsten benötigen: bei der Jobsuche. Stellenanzeigen aus der Europäischen Union bietet »EURES – Das europäische Portal zur beruflichen Mobilität« im Internet, nennen wir es der Einfachheit halber und nur in diesem Buch mal das »europäische Arbeitsamt«.

Das EURES-Portal finden Sie im Internet unter `http://ec.europa.eu/eures`. Auf dieser Startseite kommen Sie unter dem Länderkürzel »de« auf die deutschsprachige Seite. Interessant ist, dass EURES Zugriff auf die jeweiligen nationalen »Arbeitsämter« bietet und damit einen ersten Überblick über das Jobangebot eines Wunschlandes. Die komplette Stellensuche inklusive des Wunschberufs führen Sie dann auf Deutsch durch. Sie möchten in Norwegen als Tischler arbeiten? Kein Problem. Suchen Sie unter »sonstige Handwerksberufe« und dann unter »Möbeltischler«. Dann noch »Norwegen« und »Alle Regionen« und schon könnte diese Anzeige auftauchen:

> *Møbelsnekker*
>
> *... ble etablert i 1997, og er en nisjebedrift innen produksjon av kjøkken, bad, garderobe, senger og spesialprodukter i heltre. Vår produksjon er basert på gamle håndverkstradisjoner med høy kvalitet og moderne teknologi. Vi holder til i moderne lokaler i Lomoen på Vinstra.*
>
> *På grunn av stor ordretilgang søker vi etter en dyktig som kan jobbe selvstendig i produksjon. Ansettelse snarest mulig.*
>
> *Skriftlig søknad med CV sendes snarest. For nærmere opplysninger, ring ...*

Ups – das ist also der Haken an der Sache: Die Stellenanzeigen sind meistens in der jeweiligen Landessprache aufgeführt. Das sollte Stellensuchende aber nicht entmutigen. Natürlich ist ein Sprachkurs mit Aufwand und Arbeit verbunden. Aber er kann auch ein Test für die Motivation sein: Was sind Sie für den neuen Job, einen neuen Anfang, ein neues Leben bereit zu tun?

Neue Sprache – neue Welt

Die Sprache eines Menschen ist immer auch ein Spiegel seiner Umwelt, seines Denkens und seiner Geschichte. Eine Fremdsprache in einem Kurs im eigenen Land zu lernen ist zwar wertvoll, hat aber auch seine Grenzen. Die fremde Kultur und Mentalität lernen wir dadurch nur ansatzweise und ein wirkliches Gefühl für die Melodie und Dynamik einer fremden Sprache entwickelt sich schwer. In einem Klassenraum fehlt die natürliche Melodie und Geschwindigkeit einer Sprache. Das merken wir auch dann, wenn wir uns – endlich im fremden Land – erst einmal daran gewöhnen müssen, »wie die Leute sprechen«.

Eine neue Sprache öffnet uns eine Tür in eine neue Welt: So viele neue Menschen mit uns ganz fremden Erfahrungen sind kennenzulernen, so viele Bücher zu lesen, die uns vorher verschlossen waren. Und vielleicht entdecken wir, dass unsere Arbeit auch ganz anders getan werden kann, als wir das bisher gewöhnt waren. Was und wie viel man aber von der neuen Sprache lernt, hängt davon ab, warum man die neue Sprache eigentlich lernen möchte.

Sprachen lernen mit Ziel

Natürlich gibt es viele verschiedene Gründe, eine Fremdsprache lernen zu wollen. Da Sie aber nun schon mal nach diesem Buch gegriffen haben, fällt das Motiv »aus Spaß an der Freude« für Sie wohl als Hauptgrund aus. Ihre Motivation und Ziele beim Erlernen der neuen Sprache werden also eher mit Ihrem neuen Leben im Ausland zu tun haben. Wenn Sie aber wissen, was Sie im Alltag mit der neuen Sprache erreichen und leisten können wollen, sind Sie schon ein gutes Stück weiter.

Nehmen wir an, Ihr Arbeitgeber schickt Sie ins Ausland und die Arbeitssprache wird Englisch sein. Falls Sie nicht schon in Deutschland Ihre Arbeit auch auf Englisch erledigt haben, heißt das für Sie vielleicht, dass Sie sich die englische Fachsprache Ihres Berufs aneignen müssen. Um die Arbeit in der gleichen Qualität wie bisher leisten zu können, sollte auch das fachliche Englisch zumindest annähernd die gleiche Qualität haben wie Ihr fachliches Deutsch.

Oder Ihr Lebensgefährte wird von seinem Arbeitgeber ins Ausland geschickt und Sie reisen mit ihm aus. Selbst wenn die Arbeitssprache des Partners Englisch ist, müssen Sie eventuell einen Alltag in einer anderen Sprache bewältigen. Der Alltag zwischen Haushalt, Kindern und Einkauf findet vielleicht auf Bulgarisch, Suaheli oder Dänisch statt. Die Ziele im Sprachstudium werden sich also unter Umständen von denen des Partners unterscheiden.

Sind Sie dagegen Auswanderer oder suchen nur zeitweilig einen Job im Ausland, müssen Sie nun Ihr Leben in der neuen Sprache bewältigen. Sie arbeiten in der neuen Sprache und Sie kaufen in der neuen Sprache ein. Sie müssen mit Automechanikern und Lehrern sprechen können, mit Bäckern und Polizisten. Sie müssen Formulare ausfüllen, Rechnungen bezahlen und sich freundlich mit den Nachbarn unterhalten können. Sie möchten also so viel wie möglich lernen.

Außerdem sollte man sich fragen, was im Alltag wichtiger sein wird: die gesprochene oder die geschriebene Sprache? Oder beides? Wird man für andere übersetzen müssen oder zwischen Menschen vermitteln müssen, die aufgrund ihrer unterschiedlichen Sprachen nicht direkt miteinander sprechen können? Möchte man Fachbücher lesen können oder nur die Sonderangebote der Werbeprospekte? Muss man Briefe und E-Mails schreiben oder sich mit Kunden unterhalten können?

All das sind Fragen, die man sich beantworten sollte, um den richtigen Sprachkurs für sich zu finden. Denn wenn man seine Ziele im Auge hat, wird man sehr schnell merken, ob für die eigenen Zwecke ein Volkshochschulkurs reicht oder ob es ein Sprachkurs an einer Universität in der neuen Heimat sein sollte.

In der Europäischen Union hat man versucht, Fremdsprachenkenntnisse anhand von festgelegten Sprachniveaus vergleichbar zu machen. Tabelle 4.1 zeigt die unterschiedlichen Einstufungen.

Stufe	Beschreibung
A1	Kann vertraute, alltägliche Ausdrücke und ganz einfache Sätze verstehen und verwenden, die auf die Befriedigung konkreter Bedürfnisse zielen. Kann sich und andere vorstellen und anderen Leuten Fragen zu ihrer Person stellen – zum Beispiel wo sie wohnen, was für Leute sie kennen oder was für Dinge sie haben – und kann auf Fragen dieser Art antworten. Kann sich auf einfache Art verständigen, wenn die Gesprächspartner langsam und deutlich sprechen und bereit sind zu helfen.
A2	Kann Sätze und häufig gebrauchte Ausdrücke verstehen, die mit Bereichen von ganz unmittelbarer Bedeutung zusammenhängen (Informationen zur Person und zur Familie, Einkaufen, Arbeit, nähere Umgebung). Kann sich in einfachen, routinemäßigen Situationen verständigen, in denen es um einen einfachen und direkten Austausch von Informationen über vertraute und geläufige Dinge geht. Kann mit einfachen Mitteln die eigene Herkunft und Ausbildung, die direkte Umgebung und Dinge im Zusammenhang mit unmittelbaren Bedürfnissen beschreiben.
B1	Kann die Hauptpunkte verstehen, wenn klare Standardsprache verwendet wird und wenn es um vertraute Dinge aus Arbeit, Schule, Freizeit und so weiter geht. Kann die meisten Situationen bewältigen, denen man auf Reisen im Sprachgebiet begegnet. Kann sich einfach und zusammenhängend über vertraute Themen und persönliche Interessengebiete äußern. Kann über Erfahrungen und Ereignisse berichten, Träume, Hoffnungen und Ziele beschreiben und zu Plänen und Ansichten kurze Begründungen oder Erklärungen geben.
B2	Kann die Hauptinhalte komplexer Texte zu konkreten und abstrakten Themen verstehen; versteht im eigenen Spezialgebiet auch Fachdiskussionen. Kann sich so spontan und fließend verständigen, dass ein normales Gespräch mit Muttersprachlern ohne größere Anstrengung auf beiden Seiten gut möglich ist. Kann sich zu einem breiten Themenspektrum klar und detailliert ausdrücken, einen Standpunkt zu einer aktuellen Frage erläutern und die Vor- und Nachteile verschiedener Möglichkeiten angeben.
C1	Kann ein breites Spektrum anspruchsvoller, längerer Texte verstehen und auch implizite Bedeutungen erfassen. Kann sich spontan und fließend ausdrücken, ohne öfter deutlich erkennbar nach Worten suchen zu müssen. Kann die Sprache im gesellschaftlichen und beruflichen Leben oder in Ausbildung und Studium wirksam und flexibel gebrauchen. Kann sich klar, strukturiert und ausführlich zu komplexen Sachverhalten äußern und dabei verschiedene Mittel zur Textverknüpfung angemessen verwenden.

Stufe	Beschreibung
C2	Kann praktisch alles, was er/sie liest oder hört, mühelos verstehen. Kann Informationen aus verschiedenen schriftlichen und mündlichen Quellen zusammenfassen und dabei Begründungen und Erklärungen in einer zusammenhängenden Darstellung wiedergeben. Kann sich spontan, sehr flüssig und genau ausdrücken und auch bei komplexeren Sachverhalten feinere Bedeutungsnuancen deutlich machen.

Tabelle 4.1: Europäischer Referenzrahmen für Sprachen

Sprachschule, Selbststudium oder nebenher lernen

Auch wenn es um eine Fremdsprache geht, lernen Menschen ganz unterschiedlich. Manche Menschen lernen gern in einer Gruppe mit mehreren, andere bevorzugen Privatunterricht, wieder andere lernen zunächst die Grammatik aus Büchern auswendig, den anderen gefallen eher Lernprogramme am Computer.

Allerdings wäre es nur in einer perfekten Welt möglich, dass jeder Mensch eine neue Sprache so erlernt, wie es für ihn am besten ist. Sehr oft werden Zeit und Finanzen beschränkt sein, und man muss einfach das Beste aus dem machen, was man sich leisten kann. Egal welche Methode man wählen wird – das Erlernen einer Sprache ist immer mit Arbeit verbunden. Wenn Sie Ihr viertes Lebensjahr bereits vollendet haben, gibt es leider keinen leichten Weg zum Spracherwerb mehr.

Kostenfaktor Sprachkurse

Der effektivste Weg, eine Fremdsprache zu lernen, ist sicher ein Sprachkurs mit einem erfahrenen Lehrer und Unterrichtsmaterial, dazu regelmäßiger Unterricht, ein strukturierter Ablauf, Hausaufgaben, die erledigt werden müssen, und andere Kursteilnehmer. Es ist auch eine Typfrage, aber die meisten Menschen lernen in einem Kurs disziplinierter als allein zu Hause. Allein schon ein gewisser gesunder Geiz (man will den Kurs ja nicht umsonst bezahlen) und eine natürliche Scham (man will ja nicht der Einzige sein, der nie seine Hausaufgaben macht) können zur regelmäßigen Arbeit an der neuen Sprache motivieren.

Es stellt sich die Frage, ob man den Kurs bereits zu Hause oder erst im neuen Land besuchen soll.

Alles, was Sie zu Hause schon lernen, wird Ihnen vom ersten Tag an in Ihrer neuen Heimat nützlich sein. Dazu muss man natürlich schon bei der Planung der Ausreise auch Zeit und Geld für den Sprachkurs in Deutschland einrechnen.

Zudem bieten in Deutschland die Volkshochschulen kostengünstige Kurse in den großen Weltsprachen an. Wesentlich teurer sind mehrwöchige Intensivkurse im Ausland. Oft werden sie von den Universitäten eines Landes ausgerichtet. Wohnen Sie nicht gerade am Ort, kommen hier zu den Kosten für den Kurs noch Unterkunft und Verpflegung hinzu. Auswanderer können damit schon einen erheblichen Teil ihres Startkapitals loswerden. Wie auch immer und wo auch immer man die Möglichkeit hat, die Sprache der Menschen seiner neuen Heimat zu lernen, sollte man sie nutzen.

Werden Sie von Ihrer Firma ins Ausland geschickt, sprechen Sie vorher mit Ihrem Arbeitgeber darüber, wie viel er in Ihre Grundkenntnisse der Landessprache zu investieren bereit ist. Im Zielland sind für den Anfang in den meisten Fällen wohl zwei- bis vierwöchige Intensivkurse am sinnvollsten. Darauf kann man dann mit Privatunterricht weiter aufbauen. Besonders in technischen Berufen wird die menschliche Komponente gern vernachlässigt. Selbst wenn Ihre Arbeit in Englisch stattfinden wird – versuchen Sie Ihren Chef davon zu überzeugen, dass ein Kurs in der Landessprache keineswegs vertrödelte Zeit ist, die auch noch viel Geld kostet. Sie wollen schließlich Ziele erreichen – und die haben zumeist auch mit Menschen und nicht nur mit Maschinen zu tun.

Spracherwerb im Alltag

Es gibt auch immer wieder Leute, die es mit den Kursen, den Lehrern und dem Unterricht nicht so haben. Sie möchten die Sprache lieber im Alltag, mit den Leuten, die sie wirklich sprechen, lernen. Die Fähigkeit, eine Sprache einfach zu hören, zu analysieren, aufzunehmen und dann auch zu verstehen und zu sprechen, verlieren wir leider schon als Kind. Jede neue Sprache wird nun ein harter, mühsamer Akt des Lernens.

Ferien in der Hölle

Wir lebten erst einige Monate in Portugal und machten unsere ersten Gehversuche in der Sprache. Die Kinder kamen schon nach wenigen Wochen mit fast vollständigen Sätzen aus dem Kindergarten, aber wir? Wir mühten uns redlich, mithilfe einer Privatlehrerin Fortschritte in der Sprache zu erzielen.

Kurz vor den Weihnachtsferien trafen wir die Mutter eines anderen Kindergartenkindes im Stadtpark. Das war doch die Gelegenheit, um mein Portugiesisch anzuwenden und herauszufinden, wie lange die Ferien denn dauern würden. Da mir die Vokabeln fehlten, wollte ich mir mit den Worten für »Zeit«, »Winter« und »Ferien« helfen: »Quantas semanas de férias temos no inferno?« lautete mein stümperhaft gesprochener Satz und sollte bedeuten »Wie lange dauern die Ferien im Winter?«. Der Ausdruck auf dem Gesicht der Dame verdunkelte sich. Sie erstarrte vor Schreck. Sollte ich sie derart beeindruckt haben? Aber weit gefehlt.

Bemerkt habe ich meinen Fehler erst, als meine Frau mich fragte: »Weißt du eigentlich, was du die Dame gefragt hast?« »Ja, klar. Wie lange die Weihnachtsferien dauern.« »Hast du nicht. Du hast sie gefragt, wie lange die Ferien in der Hölle dauern!!« Ich hatte schlicht und einfach die Worte »inverno – Winter« und »inferno – Hölle« verwechselt. Ich dachte nur: »Na, toll. Und was soll die jetzt von mir als Pfarrer denken?«

(Karsten Gosse, Portugal)

Den Vorsatz, die neue Sprache »dann so nebenher bei der Arbeit zu lernen«, können Erwachsene kaum einhalten. Zumal es auch zu einer Zumutung für Kollegen oder Kunden werden kann. Mal umgekehrt gesprochen: Würden Sie gern mit einem Ausländer zusammenarbeiten, der kein Deutsch spricht? Das hat noch nicht einmal etwas mit Ausländerfeindlichkeit zu tun.

Es ist schlichtweg unproduktiv, kostet Zeit und damit auch eine Menge Geld. Es wird also sehr schwer werden, ohne Sprachkenntnisse überhaupt Arbeit zu finden. Und bis man die Sprache »so nebenher« gelernt hat, kann es sein, dass man schon am Hungertuch nagt.

Selbst auf vorhandenen Sprachkenntnissen sollte man sich nicht ausruhen. Sicher kommt man mit gebrochenem Schulenglisch am Anfang durch. Man hat aber auch festgestellt, dass sich durch Auslandsaufenthalte Sprachkenntnisse nicht so ohne Weiteres wesentlich verbessern. Zwar wird man nach einer Weile im Alltag besser zurechtkommen, indem man mehr und mehr Worte lernt, die man täglich braucht. Die fehlerhafte Grammatik, Aussprache oder Wortstellung verbessert sich dabei allerdings kaum. Wann immer man die Gelegenheit hat, einen Sprachkurs zu besuchen, sollte man sie nutzen.

Privatunterricht

Eine Alternative zu Sprachkursen ist der Privatunterricht. Nur sollten Sie dazu nicht einfach Ihren neuen Nachbarn einladen, der Ihnen ein paar Worte in der neuen Sprache beibringt. Der Lehrer sollte schon ein wenig Ahnung von seiner eigenen Sprache haben und wenn möglich, auch von Ihrer Muttersprache. Wahrscheinlich ist es nun wieder eine Preisfrage, welche Art von Lehrer Sie sich wie oft leisten können. Neben der Arbeit sollten Sie wöchentlich drei oder vier Stunden mit einem Privatlehrer einplanen. Als günstige Variante bieten sich Studenten an, die sowohl ihre eigene Muttersprache als auch Deutsch studieren.

Mit einem Privatlehrer kann man die neue Sprache sehr flexibel und an den eigenen Bedürfnissen ausgerichtet lernen. Natürlich kann man ein Lehrbuch durcharbeiten, aber man kann auch davon abweichen, um zum Beispiel das Thema der letzten Besprechung am Arbeitsplatz zu vertiefen. Man kann mit seinem Tutor auch Alltagsituationen durchspielen und das entsprechende Vokabular lernen. Selbst die Hausaufgaben der Kinder kann man mit ihm besprechen oder den nächsten Arztbesuch vorbereiten. Für all diese praktischen Dinge hat man mit einem Privatlehrer wesentlich mehr Zeit als in einem Kurs mit mehreren Schülern.

Je nachdem, in welches Land Sie gehen, kann es sein, dass für eine Arbeitserlaubnis oder sogar die Staatsbürgerschaft ein gewisses Sprachniveau Voraussetzung ist. Darüber sollten Sie sich vorher informieren und das Geld für die entsprechenden Sprachkurse einplanen.

Für Hochmotivierte – Bücher, Software und CDs

Was das Lernen einer Sprache angeht, habe ich bis jetzt vielleicht zu sehr den inneren Schweinehund betont. Viele Menschen haben eben große Mühe damit, ihn zu überwinden. Aber natürlich gibt es auch disziplinierte Zeitgenossen, die ein Ziel haben und es auch nicht aus den Augen verlieren. Für diese Menschen sind auch Selbstlernkurse geeignet, was zudem meistens auch noch die preisgünstigste Variante ist.

Ein guter Sprachschüler sein

Vom »Budapest-Syndrom« bis zum Selbstlernkurs, der aufgrund dringenderer Termine im Regal verstaubt, gibt es also viele Angriffspunkte für unseren inneren Schweinehund. Wie wird man aber ein guter Sprachschüler?

Hier einige Tipps, die Sie auf einen guten Weg bringen können:

- ✔ Weder der beste Lehrer noch sehr gutes Lehrmaterial kann Ihnen das Lernen abnehmen. Und auch wenn Sie der Lehrer manchmal ärgert oder Ihnen das Lehrmaterial unlogisch aufgebaut zu sein scheint: Allein im Fleiß liegt der Schlüssel zum Erfolg.
- ✔ Sie sollten bereit sein, die neue Sprache im Alltag zu benutzen. Gehen Sie einkaufen oder ins Kino, unterhalten Sie sich mit den Nachbarn und dem Postboten, lesen Sie Zeitung und Werbeplakate. Achten Sie darauf, was gesagt wird und wie es gesagt wird. Gibt es Redewendungen, die Ihnen nützlich sein könnten und die Sie beherrschen sollten?
- ✔ Am Unterricht sollten Sie sich aktiv beteiligen. Das Klassenzimmer ist ein sicherer Raum, in dem Sie Fehler machen können und wertvolle Korrektur erfahren. Nutzen Sie diese Chance, solange sie Ihnen zur Verfügung steht.
- ✔ Scheuen Sie sich nicht davor, Fehler zu machen. Gewöhnen Sie sich an die Lacher auf Ihre Kosten. Wenn alle lachen, werden Sie den gleichen Fehler meist nicht noch einmal machen.
- ✔ Jede Lernmethode, die große Erfolge mit wenig Einsatz verspricht, sollten Sie mit gesunder Skepsis betrachten. Jeder Mensch lernt anders. Der eine behält gleich das, was er liest, der andere braucht praktische Übungen im Klassenraum. Es gibt nicht »die beste Methode«, um eine Fremdsprache zu lernen. Ein erfahrener Lehrer wird immer Elemente aus verschiedenen Methoden anwenden.
- ✔ Am wichtigsten für den Lernerfolg sind Ihre Ziele und Ihre Motivation. Sie wollen sich ein neues Leben aufbauen oder eine Firma nach vorn bringen. Sie möchten neue Freunde gewinnen oder in der neuen Heimat sogar einen Lebenspartner finden. Das alles erreichen Sie am ehesten, wenn Sie die Sprache der Menschen beherrschen. Die neue Sprache ist die Vordertür, der Haupteingang in das neue Leben.

Von falschen Freunden

Die meisten Menschen, die ihre Zukunft im Ausland suchen, haben früher oder später mit Englisch zu tun und sei es nur als Hilfsmittel fürs erste Ein- und Überleben. Für viele wird es überhaupt ihre neue Sprache sein – denn die USA, Australien und Neuseeland gehören nach wie vor zu den beliebtesten Auswanderungsländern.

Ein großer Teil der Auswanderer sucht sein Auskommen aber auch bei unseren deutschsprachigen Nachbarn, den Österreichern und den Schweizern. Ein paar Worte über die Sprache in den deutschen Nachbarländern können nicht schaden, um Sie dort vor bösen Überraschungen zu bewahren.

Englisch kann doch jeder – oder?

Wohin man auch kommt, mit ein wenig Englisch kann man sich fast überall durchschlagen. In den 1930er-Jahren wurde sogar ein »Basic English« entwickelt, das mit nur 850 Wörtern auskommt und mit dem man angeblich alles Wesentliche ausdrücken kann. Hat man wirklich

»Basic Englisch« gelernt, mag das durchaus der Fall sein. Viel eher jedoch trifft man heutzutage wohl auf das »Bad simple English« (schlechtes, einfaches Englisch), das zwischen den vielen Menschen entsteht, die miteinander reden möchten, deren Muttersprache aber nicht Englisch ist. Man hilft sich oft mit dem wenigen Schulenglisch, das man noch behalten hat – Missverständnisse sind da natürlich vorprogrammiert.

Die englische Sprache belohnt den Lernenden mit schnellen Erfolgen. Sie ist relativ leicht zugänglich und schnell kann man mit wenigen Worten ein einfaches Gespräch führen. Das Problem ist, dass man die englische Sprache dadurch leicht unterschätzt. Denn Englisch hat auch seine Tücken. Und die zeigen sich schon beim Lesen: Englisch lesen können bedeutet nicht, dass man es auch sprechen kann. Fast jedes Wort muss man erst einmal hören oder die Aussprache in einem Wörterbuch nachschlagen, bevor man es wirklich im Gespräch benutzen kann. Ganz unangebracht ist es also vielleicht nicht, sein löchriges Schulenglisch durch ein paar Kurse wieder ein bisschen zu verbessern.

Englisch – aber überall anders ...

Ein Blick auf das Angebot an Wörterbüchern reicht, um einen Deutschen in Bezug auf seine Englischkenntnisse zu verunsichern. Da gibt es »Englisch für Australien« und »American Slang«, »Neuseeland Slang« und »Englisch für Indien«, »Irisches Englisch« und »Pidgin-Englisch für Papua Neuguinea«. Nun verstehen sich zwar die englischsprachigen Menschen aus Australien, England, Neuseeland, Kanada und den USA normalerweise ganz gut. Trotzdem gibt es Eigenarten, die Neulinge verzweifeln lassen können.

Am besten schauen Sie sich im Internet ein wenig um, ob es für das Englisch Ihrer neuen Heimat ein besonderes Wörterbuch gibt, vielleicht sogar mit CD. Dann haben Sie, dort angekommen, zwar immer noch Mühe, die Menschen gleich zu verstehen. Aber der fremde Klang erwischt Sie dann nicht mehr ganz so überraschend.

Falsche Freunde

Ende der 1990er-Jahre traf ich einen alten Bekannten, der Hilfstransporte in das damals noch kriegsgeschüttelte Bosnien organisierte. So eine Aktion geht natürlich nicht ohne Spendengelder ab und mein Bekannter hatte die Möglichkeit, seine Arbeit auch amerikanischen Kirchengemeinden zu präsentieren. Flugs wurde mit der Videokamera ein kleiner Film gedreht, in dem mein Bekannter sein Anliegen weitergab. Ich staunte nicht schlecht, als ich sein radebrechendes Englisch hörte. Amüsant war ein Fehler, der sich durch die ganze Ansprache zog: für das Wort »bekommen« benutzte er ständig das englische »become«, was eigentlich »werden« bedeutet. So »bekam« er nicht die Möglichkeit zur Hilfe, sondern »wurde« die Möglichkeit, er »bekam« keinen Lastwagen, sondern »wurde« ein Lastwagen. Ob ein verantwortlicher Pfarrer in den USA seiner Gemeinde jemals dieses Video vorspielte?

Aufgesessen war mein Bekannter einem typischen sogenannten »false friend«, einem »falschen Freund«. So bezeichnet man Wörter, die in unterschiedlichen Sprachen gleich klingen, aber eine unterschiedliche Bedeutung haben. Da sich nun Deutsch und Englisch relativ nahe stehen, gibt es auch entsprechend viele »falsche Freunde«.

Besonders wenn Ihnen neue Vokabeln begegnen, die Ihnen gleich vertraut vorkommen, sollten Sie doch noch einmal die genaue Bedeutung im Wörterbuch nachschauen. Denn »concrete« hat nichts mit »konkret« zu tun, sondern ist das englische Wort für Beton, und »freedom« ist nicht der Frieden, sondern die Freiheit. Nehmen Sie sich Zeit, sich beim Vokabelnlernen besonders auf diese »falschen Freunde« zu konzentrieren. So schließen Sie manche Verwirrung schon im Vorfeld aus.

Trugschluss: Die gleiche Sprache

Es ist für Deutsche nicht ungewöhnlich, mit ihrem Auswanderungsplänen in Österreich oder der Schweiz Schiffbruch zu erleiden. Von Menschen, die eigentlich auch Deutsch sprechen, erwartet man eben nicht unbedingt, dass sie einer anderen Kultur angehören. Österreichern oder Schweizern ist dieser Kulturunterschied wesentlich bewusster.

Ab heute sind Sie »Piefke«

Gerade in Österreich reibt man sich an seinem großen Nachbarn. Deutsche bezeichnet man dort gern als »Piefkes«, ein Wort, in dem die Eigenschaften Arroganz und Hochmut mitzuschwingen scheinen. Das hat auch viel mit der Sprache zu tun. Ein Bayer kann sich aufgrund seines Dialekts in Österreich noch relativ gut einleben. Spricht man allerdings nur Hochdeutsch oder wie man in Österreich manchmal sagt »nach der Schrift«, hört sich das für österreichische Ohren sehr arrogant an.

Das Schweizerdeutsche geht da noch viel mehr in Richtung eigene Sprache. Zudem hat die Schweiz mehrere Amtssprachen: neben Deutsch auch Italienisch, Französisch und in den entsprechenden Gebieten Rätoromanisch. Auch wenn viele Schweizer selbst die jeweils anderen Amtssprachen nur wenig bis gar nicht beherrschen, zeigt ein Ausländer doch Achtung vor den Schweizern, wenn er sich wenigstens ein wenig in allen drei Sprachen verständlich machen kann.

Die Piefke-Saga

Anfang der 1990er-Jahre erregte die Fernsehserie »Die Piefke-Saga« die Gemüter in Österreich wie auch in Deutschland. Ausgehend von realen Ereignissen wird das Verhältnis von Deutschen und Österreichern satirisch bis tragikomisch dargestellt. Natürlich werden hier Klischees verarbeitet und Vorurteile bedient. Aber das ist natürlich so gewollt, um die Zuschauer anzuregen, sich über ihre eigenen Vorurteile und ihre Berechtigung klar zu werden. Die »Piefke-Saga« ist auch auf DVD erhältlich. Für zukünftige Österreich-Auswanderer lohnt es, sich die vier Folgen anzuschauen.

Ob man als Deutscher wirkliches Schweizerdeutsch lernen sollte, darüber gehen die Meinungen auseinander. Eh es sich lächerlich anhört, bleibt man wohl eher beim Hochdeutsch. Doch wenn Sie ein gutes Ohr für die Sprachmelodie haben und Sie von Schweizern bei Ihren Sprachversuchen bestätigt werden – warum nicht?

Teil II

Die große Herausforderung – Im Ausland leben mit und ohne Familie

Die Kinder hatten sich ein Puzzle mit all den Ländern gewünscht, in denen sie Freunde haben.

In diesem Teil ...

geht es um Beziehungen. Denn nichts wird bei einem Umzug ins Ausland so sehr auf die Probe gestellt wie die Festigkeit einer Partnerschaft und der Zusammenhalt der Familie. Kinder verdienen ein langes Kapitel, mit ihnen beginnt dieser Teil. Schließlich macht man sich um sie meist noch mehr Sorgen als um sich selbst. Weiter geht es mit der Organisation des neuen Lebens und worauf man sich innerhalb einer Partnerschaft einstellen muss. Auch Singles werden ihre Sorgen und Krisen haben – ein Kapitel darüber bildet den Abschluss dieses Teils.

Nicht ohne unsere Kinder

5

In diesem Kapitel

- Wie Kinder einen Umzug ins Ausland erleben
- Sprechen lernen
- Neue Systeme für alle: Kindergarten und Schule
- Kinder der »dritten Kultur«

Welche Probleme einem bei der Auswanderung oder dem Auslandseinsatz auch immer begegnen: Kaum etwas kann so nervenzehrend und kräfteraubend sein wie Probleme mit den Kindern. Dabei wartet auf die lieben Kleinen doch ein Leben, das spannender und interessanter kaum sein könnte. In diesem Kapitel zeige ich Ihnen die Schwierigkeiten, die einer Familie mit Kindern im Ausland begegnen können. Es handelt aber auch von den Chancen der Kinder, die über Kulturgrenzen hinweg aufwachsen.

Kinder auf das Ausland vorbereiten

Plant eine Familie mit Kindern ein Leben im Ausland, stellt sich ziemlich bald die Frage, ob und inwieweit die Kinder in die Entscheidung mit einbezogen werden sollten. Die Antwort darauf hängt letztlich mit dem Alter der Kinder zusammen. Denn sie haben in verschiedenen Lebensphasen auch unterschiedliche Bedürfnisse. Hier deshalb ein kleiner Überblick über Abschnitte einer Kindheit und ihren Einfluss auf einen Umzug ins Ausland.

Natürlich sind nicht alle Kinder gleich, sie entwickeln sich unterschiedlich. Nehmen Sie deshalb folgende Altersangaben als Richtlinien. Wenn Sie Ihre Kinder aufmerksam in den Umzugsprozess mit einbeziehen, werden Sie auch merken, was sie benötigen.

Kleinkinder bis zu drei Jahren

Dieses Alter ist das unproblematischste für einen Umzug ins Ausland. Die Kinder sind da zufrieden, wo die Eltern sind. Allerdings sind sie nicht nur glücklich. Sind die Eltern gestresst, sind es auch die Kinder, sind die Eltern ängstlich, sind es die Kleinen ebenfalls. Die Umwelt wird also hauptsächlich durch die Eltern wahrgenommen. Sie können zwar mit Ihren Kindern über den bevorstehenden Umzug sprechen, aber sie werden noch nicht verstehen, was das bedeutet. Natürlich sollten Sie dafür sorgen, dass der Umzug für die Kleinen so stressfrei und problemlos wie möglich über die Bühne geht. Vorbereiten können Sie Kinder unter drei Jahren ansonsten nicht.

Kinder zwischen vier und sechs Jahren

In diesem Alter bauen Kinder langsam Beziehungen zu ihrem Umfeld auf. Verwandte wie Großeltern oder Onkel und Tanten werden zu Bezugspersonen, ebenso Kindergärtnerinnen und gleichaltrige Freunde. Stabil sind diese Beziehungen aber meist noch nicht und durch einen Umzug ins Ausland werden diese Beziehungen abbrechen und in Vergessenheit geraten, wenn sie nicht mit Unterstützung der Eltern gepflegt werden. Der Abschied von den Verwandten und Freunden wird meist nicht als Bedrohung empfunden. Strahlen die Eltern Sicherheit und Zuversicht aus, wirkt sich das immer noch auf das Wohlbefinden des Kindes aus. Auch eine neue Kultur wird nicht unbedingt als fremd und bedrohlich empfunden.

Was die neue Sprache angeht, wird es hier schon schwieriger. Vor Ihrer Ausreise werden Sie immer und immer wieder hören (meistens von Leuten, die keine Erfahrung haben), wie leicht es kleine Kinder doch haben, eine neue Sprache zu lernen, und dass es ihnen keine Probleme machen wird.

»Ich kann Slowenisch besser sprechen als verstehen ...«

Meine Söhne Niklas und Benedikt kamen mit fünf und drei Jahren nach Slowenien und besuchten dort ziemlich bald den Kindergarten. Während Niklas schon immer eher ein »Schweiger« war, ging sein Bruder Benedikt gern auf Menschen zu und unterhielt sich mit ihnen. Immer war es ihm auch wichtig, ihre Namen zu wissen. Eine Prognose für den Spracherwerb im slowenischen Kindergarten war also mit Erwachsenenlogik schnell gestellt: Benedikt würde schnell lernen, weil er sich unterhalten will, Niklas langsam – weil es ihm einfach egal ist.

Doch es kam ganz anders. Während Niklas schnell all das lernte, was im Kindergarten nötig ist (»Pusti me na miru! – Lass mich in Ruhe!« oder »To je moj! – Das gehört mir!«), verstummte Benedikt nach einer Weile. Er hatte eine Zeit lang selbst im Kindergarten einfach Deutsch gesprochen und kam plötzlich dahinter, dass man ihn nicht versteht. Aber die Kindergärtnerinnen blieben geduldig mit ihm, vor allem sahen sie, dass er anscheinend Slowenisch verstand: Anweisungen und Spielen folgte er ohne Probleme. Wir Erwachsenen einigten uns also darauf, einfach kein Problem daraus zu machen.

Natürlich macht das Eltern nervös. Doch nach etwa zwei Jahren fing Benedikt an, Slowenisch zu reden. Fehlerfrei und säuberlich von der deutschen Sprache getrennt. Er war schlichtweg anders veranlagt als sein Bruder und lernte die Sprache auf seine Weise.

Mit fünf Jahren machte Benedikt dann mal eine denkwürdige Aussage: »Ich kann Slowenisch besser sprechen als verstehen!« Das war natürlich erst mal einen Lacher wert. Aber Erwachsene lachen vielleicht oft zu schnell über Kinderlogik. Bei näherem Nachfragen und Nachdenken klärte sich das so: Benedikt konnte auf Slowenisch alles sagen, was er wollte und was nötig war. Aber er war noch nicht in der Lage, alles zu verstehen, was um ihn herum gesprochen wurde. Also konnte er aus seiner Sicht besser sprechen als verstehen.

Dass es Kinder leicht haben, eine Sprache zu lernen, ist sicher wahr. Dass es aber immer problemlos geht, ist ein Mythos. Auch Vierjährige können monatelang verstummen, wenn sie merken, dass sie sich nicht verständlich machen können. Sie können zum Beispiel das Sprechen der neuen Sprache verweigern und nur noch die Muttersprache sprechen.

Für Eltern ist das besonders stressig und verunsichernd, wenn sie ihr Kind mit den Kindern anderer Ausländer vergleichen, die die Sprache anscheinend mühelos lernen. Noch verwirrender wird es für die Eltern, wenn von Geschwisterkindern eines mühelos die neue Sprache spricht, während das andere verstummt. In so einem Fall ist es das Beste, einfach die Ruhe zu bewahren und weder sich noch den Kindern Stress zu machen. Jedes Kind macht seine eigenen Phasen durch und reagiert auf Probleme unterschiedlich. Lassen Sie sich nicht von anderen Eltern durcheinanderbringen, deren Kinder zwei Sprachen sprechen. Ihr Kind hat bis zum Eintritt in die Schule Zeit, sich in der neuen Sprache zu Hause zu fühlen.

Natürlich kann es immer einmal vorkommen, dass ein Kind aufgrund einer Störung Probleme mit der Sprache hat. Aber es wird kaum fließend Deutsch sprechen und in der anderen Sprache eine Störung entwickeln. Wenn eine Störung vorliegt, wird sie sich in jeder Sprache zeigen. Wenn nicht, seien Sie unbesorgt, es wird schon werden.

Kinder zwischen sieben und elf Jahren

In diesem Alter sind die Eltern für ihre Kinder nicht mehr der Mittelpunkt der Welt. Es gibt Freunde und Verwandte, mit denen sie gern zusammen sind, und sie haben eine ungefähre Vorstellung davon, was »Ausland« und was »für immer« bedeutet. Das heißt, dass sich Eltern nun damit auseinandersetzen müssen, dass ihre Kinder Verluste erfahren und trauern werden. Die Kinder werden Abschied nehmen müssen und wissen, was das bedeutet.

Ein Umzug geht nie ganz ruhig vor sich. Für die ersten paar Wochen muss man sich auf etwas Chaos einstellen und darf doch nicht vergessen, dass die Kinder echte Trauerarbeit leisten müssen.

Hier sollten Sie daran denken, dass Sie als Eltern Ihren eigenen Teil an Trauerarbeit wohl auch leisten müssen. Nur kommt die Trauer der Erwachsenen meist etwas später, wenn der Staub sich gelegt hat, der Umzug vorbei und das erste Chaos überwunden ist. Mehr dazu erfahren Sie in Kapitel 15.

Wichtig ist, dass man die Kinder auf den Umzug in ein anderes Land vorbereitet. Wenn es möglich ist, sollte die Familie eine Erkundungsreise in die neue Heimat machen. Ansonsten bieten sich Bücher oder vielleicht Filme an, mit denen die Kinder Eindrücke von der neuen Heimat bekommen.

Für Sie als Eltern ist es in diesem Alter der Kinder wichtig, dass Sie ihnen Sicherheit vermitteln und das Gefühl, in der neuen, fremden Welt nicht allein zu sein.

Im Einsatzland angekommen, kann es sein, dass die Kinder den Eindruck machen, als würden sie in ihrer Entwicklung Schritte zurück machen: Sie haben vielleicht wieder mehr Angst vor dem Alleinsein, werden kontaktscheu, werden einerseits aggressiv und klammern sich andererseits an die Eltern. Hier ist viel Geduld notwendig, doch normalerweise finden sich die Kinder schnell in die neue Schule und Kultur ein – meist schneller als die Eltern.

Das Erlernen der neuen Sprache kann bei Kindern zwischen sieben und elf Jahren ein Problem sein. Der natürliche Spracherwerb der Kleinkinder wächst sich langsam aus, und je älter die Kinder sind, desto mehr müssen sie die Sprache wirklich aktiv lernen. Es kann sein, dass sie jetzt einen deutschen Akzent behalten. Hier sollte man am besten gemeinsam mit den Lehrern prüfen, ob für die Kinder zusätzlicher Sprachunterricht sinnvoll sein kann.

Kinder ab zwölf Jahren und Jugendliche

Haben die Kinder erst einmal die Pubertät erreicht, werden ihre Reaktionen zunehmend unberechenbar. Für die Pläne eines Auslandsaufenthalts sind auf der Skala zwischen abenteuerlustiger Begeisterung und totaler Verweigerung alle Reaktionen denkbar. Dabei spielt es natürlich eine Rolle, ob die Familie einen begrenzten Auslandsaufenthalt von wenigen Jahren oder eine Auswanderung plant. Zeitlich begrenzte Auslandserfahrungen kann man Jugendlichen meist noch eher schmackhaft machen als ein vollständig neues Leben.

Die Eltern von Jugendlichen sollten auch überlegen, inwieweit ihre Kinder in den Entscheidungsprozess einbezogen werden müssen. Kann man einen Sechzehnjährigen wirklich zwingen, gegen seinen Willen mit dem Rest der Familie ins Ausland zu gehen? Nun gut – zwingen könnte man ihn vielleicht. Aber wie hoch ist der Preis, den die Eltern dafür bezahlen müssten? Wie soll das neue Leben im Ausland mit einem »Totalverweigerer« gelingen?

Sollten Ihre Kinder also nicht gleich Feuer und Flamme für die Idee sein, ins Ausland zu ziehen, müssen Sie eine Menge Überzeugungsarbeit leisten.

Folgende Liste zählt einige Chancen auf, die Ihre Kinder durch den Auslandsaufenthalt bekommen. Sie können sie als Leitfaden für die Diskussion mit Ihren Kindern nehmen.

- ✔ Der Horizont der Kinder erweitert sich enorm. Ein fremdes Land ist nicht mehr nur Urlaubsland, sondern Lebensmittelpunkt. Im günstigsten Falle lernen die Kinder, Menschen aus anderen Kulturen tolerant und vorurteilsfrei zu begegnen. Auslandsaufenthalte mit erlernter Mehrsprachigkeit machen sich später im Lebenslauf immer gut.
- ✔ Die Kinder haben die Möglichkeit, eine fremde Sprache zu lernen. Und zwar nicht nur als mehr oder weniger lästiges Schulfach, sondern als lebendige Sprache, in der sie vielleicht sogar Dialekte und Slang lernen werden.
- ✔ Das Leben in einer anderen Kultur erhöht Anpassungsfähigkeit und Flexibilität. Besonders trifft das beim Leben in Kulturen zu, die nicht so hochgradig technisiert und durchorganisiert sind wie die deutsche.
- ✔ Die Kinder werden lernen müssen, in schwierigen Situationen (zum Beispiel mit lückenhaften Sprachkenntnissen dem Schulunterricht folgen) allein zurechtzukommen. Dadurch werden sie schneller selbstständig und unabhängig.

Nun sollten Sie aber nicht erwarten, dass Ihre Kinder nach diesen guten Argumenten gleich in Begeisterung ausbrechen werden. Kinder und Jugendliche haben die Eigenschaft (und auch das Recht), auf ihren »Bauch« zu hören. Und da, wo Angst ist, helfen Argumente nicht

Anpassen oder auffallen? Eine deutsche Kindheit in Österreich

Wie man sich im neuen Land zurechtfindet, kommt auf die jeweilige Persönlichkeit der Kinder an. Der gute (und die neue Kultur nicht abwertende) Wille der Eltern, sich an die neue Kultur anzupassen, wird Kindern auch viel erleichtern. Das finde ich sehr wichtig.

Ich selbst habe recht schnell und gut den steirischen Dialekt (Steiermark/Österreich) gekonnt. Eigentlich wäre ich nicht mehr als »Piefke« (abfällige österreichische Bezeichnung für Deutsche) aufgefallen. Aber ich habe immer wieder erzählt, dass ich Deutscher bin. Warum? Um anzugeben, weil wir Deutschen besser sind? Um mich abzugrenzen und selbst ja nicht zu integrieren? Ich weiß es nicht.

Bewirkt habe ich dadurch nur Ablehnung. »Nazi go home!« hörte ich bis in die zehnte Klasse. 30 Jahre später haben meine Nichten in Wien die gleichen Sprüche gehört.

Dieses Außenseitersein aufgrund der Sprache (die ich eigentlich sehr gut konnte) ging bei mir so weit, dass ich Jahre später als Erwachsener in der Schweiz bei Verwandten meiner Schwester und anderen netten Menschen am Tisch saß und den Mund nicht aufbekommen habe. Alle haben Schweizerdeutsch geredet und ich habe fast alles verstanden, weil ich mit Dialekten vertraut bin. Aber ich hatte Angst, mit meinem Hochdeutsch zu sehr aufzufallen.

Mein Ansatz war sicher, dass ich bloß nicht durch meine Sprache auffallen wollte, denn sonst würde ich wieder als Piefke erkannt und behandelt.

Ich habe gelernt, die Deutschen mit den Ohren der Österreicher zu hören. Es ist mir peinlich, wenn ich in Österreich bin und alle – einschließlich mir – sprechen Dialekt und plötzlich kommen Deutsche daher und ihre Sprache klingt platt, plakativ, arrogant, grob und großkotzig …

Daraus hat sich für mich auf jeden Fall ein starkes Mitfühlen für Kinder aus anderen Sprachen, Kulturen und Mentalitäten entwickelt. Wenn sie hier in Deutschland Formen der Ausgrenzung erleben, reagiere ich stark darauf. So jemanden, der sich für mich einsetzt, hätte ich damals gebraucht …

Tobias Kallauch, Berlin

unbedingt. Außerdem kann es sein, dass Jugendliche ihre Ängste noch nicht wirklich in Worte fassen können. Folgende Ängste werden Sie vielleicht bei Ihren Kindern entdecken:

- ✔ Zunächst ist da der Verlust von Freunden. Jugendliche lassen ihre Persönlichkeit und Meinungen stark von der Gruppe Gleichaltriger (der »Clique«) prägen, in der sie sich aufhalten. Im Ausland sind sie zunächst isoliert und es ist nicht garantiert, dass sie eine neue Clique finden.
- ✔ Sehr wahrscheinlich wird die Abhängigkeit von den Eltern im Ausland zunächst größer werden. Für einen Jugendlichen, der sich gerade im Prozess der Ablösung vom Elternhaus befindet, kann das einen Rückschritt bedeuten.

- ✔ Für Jugendliche ist in den meisten Fällen die neue Sprache ein Problem. Das Lernen geschieht nicht mehr automatisch wie bei Kleinkindern. In der Schule kann sie das zu Außenseitern machen, außerdem brauchen sie zusätzlichen Unterricht in der neuen Sprache. Auch der Unterrichtsstil und die Methodik können im neuen Schulsystem komplett anders und ungewohnt sein.

Es ist wenig hilfreich, einem Jugendlichen zu sagen, dass sich schon alles finden wird. Wenn Sie die Möglichkeit haben, vorab Ihre Wunschheimat zu besuchen, sollten Ihre Kinder die Möglichkeit haben mitzureisen. Sie fühlen sich mehr in die Entscheidung einbezogen, wenn sie sich an der Wohnungssuche beteiligen können und schon einmal eine Vorstellung von der neuen Schule bekommen.

Natürlich sind viele Jugendliche auch in gewisser Weise »bestechlich« (ebenso wie Erwachsene ...). So wird die Bereitschaft für einen Auslandsaufenthalt sicher höher sein, wenn er begrenzt ist und das Ziel USA, Singapur oder Abu Dhabi heißt. Länder wie Rumänien oder Kirgisien sind da vielleicht nicht ganz so attraktiv ...

Weg aus der Heimat: Verlust und Trauer

Egal ob die Kinder begeistert waren oder eher ängstlich: Mit dem Umzug ins Ausland verlieren sie ihre vertraute Umgebung. Was auch immer in Zukunft gewonnen werden mag – zuerst kommt der Verlust, der ein Gefühl der Trauer auslöst. Wie beim Verlust eines geliebten Menschen oder eines Haustiers, muss ein Kind auch den Verlust der Heimat verarbeiten.

Sich für die Kinder Zeit zu nehmen ist vielleicht das Beste, was Eltern in dieser Zeit der Trauer für sie tun können. Was das angeht, ist es nicht unbedingt ein Nachteil, wenn der mitausgereiste Elternteil ein paar Wochen zu Hause bleibt, bevor er sich um Arbeit bemüht oder mit der Arbeit beginnt.

Eltern können eigentlich nicht übertreiben, wenn sie nach dem Umzug ins Ausland ihre Kinder wie Trauernde behandeln. Hilfreich ist vielleicht, sich die Trauer nicht als einen festen Zustand vorzustellen, sondern als ein Geschehen, dass sich entwickelt und verschiedene Phasen durchläuft.

1. Die erste Phase kann man als »Schock« bezeichnen. Auch wenn der Verlust bei einem Umzug nicht plötzlich wie bei einem Todesfall kommt, ist der lang geplante und vielleicht auch gefürchtete Tag dann auf einmal *Wirklichkeit*. In den Tagen der Ausreise ist die Familie meist sehr gestresst und hat kaum Zeit für etwas anderes, als den Umzug gut zu überstehen. Das »böse Erwachen« findet vielleicht tatsächlich erst am ersten Morgen im fremden Bett statt. Der Schreck der Kinder äußert sich oft darin, dass sie schlecht schlafen, Albträume oder Angst vor dem Alleinsein haben. Diese ersten Tage werden oft als unwirklich erlebt.

2. Wenn sich nach dem Umzugsstress zu Hause alles beruhigt, beginnt die Phase der Bewusstwerdung und der Gefühle. Nun ist man also tatsächlich im fremden Land, morgen geht tatsächlich die Schule los, man ist jetzt wirklich ohne die vertrauten Freunde. Zwingen Sie Ihre Kinder auf keinen Fall dazu, sich zusammenzureißen. Erlauben Sie ihnen das Jammern und Klagen über den Verlust der vertrauten Welt und vermitteln Sie ihnen durch Ihre Gegenwart das nötige Gefühl der Sicherheit.

3. Mithilfe der Eltern müssen die Kinder nun die ersten Schritte wagen. »Müssen« deshalb, weil sie meist nicht die Wahl haben, ob sie in die Schule oder den Kindergarten gehen oder nicht. Diese Wahl haben andere für sie getroffen. Ein festes Gerüst, dem die Kinder folgen müssen, kann eine Hilfe sein, denn Rituale vermitteln den Kindern Sicherheit. Andererseits müssen sie sich in einer neuen Welt ihren Platz erst erkämpfen. Angstfrei und problemlos sind die Schritte in die neue Welt nicht. Aber es bilden sich neue Beziehungen und das Leben gewinnt an Normalität. Der Verlust bleibt zwar, aber er tut nicht mehr so weh.

Sollten Sie Ihren Auslandseinsatz nach einigen Jahren beenden, werden Sie feststellen, dass die Kinder sich nicht unbedingt auf die Rückkehr nach Deutschland freuen. Denn nun sind sie ja (hoffentlich) schon eine Weile in der neuen Welt zu Hause. Der Prozess des Verlustes und der Trauer beginnt also von Neuem und sollte bei der Rückkehr nach Deutschland genauso ernst genommen werden.

Die Trauer der Kinder verdient unsere ungeteilte Aufmerksamkeit und darf nicht leichtfertig übergangen werden. Sie sind von den Eltern abhängig und können sich nicht selbst entscheiden. Und vieles von dem, was die Kinder verlieren werden, werden sie nie zurückbekommen.

Das neue Leben der Kinder

Die Kisten sind ausgepackt, die nähere Umgebung erkundet, die Arbeit der Eltern hat begonnen und ebenso der Kindergarten- oder Schulalltag der Kinder. Doch kann man wohl in den ersten Monaten kaum von *Alltag* sprechen: Noch ist kaum etwas alltäglich.

Im Kindergarten – der optimale Start

Die besten Voraussetzungen für das Einleben in eine neue Kultur haben Kinder, wenn sie vor der Einschulung schon ein paar Jahre im Kindergarten in der neuen Heimat verbracht haben. Der Kindergarten kann die Kleinen zwar ein paar Tage in Panik versetzen (und mit ihnen die entnervten Eltern, die ihr beim Abschied schreiendes Kind in einem fremden Land bei Menschen lassen, deren Sprache sie nicht verstehen). Doch in der Regel gewöhnen sich die Kinder schnell an die neue Situation. Eltern können da mehr Schwierigkeiten haben als ihre Kinder:

- ✔ Vielleicht hätten Sie in Deutschland Ihr Kind nur ein Jahr vor der Schule in den Kindergarten geschickt. Doch selbst wenn ein Elternteil nicht arbeitet, sollte man den Kindern zwei bis drei Jahre Kindergarten gönnen, um die Sprache und die neuen Sitten zu lernen. Denn neben der Sprache müssen die Kinder jetzt auch das Sozialverhalten in der neuen Kultur lernen.
- ✔ In vielen Ländern ist die Ganztagsbetreuung der Kinder selbstverständlich. Das mag den Eltern passen, die beide berufstätig sind. Ist ein Elternteil jedoch zu Hause, mögen Sie das unnötig finden. Schauen Sie einfach, wie es in Ihrem Kindergarten gehandhabt wird. Vielleicht werden die Zeiten ja auch von anderen Eltern flexibel genutzt. Aber achten Sie darauf, dass Ihr Kind nicht von einem wichtigen Punkt des Tagesablaufs ausgeschlossen ist, nur weil Sie es immer früh abholen.

Filmtipp: Shrek – der tollkühne Held

Der Zeichentrickfilm »Shrek« kann der ganzen Familie als Vorbereitung auf den Umzug ins Ausland helfen. Auswandern ist zwar nicht Thema des Films, aber er ist ein typischer Abenteuerfilm, in dem ein Held sich auf den Weg macht, eine schwierige Aufgabe zu bewältigen.

Shrek ist ein großer, grüner Oger, der eigentlich nur seine Ruhe will. Als der böse Prinz Farquaad aber alle Fabelwesen aus seinem Reich vertreibt und sie sich in Shreks Sumpf ansiedeln, ist es mit der Ruhe vorbei ...

Was folgt, ist die Geschichte von einem, der sich in Abenteuer begibt, um wieder allein sein zu können – und am Ende sich selbst, neue Freunde und seine große Liebe findet. Doch auch wenn die Grundzüge der Geschichte zu jedem Abenteuerfilm passen, ist Shrek anders.

Zunächst einmal ist Shrek nicht nur der strahlende, unbesiegbare Held. Sicher hat er ein gutes Herz, aber man muss es erst entdecken. Eigentlich ist er oft ein großes Kind: Er badet gern mal im Schlamm, er ist unordentlich, manchmal auch schlecht gelaunt und will einfach nur in Ruhe gelassen werden. Er ist nicht so, wie ein braves Kind sein sollte. Er ist so, wie jedes Kind manchmal ist.

Ein Kind kann sich in Shrek vielleicht mehr einfühlen als in andere Filmfiguren. Und noch etwas ist besonders für die Vorbereitung auf den Umzug wichtig: Shrek hat keine Freunde. Doch mit einem Esel, den er anfangs nicht leiden kann und der ebenfalls keine Freunde hat, wird sich das ändern.

»Shrek« ist ein Film, der Erwartungen auf den Kopf stellt: Das, was unordentlich und hässlich aussieht, entpuppt sich als das Gute, alles Schöne, Glatte und Reibungslose ist nur eine Fassade. Der Film sollte Sie und Ihre Kinder dazu ermutigen, hinter der Fremdheit einer neuen Kultur schon die neuen Freunde zu sehen. Die neue Heimat mag unordentlicher, lauter und sogar hässlicher sein – doch vielleicht ist sie sogar liebenswerter als die alte Heimat.

Hier noch einige Fragen, die Sie ins Gespräch bringen können:

- ✔ Was bedeutet es, dass Oger wie Zwiebeln sind (»Sie haben Schichten«)? Werden deine neuen Mitschüler oder Nachbarskinder wohl auch »wie Zwiebeln« sein?
- ✔ Am Anfang will Shrek den Esel loswerden und behandelt ihn immer wieder ziemlich gemein. Warum werden sie trotzdem Freunde? Wie gewinnt man Menschen zu Freunden, die so ganz anders sind als man selbst?
- ✔ Shrek hat keine Freunde und will allein sein. Der Esel hat auch keine Freunde, aber will nicht allein sein. Warum wohl? Was möchtest du?
- ✔ Wenn der Umzug dein großes Abenteuer ist – wovor hast du Angst? Und worauf bist du gespannt?

✔ Gehen Sie zu Elternabenden oder anderen Veranstaltungen, auch wenn Sie nichts verstehen. So behalten Sie den Kontakt zur Welt Ihrer Kinder. Außerdem lernen Sie vielleicht andere Eltern kennen, die Ihre Sprache sprechen und Sie weiter in das neue System einführen können. Vielleicht können Sie auch Bekannte bitten, Sie zu begleiten und für Sie zu übersetzen.

✔ Erzieherinnen und Erzieher im Kindergarten haben auch ihren Stolz. Verscherzen Sie es sich nicht mit ihnen, indem Sie auf Gewohnheiten und Strukturen beharren, die Sie von zu Hause kennen. Falls es Ihnen nicht passt, wie Dinge im Kindergarten Ihres Auswanderungslandes geregelt werden, denken Sie daran, dass Sie die Ausländer sind. Und noch wichtiger: Auch Ihren Kindern erscheint bald alles ganz normal. Selbst wenn sie schon in Deutschland einen Kindergarten besucht haben, werden die »neuen Sitten« für die Kleinen schnell der normale Alltag sein.

✔ Braucht Ihr Kind bestimmte Medikamente, hat es Asthma oder Lebensmittelallergien, sollten Sie nicht versuchen, das mit Händen und Füßen und geringen Sprachkenntnissen zu erklären. In diesem Fall brauchen Sie jemanden, der gut übersetzen kann, damit es nicht zu gefährlichen Missverständnissen kommt.

Ob Ihnen das neue Kindergartensystem gefällt oder nicht: Versuchen Sie, sich mit den Gepflogenheiten Ihrer neuen Heimat abzufinden. Ihre Kinder werden es Ihnen danken. Denn während Eltern dazu neigen, die Kinder weiter wie in Deutschland zu erziehen, möchten Kinder meist nur eines: zu der Gruppe passen, zu der sie gehören. Holen Sie Ihre Kinder zum Beispiel vor dem Mittagessen aus dem Kindergarten, obwohl alle anderen Kinder dort gemeinsam essen, können Sie sie zu Außenseitern machen. Auch wenn Sie manches als ungewohnt und nicht optimal empfinden – nach einiger Zeit im Kindergarten werden Kinder darunter leiden, wenn ihre Eltern die Regeln der neuen Kultur brechen.

Der Ernst des Lebens – die Schule

Der Übergang vom Kindergarten in die Schule ist immer ein großer Schritt. Wenn sich ein Kind aber in der Sprache und der Kultur schon heimisch fühlt, wird es kaum mehr Schwierigkeiten haben als andere Gleichaltrige. Schwieriger wird es, wenn Schulkinder mit ihren Eltern ins Ausland gehen und dann gleich die neue Schule in der neuen Sprache und einem eventuell ganz anderen System besuchen müssen.

Einschränkung der Selbstständigkeit

Was gerade älteren Kindern und Teenagern an der neuen Situation schwer zu schaffen machen kann, ist die neue Einschränkung ihrer Selbstständigkeit. Normalerweise sollten sie sich von den Eltern langsam lösen, vielfach sind sie zu Hause schon ihre eigenen Wege gegangen. Jetzt aber werden sie erst einmal wieder ganz neu von den Eltern abhängig. Gerade am Anfang werden viele Dinge von der Familie gemeinsam erledigt: Einkäufe und Behördenbesuche, Erkundung der neuen Umgebung und Ausflüge. Freunde gibt es für die Kinder oft noch nicht wieder. Alles spielt sich nun wieder in und mit der Familie ab. Vielen älteren Kindern und Jugendlichen fällt da schnell die Decke auf den Kopf.

Auch wenn Sie sich Sorgen um Ihre Kinder machen: Helfen Sie ihnen, selbstständig zu werden. Je nachdem, wie es mit der Sicherheit in Ihrer neuen Heimat bestellt ist, sollten Sie die Kinder auch mal allein weggehen lassen. Besonders wenn sie sich mit neuen Freunden treffen wollen. Man kann da durchaus ein paar Regeln aufstellen wie zum Beispiel: nie ohne Mobiltelefon unterwegs sein, nie allein im Dunkeln gehen und zu einer bestimmten Zeit zu Hause sein.

Diese Einschränkung der Selbstständigkeit kann länger dauern oder sogar ein andauernder Zustand werden, wenn man in einem für Ausländer gefährlichen Gebiet wohnt und die Kinder einen Chauffeur oder einen anderen Begleiter brauchen. In den meisten Fällen aber werden die Kinder nach den anfänglichen Schwierigkeiten schnell wieder flügge. Ist die Phase des Einlebens vorbei, überflügeln die Kinder ihre Eltern in puncto Sprache und Kulturwissen schnell.

Und plötzlich ist man dumm

Ein anderes Problem bei Kindern und Jugendlichen, die nach der Ausreise gleich in eine fremdsprachige Schule müssen, ist natürlich, dass sie vom Unterricht kaum etwas mitbekommen.

Kinder, die die Unterrichtssprache der Schule nur mangelhaft sprechen oder verstehen und dazu noch aus einem vollständig anderen Schulsystem kommen, werden oft gleich eine Klasse zurückgestuft. Vielleicht ist das sogar sinnvoller, als das Schuljahr später zu wiederholen. Denn dann muss die Klasse wieder gewechselt werden und Freundschaften werden schon wieder abgebrochen und müssen neu aufgebaut werden.

Aber es ist normal, dass ein älteres Kind oder ein Jugendlicher sein erstes Schuljahr in der neuen Schule nicht erfolgreich abschließen kann und es wiederholen muss. Das kann natürlich am Selbstbewusstsein eines Teenagers zehren. Denn wer möchte schon der Schlechteste in der Klasse sein?

Wenn Sie sich ein wenig in Ihr Kind hineinversetzen, sollte es Ihnen nicht schwerfallen, aus einem »Sitzenbleiben« kein Drama zu machen. Es ist ein enormer Schritt, den man Kindern zumutet, von heute auf morgen in einer anderen Sprache leben und lernen zu müssen. Ermutigen Sie Ihr Kind und zeigen Sie ihm Ihre Unterstützung. Im ersten Jahr in der neuen Schule geht es mehr als alles andere um das Erlernen der neuen Sprache und darum, Anschluss an Gleichaltrige zu finden. Alle anderen Ergebnisse, Noten und Aufgaben sollten zweitrangig sein.

Neue Systeme – alte Rituale

Auch wenn sich das ganze Auslandsleben in einer neuen Welt abspielt, sollte man doch nicht auch gleich alle alten Gewohnheiten ablegen. Kindergarten und Schule werden für die Kinder schon fremd genug sein – das Zuhause aber sollte ein Ort der Ruhe und der Sicherheit sein. Um diese Ruhe und Sicherheit zu vermitteln, brauchen Kinder (und Erwachsene eigentlich auch) Rituale.

Rituale sind kleine Gewohnheiten, die Struktur in das Leben bringen, Inseln im Alltag, zu denen man immer wieder zurückkehrt, um dann wieder neu aufzubrechen. Für Kinder und Jugendliche sollte das Zuhause ein Zufluchtsort sein, umso mehr, wenn sie mit neuen Lebensumständen zurechtkommen müssen. Dabei können Rituale von Familie zu Familie verschieden sein.

- ✔ **Mahlzeiten** können solche Rituale sein. Es ist schön, wenn wenigstens einmal am Tag die ganze Familie zusammensitzt und Gelegenheit zum Austausch hat. Je nachdem, zu welcher Mahlzeit man sich zusammenfindet, kann man sie zum Rückblick nutzen oder zum Ausblick auf den neuen Tag. Achten Sie darauf, dass jeder, der etwas zu erzählen hat, auch zu Wort kommt.
- ✔ Auch die **Zeit des Zubettgehens** kann ein Ritual werden. Schon das Ausziehen und Zähneputzen leitet von der Hektik des Tages über in die Ruhe der Nacht. Vielleicht auch in eine Ruhe, in der Probleme des Tages hochkommen oder die Angst vor der Nacht wieder da ist. Nehmen Sie sich hier Zeit für Ihre Kinder, hören Sie auf Ihre Erzählungen und Ängste. So wird auch der kommende Tag vorbereitet.
- ✔ Überlegen Sie sich, welche **Feiertage** nun in der Fremde zum Ritual werden sollen: Die deutschen oder die der neuen Heimat? Oft wird sich das von selbst ergeben, weil für die deutschen Feiertage im Alltag kein Platz bleibt. Überlegen Sie, was Sie mit den neuen Feiertagen anfangen können. Wie feiern die Kinder sie in der Schule? Möchten die Kinder die Feiertage auch zu Hause feiern? Falls es deutsche Feiertage gibt, die Sie auf keinen Fall missen möchten, bitten Sie, wenn nötig, Ihren Arbeitgeber, die Schule und den Kindergarten rechtzeitig um freie Tage.
- ✔ Wie beginnt das **Wochenende**? Mit Ausschlafen und Kuscheln, einem guten Frühstück oder dem gemeinsamen Einkauf fürs Wochenende? Wenn es denn in Ihrer neuen Heimat ein echtes Wochenende gibt, sollten sich alle darauf freuen können.
- ✔ Achten Sie darauf, was Ihr Kind besonders gern hat. Eine Hausaufgabenpause mit Saft und Keksen zusammen mit Mama oder Papa? Eine Runde gemeinsames Computerspiel von Vater und Sohn? **Persönliche Rituale, die für jedes Kind nach dessen Wünschen gestaltet werden,** schaffen Verbindung und geben dem Kind die Sicherheit, beachtet zu werden.

Ein Kinderalltag ist immer anstrengend, selbst im Kindergarten und in der Schule. Doch in einer eher verschärften Schulsituation in einem fremden Land sollte man sich auch besondere Mühe geben, das Leben zu entschärfen. Bewusst gelebte Rituale helfen dabei.

Jedes Kind ein Wunderkind – Mehrsprachigkeit

Einer der größten Vorteile, den Kinder von einem Auslandsaufenthalt der Familie haben, ist das Erlernen mehrerer Sprachen. Besonders Vorschulkinder können mehrere Sprachen gleichzeitig lernen. Das muss nicht immer ganz problemlos sein (manchmal fangen Kinder zum Beispiel erst später an zu sprechen, wenn sie mit mehreren Sprachen aufwachsen), renkt sich aber bis zum Schulalter ein.

Für Schulkinder ist das Erlernen einer neuen Sprache schon schwieriger. Wichtig ist für sie der ständige Kontakt mit der neuen Sprache: Neben der Schule ist es gut, wenn die Kinder mit Nachbarskindern und erwachsenen Freunden der Familie in der neuen Sprache sprechen.

Auch Teenager und junge Erwachsene haben noch mehr Chancen darauf, die neue Sprache einmal fließend zu sprechen. Allerdings wird man gerade dann, wenn die Jugendlichen ohne oder mit wenigen Sprachkenntnissen in die Auslandsschule kommen, sicher noch zusätzlichen Sprachunterricht brauchen.

Egal wie es läuft: Grundsatz ist es, ruhig zu bleiben, die Kinder ihren Weg finden zu lassen und aus nichts ein Drama zu machen!

- ✔ Sehr kleine Kinder sprechen die Worte, die sie schon können, bunt gemischt aus. Sie lernen von Eltern, Geschwistern oder Hausangestellten jeweils verschiedene Worte in unterschiedlichen Sprachen. Das ist zwar für die Eltern manchmal frustrierend, weil sie die neue Sprache vielleicht selbst noch kaum verstehen. Aber keine Sorge: Mit der Zeit wird auch Ihr Wunderkind die Sprachen von ganz allein trennen.
- ✔ Meist grenzen sich die Orte, an denen bestimmte Sprachen gesprochen werden, klar voneinander ab: Muttersprache in der Familie, neue Sprache in der Schule, in Vereinen, beim Einkauf – also meist außerhalb des Hauses. So lernen die Kinder beide Sprachen fließend.
- ✔ Sie könnten natürlich auch versuchen, die fremde Sprache in der Familie zu sprechen. Das scheitert allerdings meist daran, dass die Eltern ihren Kindern schon nach wenigen Monaten hoffnungslos unterlegen sind und deshalb kein vernünftiges Gespräch zustande kommt. Aber natürlich haben die Eltern hier die Chance, von ihren Kindern etwas zu lernen.

Etwas anders wird es natürlich, wenn schon die Eltern zwei verschiedene Muttersprachen haben. In diesem Fall werden Sie vielleicht merken, wie unberechenbar Kinder immer wieder sein können: Manche sprechen nur in *einer* Sprache, verstehen aber beide. Erst bei Verwandtenbesuchen im betreffenden Land stellt man vielleicht fest, dass das Kind auch die andere Sprache fließend spricht … Falls eine der beiden Sprachen aber im Alltag kaum gebraucht wird, bleiben die Sprachkenntnisse in dieser Sprache irgendwann auf einem bestimmten Niveau stehen und gehen unter Umständen sogar ganz verloren.

Irgendwann werden Sie vielleicht auch feststellen müssen, dass Sie Ihr Kind nicht mehr besonders gut verstehen, wenn es die Sprache Ihrer Wahlheimat spricht. Dass liegt zumeist daran, dass Erwachsene eine Sprache nicht mehr so leicht lernen. Zum anderen liegt es vielleicht auch daran, dass Ihre Kinder den Dialekt der Umgebung sprechen, während Sie auf der Sprachschule eine andere, offizielle Version gelernt haben. Außerdem sprechen Ihre Kinder vielleicht auch Slang oder »Jugendsprache«. Da kann man nur sagen: Seien Sie stolz auf Ihre Kinder. Sie haben es wahrscheinlich geschafft, in der fremden Kultur heimisch zu werden und ihren Platz zu finden.

Sich blöd vorkommen: Kinder als Dolmetscher

Wenn Schule und Alltagsleben tatsächlich nur in der jeweiligen (und vorher unbekannten) Landessprache stattfinden, können sich Eltern schnell in der Situation wiederfinden, dass sie ihre Kinder als Dolmetscher brauchen. Ein paar Gedanken dazu:

- ✔ Wenn Sie die Hilfe Ihrer Kinder brauchen, dann lieber nicht öffentlich. Mit älteren Jugendlichen ist das weniger ein Problem. Wenn Sie aber mit Ihrem Zehnjährigen in der Ausländerbehörde stehen und ihn als Übersetzer brauchen, wird es ihm peinlich sein und der Beamte wird Sie vielleicht nicht so ganz für voll nehmen.
- ✔ Horchen Sie ein wenig in sich hinein, wenn Sie wegen der Sprache die Hilfe Ihrer Kinder brauchen. Fühlen Sie sich gedemütigt? Minderwertig? Peinlich berührt? Solche Gefühle werden Sie auf Ihr Kind wütend machen! Suchen Sie sich in diesem Falle lieber einen erwachsenen Dolmetscher, vielleicht sogar einen Profi.
- ✔ Falls Sie Ihre Kinder doch einmal als Dolmetscher brauchen, achten Sie darauf, ob sie das entsprechende Sprachniveau überhaupt verstehen können. Kinder in Behörden oder bei Arztbesuchen sind da meist überfordert.

Nicht alle Kinder sind gleich und jedes lernt eine Sprache anders. Es kann sein, dass Ihr Kind mühelos zwischen den Sprachen hin und her springt und leicht von einer in die andere Sprache übersetzt. Genauso aber kann es vorkommen, dass ein Kind so sehr in der jeweils gerade gesprochenen Sprache denkt, dass es ihm schwerfällt, die richtigen Worte in der anderen Sprache zu finden. Ob Ihr Kind zum Übersetzer taugt oder nicht, ist also ganz einfach »Typfrage«.

Die »Mischsprache«

Eine Familie ist der Knotenpunkt vieler Lebensbereiche: der Arbeit der Eltern, der Schule, des Kindergartens, des Sportvereins oder der Kirche. Wenn eine Familie ins Ausland zieht, werden diese Bereiche plötzlich auch durch verschiedene Sprachen eingeteilt. Die Sprache der Bereiche außerhalb der Familie strahlt nun in das Familienleben hinein. Das führt in den meisten Fällen dazu, dass sich Begriffe aus der »Außenwelt« in die Familiensprache einschleichen. Manche Dinge mag es in Deutschland gar nicht gegeben haben, man wird also einen indischen *Sari* nicht plötzlich ein »Wickelkleid« nennen. Kinder haben an dieser Stelle noch das besondere Problem, dass der Wortschatz innerhalb der Familie ja begrenzt ist. Durch die Schule erweitert sich aber auch der Wortschatz in Spezialgebieten: Erdkunde, Mathematik, Biologie, Chemie, Physik und vieles mehr lernen Kinder nun in der neuen Sprache. Doch wie viel Zeit und Energie haben Eltern dafür, ihren Kindern die Hauptstädte der Welt, Bruchrechnen, chemische Elemente, mendelsche Vererbungsgesetze oder den Wasserkreislauf zu Hause auch noch auf Deutsch zu erklären? Das will heißen: Die »Mischsprache« wird unweigerlich kommen.

Niklas und Benedikt mischen ...

Meine Söhne Niklas und Benedikt besuchten den slowenischen Kindergarten und dann weiter die slowenische Schule. Ein typisches Gespräch am Mittagstisch konnte so aussehen (ich setze die deutschen Übersetzungen in Klammern). Falls die Grammatik ein wenig seltsam klingt, ist das so gewollt. Gewisse slowenische Wörter verlangen in deutschen Sätzen kleine Anpassungen ...:

Ich: Bene, wie war es heute in der Schule?

Bene: Blöd. Wir hatten Musik und der *učitelj* (Lehrer) ist so *tečen* (nervig). Ich war *vprašan* (mündlich geprüft) und er hat es mir nicht vorher gesagt. Total *brez veze* (sinnlos, bescheuert).

Niklas: Ja, aber das macht der immer so. Ich bin nächste Woche auch bei ihm *vprašan* (mündlich geprüft). Die *učiteljica* (Lehrerin) in *družboslovje* (Gesellschaftskunde) macht das ganz anders, da weiß man immer, wann man *vprašan* (mündlich geprüft) ist. Aber *veš kaj?* (weißt du was?) Dejan und Matej mussten heute zur *ravnateljica* (Direktorin).

Ich: *Zakaj?* (Warum?)

Niklas: Auf dem Flur *sta se tepala*! (haben die beiden sich geprügelt)

Bene: Ja, die machen immer so was. *Joj, kak je bila učiteljica besna!* (Mann, was war die Lehrerin wütend)

Typisch an diesem Gespräch ist, dass bei solchen »Mischsprachen« meist Hauptwörter, Verben und im weitesten Sinne Kraftausdrücke der »Außensprache« in die Familiensprache integriert werden.

Wie aber geht man nun mit einer solchen »Mischsprache« um? Die Praxis lehrt, dass man erstens nichts dagegen machen kann (da müssten sich selbst die Eltern oft auf die Zunge beißen) und dass es zweitens nicht weiter schlimm ist. Kinder sind genau wie Erwachsene sehr wohl in der Lage, die Sprachen auseinanderzuhalten, wenn es notwendig ist.

Ein Problem kann es lediglich werden, wenn die Kinder zu einem späteren Zeitpunkt doch einmal wieder eine deutsche Schule besuchen. Dann werden ihnen unter Umständen deutsche Fachbegriffe (Biologie, Mathematik, Chemie ...) fehlen. Achten Sie also darauf, ob Ihr Kind bei der Wiedereingliederung in die deutsche Schule im Unterricht auch wirklich alles versteht, und arbeiten Sie mit den Kindern bewusst am deutschen Wortschatz.

Elternfrust Schulsprache

Ein ganz anderes Problem haben in diesem Zusammenhang Eltern, die die neue Sprache erst lernen müssen. Auch hier fehlen ja die in bestimmten Unterrichtsfächern gebrauchten Fachworte. Und so kann es sein, dass Eltern schon ab der ersten oder zweiten Klasse Mühe haben, ihren Kindern bei den Hausaufgaben zu helfen. Wenn das Kind eine mathematische Textaufgabe nicht versteht, kann es sie auch schlecht übersetzen. Aber den Eltern hilft ein Wörterbuch nur so weit, wie sie die Grammatik schon können, um den Sinn des Textes zu verstehen.

Es gibt kaum etwas Frustrierenderes für Eltern und Kinder als unverstandene Hausaufgaben, bei denen die Eltern nicht helfen können. In vielen Situationen wird ein Kind die mangelnden Sprachkenntnisse der Eltern mit Humor (manchmal auch mit einer gewissen gnädigen Herablassung) akzeptieren. Bei Hausaufgaben (beziehungsweise falsch- oder nicht gemachten Hausaufgaben) hört aber auch bei Kindern zumeist der Spaß auf. Oft können erst Jugendliche bei nicht gemachten Hausaufgaben eine trotzige Lässigkeit entwickeln. Es geht hier um das Ansehen der Kinder innerhalb der Klassengemeinschaft und da möchte kein Kind als Trottel dastehen.

Falls Ihr Kind mehr Hilfe bei den Hausaufgaben braucht, als Sie ihm geben können, sollten Sie einen »Hausaufgabenhelfer« anstellen. Dafür eignen sich Studenten oder ältere Schüler aus den höheren Klassen ganz gut. Es entspannt die Familiensituation ungemein, wenn mit den Hausaufgaben überforderte Eltern und Kinder nicht auf Gedeih und Verderb aufeinander angewiesen sind.

»Warum sprichst du mit deinem Vater Deutsch?«

Mein Sohn Niklas ist Deutscher und war seit seinem fünften Lebensjahr in Slowenien. Er ist zwölf Jahre alt, als er von einer Klassenfahrt heimkehrt und mich anruft, dass ich ihn doch von der Schule abholen solle. Der Lehrer, der neben ihm steht (ihn allerdings nur wenige Stunden in der Woche unterrichtet), fragt erstaunt: »Warum sprichst du denn mit deinem Vater Deutsch?«, und bekommt zur Antwort: »Ja, wir sind doch Deutsche.« Aber voller Stolz erzählt Niklas mir später, dass einer seiner Lehrer noch nie gemerkt hat, dass er eigentlich Deutscher ist.

Übrigens ging bei Niklas die Identifikation mit Slowenien so weit, dass er sich schon mit zwölf Jahren darüber geärgert hat, dass er einen deutschen Pass hat.

Wenn Kinder in der neuen Heimat sehr gut integriert sind und im Bewusstsein ihrer Schulfreunde nicht mehr als Ausländer gelten, kann es passieren, dass es den Kindern unangenehm ist, wenn ihre Eltern als Ausländer auffallen. Dann sollten Sie offen mit Ihren Kindern darüber reden, warum das so ist – und dass Sie sich deshalb trotzdem nicht verstecken werden. Auch wenn Sie es Ihren Kindern so leicht wie möglich machen wollen, ist es manchmal aber angebracht, dass Ihre Kinder auf Sie Rücksicht nehmen. So viel Respekt muss sein.

Deutsche Ausbildung: Alle Möglichkeiten offenhalten?

Bis jetzt ging es hauptsächlich um die Kinder, die im Ausland die nationale Schule ihrer neuen Heimat besuchen werden. Es gibt aber auch Möglichkeiten, die Kinder ganz oder teilweise im deutschen Schulsystem zu halten. Das ist zwar nicht überall auf der Welt einfach, aber doch möglich.

Besonders sinnvoll ist die Variante der deutschen Schule im Ausland dann, wenn der Auslandsaufenthalt der Familie von vornherein begrenzt ist. Die Kinder würden dann weder ganz aus dem deutschen Bildungssystem herausgerissen werden noch müssten sie später wieder mühsam integriert werden. Da Schulsysteme international nicht immer leicht vergleichbar sind, kann ein Kind durch internationale Schulwechsel schnell ein paar Schuljahre verlieren, die es wiederholen muss, obwohl die Leistungen an sich stimmen.

Deutsche Schulen im Ausland

Weltweit gibt es ungefähr 100 deutsche Schulen, die nach deutschem System und Lehrplänen unterrichten. Unterrichtet werden die Schüler dort auch zumeist von deutschen Lehrern und führen in der Regel bis zum Abitur. Danach könnte Ihr Kind also in Deutschland studieren.

Vorteil einer deutschen Auslandsschule ist sicher, dass die Kinder ins deutsche Schulsystem eingebunden bleiben. Auch das Problem der neuen Sprache ist damit entschärft. Die Kinder kommen zwar in eine neue Klasse in eine neue Schule, doch ist das Umfeld (Lehrplan, Sprache, Mitschüler) nicht ganz so ungewohnt. Außerdem lernen sie viele Gleichaltrige kennen, die in der gleichen Situation stecken wie sie selbst. Durch die neuen, deutschen Freunde im Ausland fällt auch das Einleben leichter, denn immer ist jemand da, der schon weiß, wie alles läuft.

Eine Weltkarte mit allen deutschen Auslandschulen finden Sie unter: `www.auslandsschulwesen.de`

Die Vorteile sind allerdings auch wieder nur eine andere Seite der Medaille: Durch den Besuch der deutschen Schule bleiben die Kinder im Land eher Außenseiter, denen der Kontakt zu Einheimischen schwerer fallen wird.

Die deutschen Schulen im Ausland sind meist private Vereine oder Stiftungen, die sich hauptsächlich durch Schulgeld finanzieren. Hier kommen also erhebliche Kosten auf die Eltern zu – mit 1.000 Euro im Monat muss man da schon rechnen.

Als Auswanderer, der seinen Aufenthalt im betreffenden Land ohne zeitliche Begrenzung plant, sollte man gut überlegen, ob es sich lohnt, seine Kinder auf eine deutsche Schule zu schicken. Schneller im Land heimisch werden die Kinder in einer nationalen Schule. Eine Alternative ist sie aber sicher für Teenager, die eher widerwillig mit ausgewandert sind und planen, so schnell wie möglich nach Deutschland zurückzukehren. Das Leben im Ausland wird erleichtert (auch wenn man sich vielleicht schwerer auf die neue Kultur einstellt) und es besteht für sie eine konkrete Aussicht, wieder in Deutschland leben zu können.

Internationale Schulen

Ein wenig anders ist die Lage bei internationalen Schulen. Die Unterrichtssprache ist hier meist Englisch, der Aufbau des Lehrplans und das System der Schule oft amerikanisch. Dann gibt es außerdem internationale Schulen, die dem System des jeweiligen Landes angepasst sind, deren Unterrichtssprache aber Englisch ist. Auch diese Schulen müssen privat gezahlt werden.

Werden Sie von Ihrem Arbeitgeber ins Ausland entsandt, sollte Teil Ihrer Entsendungsgespräche auch die Schulbildung Ihrer Kinder sein. Sollte eine deutsche oder internationale Schule infrage kommen, scheuen Sie sich nicht, Ihren Arbeitgeber zu fragen, ob die Firma auch das Schulgeld der Kinder bezahlt. Entscheiden Sie sich für eine internationale Schule, könnte diese zwar auch später in Deutschland weiter besucht werden. Aber das bezahlt dann nicht mehr der Arbeitgeber.

Internationale Schulen haben allerdings den Ruf, »etwas Besseres« zu sein. Ihre Kinder werden also von den Nachbarskindern unter Umständen als Außenseiter betrachtet.

Fernschulen

Eine Lösung, mit der man verschiedene Ausbildungswege kombinieren kann, sind Fernschulen. Auch in Deutschland gibt es solche staatlich anerkannten Schulen, bei denen der ganze Unterricht zu Hause stattfindet, Aufgaben und Prüfungen werden von einem Lehrer in Deutschland betreut. Bei den Fernschulen sollte man Folgendes beachten:

- ✔ Auch Fernschulen kosten Geld. Der Auswanderer muss das Geld dafür selbst aufbringen, der Auslandsentsandte bekommt die Kosten vielleicht von seiner Firma erstattet.
- ✔ Für den Unterricht durch Fernschulen sind verschiedene Kombinationen denkbar. Zum einen könnte man die Schule generell zu sich nach Hause verlegen und die Kinder vollständig nach deutschem System unterrichten. Hier ist aber darauf zu achten, ob die örtlichen Gesetze das überhaupt erlauben oder ob die allgemeine Schulpflicht den Schulbesuch zwingend vorschreibt. In Deutschland ist es zum Beispiel nicht erlaubt, sein Kind nur zu Hause zu unterrichten.
- ✔ Es sind auch Kombinationen mit der örtlichen Schule denkbar. So kann man in jedem Schuljahr zum Beispiel lediglich den Deutschunterricht bei einer Fernschule belegen.
- ✔ Der zusätzliche Arbeitsaufwand, den Kinder und Eltern mit der Fernschule neben der normalen Schule bewältigen müssen, sollte nicht unterschätzt werden.
- ✔ Adressen von Fernschulen finden Sie im Anhang.

Die Ausbildung der Kinder ist für manchen Auswanderer oder Entsandten ein wesentlicher Punkt dafür, die Zelte abzubrechen und zurück nach Deutschland zu gehen. Manchmal kann es wirklich die beste Lösung sein. Sollte Ihr Kind zum Beispiel Lernschwächen haben oder eine Sonderschule benötigen, kann es durchaus sein, dass Sie dafür nicht in jedem Land der Welt befriedigende Lösungen finden werden.

Oder aber ins Internat

Nicht undenkbar, aber drastisch ist die Lösung, die Kinder ein Internat besuchen zu lassen. Die Kosten sind nicht unerheblich, die familiären Folgen – nun, unvorhersehbar … Manche Erwachsene schwärmen von ihrer Zeit im Internat, andere haben es gehasst.

Bei dieser Lösung sind alle möglichen Kombinationen denkbar: So könnte das Kind in Deutschland bleiben und dort ein Internat besuchen. Oder man sucht ein passendes Internat in der neuen Heimat.

Wer den Schritt ins Auge fasst, seine Kinder ins Internat zu schicken, sollte sich auf jeden Fall beraten lassen. Erste Informationen findet man zum Beispiel unter `www.internatsberatung.com` oder unter `www.internate.org`.

Übrigens ist es nicht sinnvoll, Kinder gegen ihren Willen auf ein Internat zu schicken. Denn letztlich haben die Kinder doch das Sagen: Im Zweifelsfall ist ein Kind immer schlau genug, sich durch schwere Vergehen von der Schule verweisen zu lassen …

Alte Heimat, neue Heimat – alte Freunde, neue Freunde

Am Anfang dreht sich in der Fremde alles darum, sich einzugewöhnen. Man macht sich viele Gedanken darum, wie man es den Kindern so leicht wie möglich machen kann. Doch das Blatt wendet sich meistens recht schnell. Schon innerhalb eines Jahres kann es passieren, dass Eltern sich darüber Gedanken machen, wie sie in ihren Kindern die Erinnerung an Deutschland lebendig halten können …

Deutschland vergessen?

»Aus den Augen, aus dem Sinn« – das kann sich nach einer Weile im Ausland schnell bewahrheiten. Je kleiner die Kinder beim Umzug waren und je weniger eigene Beziehungen sie außerhalb der Familie hatten, desto wahrscheinlicher ist das der Fall. Doch selbst Teenager werden meist nur mit einer Handvoll alter Freunde aus Deutschland Kontakt halten, wenn sich in der neuen Heimat neue Freunde finden.

Einerseits möchten Kinder ganz in der neuen Heimat aufgehen und nicht als Exoten auffallen. Andererseits brauchen sie den Kontakt zu Deutschland, um sich all der Einflüsse bewusst zu werden, die sie zu der Persönlichkeit gemacht haben, die sie sind. Das mag uns zuerst einmal nicht wichtig scheinen. Doch je älter Kinder werden, umso mehr fragen sie nach sich selbst und der Familie, aus der sie kommen.

Wie kann man den Kontakt halten?

- ✔ Eltern sollten darauf achten, dass die Kinder regelmäßigen Kontakt zu den engsten Verwandten in Deutschland haben. Großeltern, Onkel und Tanten können gute Bezugspunkte in die alte Heimat sein.
- ✔ Auch deutsches Fernsehen kann eine Hilfe sein. Hier hören die Kinder einen anderen Wortschatz als in der Familie und bekommen ein Gefühl dafür, wie man in Deutschland redet.
- ✔ Auch deutsche Bücher, Comics und Zeitschriften helfen Kindern, die Kultur der alten Heimat nicht zu vergessen. Vielleicht gefällt den Kindern eine Zeitschrift, die Sie für sie abonnieren können?

Haben die Kinder nur durch ihre Familie und Fernsehen Kontakt zu ihrer Muttersprache, hören sich Wortschatz und Satzbau manchmal ein bisschen seltsam an. Nicht falsch, aber nicht unbedingt so, wie Deutsche umgangssprachlich reden. Das wird sich nur dann wirklich ändern, wenn Kinder mehr Kontakt mit deutschen Muttersprachlern bekommen.

Kontakt halten zu alten Freunden

Wenn Sie mit Teenagern ins Ausland gegangen sind, haben diese sicher gute Freunde zurückgelassen. Nun können Sie Ihre Kinder aber auch dazu ermutigen, den Kontakt in die Heimat zu halten. Dafür sind Computer und Internet heute die erste Wahl.

- ✔ Ein »Skype«-Konto ermöglicht kostenlose Gespräche über das Internet. Lediglich Zeitverschiebungen können hier Probleme machen. Wenn Sie eine Webcam in Ihrem Laptop oder PC haben, können sich die Gesprächspartner sogar beim Telefonieren sehen.
- ✔ Computerprogramme wie »Windows Live Messenger«, »ICQ« und wiederum »Skype« wurden für den Nachrichtensofortversand entwickelt. Anders als bei der E-Mail erscheint die Nachricht gleich beim Empfänger.
- ✔ Ist die Zeitverschiebung ein Problem, hilft die normale E-Mail weiter. Diese ist aber bei Jugendlichen meist nicht so sehr beliebt, weil hier schon wieder »richtige« Texte verfasst werden müssen.
- ✔ Eine schöne Möglichkeit, die Freunde mit Neuigkeiten und Fotos zu versorgen, ist das Schreiben eines Blogs. Ein Blog verlangt natürlich regelmäßige Pflege. Schreibt man nichts Neues, schaut auch keiner nach.
- ✔ Wie ein Mini-Blog funktioniert »Twitter«. Hier kann man kurze Tagebucheintragungen von maximal 140 Zeichen erstellen, die über das Internet weltweit einsehbar sind. Die Kurzform kommt Jugendlichen sehr entgegen, besonders dann, wenn man auch mit dem Mobiltelefon ins Internet geht.
- ✔ Ein wenig ausführlicher als »Twitter« ist »Facebook« oder »MySpace«. Auch hier wird ein Profil angelegt, man kann Bilder hochladen und das Tun und Treiben seiner Freunde über das Internet verfolgen.

Wahrscheinlich wird es sogar so sein, dass Kinder all diese Hilfsmittel schon viel besser kennen als ihre Eltern. An denen liegt es aber, die Kinder zu ermutigen, diese Werkzeuge auch wirklich zu benutzen, um den Kontakt mit Deutschland nicht zu verlieren. Mehr zu dem Thema der Verbindung von alter und neuer Heimat finden Sie in Kapitel 17.

Vorsicht, wenn Ihre Kinder ein eigenes Handy haben. Über Grenzen hinweg kann allein schon das Schreiben von SMS ein Vermögen kosten.

Und plötzlich versteht man die Kinder nicht mehr

Am Anfang setzt man viel Energie darein, die Familie in die neue Kultur und Umgebung einzugliedern. Die Sorge um das Wohlergehen der Kinder ist oft ein langer Kampf. Denn immer wieder stoßen die Eltern an ihre eigenen Grenzen.

Aber auch in ein Auswandererleben zieht irgendwann der Alltag ein, die täglichen Abläufe werden zur Routine und ein Anruf beim Pizza-Service bedarf keiner generalstabsmäßigen Planung mehr. Die Kinder sprechen die neue Sprache fließend, leben in der neuen Kultur wie Fische im Wasser und lieben ihre neue Heimat. Doch plötzlich merken Eltern dann, dass sie ihre Kinder manchmal nicht mehr verstehen …

Das Phänomen der Third-Culture-Kids

Einer der wenigen Fachbegriffe, um die man auch in diesem Buch nicht herumkommt, ist die Wendung »Third-Culture-Kids«. »Third-Culture-Kids« (TCKs) bedeutet wörtlich übersetzt »Kinder der dritten Kultur« oder »Drittkultur-Kinder« (es ist allerdings absolut unüblich, einen deutschen Begriff dafür zu verwenden). Damit sind Kinder gemeint, die in einer anderen Kultur aufwachsen als ihre Eltern. Innerhalb der Familie herrscht eine andere Kultur vor als im Leben außerhalb der Familie. Durch die Verbindung der Kultur ihrer Eltern und der Kultur des Landes, in dem sie leben, bilden diese Kinder in sich eine andere, »dritte Kultur« aus. An sogenannten TCKs kann man viele sich ähnelnde Eigenschaften beobachten. Der Begriff wurde zuerst in den 1960er-Jahren von den amerikanischen Soziologen Ruth Hill Unseem und John Unseem eingeführt. Man kann sagen, dass ein TCK Elemente aus den es umgebenden Kulturen annimmt, aber in seinem Verhalten und Wesen zu keiner Kultur wirklich passt. Natürlich gibt es auch hier Unterschiede: Ein Kind, das von klein auf in mehreren Kulturen aufwuchs und vielleicht sogar in mehreren verschiedenen Ländern gelebt hat (zum Beispiel Kinder von Diplomaten, Militärs oder Missionaren), wird eher ein typisches TCK sein als ein Jugendlicher, der erst spät eine neue Kultur kennenlernt.

Natürlich darf man auch die »Kinder der dritten Kultur« nicht alle über einen Kamm scheren. Sicher gibt es viele typische Gemeinsamkeiten, aber jedes Kind ist anders. TCKs haben normalerweise keine Angst vor Reisen in fremde Länder und mögen es auch als Erwachsene noch, immer unterwegs zu sein. Manche allerdings wollen als Erwachsene ihre Ruhe haben, nie mehr die Koffer packen und das auch ihren Kindern nicht zumuten. Also niemals alle TCKs in ein Schema pressen!

Kleine Kinder, kleine Sorgen …

Am Anfang wird die Tatsache, dass das Kind sich zum »Drittkultur-Kind« entwickelt, noch kaum ins Gewicht fallen. Im Kindergarten und in der Schule werden sie vielleicht Umgangsformen entwickeln, die den Eltern fremd sind. Und vielleicht essen die Kinder Speisen, die man selbst sich nicht mal zu probieren traut …

Oft trennt auch die Sprache die Kinder schnell von den Eltern. Zum einen lernen Kinder generell schneller. Zum anderen werden Kinder oft Slang und Dialekt lernen, während die

Eltern meist nur die »Schulversion« der neuen Sprache lernen. Aber all das sind Dinge, die ein Kind noch nicht zum »Drittkultur-Kind« machen. Das werden sie erst wirklich, wenn sie größer werden.

Kinder sind neugierig, beobachten gut und genau und haben ein enormes Gedächtnis. Als Eltern sollten Sie lernen, diese Informationsquelle zu nutzen. Themen, die Ihre Kinder meist vor Ihnen (kennen)lernen, sind zum Beispiel: Speisen und Getränke, Freundschaften schließen und sich streiten, Freude ausdrücken und fluchen (Sie werden überrascht sein, wie viele schlimme Worte in der neuen Sprache Ihre Kinder Ihnen voraushaben!).

... große Kinder, große Sorgen

Im Grunde wachsen »Drittkultur-Kinder« zwischen den Kulturen auf. Relativ begrenzt ist das bei einer Auswandererfamilie, in der es bei der Familien- und einer Umgebungskultur bleibt. Wesentlich drastischer wird dieses Leben zwischen allen Stühlen bei Kindern, die öfter in andere Länder umziehen. Bei Familien von Diplomaten, Militärs oder Managern kann das der Fall sein. Hier muss das Kind dann nicht nur zwei Kulturen bewältigen, sondern immer wieder eine neue.

Kinder, die unter solchen Umständen aufwachsen, entwickeln Fähigkeiten, die ihnen in ihrem späteren Leben enorme Chancen bieten. Gleichzeitig entwickeln sie sich aber auch auf eine Weise, die den Eltern oft fremd ist und ihnen Sorgen bereiten kann. Doch mit viel Geduld und Einfühlungsvermögen haben Eltern immer die Möglichkeit, die besten Seiten ihrer Kinder zu fördern. Doch dazu müssen sie erst einmal wissen, wie das Leben zwischen den Kulturen ihre Kinder beeinflusst.

Zu abgeklärt: Tolerant und arrogant

Wachsen Kinder mit mehreren Kulturen auf, sind sie daran gewöhnt, dass Menschen überall anders sind. Der Wechsel zwischen den Kulturen in Familie und Nachbarschaft geschieht gewissermaßen alltäglich, fließend und fast unbewusst. Ganz selbstverständlich essen die Kinder in der Schule mit Stäbchen und ohne darüber nachzudenken zu Hause mit Messer und Gabel. Mühelos diskutieren sie schulische Probleme mit ihren Eltern auf Deutsch und schreiben nebenher eine SMS auf Ungarisch. Ganz selbstverständlich gratulieren sie in Slowenien auch Männern zum Geburtstag mit drei Wangenküssen – und schütteln bei gleicher Gelegenheit ihrem deutschen Cousin die Hand.

TCKs wechseln mit enormer Flexibilität zwischen den Kulturen – und können doch geradezu unbarmherzig spöttisch und arrogant gegenüber Menschen sein, die das nicht können. Besonders mit Gleichaltrigen ihrer Heimatkultur, die in ihrem Leben nie einen Fuß aus ihrer vertrauten Umgebung gesetzt haben, wissen TCKs oft kaum noch etwas anzufangen.

Exoten und Chamäleons in Menschengestalt

Ihre Flexibilität macht TCKs überall zu Exoten – für die eine oder die andere Kultur. Ein blondes, weißes Mädchen mag in Kenia Suaheli sprechen und mit den anderen Kindern zwischen Lehmhütten herumtollen, essen, was alle essen, und die Geschichten mögen, die erzählt werden – aber sie bleibt doch immer das weiße Mädchen. Und so lernt sie, als Exot zu leben. Sie mag das vielleicht nicht, aber sie muss sich damit abfinden.

Leichter ist das für Deutsche in Europa oder Nordamerika. Dort können Kinder wirklich wie Chamäleons abtauchen. Und doch: Ein Chamäleon wird auf einem grünen Blatt grün werden, es bleibt aber ein Chamäleon. So behalten auch TCKs einen Teil der anderen Kultur in sich, das Familienerbe.

Selbst wenn ein deutsches Kind sich äußerlich ganz und gar russisch benimmt und vielleicht sogar auf Russisch träumt, wird es doch nie ganz so wie andere deutsche oder russische Kinder sein. Zu einer Krise kann das führen, wenn ein Kind zur einen oder anderen Kultur keinen richtigen Zugang findet und mit sich selbst nicht im Reinen ist. Wenn das Kind zum Beispiel die deutsche Kultur als zu streng und die persönliche Freiheit beschränkend empfinden. Trotzdem würde es zumindest einen Teil seiner (vielleicht ungeliebten) deutschen Erziehung immer mit sich tragen. »Wer bin ich denn wirklich?«, fragen sich dann oft gerade Teenager. An diesem Punkt dürfen Eltern nicht versuchen, das Kind auf ihre »deutsche« Seite zu ziehen. Machen Sie Ihrem Kind klar, dass es etwas bewundernswert Besonderes ist, ein Mensch, der allein durch seine Lebensumstände Erfahrungen macht, die andere auf keiner Schule der Welt lernen können.

TCKs können in einem neuen Umfeld manchmal einen sehr zurückhaltenden Eindruck machen, der nicht so recht zu ihrem starken Selbstbewusstsein passt. Doch mehr als andere Menschen sind sie sich dessen bewusst, dass in anderen Gruppen oder Kulturen andere Regeln herrschen. Sie sind damit vertraut, dass man kulturelle Fehler begehen kann und halten sich deshalb oft erst einmal zurück, um die Regeln der neuen Situation zu verstehen.

Furchtlose Weltenbürger und traurige Wanderer

Für Eltern geradezu erschreckend ist manchmal die Unabhängigkeit, die TCKs an den Tag legen. Das gilt natürlich auch für später, wenn sie erwachsen sind. Allein an einen unbekannten Ort verreisen, an dem man keinen kennt? Warum nicht? Einfach mal sehen, wie es da so ist … Gerade Kinder von Diplomaten und anderen Berufsgruppen, die oft Stellung und Einsatzländer wechseln, adoptieren häufige Ortswechsel als Teil ihres Lebensstils, oft ein Leben lang.

Was sie allerdings oft verdrängen, ist die Traurigkeit der Abschiede. Immer wieder Freunde verlassen, Schulen wechseln, neue Wohnungen beziehen – das ist für manch einen zu viel. Gefühle werden dann überspielt, die Trauer würde zu sehr wehtun. Manche TCKs haben ein Leben lang Probleme, sich auf tiefe Beziehungen einzulassen. Denn tief in ihnen bohrt dieses Gefühl, dass auch diese Beziehung einmal beendet sein wird und wieder Trauer auslösen wird.

Gleichzeitig ist aber ihr eigener Lebensstil selbst Auslöser für dieses Problem mit Beziehungen. Denn das Aufwachsen in verschiedenen Ländern und Kulturen ist nicht nur Auslöser für furchtloses Reisen. Es kann in einem Menschen auch eine tief verwurzelte Rastlosigkeit auslösen. Wo immer dieser Mensch sich niederlässt, bekommt er doch bald wieder das Gefühl, dass er wieder weiter muss …

Filmtipp: Kick it like Beckham

Die achtzehnjährige Jess Bhamra lebt in einem Londoner Vorort und hat nur eine Leidenschaft: Fußball. Irgendwann einmal möchte sie den Ball so elegant anschneiden können wie David Beckham. Doch ihre aus Indien stammenden Eltern können sich nur schlecht damit abfinden, dass ihre Tochter »halbnackt« über einen Fußballplatz läuft. Sie soll kochen lernen, studieren und einen indischen Mann heiraten ...

Dann überredet ihre Freundin Jules sie dazu, bei der neu gegründeten Mädchenmannschaft ihres Vereins mitzuspielen, und gegen den Willen ihrer Eltern wird Jess Teil der Mannschaft. Für Jess beginnt eine konfliktreiche Zeit: Sie will weder ihre Eltern verletzen noch die Mannschaft hängen lassen und schleicht sich immer wieder heimlich zum Training.

Der Film zeigt sehr schön das Leben eines Jugendlichen, der zwischen zwei Kulturen aufwächst und letztlich auch keine schlechter als die andere findet. Er ermutigt dazu, seinen eigenen Weg zu finden, fordert aber auch die Erwachsenen beider Kulturen auf, über ihren Schatten zu springen und die Kinder den eigenen Weg gehen zu lassen. Spannend und humorvoll behandelt er die Konflikte, denen sich »Third-Culture-Kids« gegenübersehen.

Als Anregung zum Familiengespräch hier ein paar Fragen:

- ✔ Wie kann Fußball oder auch Sport generell helfen, Kulturen zu verbinden?
- ✔ Wie reagieren die beiden Schwestern Jess und Pinky auf die Erwartungen ihrer Eltern? Macht eine der beiden es besser?
- ✔ Wie verhalten sich die Mütter und Väter in diesem Film? Ändern sie ihre Meinungen? Wenn ja, warum denken sie plötzlich anders?
- ✔ Sind in Ihrer Familie schon Konflikte aufgetaucht, die aus dem Miteinander verschiedener Kulturen entstanden sind? Wurden sie schon gelöst?

Zwei Seiten einer Medaille: Autorität

Auch die Frage nach der Autorität ist bei TCKs nicht vorherzusagen. Hier wirken Charakter und Lebensumstände eng zusammen. Das Leben zwischen den Kulturen kann in einem Kind einen starken Wunsch nach einer Autorität auslösen, die Ordnung ins Chaos bringt. Das sind normalerweise Eltern oder Lehrer. Ein anderes Kind liebt dieses Leben mit verschwommenen Grenzen und will sich von niemandem echte Grenzen vorschreiben lassen. Das hat noch nicht einmal etwas mit der Familie zu tun: Selbst bei einem Geschwisterpaar können beide Kinder in ganz unterschiedliche Richtungen ziehen.

Das Misstrauen gegen Autoritätsfiguren hat sehr oft auch mit der oben angesprochenen Trauer zu tun. Denn es waren diese Autoritäten (Eltern, Vorgesetzte der Eltern), die die ständigen Trennungen verursacht haben.

Hungrig unterwegs

»Also Niklas«, sage ich zu meinem achtzehnjährigen Sohn, »du hast ja schon ein bisschen Speck angesetzt!« »Na ja, eigentlich ist das ganz okay«, antwortet er mir ganz ohne ironischen Unterton, »dann habe ich ein paar Reserven wenn ich mal wieder trampe und unterwegs kein Geld fürs Essen habe.« Glauben Sie mir – ganz leicht ist das für mich als Vater nicht zu schlucken, wenn sich der Sohn einfach mal ohne Geld auf den Weg macht. Das verdient er sich dann gelegentlich nebenher auf der Straße als Jongleur und Zauberer.

Niklas gehört zu den »Drittkultur-Kindern«, die es immer hinaustreibt, für die ein zu Hause immer nur der Übergang zu einer anderen Station ist. Sicher ist das für Eltern nicht immer einfach zu akzeptieren. Und doch muss man ihn vielleicht auch bewundern: Ohne Angst lebt und nutzt er die Freiheit, die ihm eine Welt ohne Grenzen bietet.

Neues Leben zwischen Arbeit und Haushalt

6

In diesem Kapitel

- Erste Herausforderung: Einfach nur leben
- Haushalt und Isolation
- Kinder und Karriere
- Einen guten Start hinlegen

Es ist ein besonderes, auch seltsames Gefühl, zum ersten Mal in der neuen Heimat aufzuwachen. Die Wohnung ist noch fremd, man hat vielleicht mehr oder weniger zwischen Kisten und Kartons geschlafen und von draußen dringen fremde Geräusche ans Ohr. Man bleibt noch einen Augenblick liegen und vielleicht kommt einem der Gedanke: »Was haben wir da jetzt bloß gemacht?« Dann kommen die Gedanken an alles, was an diesem neuen Tag erledigt werden muss …

Menschen sind unterschiedlich: Der eine steckt schüchtern die Nase hinaus in die neue Welt, der andere voller Tatendrang und Lust auf Neues. In den meisten Fällen aber braucht man erst einmal wesentlich mehr Zeit für alles: Man ist jetzt Ausländer. Amtsgänge, Einkäufe oder das Bezahlen von Rechnungen sind nicht mehr alltägliche Routine, sondern wachsen sich manchmal zu regelrechten Projekten aus. »Die kleinen Füchse verderben den Weinberg« lautet ein jüdisches Sprichwort und so sind es auch oft Kleinigkeiten, die einen guten Start ins neue Leben ausmachen. Dieses Kapitel weist Sie auf einige dieser schnell zu übersehenden Kleinigkeiten hin und gibt Ihnen Tipps für einen guten Start.

Leben lernen – sich einrichten in der neuen Heimat

Niemand sollte von sich selbst oder anderen erwarten, das Leben im Ausland innerhalb von ein paar Tagen in den Griff zu bekommen. Wenn man mit Umsicht einen Schritt nach dem anderen tut und sich und den seinen nicht zu viel auf einmal zumutet, kann das neue Leben vom Start weg gelingen.

Ihre neue Heimat mag vieles an spannenden Verlockungen und interessanten Unternehmungen bieten, aber machen Sie zunächst nicht zu viele Pläne. Konzentrieren Sie sich in den ersten Tagen darauf, den *Alltag* zu bewältigen. Einfach nur zu *leben* wird Sie in den ersten Wochen genug beschäftigen. Wenn Sie sich Zeit nehmen, den Alltag von Anfang an zu meistern, finden Sie später genug und vor allem entspannte Zeit, die neue Heimat zu entdecken.

Ankommen und die Zeitumstellung

Je nachdem, wie weit Sie gereist sind, wird Ihnen in den ersten Tagen die Zeitumstellung zu schaffen machen. Nach einer Reise über mehrere Zeitzonen stimmt der Lebensrhythmus des Körpers nicht mehr mit der Zeit am neuen Ort überein. Licht und Dunkelheit, Mahlzeiten und Arbeitszeit laufen nun zu für den Körper ungewohnten Zeiten ab. Es braucht daher ein paar Tage, bis die innere Uhr des Körpers sich an die neuen, äußeren Gegebenheiten anpassen kann.

Nicht jeder Mensch fühlt die Folgen der Zeitumstellung gleich stark oder gleich lang. Allerdings ist die innere Uhr des Körpers ein wenig träge, deshalb sollte man nach einer Reise über mehrere Zeitzonen wenn möglich immer zwei bis drei Tage ohne anstrengendes Programm einplanen. Besonders mit Kindern können die ersten Tage sonst gleich zum Stressmarathon werden.

Folgen der Zeitumstellung können sein:

- ✔ Schlafstörungen. Man kann nicht schlafen, wenn es dunkel wird, weil der Körper gerade erst Zeit fürs Mittagessen signalisiert. Oder man wacht mitten in der Nacht auf, weil »zu Hause« schon Zeit für das Frühstück wäre. Entsprechend müde und abgespannt wird man sich so lange fühlen, bis der Körper wieder im Einklang mit dem Tagesrhythmus funktioniert.
- ✔ Durch die Schlafstörungen kann man bei sich und seiner Familie mit allen Symptomen rechnen, die schlechter Schlaf auch normalerweise mit sich bringt, zum Beispiel Appetitlosigkeit, Gereiztheit, schlechte Laune und verminderte Konzentrationsfähigkeit.

Man weiß nicht genau warum, aber anscheinend verträgt man die Zeitumstellung umso schlechter, je jünger man ist.

Wenn Sie Medikamente zu bestimmten Zeiten einnehmen müssen, sollten Sie unbedingt Ihren Arzt fragen, wie Sie die Zeitumstellung gefahrlos bewältigen können.

Wenn irgend möglich, schicken Sie nach einer Reise über mehrere Zeitzonen Ihre Kinder nicht gleich in die Schule. Erfahrungsgemäß liegen die Nerven in einer »zeitumstellungsgeschädigten« Familie eh blank. Wenn die Kinder müde, gereizt und dazu ängstlich in eine neue Schule mit neuer Sprache gehen sollen, ist das ein denkbar schlechter Start ins neue Leben.

Was kann man nun gegen die Folgen der Zeitumstellung tun?

- ✔ Zuerst einmal sollte man schon bei der Reiseplanung die Müdigkeit durch Zeitumstellung einplanen. Versuchen Sie, die ersten Tage nach Ihrer Ankunft nicht zu sehr zu verplanen. Sie werden vielleicht zu etwas ungewöhnlichen Zeiten schlafen oder essen wollen.
- ✔ Am Ziel angekommen, sollten Sie so weit wie möglich gleich nach dem örtlichen Rhythmus leben. Natürlich müssen Sie sich nicht mit Gewalt wach halten (und schon gar nicht Ihre Kinder), aber vielleicht helfen zwei Stunden Schlaf Ihnen schon wieder über die Runden. Acht Stunden während des Tages werden Ihnen dagegen wenig helfen, sich der neuen Zeit anzupassen.

- ✔ Nehmen Sie in der ersten Zeit Ihre Mahlzeiten nach der Uhr zu sich, nicht nach Ihrem Hungergefühl. Auch so passen Sie sich schneller der neuen Zeit an.
- ✔ Verbringen Sie viel Zeit im Freien. Ihr Körper muss sich auch hormonell an die neuen Licht-und-Dunkel-Phasen anpassen. Dabei hilft der starke Gegensatz von Sonnenlicht und Dunkelheit.
- ✔ Versuchen Sie nicht, sich mit Schlaf- oder Aufputschmitteln oder Alkohol dem neuen Tagesrhythmus entsprechend wach oder müde zu machen. Die Hormone in Ihrem Körper fahren während der Zeitumstellung eh Achterbahn, ersparen Sie ihnen lieber extra Loopings.

Eine Zeitumstellung ist zwar lästig für das allgemeine Wohlbefinden, doch kein Drama, wenn man sich ein paar Tage Zeit lassen kann.

Der erste Tag

Der erste Tag des neuen Lebens liegt voller Hoffnungen und Pläne vor einem und es ist ein wirklich schlechter Start, wenn dann kein Frühstück im Haus ist. Es kann passieren, dass Sie zwar hungrig sind, aber noch nicht einmal wissen, wo der nächste Supermarkt ist. Also geht es mit leerem Magen und vielleicht sogar hungrigen Kindern zum ersten Einkauf. Es sei denn, Ihr erster Tag im neuen Land ist ein Feiertag. Dann stehen die Chancen auf einen Einkauf natürlich schlecht. Versuchen Sie also, zumindest für das erste Frühstück im Ausland schon versorgt zu sein. Zieht man in Europa und mit dem Auto um, kann man sicher einen kleinen Einkauf von zu Hause mitbringen.

Was das Essen angeht, seien Sie nicht zu streng mit sich und Ihren Kindern. Lieblingsspeisen und ab und an etwas mehr Schokolade als gewöhnlich können die Moral der Truppe deutlich heben. Aber nicht nur Süßigkeiten sind sogenanntes Mood Food (Stimmungsessen): Auch Bananen, Ananas und viele andere Speisen heben durch ihre Inhaltsstoffe die gute Laune. Mehr darüber im Internet zum Beispiel unter: `www.daskochrezept.de/mood-food/lexikon/`

Der erste Einkauf

Auch wenn Sie sich für die ersten Stunden oder sogar Tage versorgt haben – irgendwann werden Sie sich aufmachen müssen, um einzukaufen. Mit etwas Glück haben Ihnen Landsleute oder Kollegen schon ein paar Tipps dazu gegeben. Wenn schon abzusehen ist, dass der nächste Supermarkt nicht gleich um die Ecke liegt, sollte man nun schon Stadtpläne, U-Bahn-Fahrpläne, Reiseführer und ähnlich hilfreiches Werkzeug bereithalten (sollte es Sie nach Papua-Neuguinea verschlagen haben, sollten Sie vielleicht schon den Kompass lesen können …). Oft sind dort Einkaufszentren eingezeichnet oder in Reiseführern sogar empfohlen.

Fangen Sie nicht erst bei Ihrem ersten Einkauf an, sich zu orientieren. Besorgen Sie sich schon vor dem Umzug Stadtpläne und Reiseführer und versuchen Sie schon vorher einen Überblick darüber zu bekommen, in welchen Richtungen und Entfernungen von Ihrem neuen Heim sich Schule, Arbeitsplatz und Supermärkte befinden.

Spätestens jetzt sollte man auch schon wissen, wie man an sein Geld kommt. Ist das mit Bankomatkarte am Automaten möglich oder muss man zur Bank? Wird in den Geschäften mit Bargeld bezahlt oder sind Kredit- und Bankkarten üblich? Gerade für die ersten Einkäufe im Land ist es immer angenehmer, genügend Bargeld in der Tasche zu haben. Es ist kein schönes Gefühl, mit einem vollen Einkaufswagen an der Kasse zu stehen und der Landessprache nicht mächtig zu sein, während die deutsche Kreditkarte streikt und der Geldbeutel leer ist ...

Im Supermarkt angekommen, warten wahrscheinlich schon die nächsten Herausforderungen. Je weiter man sich von Deutschland entfernt, umso fremder wird das Essen. Ist man auch der Landessprache nicht mächtig, wird einem so manches Produkt Rätsel aufgeben. Wie also einkaufen?

- ✔ Ganz natürlich bleiben die Augen erst mal an Produkten hängen, die man schon von daheim kannte. In Europa ist das meist recht einfach, vielleicht hat man sich gleich einen Supermarkt ausgesucht, den man auch von zu Hause kennt. Dass die gleiche Verpackung nun in einer anderen Sprache bedruckt ist, fällt da kaum ins Gewicht.
- ✔ Seien Sie gnädig mit sich und Ihren Lieben und halten Sie sich in den ersten Tagen wenn möglich an Ihnen bekanntes Essen. In allem Stress mit Umzug, Arbeit und Schule sollten Sie nicht gleich auch Ihr Essen komplett umstellen wollen. Fremdes, ungewohntes Essen kann eine seelische Belastung sein. Heben Sie sich also Experimente für später auf, wenn alle in der neuen Heimat angekommen sind.
- ✔ Da man sich in der Fremde noch nicht so gut auskennt, wird man in der ersten Zeit vielleicht mehr für die alltäglichen Einkäufe ausgeben, als man müsste. Das wird sich mit der Zeit ändern, wenn man lernt, Sonderangebote zu erkennen und das Angebot der verschiedenen Läden zu vergleichen.
- ✔ Wenn man auch nach längerer Zeit noch dabei bleibt, nur das zu Essen, was man von zu Hause kennt, kann es unter Umständen teurer werden. Denn das, was in Deutschland normal ist, kann in einem anderen Land eine Delikatesse sein.

Der erste Einkauf kann das erste Abenteuer und das erste Erfolgserlebnis in der Fremde sein. Unterschätzen Sie nicht die Genugtuung, die es bringt, abends wirklich das zu essen, was man auch essen wollte.

Der erste Schul- oder Kindergartentag

Als mein Sohn Benedikt mit etwas über drei Jahren in den slowenischen Kindergarten gehen sollte, sagte er: »Aber Mama, ich bin doch noch so klein!« So eine Aussage kann den Eltern das Herz brechen. Vor allem, weil der Kleine ja nichts dafürkann und man selbst ihn in diese Situation gebracht hat.

Jedenfalls müssen sich Eltern dessen bewusst sein, dass Kinder, egal welchen Alters, ihre Ängste haben. Selbst wenn die Hoffnung besteht, dass sie sich schnell einleben werden, müssen sie erst einmal mit ihren Ängsten zurechtkommen. Patentrezepte für alle Gelegenheiten gibt es da nicht. Vielleicht hilft es, wenn die Mutter zunächst eine Weile mit dem Kind im Kindergarten bleibt. Doch den Absprung zu schaffen und das Kind allein zu lassen, wird immer schwerfallen.

Geht es gleich in die Schule, wird es noch problematischer, denn das Kind oder der Jugendliche sieht sich dort Erwartungen ausgesetzt, die es/er nicht erfüllen kann. Doch können Eltern immer eine Hilfe sein:

- ✔ Die Eltern sollten sich besonders um alle Formalitäten kümmern, auch bei Jugendlichen. Die Kinder haben genug Stress mit Sprache, Schulkameraden und ihrem »Rang« in der neuen Klasse. Da sollten sie sich nicht auch noch mit Formularen in fremder Sprache abkämpfen müssen.
- ✔ Außerdem sollte sichergestellt sein, dass Schule und Eltern genau wissen, inwieweit deutsche Abschlüsse gelten und an welcher Stelle der Schüler in das neue Schulsystem eintritt.
- ✔ Ist der Schüler der Unterrichtssprache nicht mächtig, sollten die Eltern genau wissen, ob und wie die Schule dort hilft und wie es um die sprachlichen Fortschritte des Kindes steht. Ist Nachhilfe erforderlich? Kann sie in der Schule geleistet werden oder muss die Familie sich privat darum kümmern?
- ✔ Begleitet man sein Kind zum ersten Schultag, kann man außerdem gleich Kontakt zu den Lehrern aufbauen. Sprechen auch die Eltern die Landessprache noch nicht, haben auch die meisten Lehrer eine Scheu davor, sich mit diesen »Ausländern« auseinandersetzen zu müssen. Zeigt man von Anfang an Interesse an Schule und Lehrern, sinken auch deren Hemmschwellen.

Der erste Arbeitstag

Als Auswanderer wird man als Angestellter oder Arbeiter meist »Gleicher unter Gleichen« sein – zumindest was den Arbeitsvertrag betrifft. Ausländer bleibt man natürlich und als solcher wird man sich sicher noch eine Weile fühlen.

Sollten Sie sich vorher noch nicht darüber informiert haben, ist jetzt die Zeit, noch ein paar Fragen zu stellen:

- ✔ Wie sind die Pausenzeiten geregelt?
- ✔ Wie steht es mit dem Urlaub?
- ✔ Wie ist es bei einer Krankmeldung? Muss die Bestätigung des Arztes gleich am ersten Tag gebracht werden oder gibt es eine Frist?
- ✔ Wie lang sind die Kündigungsfristen?

Dann gibt es jenseits der offiziellen Informationen noch ein paar Punkte, die für Sie interessant sein können:

- ✔ Arbeiten viele Ausländer oder sogar Auswanderer in der Firma? Sind vielleicht Landsleute darunter, die Ihnen behilflich sein können?
- ✔ Gibt es eine berufliche Fachsprache, die Sie beherrschen sollten, und gibt es dafür eventuell sogar ein Wörterbuch?

Gerade für die Handwerksberufe gibt es selten eigene Fachwörterbücher. Vielleicht kann man sich aber mit den Lehrbüchern behelfen (falls vorhanden), die auch in den Berufsschulen der neuen Heimat verwendet werden. Diese sind zwar in der neuen Sprache, haben aber sicher auch Zeichnungen und Definitionen. Außerdem kann man sich in Baumärkten nach Anleitungen für Laien umschauen, auch dort findet man oft Fachbegriffe leicht verständlich erklärt oder mit Bildern versehen.

Als Entsandter einer deutschen Firma kommt man in den meisten Fällen als Führungskraft an den neuen Arbeitsplatz. Es darf da nicht verwundern, dass man Ihnen als dem neuen Chef freundlich, aber auch mit einer gewissen Distanz gegenübertritt. Man weiß ja meist nicht, in welche Situation man gerät. Empfindet man den Neuen aus Deutschland als Hilfe oder als Bedrohung? Kommt er, weil die Arbeit nicht richtig läuft? Soll er ein neues Team zusammenstellen? Bedroht er Arbeitsplätze oder den gewohnten Arbeitsablauf? Man sollte sich gerade am ersten Arbeitstag dessen bewusst sein, dass man für manche Menschen, die man im Laufe des Tages treffen wird, eine Bedrohung sein kann. Was also tun?

- ✔ Seien Sie sich dessen bewusst, dass Sie zunächst einmal Ausländer und Lernender sind. Sicher müssen Sie eine bestimmte Aufgabe erfüllen und man hat Sie geschickt, weil Sie gewisse Fähigkeiten und Kenntnisse haben, die vor Ort fehlen. Doch sollten Sie erst einmal die Situation gut kennenlernen (Menschen, Arbeitsabläufe), in der Sie diese Arbeit zu erledigen haben.
- ✔ Vergleichen Sie nicht immer alles mit der Arbeit zu Hause (zumindest nicht laut). Andere Länder haben andere Sitten – versuchen Sie zu verstehen, warum Dinge anders laufen.
- ✔ Beobachten Sie die Menschen um sich herum. Wer hat zu sagen, wer ist nur Mitläufer, welche Hierarchien gibt es unter Ihren neuen Kollegen?
- ✔ Versuchen Sie auch herauszufinden, inwieweit sich Berufs- und Privatleben überschneiden. Herrscht da eine starke Trennung? Oder wird gern auch nach Feierabend zusammen etwas unternommen? Und wenn man etwas gemeinsam unternimmt, geschieht das dann auf Anordnung des Vorgesetzten oder weil man gern noch zusammen ist? Trifft man sich auch mit Lebenspartner und Familie?

Sicher lassen sich nicht alle Fragen am ersten Tag klären. Doch die Augen offen halten sollte man von Anfang an.

Die lieben Nachbarn

In den seltensten Fällen wird man an einen Ort ziehen, an dem man ganz ohne Nachbarn ist. Und natürlich wäre es optimal, wenn man nun mit seinen neuen Nachbarn auch auskommt. Dazu kann man schon im Vorfeld einiges bedenken und sich informieren:

- ✔ Zunächst sollte man herausfinden, was in dem betreffenden Land üblich ist: Geht man zu den neuen Nachbarn und stellt sich vor? Oder kommen die Nachbarn normalerweise zu den Neuankömmlingen? Vielleicht gibt es da Traditionen, die man beachten sollte.
- ✔ Gibt es keine bestimmte Regel, kann man normalerweise von sich aus kurz bei den Nachbarn vorbeigehen und sich vorstellen. Ist man der Sprache nicht mächtig, kann man viel-

Wassermangel …

In Istanbul kommt es im Sommer ab und zu vor, dass das Wasser abgestellt wird, damit Wasser gespart wird. Als ich also abends heimkam und kein Wasser hatte, dachte ich mir nichts dabei und behalf mich mit dem großen Wasserkanister, den wir alle für das Trinkwasser in der Küche stehen haben. Morgens Katzenwäsche und am nächsten Abend und Morgen wieder. Als das Wasser dann auch am dritten Tag noch nicht da war, kam es mir komisch vor. Ich ging dann mal zu den Nachbarn in die Schneiderei, die im Haus ist, und fragte im besten Türkisch, ob sie Wasser haben – die Antwort war selbst für mich eindeutig: Na klar, warum nicht? Ich fing dann an herumzudrucksen und deutlich zu machen, dass ich kein Wasser habe. Übrigens sind meine Türkischkenntnisse nach einem Jahr wirklich mehr als dünn, aber ich bin hier im idealen Übungsfeld, da im Haus niemand Deutsch oder Englisch spricht und ich also in solchen Alltagssituationen immer mit Kinder- und Körpersprache gefordert bin. Aber irgendwie geht es und ich kann mich verständlich machen.

Wir sind dann zusammen zum Hausmeister und er erklärte mir, dass mittags jemand vom Wasserwerk da war, weil ich meine Rechnung nicht bezahlt hatte. Meine Güte war das peinlich …

Ich bin davon ausgegangen, dass das per Dauerauftrag abgebucht wird wie andere Nebenkosten auch. Außerdem passiert es leicht, dass man einen der kleinen Computerzettel übersieht, die im Eingangsbereich als »Rechnung« für alle zum Mitnehmen auf einem Sims liegen. Später stellte ich fest, dass auf meiner Wasserrechnung noch der Name des Vormieters stand und ich mich deshalb dafür nicht zuständig gefühlt hatte. Nichts mit sauber beschrifteten Kuverts, die man im eigenen Briefkasten finde.

Der zweite Unterschied zu Deutschland besteht darin, dass ich keine Mahnung bekam, sondern sofort das Wasser abgestellt wurde – sehr wirkungsvoll. Dritte Auffälligkeit ist der Betrag – das alles für umgerechnet 50 Euro. In der Türkei ist es wohl nicht so einfach, sich haushoch zu verschulden.

Ja und dann noch der vierte Unterschied: Nachdem das Wasser abgestellt ist, geht es nicht mehr mit einer einfachen Überweisung und Telefonat. Man muss persönlich zum Wasserwerk. Ich war froh, dass diesen Gang ein Kollege für mich erledigt hat, der sicherlich erzählte, dass es sich um eine Ausländerin handelt, die eben noch nicht weiß, wie das alles in der Türkei funktioniert …

Andrea Schulz, Istanbul

leicht einen einheimischen Bekannten um Begleitung bitten. Man sollte immer daran denken, dass man Ausländer ist und als solcher »fremder« als andere Neulinge.

✔ Um den Nachbarn freundlich begegnen zu können, sollte man schnell das Grüßen lernen. Hat man einen Sprachlehrer, kann man ihn auch bitten, Lektionen über Wetter, Kinder und Haustiere einzufügen. Für ein gutes Nachbarschaftsklima braucht man diese einfachen aber freundlichen Gespräche über Alltägliches.

So mancher fand in einem alleinstehenden älteren Ehepaar oder einer verwitweten Dame aus der Nachbarschaft schon Ersatzgroßeltern für seine Kinder. Ausländer wirken oft hilflos (und sind es ja manchmal tatsächlich) und wecken schnell den Beschützerinstinkt in Menschen, deren Kinder schon aus dem Haus sind und weit entfernt wohnen.

Rechnungen bezahlen

Man sollte immer im Hinterkopf haben, dass am Alltag nichts mehr selbstverständlich ist. Zu Hause hat man sich vielleicht über die Höhe der Nebenkosten aufgeregt, ums Bezahlen musste man sich aber meist nicht kümmern. Alles wurde abgebucht. Das kann nun ganz anders sein. In manchen Ländern wird jeden Monat an der Haustür kassiert und man braucht Bargeld im Haus. Woanders flattern Überweisungsscheine ins Haus, die man jeweils selbst auf der Bank bezahlen muss. Wie auch immer das bei Ihnen geregelt wird, kümmern Sie sich lieber gleich in den ersten Tagen darum, das in Erfahrung zu bringen. Sonst steht man doch mal schnell ohne Strom und Wasser da …

Ärzte und Notfälle organisieren

Ziemlich bald nach der Ankunft im neuen Land sollte man sich auch um Ärzte kümmern. Denn selbst wenn es sich nur um eine Grippe dreht, möchte man im Notfall ungern bei irgendeinem Arzt landen. Schlimmer noch wird das bei Zahnschmerzen oder einem sonstigen Notfall.

- ✔ Fragen Sie bei einheimischen Kollegen oder vielleicht sogar bei der deutschen Botschaft (falls am Ort) nach, welche Ärzte sie empfehlen können. Zu einem von Landsleuten empfohlenen Arzt geht man schon mal beruhigter.
- ✔ Wenn irgend möglich sollten Sie sich mit dem Arzt in irgendeiner Sprache gut verständigen können. Zur Not müssen Sie mit Dolmetscher zum Arzt gehen, allerdings sollte der sich auch mit medizinischen Begriffen auskennen.
- ✔ Informieren Sie sich darüber, wie die Notrufnummern für Ambulanz, Feuerwehr und Polizei lauten. Die sollten Sie am Haustelefon bereithalten und in Ihrem Handy speichern.
- ✔ Etwas seltsame Situationen können sich ergeben, wenn Sie mit Ihren Kindern zum Arzt gehen, diese in der Landessprache ihre Beschwerden schildern und Sie weder den Kindern noch den Antworten des Arztes vollständig folgen können …

Wenn Sie einen Sprachkurs besuchen, üben Sie mit Ihrem Lehrer, einen Notruf zu machen. Selbst wenn Sie die Landessprache nicht lernen müssen, weil Ihre Arbeit auf Englisch läuft, sollten Sie sicherstellen, dass Sie in irgendeiner den Notrufstellen verständlichen Sprache telefonieren können. Auch wenn es das Einzige ist, was Sie in dieser Sprache überhaupt können …

Checkliste für die erste Woche

Es sind viele Kleinigkeiten, die Sie gerade in den ersten Tagen beschäftigen werden. Hier noch einmal im Überblick die Dinge, die Sie nicht vergessen sollten:

- ✔ Lebensmittel, die Sie und Ihre Familie mögen, sollten für ein paar Tage auf Vorrat vorhanden sein
- ✔ Stadtpläne und Landkarten griffbereit haben
- ✔ Lage der Supermärkte und Geschäfte in Ihrer Nähe erkunden
- ✔ Etwas Bargeld immer dabeihaben und prüfen, ob Ihre Bank- und Kreditkarten in den örtlichen Geschäften funktionieren
- ✔ An- oder Ummeldung von Gas, Wasser, Strom und Müllabfuhr
- ✔ Fernsehen und Radio anmelden
- ✔ Informieren darüber, wie und wann die Nebenkosten der Wohnung bezahlt werden
- ✔ Anmeldung bei den örtlichen Behörden (meist Polizei)
- ✔ Bankkonten eröffnen
- ✔ Notrufnummern aufschreiben oder ins Handy einspeichern, auch den Kindern die Notrufnummern beibringen
- ✔ Ärzte (Zahnarzt, Kinderarzt, Gynäkologe …) suchen, mit denen man sich verständigen kann
- ✔ Falls nötig, bei den zuständigen Behörden wegen Visum, Aufenthalts- und Arbeitsgenehmigung vorstellig werden
- ✔ Wenn möglich vor dem ersten Schultag mit den Kindern zu Schule oder Kindergarten gehen und sich bei Lehrern und Erziehern vorstellen
- ✔ Zollformalitäten für den Hausrat und eventuelle Haustiere erledigen
- ✔ Wenn möglich noch vor dem ersten Arbeitstag den Weg zur Arbeit erkunden. Wie gelangen Sie am besten zur Arbeit – zu Fuß, Fahrrad, Auto, U-Bahn, Zug …?
- ✔ Sich bei den Nachbarn vorstellen

Es gibt sie seit mehr als 20 Jahren, aber doch ist die Europäische Notrufnummer den meisten Europäern unbekannt. Unter **112** erreicht man in jedem Land der Europäischen Union, in der Schweiz, Liechtenstein, Norwegen, Island und Kroatien die Not- und Rettungsdienste. Auch der Euronotruf ist natürlich kostenfrei und funktioniert auch mit Handys ohne SIM-Karte.

Gerade in den ersten Wochen gibt es noch eine Menge mehr zu tun. Nicht zu vergessen sind dabei Amtsgänge für Visum, Aufenthalts- und Arbeitsgenehmigungen, Zollformalitäten für den Hausrat und eventuell die Anmeldung eines Autos (mehr dazu finden Sie in den Kapiteln 9 und 10).

Familie, Haushalt und neue Kultur organisieren

Die ersten Wochen in der neuen Heimat halten einen ständig in Atem. Aber wenn dann erst mal der Hausrat vom Zoll freigegeben wurde, man sich bei seiner neuen Arbeitsstelle zurechtfindet und die Kinder sich an den neuen Schulalltag gewöhnt haben, kehrt so etwas wie Normalität ein. Auch weiterhin wird manches stressiger sein als früher in Deutschland, denn immer wieder mal muss man aufs Ausländeramt oder braucht Hilfe, um neue Situationen in der neuen Sprache zu meistern. Doch auch wenn das Wort »Alltag« einen langweiligen und tristen Klang hat, ist er etwas, über das man sich in der neuen Heimat neu Gedanken machen kann. Wie lebt man »Alltag«, wenn einem die ganze Welt plötzlich gar nicht mehr »alltäglich« ist, sondern ständige Überraschungen bereithält?

Das Zuhause – ein Stück Heimat?

Ausländer zu besuchen ist eigentlich eine ganz interessante Sache. Man kann durch eine Haustür kommen – und sich in einer ganz anderen Welt wiederfinden. Natürlich richten viele Menschen sich exotisch ein, aber bei Musik und Essen hört für viele Menschen die Exotik oft auf. Und für andere fängt dort die Heimat an.

Jeder Mensch lebt sich im Ausland anders ein. Mancher will gleich sein ganzes altes Leben über Bord werfen und völlig in der neuen Kultur aufgehen. Das ist allerdings meist ein Zeichen von Kulturschock. Ebenso ein Zeichen für einen Kulturschock ist es, wenn man sich ängstlich vor allem Fremden verschließt und sich sein Zuhause als »Deutschland in der Nussschale« einrichtet. Ausführlicher wird der Kulturschock in Kapitel 15 beschrieben.

Hier ein paar Tipps für Ihr neues Zuhause:

- ✔ Reden Sie sich nichts ein. Was Ihnen an der neuen Kultur gefällt, gefällt Ihnen, was nicht, das nicht. Probieren Sie vieles aus, aber behalten Sie, was Ihnen gefällt. Sie müssen nicht jeden Mittag mit Stäbchen essen, wenn es Ihnen den Spaß am Essen verdirbt.

Sushi mag ich nicht

Ich habe Sushi 1986 das erste Mal in Japan gegessen. In Japan und auch auf Taiwan habe ich viele wunderbare, auch ganz fremdartige Speisen gegessen. Aber Sushi? Nein, das war nichts für mich, und damals fragte ich mich, ob hier nicht wieder das japanische Prinzip von »Form zählt mehr als Inhalt« gilt (also in diesem Falle fehlt meiner Meinung nach der geschmackliche »Inhalt«). Dass Sushi dann in den 1990er-Jahren in Deutschland so modern wurde und auch heute noch »in« ist, finde ich immer noch seltsam. Vielleicht kann man seine Geschmacksnerven ja auch der Mode anpassen? Ich habe seither immer mal wieder Sushi gegessen, aber es bleibt dabei: Ich mag es nicht.

- ✔ Menschen passen sich an und so nehmen die meisten Auswanderer ganz selbstverständlich Dinge aus ihrer neuen Heimat auf. Musik, der man vorher kaum Harmonien entnehmen konnte, verleitet plötzlich zum Mitsingen. Sportarten, deren Regeln unlogisch und fremd erschienen, lassen einen nun mitfiebern. Auch hier gilt: Erlaubt ist, was gefällt.

Man sollte sich nicht aus Prinzip (»Wir wollen, dass unsere Kinder deutsch aufwachsen!«) selbst einschränken und ausgrenzen.

✔ Hat man Kinder in nationalen Kindergärten und Schulen, fasst die neue Kultur oft schneller im eigenen Heim Fuß, als einem lieb ist. Die Kinder mischen Sprachen oder essen Dinge, die die Eltern nicht mal anfassen mögen. Ihre Idole sind vielleicht nicht Fußballer, sondern Kricketspieler oder Sumo-Ringer.

Was immer auch an neuen Eindrücken und Lebensweisen auf einen einstürmt: Man sollte lernen, dieses Leben zu genießen. Befindet man sich in Gesellschaft von Menschen der neuen Kultur, wird man sicher aus Höflichkeit auch Dinge tun, die einem nicht besonders liegen. Aber ansonsten gilt: Nehmen Sie das in Ihr Leben auf, was Ihnen gefällt, und lassen Sie – wenn möglich – das außerhalb Ihrer vier Wände, was Ihnen nicht so gefällt.

Bei dem, was gefällt und was man annimmt, und dem, was man nicht annimmt, gibt es immer auch Grenzfälle. So ist es in vielen Ländern (auch in Europa) üblich, sich die Schuhe im Flur auszuziehen. Das gilt auch für Gäste. Nun könnte man seinen Gästen natürlich sagen, dass sie die Schuhe ruhig anbehalten können. Das kann aber zur Folge haben, dass sich Ihre Gäste unwohl fühlen: Vielleicht, weil sie es eigentlich doch unhöflich finden bis hin zum Gedanken, Ihre Wohnung so im religiösen Sinne zu »verunreinigen«. Man muss also im Alltag immer da genau abwägen, wo sich Menschen der verschiedenen Kulturen begegnen.

Neue und alte Feiertage

Eine interessante Frage bei der Arbeit in einer anderen Kultur ist die nach den Feiertagen. Natürlich hat man nun an den offiziellen staatlichen und religiösen Feiertagen der neuen Heimat arbeits- und schulfrei. Aber was ist mit den Feiertagen der Heimat? Man mag das Fehlen von Staatsfeiertagen wie dem »Tag der Deutschen Einheit« noch verschmerzen können, weil es dafür halt mal einen anderen Tag freigibt. Aber wenn in nicht christlichen Ländern sogar Ostern und Weihnachten ausfallen, wird es für manchen Auswanderer doch traurig.

✔ Respektieren und feiern Sie die Feiertage Ihrer neuen Heimat. Sicher werden Ihnen manche Traditionen fremd sein, aber versuchen Sie zumindest zu verstehen, was passiert. Feiertage sagen viel über das aus, was einer Kultur wichtig ist und wie sich die Menschen selbst sehen.

✔ Wenn Sie deutsche Feiertage begehen möchten, versuchen Sie, für diese Tage Urlaub zu bekommen. Vielleicht ist es sogar möglich, dass die Kinder schulfrei bekommen (in manchen Ländern gibt es eine bestimmte Anzahl von freien Tagen, die der Schüler nehmen kann).

✔ Werden Sie von Freunden oder Kollegen zu Feiertagen eingeladen, nehmen Sie gern an. Normalerweise wird an Feiertagen viel gegessen und getrunken, und einen besseren Weg, Menschen wirklich kennenzulernen, gibt es nicht.

✔ Zu deutschen Staatsfeiertagen wird Ihnen vielleicht auch manchmal die deutsche Botschaft eine Einladung für einen Empfang schicken. Das ist eine gute Gelegenheit, neue Landsleute kennenzulernen.

Filmtipp: Nirgendwo in Afrika

»Nirgendwo in Afrika« erzählt die Geschichte der jüdischen Familie Redlich, die 1938 nach Kenia emigriert. Der Vater, Walter Redlich, war in Deutschland Anwalt, nun leitet er mehr schlecht als recht eine Farm. Seine Ehefrau Jettel erwartet, schon bald wieder in Deutschland zu sein, und lässt sich zunächst kaum auf das neue Leben ein. Nur die Tochter Regina blüht in der neuen Umgebung auf. Sie lernt nicht nur wie ihre Eltern die Sprache der Einheimischen, sondern fängt auch an zu denken wie sie.

»Nirgendwo in Afrika« ist ein Film, der sehr viele Aspekte des Lebens im Ausland anspricht. Man kann ihn einfach auf sich wirken lassen und sich die Schwierigkeiten bewusst machen, die eine Auswanderung mit sich bringt. Wirklich verstehen und nachfühlen wird man den Film aber vielleicht erst, wenn man einige Jahre im Ausland verbracht hat.

Wunderbar deutlich zeigt er, wie sehr sich Kinder anpassen und verändern können – bis sie schließlich Teil einer Welt werden, die die Eltern nicht mehr verstehen. Gedreht wurde der Film nach der Romanbiografie gleichen Titels von Stefanie Zweig.

Eine gute Möglichkeit, mit Nachbarn und Freunden in Kontakt zu treten, ist es, sie zu Ihren Feiertagen einzuladen. Vielleicht können Sie Ihren Bekannten ein wenig erklären, was gefeiert wird, und dann mit ihnen traditionell deutsch essen und trinken. Aber Vorsicht: In einem muslimischen Land Ihre Nachbarn zu Ostern, also Tod und Auferstehung Jesu Christi, einzuladen, ist keine gute Idee. Möglichkeiten zu feiern gibt es viele, ein paar wenige, eventuell unpassende sollte man lieber auslassen.

Plötzlich hat man Diener

In manchen Ländern in Afrika oder Asien ist es üblich, dass westliche Ausländer Hausangestellte beschäftigen. Ob man das gern möchte oder nicht, ist manchmal allerdings nicht die Frage. Man kommt in manchen Ländern einfach nicht drum herum. Vielfach wird einfach davon ausgegangen, dass man die Menschen vor Ort durch eine Anstellung an seinem Reichtum beteiligen sollte. Es geht also nicht unbedingt um das Prestige als reicher Ausländer (als solcher wird man in jedem Fall angesehen), sondern darum, für eine gewisse soziale Gerechtigkeit zu sorgen.

Autofahren: Kulturschock der besonderen Art

Es ist eine Sache, im Ausland ein Auto zu kaufen oder es mitzunehmen und durch den Zoll zu bringen. Die wahre Herausforderung wartet auf Ausländer aber im Straßenverkehr. Da ist zunächst einmal die Sache mit dem Links- beziehungsweise Rechtsverkehr. Dass man nach einem Umzug auch die Straßenseite, auf der man fährt, wechseln muss, ist gar nicht so ungewöhnlich: In 59 Ländern der Welt wird heute im Linksverkehr gefahren, darunter Großbritannien, Australien und Neuseeland. Aber auch in Thailand, Südafrika, auf Jamaika und in Hongkong herrscht Linksverkehr.

Aber nicht nur für Autofahrer, auch für Fußgänger ist der Linksverkehr gefährlich: Der schon in der Kindheit antrainierte Blick nach links ist zwecklos – die Gefahr kommt jetzt von rechts und wird leicht übersehen.

Als gefährlichstes Verkehrsmittel gilt laut der Weltgesundheitsorganisation (WHO) immer noch das Motorrad. Überlegen Sie es sich also gut, ob Sie als Fremder in einem Ihnen fremden Straßenverkehr auch noch gleich Motorrad fahren sollten.

Weitaus gefährlicher als der Linksverkehr ist für den Ausländer allerdings das Gewohnheitsrecht im Straßenverkehr. Da mag der Verkehr offiziell durch Schilder und Ampel geregelt sein – in der Praxis allerdings herrscht auf manchen Straßen der Welt für deutsche Verhältnisse Anarchie: Jeder scheint zu machen, was er will und die Bedeutung von Schildern und Ampeln scheint Auslegungssache zu sein.

Sicher ist auf den Straßen Ihrer neuen Heimat nicht alles so chaotisch, wie es den Anschein haben mag. Es herrschen eben andere und vor allem ungeschriebene Regeln. Zum Alltag im neuen Land gehört es, diese Regeln zu verstehen.

Den meisten Männern liegt aggressives Fahren wohl im Blut und so scheuen sie sich auch weniger, in chaotischen Verhältnissen Auto zu fahren. Frauen trauen sich allerdings oft gar nicht erst hinters Steuer. Tun Sie sich den Gefallen und überwinden Sie Ihre Angst. Es kann noch oft genug vorkommen, dass Sie sich allein und isoliert fühlen. Das sollten Sie sich nicht auch noch durch Nichtautofahren selbst beschränken. Und an alle Männer: In den meisten Ländern der Welt wird das Auto eh nicht so abgöttisch verehrt wie in Deutschland.

Auf einer einsamen Insel – Hausfrauen und Hausmänner

Die Wohnung ist eingeräumt, die Umzugskartons verschwunden. Der Partner ist bei der Arbeit, die Kinder in der Schule. Die Einkäufe werden zur Routine und auch die Nachbarn haben sich an einen gewöhnt. Stille kehrt ein – und oft genug auch Isolation und Einsamkeit.

Isolation, Frust und Einsamkeit

Mitausreisende Partner, die sich um Haushalt und Kinder kümmern, stehen vor besonderen Herausforderungen. Immer noch wird das in der Regel den weiblichen Teil einer Partnerschaft betreffen. Für den mitausgereisten Partner bleiben oft nur die eigenen vier Wände und vielleicht die nötigen Einkaufsfahrten. Während der Rest der Familie sich in der neuen Kultur zunehmend heimischer fühlt, wird dem mehr oder weniger ans Haus gebundenen Partner nur immer bewusster, dass er ein Fremder ist. Wenn man dann weder die Hausaufgaben der Kinder versteht noch die Telefonate des Partners oder die von den Behörden zugestellten Unterlagen, kann sich tiefe Unzufriedenheit und Frustration breitmachen.

Kurz gesagt, liegt das Problem darin, dass jeder weiß, wo sein neuer Platz ist – nur der Partner nicht, der sich um das Haus kümmert. Denn anders als in Deutschland lebt er nun ein isoliertes Leben und der Abstand zum Leben von Partner und Kindern wird immer größer.

Freunde finden in der neuen Kultur

Wie aber findet man seinen eigenen Platz, seine eigene Rolle in der neuen Kultur? Zunächst einmal sollte man sich grundsätzlich an das eigene Geschlecht halten. Das vermeidet viele Missverständnisse. Dann kann man nach Menschen suchen, die in der gleichen Situation stecken wie man selbst: Haushalt und Kinder. Vielleicht ist es in der Kultur des Gastlandes ja üblich, dass nur die Männer arbeiten und die Frauen zu Hause bleiben. Dann finden sich vielleicht bei Einkäufen oder auf Spielplätzen schon Anknüpfungspunkte.

Übrigens hängen das Lernen der neuen Sprache und das Verlassen der Isolation zusammen: Um die Sprache zu lernen, muss man auf Menschen zugehen, und um Freunde zu finden, muss man ihre Sprache sprechen.

Wer Kinder hat, sollte sich auch am Kindergarten- und Schulleben so beteiligen, wie es die Einheimischen tun. Man sollte den Kindern erlauben, Freunde einzuladen und selbst zu Freunden zu Besuch zu gehen. Man kann andere Eltern zum Kaffee (oder was immer man in dem betreffenden Land anbietet) hereinbitten, wenn sie ihre Kinder abholen. So lernt man Menschen kennen, die in vielem ähnliche Sorgen und Tagesabläufe haben wie man selbst. Vielleicht treffen sich diese Menschen in Sportvereinen oder anderen Klubs, in denen man Mitglied werden kann. Wenn man sich nur ein wenig umschaut, sind die Möglichkeiten, Kontakte zu knüpfen, vielfältig. Das Einzige, was oft hindert, sind Schüchternheit und Ängste.

Kontakt zu Menschen aus der gleichen Kultur suchen

Leicht Kontakt findet man im Ausland auch immer zu anderen Ausländern. Selbst wenn es nicht immer Deutsche sind, ist es in Asien, Afrika und Südamerika schon schön, Europäer zu treffen. Besonders in den Hauptstädten und anderen Wirtschaftszentren ist es normalerweise möglich, Landsleute zu finden, die auch gern Freunde aus der eigenen Kultur haben. Kontakt knüpfen kann man vielleicht über die deutsche Botschaft. Normalerweise zeigt sich: Hat man erst einmal einen Deutschen gefunden, wird man schnell auch mit den anderen bekannt.

Partnerschaft und Liebesmüh

7

In diesem Kapitel

- Eine Beziehung auch im Ausland nähren und pflegen
- Gefährdungen einer Partnerschaft
- Beste Freunde, verlässliche Partner
- Lügen, Stress und Affären
- Von Trennung und Scheidung

Zusammen ist man weniger allein« lautet der Titel eines Buches von Anna Gavalda und besonders im Ausland trifft das zu: Ganz allein unter Fremden fühlt man sich wirklich isoliert, ein Partner oder eine ganze Familie helfen da schon sehr. Doch so schön es ist, nicht allein zu sein, trifft eine Partnerschaft im Ausland doch auch auf besondere Herausforderungen. In diesem Kapitel finden Sie einiges über die Chancen und Gefährdungen einer Partnerschaft, die ein Auslandsaufenthalt mit sich bringt. Es zeigt Ihnen aber auch, wie man so manche Klippe umschiffen kann.

Hilfreich kann es sein, wenn man die in diesem Kapitel aufgezeigten Probleme schon einmal bespricht, bevor man ins Ausland geht. Vielleicht hilft es sogar bei der Entscheidungsfindung.

Wie ein Auslandsaufenthalt eine Beziehung bereichern kann

Auch in einer Lebensgemeinschaft gibt es für die beiden Partner, die miteinander ins Ausland gehen, unterschiedliche Voraussetzungen. Bei Auswanderern verlässt das Paar Deutschland, um sich gemeinsam eine neue Zukunft aufzubauen. Beruflich werden beide meist den gleichen Druck verspüren. Außerdem ist das Leben in den meisten Bereichen ein gemeinsames Leben, das heißt Beruf und Alltag der beiden Partner sind oft weniger stark getrennt.

Bei Auslandseinsätzen ist oft einer der Partner (zumeist die Frau) nur »mitausreisender Partner«. Er verlässt vielleicht seine Berufstätigkeit in Deutschland und kümmert sich während des Auslandsaufenthalts um Haushalt und Familie. Die Partner leben hier meist in stärker getrennten Lebenswelten. In jedem Fall werden Probleme auf eine Partnerschaft zukommen. Aber zuerst sollte man doch den Blick auf die neuen Chancen und Möglichkeiten werfen und sie gemeinsam mit dem Partner entdecken.

Eine neue Welt entdecken

Die Chance, im Ausland zu arbeiten, bekommt nicht jeder. Und den Mut, wirklich auszuwandern, bringen auch nicht viele auf. Also macht man Erfahrungen, die den Freunden, Bekannten und Verwandten meist verschlossen bleiben. Auch für die Beziehung im Ausland gilt: Vier Augen sehen mehr als zwei. Gemeinsam Sprache und Kultur zu lernen, kann das Lernen beschleunigen, da man immer einen Lernpartner hat, der einen auf Dinge aufmerksam macht, die man selbst übersehen hat. Die Partner können einander auch auf Fehler aufmerksam machen und Beobachtungen des Tages miteinander teilen.

Vertrauen lernen auf einer neuen Stufe

Indem ein Paar gemeinsam eine neue Welt entdeckt, kann es das Vertrauen ineinander vertiefen. Geschehen wird das vielleicht auf verschiedene Weise:

- ✔ Man sollte die Fehler des anderen mit Respekt korrigieren. Sicher soll man über sich selbst und übereinander auch lachen können. Aber Spott ist nicht angebracht. Denn in einer anderen Kultur lebend, kann jeder froh sein, wenn er nicht in alle Fettnäpfchen tritt.
- ✔ Auch wenn Alltag und Arbeit die Partner müde machen, sollte man nicht darauf verzichten, neue Erkenntnisse miteinander zu teilen. Dabei kann das, was die Frau beim Gemüsehändler erlebt hat, genau so wichtig sein wie die Erlebnisse des Mannes in seiner Firma.
- ✔ Man sollte darauf achten, einander Freiraum zum Erlernen der neuen Sprache zu schaffen. Es ist genauso schwer, neben Haushalt und Kindern zu lernen wie neben dem Beruf. Wenn man das Erlernen der neuen Sprache auch für den Partner wirklich ernst nimmt, kann man einander auch die Zeit zum Lernen einräumen.
- ✔ Haben beide Partner mit verschiedenen Menschen zu tun, sollte man einander an neuen Bekanntschaften und Freunden teilhaben lassen. Schwierig kann das allerdings in Gesellschaften werden, in denen Frauen und Männer stark voneinander getrennt leben.
- ✔ Man sollte sein Wissen über Sprache, Kultur, Alltags- und Berufsleben miteinander teilen und den Partner nicht dumm dastehen lassen. Außerdem sollte es selbstverständlich sein, ihm in schwierigen oder missverständlichen Situationen zu Hilfe zu kommen und sich nicht peinlich berührt abzuwenden.
- ✔ Nicht nur das Zuhause sollte ein Rückzugsort sein, sondern auch der Partner. Ein offenes Ohr finden, seinem Ärger Luft machen zu können, ohne dafür kritisiert zu werden, oder auch mal nicht reden zu müssen, sind Dinge, die man einander schenken kann. Solches Verhalten schafft Vertrauen, weil der Partner dadurch zur sicheren Zuflucht wird.

Der arbeitende Partner wird dem Mitausreisenden meist voraus sein, wenn es um Kultur und Sprache des neuen Landes geht. Also sollte er seinen Partner am Erlebten und Gelernten teilhaben lassen. Wem es schwerfällt, sich nach dem langen Arbeitstag noch an die Lernerfolge und offenen Fragen zu erinnern, sollte vielleicht ein Notizbuch zum Thema »Gelerntes und offene Fragen« mit sich führen. Zum einen fühlt sich der mitausreisende Partner dadurch nicht so isoliert, zum anderen legt man sich damit ein interessantes Tagebuch des Projekts Auslandsaufenthalt zu.

Den Partner anders und neu entdecken

Sollte es wirklich möglich sein, an seinem Partner noch neue Seiten zu entdecken? Ein Auslandsaufenthalt wird das wahrscheinlich zeigen. Da wird der Partylöwe plötzlich zum Stubenhocker, weil die fremde Sprache ihn einschüchtert. Die geregeltes Einkaufen gewöhnte Hausfrau wird auf dem Markt plötzlich zur gewitzten Feilscherin. Und der frühere Frauenversteher wandelt sich unter dem Einfluss seiner südeuropäischen Kollegen plötzlich zum Macho. Es ist vieles möglich, nicht alles wünschenswert, aber auf jeden Fall spannend, seinen Partner in der neuen Umgebung zu beobachten. Vielleicht mag man manches Neue, das man sieht. Vielleicht auch nicht und deshalb ist es wichtig, Veränderungen aneinander bewusst wahrzunehmen und auch anzusprechen.

Vielfältig können die Stärken sein, die man an seinem Partner – vielleicht wieder neu – entdeckt:

- ✔ Der Mut und die Neugier, in einer wildfremden Umgebung die Wohnung zu verlassen und einkaufen zu gehen.
- ✔ In einem noch unsicheren Alltag kann man Improvisationstalent entwickeln, das in der geregelten Heimat einfach nicht nötig war.
- ✔ Nicht selten empfinden Menschen in einem fremden Land mit anderer Kultur auch eine neue Freiheit, die im durchorganisierten Deutschland vielleicht fehlte.

Neu erfinden werden Sie allerdings weder sich noch Ihren Partner. Ein Leben unter ganz neuen Voraussetzungen verändert Menschen nicht wirklich. Die neue Situation wirft nur ein neues Licht darauf, wer man schon ist. Was man überall hin mitnimmt, sind die alten Stärken und Schwächen. Vielleicht werden Stärken nun neu beansprucht und entwickelt (zum Beispiel eine Sprachbegabung). Und früher als Schwäche verstandene Eigenschaften werden nicht mehr so stark als solche empfunden (zum Beispiel Schüchternheit und Zurückhaltung, wenn man nun in Japan oder Finnland lebt). Doch gehen Sie immer davon aus, dass sowohl Sie als auch Ihr Partner im Wesentlichen die gleichen Menschen bleiben werden.

Allerdings kann der Umzug in eine andere Kultur auch das Schlechte im Menschen zum Ausbruch bringen. Ausführlicher geht es darum in Kapitel 15 zum Thema Kulturschock.

Das Leben neu gestalten

Es kann sein, dass ein Auslandsaufenthalt oder eine Auswanderung von einer Partnerschaft verlangen, die Karten in Bezug auf Aufgaben und Pflichten neu zu mischen. Wenn der Mann durch seinen Beruf tatsächlich schnellere Fortschritte in der Sprache macht, sollte er von nun an vielleicht auch den Kindern bei den Hausaufgaben helfen. Um den Kontakt mit der alten Heimat zu halten, sollte die Frau das Internet nutzen. Wie auch immer die Rollenverteilung in einer Partnerschaft auch aussieht, kann sie sich im Ausland doch ändern.

Wichtig ist, dass man offen für die Rollenverteilung in einer Partnerschaft bleibt. Dabei sollte man vielleicht auch Begriffe wie konservativ, modern oder traditionell außen vor lassen. Wichtig ist allein, dass Sie Ihr Leben den neuen Erfordernissen anpassen, selbst wenn diese Erfordernisse nur kulturell sind und Sie sie noch nicht einmal gutheißen. Denken Sie immer daran, dass Sie nicht gekommen sind, um eine Kultur zu verändern, sondern in dieser neuen Kultur Ihre Ziele zu verwirklichen – sei es für Ihre Firma oder für Ihr eigenes, neues Leben als Auswanderer.

Gleichgeschlechtliche Partnerschaften

Bevor man den Entschluss für ein bestimmtes Land fasst, sollte man sich genau über die Lage der Schwulen und Lesben im betreffenden Land informieren. Selbst wenn eine homosexuelle Partnerschaft nicht illegal ist (beziehungsweise der gleichgeschlechtliche Verkehr), will man auch nicht in ein Land ziehen, in dem Homosexuelle massiv diskriminiert werden.

Gleichgeschlechtliche Ehen können zum Beispiel in Spanien, Südafrika, Kanada und den Niederlanden geschlossen werden. Die Todesstrafe auf gleichgeschlechtliche Beziehungen besteht zum Beispiel in Saudi-Arabien und im Iran. Lebenslängliche Haft gibt es in Singapur. In Abu Dhabi liegt die Höchststrafe bei 14 Jahren Gefängnis, in Dubai bei zehn Jahren.

Die Partnerschaft unter Druck

Bei allen neuen Chancen für die Karriere oder auf ein neues, ganz anderes Leben darf man die Belastungen für eine Partnerschaft nicht unterschätzen. Schon im normalen Leben ist es nicht immer einfach, das Gleichgewicht zwischen den eigenen Wünschen und Bedürfnissen und denen des Partners zu finden. Man muss sich aufeinander einstellen. Bei einem Auslandsaufenthalt wird das nun alles viel schwerer.

Das Gefühl, das eigene Leben zurückzustellen

Zumeist ist es der Mann, der einen Job im Ausland annimmt. Für eine Lebensgemeinschaft stehen nun einige Entscheidungen an. Ist die Frau berufstätig, heißt es für sie, den Beruf aufzugeben und damit eventuell auch einen Karriereknick zu riskieren. Es ist manchmal eine Entscheidung gegen die eigene Karriere, für die Karriere des Partners. Vielleicht auch gegen die Trennung vom Partner, der aus irgendeinem Grund meint, das Auslandsangebot nicht ablehnen zu können.

Von Firmenseite wird manchmal leichthin gesagt, dass sich für die Frau »schon was finden wird«. Sie sollten das ohne konkretes Angebot nicht einfach für bare Münze nehmen. Denn außerhalb der Firma des Partners zu arbeiten, verlangt zumindest erst mal Sprachkenntnisse und eine Arbeitserlaubnis. Außerhalb der Europäischen Union kann das mit enormen bürokratischen Hindernissen verbunden sein.

Sicher kann man aus Liebe das eigene Leben zurücknehmen. Nur zeigt die Erfahrung, dass diese Entscheidung mit der Zeit oft doch nicht trägt. Was vielen Partnern von im Ausland Berufstätigen schwerfällt, ist die ungewohnte Abhängigkeit vom Partner.

Hat jemand seine Karriere für die des Partners geopfert, wird ihm oft erst mit der Zeit wirklich klar, was das im Ausland bedeutet. Denn dort ist man vielleicht nicht nur finanziell vom Partner abhängig. Abhängig zu sein betrifft viele Bereiche:

- ✔ Man hat vielleicht kein eigenes Bankkonto mehr. Wer wann was abhebt oder überweist, muss abgesprochen werden, damit man auch weiß, wo das Geld bleibt.
- ✔ Auch krankenversichert ist man normalerweise nun über den Partner.
- ✔ Nicht nur, dass der mitausgereiste Partner keine Anstellung hat. Meist könnte er nicht mal einen Job bekommen, wenn er wollte. Dazu bräuchte er außerhalb der Europäischen Union erst eine Arbeitserlaubnis.
- ✔ Wer sich um Haushalt und Kinder kümmert, hat den größten Teil des Tages auch nur diese Gesprächspartner: die Kinder.
- ✔ Außerhalb der Europäischen Union ist wahrscheinlich auch die Aufenthaltsgenehmigung an die des Partners gekoppelt. Das heißt, dass man eigenständig gar kein Recht darauf hat, im Land zu wohnen, sondern nur dort bleiben darf, weil der Partner dort Arbeit hat. Das gilt übrigens auch für die Kinder.
- ✔ Lernt der arbeitende Partner die Sprache tatsächlich schneller und sicherer, braucht man ihn unter Umständen oft, wenn man bei der Post, der Bank oder einem Amt etwas erledigen will.
- ✔ Auch der neue Freundeskreis kommt oft über die Arbeit zustande. Freunde und Bekannte könnten also nur noch die Menschen sein, die der Partner während seines Arbeitstags kennenlernt.

Für die nicht arbeitende Ehefrau ist es wichtig, Einsamkeit aktiv zu vermeiden. Sie sollte von sich aus Kontakte zu Frauen suchen, die einen ähnlichen Alltag haben wie sie selbst. Das können Nachbarn sein, Mütter von Klassenkameraden der Kinder oder Mitglieder eines Vereins, den man besucht.

- ✔ Es kann sogar möglich sein, dass in der neuen Heimat Frauen normalerweise nicht allein unterwegs sind. Und schon kann man noch nicht einmal selbstständig auf Erkundungstour gehen.

Machen Sie sich mit Ihrem Partner früh genug klar, welche Abhängigkeiten in der neuen Situation entstehen werden. Suchen Sie Wege, sie zu mildern. So sollte das Gehaltskonto des einen Partners ein gemeinsames Konto sein, damit der mitausgereiste Partner auch Zugriff darauf hat und den anderen nicht immer um Geld fragen muss. Die Abhängigkeit mag sich im Prinzip dadurch nicht lösen, aber das schlechte Gefühl ist nicht mehr so stark, wenn man nicht um jeden Cent bitten muss.

Man sollte nicht versuchen, die eventuell größere Abhängigkeit des einen Partners kleinzureden. Der Kopf mag sagen, dass es so schlimm ja nicht ist und dass in einer Liebesbeziehung die finanzielle Abhängigkeit keine Rolle spielt. In Wirklichkeit aber sind Gefühle im Spiel, die man oft nicht im Griff hat und die ziemlich stark sind. Abhängigkeit von einem Menschen – und sei es die vom geliebten Partner – bringt manchmal Gefühle wie Schwäche, Nutzlosigkeit oder Minderwertigkeit hervor. Fühlt sich einer der Partner minderwertig, kann das in einer Beziehung erhebliche Krisen auslösen.

Selten, aber immer öfter – Hausmänner

Falls die Frau einen Job im Ausland bekommt und der Mann mit ausreist, um sich um Haushalt und Kinder zu kümmern, sollte man vorher unbedingt einen Blick auf die Zielkultur werfen. Gibt es dort Hausmänner? Und wie werden sie angesehen? Gibt es auch in der neuen Kultur Frauen, deren Männer keinen Job haben und sich um Haushalt und Kinder kümmern? Wie wird über diese Frauen gedacht?

Es läuft wahrscheinlich allen Träumen und Zielen zuwider, wenn Mann und Frau Rollen besetzen, die es in der neuen Kultur nicht gibt und die Verständnislosigkeit auslösen. Als Ausländer hat man es schon schwer genug, man sollte sich nicht auch noch sehenden Auges lächerlich machen oder für die Menschen zum Freak werden.

Man hat nur noch einander

Zweisamkeit ist etwas Schönes und was wollen liebende Menschen mehr, als Zeit miteinander verbringen? Doch was passiert, wenn man nur noch einander hat? Keine Freunde, keine Familie in der Nähe, Kinder vielleicht. Ob man sich dann immer noch genug ist? Oder vielleicht schon zu viel? Was passiert, wenn der Mann zur Arbeit geht und die Frau zurücklässt – ohne Sprache, ohne Freunde, ohne Familie.

Das Problem des »Einander-zu-viel-Seins« spielt sich für jeden Partner anders ab.

- ✔ Der Mann hat meist bei der Arbeit viel zu tun, steht auch aufgrund der fremden Kultur und Sprache unter Druck. Seine Tage bestehen gerade in der ersten Zeit oft darin, auf unsicherem Terrain zu versuchen, den Überblick nicht zu verlieren. Hat man alles verstanden, was in der Besprechung beschlossen wurde? Wurde man selbst verstanden oder war das Kopfnicken der Kollegen nur Höflichkeit? Nach all den Unsicherheiten des Alltags wünscht man(n) sich sein Zuhause gern als ruhigen, harmonischen Zufluchtsort.
- ✔ Die daheimgebliebene Frau dagegen kann unter Umständen ein wesentlich »reduzierteres« Leben als der außer Haus arbeitende Mann leben. In diesem Falle wird ihr Stress oft nicht von zu vielen, sondern von zu wenigen Eindrücken verursacht. Einkaufen ohne die Sprache zu können, Schulaufgaben der Kinder, die man nicht versteht, die eigenen Kinder – vielleicht sogar Kleinkinder – als einzige Gesprächspartner – das kann für eine vorher berufstätige Frau dramatisch langweilig werden.

Schon bevor man als Paar den Schritt ins Ausland wagt, sollte man vielleicht über diese Frage nachdenken: »Was bleibt uns, wenn wir nur noch einander haben?« Im ersten Moment scheint diese Frage vielleicht unangebracht, aber fragen Sie sich trotzdem, denn viele Paare sind wegen der Kinder zusammen, wegen des Kredits für das Haus und aus anderen praktischen Gründen. Gerade wenn es um die Kinder geht, merken Paare manchmal nicht, dass die eigentlich der Mittelpunkt des Lebens sind. Deutlich wird das erst, wenn die Kinder das Haus verlassen und man mit sich nichts anzufangen weiß. Eine Partnerschaft im Ausland erfolgreich weiterzuführen, verlangt ein gesundes Fundament. Stellen Sie sicher, dass das Fundament stabil ist, bevor Sie sich auf den Weg machen.

Erfüllte Träume bewusst wahrnehmen

Es ist leicht, sich bei allem, was mit einer Auswanderung zu tun hat, auf das Negative zu konzentrieren. Auch im neuen Land hat man den Blick zunächst meist ständig auf die Herausforderungen und Schwierigkeiten geheftet. Probleme können einen Menschen vollständig besetzen, ihm den Schlaf rauben und ihn mutlos machen. Eine Partnerschaft kann nicht nur starker Rückhalt sein, sondern auch ein Krisenherd.

In allem aber ist es auch wichtig, seine Träume nicht zu vergessen und gemeinsame Träume nicht zu vergessen. Hindernisse und zeitweise Entmutigungen müssen ja nicht bedeuten, dass schon alles verloren ist ...

Setzen Sie sich von Zeit zu Zeit mit Ihrem Partner hin und überlegen Sie, welche Träume Sie hatten und was Sie an Ihrem neuen Leben und an der neuen Welt mögen.

Die Träume des Partners kennen

Mancher Alltag ist so turbulent, dass man gar nicht mehr so recht weiß, ob man mit seinem Partner noch an einem Strang zieht. Auswanderer, die ein gemeinsames Geschäft führen, mögen es da einfach haben, da der gemeinsame Fahrplan jeden Morgen abgestimmt wird.

Was aber, wenn ein Partner sich um den Haushalt kümmert, der andere aber berufstätig ist? Bleiben auch da die alten, noch in Deutschland geträumten Träume gemeinsame Träume? Man sollte einander immer mal wieder auf den neuesten Stand bringen, was Hoffnungen und Träume angeht. Haben sich für Sie und Ihren Partner die Träume erfüllt, die Sie in den Auslandseinsatz gelegt hatten? Wissen Sie eigentlich, welche Träume des Partners sich erfüllt haben? Gelebter Alltag wird manchmal so selbstverständlich, dass man ihn kaum noch als erfüllten Traum wahrnimmt.

- ✔ Wollten Sie nicht immer schon Ihre Familie so gesund wie möglich ernähren? Nun kaufen Sie täglich auf dem Markt frisch und erzeugernah ein.
- ✔ Sie haben sich gewünscht, dass Ihren Kindern mehr Wege offenstehen als Ihnen. Mittlerweile sprechen Ihr Kinder vielleicht schon drei Sprachen fließend.

- Sehen Sie noch die Palmen in Ihrem Garten?
- Erleben Sie, wie die von Ihnen geleitete Auslandsfiliale wächst und gedeiht?

Es gibt viele kleine Träume, die sich erfüllen. Wir schauen oft nur einfach nicht mehr genau hin …

Die neue Welt schätzen lernen

Die neue Welt gemeinsam zu erlernen, wird eine Beziehung ebenfalls stärken. Vielleicht finden sich die Lebenspartner in viel stärker getrennten Lebensumständen wieder, als das in Deutschland der Fall war. Um dieser Trennung entgegenzuwirken, muss man sich bewusst Zeiten nehmen, in denen man die neue Heimat gemeinsam kennen und lieben lernt. Schauen Sie sich um. Machen Sie Fotos. Schreiben Sie Ihren Verwandten von den Schönheiten Ihrer neuen Heimat und Ihren Abenteuern.

Gemeinsam genießen nicht verlernen

So stressig die Arbeit auch sein mag und so langweilig manchmal der Alltag – nie darf man verlernen, das Leben gemeinsam zu genießen und gemeinsam Spaß zu haben.

Vergessen Sie nicht das, was Sie gern machen. Was auch immer Ihre neue Heimat zu bieten hat und sie reizt, sollten Sie ausnutzen. Denn bei aller harten Arbeit, die der Alltag mit sich bringt, haben doch sicher besonders diese schönen und spannenden Dinge Ihrer neuen Heimat den Traum der Auswanderung in Ihnen entstehen lassen. Suchen Sie sich Aktivitäten, nach denen Sie einander sagen können: »Ja, dafür hat sich die ganze Mühe gelohnt! Deshalb sind wir hier!«

Die eigenen Erfolge feiern

Viele Menschen reden vom Leben und Arbeiten in einem anderen Land – Sie haben es getan. Nehmen Sie sich gelegentlich gemeinsam mit Ihrem Partner Zeit und blicken Sie auf das zurück, was Sie erreicht haben. Vergessen Sie die Kleinigkeiten nicht: Einkaufen ohne Angst vor fremdsprachigen Verkäufern, ein Formular ohne Hilfe ausfüllen, den Elternsprechtag ohne Dolmetscher besuchen, die Hausaufgaben der Kinder verstehen. Was auch immer Ihnen in Ihrem neuen Leben schon als Hindernis begegnet ist, das Sie jetzt schon ohne nachzudenken erledigen, ist ein Erfolg.

Nehmen Sie auch all die Dinge, die Ihr Partner schon erreicht hat, nicht als selbstverständlich hin. Nicht nur auf die eigenen, sondern auch auf die Erfolge des Partners sollte man stolz sein können und es ihm auch sagen. Denn wenn man nur noch einander hat, sollte man jede Gelegenheit nutzen, die Beziehung auch durch Lob und Anerkennung zu stärken.

Die Einsamkeit der Paare

Man sollte die Macht der Einsamkeit nicht unterschätzen. Findet man sich in der Fremde als Ausländer wieder, können die eigene Wohnung und selbst die Partnerschaft zur einsamen Insel werden. Das eigene Leben kann zum Gefängnis werden, dessen manchmal unüberwindlich scheinende Mauern die fremde Sprache und die fremde Kultur sind.

Eine Tatsache sehen Auswanderer zumeist klarer als die Unternehmen, die Mitarbeiter ins Ausland schicken: Entsendet man einen Mitarbeiter mit Partner und Familie, steht und fällt der Erfolg des Auslandseinsatzes mit der Zufriedenheit des Partners und auch der Kinder. Kein Mitarbeiter kann die volle Leistung bringen, wenn ihn zu Hause ständig Heimweh- und Kulturschockdramen erwarten. In die Vorbereitung der Familie investiertes Geld ist immer gut angelegt.

Jeder Partner muss seine eigene Einsamkeit bewältigen. Um sie aber gemeinsam zu überwinden, muss man die Einsamkeit des Partners verstehen.

Es hat sich gezeigt, dass viele Auslandseinsätze in Partnerschaft oder Familie scheitern. Kennt man die Fallen, tappt man weniger blind hinein. Und läuft doch mal etwas schief, erkennt man leichter, was das Problem ist. Wer bewusst mit den möglichen Schwierigkeiten und Veränderungen im Ausland lebt, für den muss das neue Leben nicht zur Belastungsprobe der Partnerschaft werden.

Fraueneinsamkeit – keine Schwätzchen mehr am Telefon

Was dem mitausgereisten Partner (also meistens der Frau) in vielen Fällen Schwierigkeiten macht, ist nicht unbedingt zu wenig Kontakt mit Menschen. Denn Berührungspunkte mit anderen Menschen gibt es natürlich viele: Da gibt es die Nachbarn, die man vor der Türe trifft, und die Verkäufer in den Geschäften, in denen man einkauft. Und im Kindergarten und in der Schule hat man mit Eltern, Lehrern und Erziehern zu tun. Doch all diese Menschen sind Teil der neuen Kultur. Sie sprechen eine Sprache, die man nicht versteht, und leben nach Regeln, die man noch nicht alle verstanden hat.

Es geht also nicht nur um die Länge der Zeit, die die Frau mit anderen Menschen verbringen kann, sondern vielmehr um die Qualität dieser Zeit.

- ✔ Natürlich lieben Eltern ihre Kinder. Sind die Kinder aber die einzigen Gesprächspartner der Frau, fehlt das gleichwertige Gegenüber. Dabei ist es fast egal, ob die Kinder fünf oder 15 Jahre alt sind.
- ✔ Es sind nicht gerade ermutigende soziale Kontakte, wenn man in der Schule den Gesprächen der anderen Eltern und den Ausführungen des Lehrers nur mühsam folgen kann.
- ✔ Noch mehr isoliert der Gebrauch eines Dolmetschers. Ein wirklich persönliches Gespräch ist da mit niemandem möglich.
- ✔ Zeitunterschiede und Telefonkosten verhindern den intensiven Kontakt mit Freunden und Familie daheim.

Welche Wege können einer Frau aus dieser Isolation helfen?

- ✔ Die Sprache lernen. Die Sprache lernen. Die Sprache lernen. Planen Sie ausführliche Sprachkurse oder private Lehrer unbedingt in Ihr Auswanderungsbudget ein. Oder lassen Sie es sich in den Entsendungsvertrag schreiben, dass die Firma auch ausreichenden Sprachunterricht für den Partner bezahlt. Kein Sprachunterricht kostet so viel wie eine gescheiterte und abgebrochene Entsendung oder Auswanderung.
- ✔ Männer müssen verstehen, dass die Einsamkeit daheim kein »Alleinsein« ist, wie er es sich oft für sich wünscht (»Ich hätte auch gern mal meine Ruhe so wie du!«). Die Einsamkeit der Frau in der Fremde kann ein Fehlen von Herausforderungen, intellektuellen Anreizen und menschlicher Zuwendung sein. Mehr als in der Heimat liegt es im Ausland zuerst einmal am Partner, Gelegenheiten zu schaffen, um diese Lücken zu füllen.
- ✔ Auch wenn die Frau mit ausgereist ist, weil es um die Karriere des Mannes ging, ist sie nicht nur dazu da, die Ziele des Mannes zu unterstützen. Auch wenn sie sich vorrangig um Haushalt und Familie kümmert, hat sie das Recht auf eigene Ziele, eigene Träume und eine eigene Entwicklung.

Männereinsamkeit – auf der Suche nach der Leichtigkeit des Seins

Die Einsamkeit der Frauen hat ihren Platz meist in der tatsächlichen Isolation. Die Einsamkeit der Männer dagegen findet sich am Arbeitsplatz, unter Kollegen und sogar unter Freunden – überall dort, wo er sich als Mann bewähren muss. Denn anders als eine Frau, der man ihr Frausein nie abspricht, steht die Männlichkeit eines Mannes immer auf dem Prüfstand. Er kann heute »Mann« sein und morgen schon als Weichei ausgelacht werden. In den Augen seiner Umgebung und besonders in den Augen anderer Männer kann ein Mann seine Männlichkeit verlieren. Jederzeit. Sie steht immer wieder zur Diskussion und immer wieder steht der Mann deshalb unter Strom.

Wie soll er aber seine Männlichkeit beweisen, wenn er die fremde Sprache nicht beherrscht? Wenn er für jedes Telefonat auf einen Dolmetscher angewiesen ist und die Papiere auf seinem Schreibtisch nicht lesen kann? Er bekommt einen neuen Job in einer Führungsposition im Ausland – und kommt sich doch vor wie ein Kleinkind. Er war vielleicht in Deutschland Meister oder Vorarbeiter. Als Auswanderer im neuen Betrieb kennt er nun aber vielleicht nicht mal mehr die Namen aller Werkzeuge. Wie soll er sich da als Mann beweisen? Ganz einfach: Er arbeitet länger und härter als die anderen und behandelt vielleicht seine Mitarbeiter härter als es andere Vorgesetzte tun. Macht ihm das Spaß? Nicht unbedingt. Aber was soll er machen? Er muss »Mann sein«.

Doch am Abend will er das oft nicht mehr. Er sucht Zuflucht in der Ruhe des Heims, sucht Entspannung vom Stress, sucht die »Leichtigkeit des Seins« – und wird mit den Problemen von Frau und Kindern konfrontiert, sobald er durch die Haustür kommt. Manchmal tun Männer dann einfach, »was Männer tun müssen«, und versuchen, auch die Probleme zu Hause zu lösen.

Doch wie einsam und verloren sie dieser ständige Stress zwischen Arbeit und Familie macht, spüren sie oft selbst nicht. Denn anders als die meisten Frauen haben die meisten Männer nie

Filmtipp: An deiner Seite

Ben und Katie Jordan (Bruce Willis und Michelle Pfeiffer) sind 15 Jahre verheiratet und befinden sich mit ihrer Ehe in einer Sackgasse. Im Grunde wissen sie selbst nicht, warum es kriselt. Die große Liebe ist vorbei und vieles von dem, was sie früher an ihrem Partner schätzten, geht ihnen nun auf die Nerven. In Rückblicken sieht man das Paar glücklich, jung, unternehmungslustig, locker. Ben ist über die Jahre locker geblieben. Doch nun ist er in Katies Augen jemand, der keine Verantwortung übernimmt und unzuverlässig ist. Immer wieder ist es Ben, der der Beziehung noch eine Chance geben will, doch als die Kinder den Sommer über in ein Ferienlager gehen, macht Katie Ben auf der Heimfahrt klar, dass es vorbei ist …

»An deiner Seite« ist ein Film, der jedem Paar helfen kann, ins Gespräch zu kommen. Irgendwo wird man sich wiederfinden, man kann dort einhaken und über den eigenen Weg als Paar nachdenken. Vielleicht kann er auch als Standortbestimmung dafür dienen, wohin das Projekt Auswanderung oder Auslandseinsatz Ihre Beziehung geführt hat.

Als kleine Anregung hier ein paar Fragen:

- ✔ Als Ben mit einer anderen Frau über seine Ehe spricht, beschuldigt Katie ihn der Untreue. Was löst Einsamkeit innerhalb der Beziehung bei Ihnen aus? Kennen Sie diese Einsamkeit überhaupt?
- ✔ An einer Stelle bekennt Ben, dass er die Welt nun zum ersten Mal durch Katies Augen sieht. Ist es Ihnen schon mal gelungen, die Welt durch die Augen Ihres Partners zu sehen? Haben Sie es jemals versucht? Haben Sie es Ihrem Partner erzählt?
- ✔ Welche Rolle spielt das Schweigen im Film?
- ✔ Wissen Sie und Ihr Partner, wie man das Schweigen überwindet?
- ✔ Die »gemeinsame Geschichte« ist es, die Katie einen neuen Versuch wagen lässt. Welche Geschichte hat Sie gemeinsam ins Ausland gebracht? Kann man an seiner Geschichte erkennen, ob man noch eine gemeinsame Zukunft hat?

gelernt, darauf zu achten, was sie fühlen. Sie brechen zusammen, erleiden Depressionen oder ein Burn-out, ohne vorher besondere Anzeichen an sich selbst entdeckt zu haben.

Auch wenn viel vom modernen Mann die Rede ist: Die meisten Männer haben immer noch Schwierigkeiten damit, überhaupt zu wissen, was sie fühlen. Vielleicht kann gerade dieser Abschnitt Ihnen ein paar Anregungen dazu geben, die eigenen Gefühle zu erkennen und Ihrer Partnerin gegenüber zu formulieren. Auch die in diesem Kapitel erwähnten Filmtipps können gerade Männer auch dazu verwenden, ihren Gefühlen Ausdruck und Sprache zu geben.

Nein, Frauen sollen ihre Männer nicht in Watte packen und alle Alltagsprobleme von ihnen fernhalten.

Nur ein paar Dinge verstehen:

- ✔ Hinter den meisten harten Schalen steckt ein weicher Kern. Auch wenn Männer es manchmal nicht ausdrücken können: Sie suchen die Zuwendung und die Wärme daheim.
- ✔ Männer sind dankbar für Wärme und Zärtlichkeit. Man muss sie manchmal nur ein wenig länger festhalten, bis sie sich entspannen – und anfangen, zu fühlen …
- ✔ Ein Mann, der sich zu Hause sicher fühlt, weil er dort auch mal müde und schwach sein kann, wird sich auch schnell und gern wieder den Alltagsproblemen von Frau und Kindern zuwenden.

Es geht hier nicht darum, den Mann zu Hause in Watte zu packen, weil er es auf der Arbeit ja ach so schwer hat. Es geht vielmehr darum, ihm dabei zu helfen, sich selbst zu verstehen und seine Gefühle zu entdecken. Das ist auch sehr wichtig, um einen Kulturschock zu verarbeiten, um den es in Kapitel 15 ausführlich geht.

Zweisamkeit schaffen und genießen

Die Situation eines Paares im Ausland kann man als paradox bezeichnen: Sehr oft leben die Partner in stark getrennten Lebenswelten und fassen unterschiedlich schnell und stark in der neuen Heimat Fuß. Gleichzeitig haben sie zumindest für eine mehr oder weniger lange Übergangszeit nur noch sich selber. Da sind keine Freunde mehr, keine Geschwister oder Eltern, die einem zur Seite stehen. Zu zweit sind die Partner allein in der neuen Welt. Es ist deshalb notwendig daran zu arbeiten, diese Zweisamkeit nicht als Ergebnis des Verlustes von Freunden und Familie zu empfinden, sondern sie als etwas Besonders zu genießen.

»Wir haben keine Zeit!« – Ein Ruf, den man nicht nur im Ausland von Paaren hört. Doch einfach Zeit haben wird meist nicht der Fall sein. Man muss sich Zeit nehmen. Wenn sich die Lebenswelten der Partner stark voneinander unterscheiden, muss man sie immer wieder zusammenbringen. Das braucht Zeit, die man wahrscheinlich woanders abzweigen muss, und ein paar Ideen …:

- ✔ Setzen Sie neue zeitliche Schwerpunkte. Machen Sie Platz für das, was Sie sich wünschen, aber derzeit zu kurz kommt: Gemeinsam die neue Stadt entdecken (und nicht nur die Supermärkte), endlich die noch fehlenden Möbelstücke aussuchen, freie Tage im Bett verbringen … Wenn nötig, lassen Sie anderes dafür ausfallen, und reservieren Sie sich gleich Zeit für diese gemeinsamen Aktivitäten.
- ✔ Entdecken Sie gemeinsam die neue Kultur. Beobachten Sie gemeinsam die Leute um sich herum (natürlich unauffällig …) und teilen Sie einander Ihre Beobachtungen mit.

Die traurige Suche – Affären

Belastungsproben wie ein Auslandseinsatz führen manchmal auch zu extremen Reaktionen. Die Gründe dafür, warum Menschen sich in Affären stürzen, sind vielfältig. Doch die Erfahrung zeigt, dass eine Partnerschaft im Ausland oft auch durch erotische Affären bedroht wird.

Dabei begünstigt der Auslandsaufenthalt Affären in vielerlei Hinsicht:

- ✔ Gerade in großen Städten ist man fremd, die Gefahr, erkannt und erwischt zu werden, ist geringer.
- ✔ In manchen Ländern (zum Beispiel Thailand) ist ein Seitensprung leicht zu haben oder wird gesellschaftlich sogar toleriert. Vielleicht beginnt man mit der Zeit selbst, das lockerer zu sehen.
- ✔ Ein im Ausland zu Hause isolierter Partner hat auch weniger Chancen, von den erotischen Eskapaden seines Partners zu erfahren.

Nichts geht mehr – von Trennung und Scheidung

Wenn der Auslandsaufenthalt die Partnerschaft vor die Zerreißprobe stellt, sollten Sie bei einer Trennung im Ausland Folgendes bedenken:

- ✔ Wenn einer der Partner sein Visum nur über den anderen Partner hat (im Rahmen der Familienzusammenführung), verliert er mit der Trennung auch sein Aufenthaltsrecht. Er müsste also Arbeit finden und eine eigene Aufenthaltsgenehmigung bekommen.
- ✔ Bleiben beide Partner im Ausland, ändert sich beruflich vielleicht wenig, auch die Kinder bleiben dann in ihrem gewohnten Umfeld.
- ✔ Gehen beide Partner beziehungsweise die ganze Familie zurück nach Deutschland, ist das mit erheblichen Kosten verbunden. Bei Auswanderern stellt sich sogar vielleicht die Frage, ob man es sich überhaupt leisten kann, zurück in die Heimat zu gehen. Bei einem ins Ausland entsandten Arbeitnehmer übernimmt hoffentlich der Arbeitgeber die Kosten.
- ✔ Bleibt einer der Partner im Ausland, wird der andere dadurch zwangsläufig die Kinder verlieren. Selbst in der Europäischen Union ist es nicht unbedingt so, dass beide Elternteile in verschiedenen Ländern, aber in unmittelbarer Nähe zueinander wohnen. Unterschiedliche Urlaubs- und Ferienzeiten, Zeitzonen und Reisekosten machen den Kontakt zu den eigenen Kindern über Ländergrenzen hinweg sehr schwer.

Trennt sich ein Mitarbeiterpaar im Ausland, bleibt diese Trennung keine Privatsache. Muss der Mitarbeiter zurück nach Deutschland, ist die Investition der Firma in den Mitarbeiter verloren. Vielleicht sind sogar Projekte und Verträge, an denen er gearbeitet hat, gefährdet. Nur hat die Firma leider keinen Einfluss auf das Privatleben des Mitarbeiters, sie kann eine Trennung oder Scheidung nicht verbieten. Ein Unternehmen sollte sich also im Vorfeld überlegen, was es dazu beitragen kann, persönliche Krisen zu verhindern oder im Guten zu lösen. Gründliche interkulturelle Vorbereitung, die Betonung von Sprachkursen und Angebote für begleitendes Coaching können hier vielleicht das Schlimmste verhindern.

Ein Entsendungsvertrag sollte auch einen Abschnitt enthalten, der die Kostenübernahme bei vorzeitigem Abbruch des Auslandsaufenthalts regelt. Will man eine Trennung des Paares dort nicht als Grund aufführen, kann man es allgemeiner als Änderung der familiären Umstände anführen.

Wenn Partner aus verschiedenen Kulturen kommen

Eine Ausnahme sind »bi-kulturelle« Partnerschaften nicht mehr. Je näher die Welt zusammenrückt, desto mehr Menschen aus unterschiedlichen Kulturen lernen sich kennen und auch lieben. Doch einfach und problemlos ist eine solche Partnerschaft nicht immer.

Der liebe Papierkram – heiraten im Ausland

Wer im Ausland heiraten möchte, sollte sich auf ein paar Amtswege gefasst machen. Natürlich können die Dokumente, die verlangt werden, sich von Land zu Land unterscheiden, grundsätzlich braucht man aber erst mal seine Geburtsurkunde und ein Ehefähigkeitszeugnis.

Der folgende Abschnitt bietet nur eine grobe Orientierung, da die verlangten Papiere sich von Land zu Land unterscheiden können. Auch die Abläufe in Deutschland, Österreich und der Schweiz unterscheiden sich hier und da. Genaueres erfährt man bei seinem zuständigen Standesamt.

Der Beweis, dass man existiert: Die Geburtsurkunde

Für eine Heirat im Ausland reicht der Pass normalerweise nicht, als Nachweis seiner Identität braucht man mindestens eine Geburtsurkunde. Diese gibt es auch im *internationalen Format*, was einem in den meisten Fällen die Anfertigung einer beglaubigten Übersetzung erspart. In Deutschland bekommt man sie gegen eine Gebühr beim Standesamt seines Geburtsorts. Das geht auch aus dem Ausland per E-Mail oder telefonisch, das Standesamt verschickt die Geburtsurkunde bei Bedarf auch ins Ausland.

Wer darf hier wen heiraten?

Etwas komplizierter zu bekommen ist das sogenannte *Ehefähigkeitszeugnis*. Es wird ebenfalls von einem deutschen Standesamt ausgestellt und bestätigt, dass keine bereits geschlossene Ehe oder ein anderer Umstand die Verlobten daran hindert zu heiraten. Dazu muss man allerdings noch Folgendes wissen: Das Ehefähigkeitszeugnis bestätigt nicht nur, dass der deutsche Teil der Heiratswilligen die Ehe eingehen kann, sondern auch der ausländische Partner. Es wird also in Deutschland geprüft, ob beide im Zeugnis benannten Partner nach deutschem Recht berechtigt sind, die Ehe miteinander einzugehen.
Damit das nachgeprüft werden kann, braucht man einen Haufen Dokumente, die nach Deutschland geschickt werden müssen:

- ✔ Zunächst den Antrag auf die Ausstellung eines Ehefähigkeitszeugnisses. Ihn bekommt man bei der deutschen Botschaft im Ausland oder im Internet unter `www.berlin.de/standesamt1`.
- ✔ Geburtsurkunden beider Partner, die des ausländischen Partners im internationalen Format.
- ✔ Waren einer oder beide Partner schon einmal verheiratet, muss auch die Heiratsurkunde mit Scheidungsvermerk eingereicht werden. Ist der Vermerk noch nicht verzeichnet, muss das Scheidungsurteil (beim ausländischen Partner mit Übersetzung) beigelegt werden. Auch die Heiratsurkunde gibt es im internationalen Format.

- ✔ Haben die Verlobten oder einer von ihnen seinen Namen gewechselt (zum Beispiel vom Mädchennamen auf den Namen des Ehemannes und nach der Scheidung zurück zum Mädchennamen), muss auch darüber ein Dokument (mit deutscher Übersetzung) vorliegen.
- ✔ Wer keine Möglichkeit hat, persönlich zum Standesamt in Deutschland zu gehen, muss außerdem von der deutschen Botschaft beglaubigte Kopien der Pässe mitsenden.
- ✔ Eine Meldebescheinigung über den Wohnsitz der Verlobten.
- ✔ Von der deutschen Botschaft muss außerdem vermerkt werden, dass der ausländische Partner entweder Deutsch spricht oder dass ein Dolmetscher zugegen war, der den Antrag auf das Ehefähigkeitszeugnis erklärt hat. Wie auch immer muss für das Standesamt in Deutschland ersichtlich sein, dass der ausländischen Partner verstanden hat, was er unterschreibt.

Am einfachsten ist es natürlich, wenn man zu zweit beim Standesamt in Deutschland vorsprechen kann. Dadurch spart man sich Postwege und vielleicht auch die ein oder andere Kopie. Ist das nicht der Fall, braucht man einen hilfsbereiten Verwandten oder guten Freund mit starken Nerven, der die Amtswege für einen erledigt.

Die Beantragung der deutschen Dokumente aus dem Ausland kann für Sie wie folgt aussehen:

- ✔ Sie beantragen zwei Geburtsurkunden (eine normale und eine im internationalen Format) bei dem Standesamt der Stadt, in der Sie geboren wurden. Eine brauchen Sie bei sich im Ausland, die andere in Deutschland für das Ehefähigkeitszeugnis.
- ✔ Sie beantragen die Heiratsurkunde (mit Scheidungsvermerk) beim Standesamt der Stadt, in der Sie geheiratet haben.
- ✔ Sie beantragen das Ehefähigkeitszeugnis beim Standesamt der Stadt, in der Sie zuletzt Ihren Wohnsitz hatten.

Sollten Sie in Ihrem Leben noch nicht viel herumgekommen sein und das alles bei einem Standesamt erledigen können, ist das natürlich einfach.

Lassen Sie die Geburts- und Heiratsurkunde von den ausstellenden Standesämtern gleich an das Standesamt senden, das Ihnen das Ehefähigkeitszeugnis ausstellt. Das erspart Postwege um die halbe Welt.

Sollte das Ehefähigkeitszeugnis ausgestellt sein, sollten Sie unbedingt noch wissen, ob es für sich allein gültig ist oder ob es mit einer sogenannten *Überbeglaubigung* (auch *Apostille* genannt) versehen werden muss. Viele Staaten verlangen das. Eine Apostille ist im internationalen Urkundenverkehr üblich und bestätigt, dass die Unterschrift auf der ausgestellten Urkunde tatsächlich echt ist (also sie in diesem Falle vom zuständigen Standesbeamten unterschrieben wurde). Die Apostille wird deshalb auch von der dem Standesamt übergeordneten Behörde ausgestellt (zum Beispiel vom Regierungspräsidenten).

Von Tirol nach Hessen ... und zurück

Man glaubt es kaum, aber wir sind eines der Paare die sich durch einen blöden Zufall beim Chatten im Internet kennengelernt haben. Für mich war es eine völlig neue Erfahrung, da ich das Internet erst seit einem Monat nutzte. Wir schrieben fast täglich und schnell verliebte ich mich in den Kerl am anderen Ende der Leitung. Das Verliebtsein hörte nicht mehr auf. Freunde und Bekannte wollten mir zwar eine Beziehung mit ihm ausreden, da uns über 600 Kilometer trennten.

Dann kam das erste Treffen im November 2001 nach siebenmonatigem Chatten. Jürgen kam mit dem Flieger von Frankfurt nach Innsbruck.
Als er in der Ankunftshalle erschien, bin ich ihm um den Hals gefallen und wir haben uns innig geküsst. Ich wusste damals, dass das der Mann ist, mit dem ich den Rest meines Lebens verbringen möchte.

Es folgten ein paar anstrengende Jahre Fernbeziehung und dann zog ich zu ihm nach Hessen. Jürgen sah das relativ unkompliziert, wir sollten es halt mal versuchen ... In Hessen fühlte ich mich aber sehr schlecht. Die Berge, die gute Luft, das viele Grün in der Stadt Innsbruck, die Möglichkeit, schnell ein gutes Geschäft zu erreichen, fehlten mir. In meiner Heimatstadt weiß ich ganz genau wo Süden, Osten, Norden und Westen sind. Wenn sich in Hessen die Sonne lange nicht zeigte, kam ich mir verloren und einsam vor.

Die Menschen dort schienen mir sehr unfreundlich zu sein. Sie haben mich angeschaut, als sei ich von einem anderen Stern. Manche meiner Innsbrucker Angewohnheiten (zum Beispiel sich für einen Einkaufsbummel schick zu machen) lösten in der hessischen Provinz nur Verständnislosigkeit aus. Ich musste auch erst mal lernen, einkaufen zu gehen, die Ausdrücke für verschiedene Lebensmittel sind ja teilweise anders als bei uns in Tirol.

Ich hatte so großes Heimweh, dass ich schließlich sogar auf Jürgen verzichtet habe und zurück nach Tirol ging. Privat passte unser gemeinsames Leben. Aber das Umfeld passte überhaupt nicht. Vielleicht bin ich ein komischer Mensch, das kann schon sein, aber keine Liebe, kein Geld und kein Mann auf der Welt sind größer als die Liebe zu meinem Heimatland.

Ein Happy End gab es dann aber doch: Jürgen zog zu mir nach Tirol. Er ist anders als ich, er fühlt sich wohl hier in Tirol und ich war überglücklich, als er sich für mich und das Leben hier entschieden hat. Seit er die Menschen und das Leben hier besser kennt, kann er auch verstehen, dass man eine Tiroler Tanne nicht versetzen kann. Ich glaube schon, dass er hier auch einiges vermisst, vor allem seinen Sohn und eine echte Currywurst. Wir leben nun schon seit einigen Jahren gemeinsam in Tirol und sind sehr glücklich miteinander.

Gabi Krapinger, Innsbruck

Fragen Sie im Ausland auf jeden Fall nach, ob Sie die Überbeglaubigung oder Apostille für das Ehefähigkeitszeugnis brauchen. Beim für Sie zuständigen Standesamt in Deutschland kann man Ihnen sagen, bei welcher Behörde Sie die Überbeglaubigung bekommen.

Meine Sprache – deine Sprache – unsere Sprache?

Kritischer Punkt ist mal wieder die Sprache. Sprache beeinflusst immer das Denken der Menschen und drückt auch Dinge aus, die ihnen wichtig sind. Fremdsprachen transportieren Werte einer anderen Kultur oft nur mangelhaft. Nun lernt in einer bi-kulturellen Partnerschaft oft entweder ein Partner die Sprache des anderen oder man unterhält sich in einer dritten Sprache, die für beide Partner Fremdsprache ist. Doch beide Möglichkeiten sind insofern mangelhaft, als die Sprache eines oder beider Partner unberücksichtigt bleibt und gewisse Eigenheiten des Denkens und Fühlens so verborgen bleiben.

Der erhobene Zeigefinger: Ausländergesetze

Rein rechtlich gibt es in der Europäischen Union kaum besondere juristische Probleme zwischen zwei Bürgern der EU. Ganz anders sieht es für EU-Bürger weltweit oder für Nicht-EU-Mitglieder aus. Strenge Ausländergesetze können schnell zur Belastung für eine Beziehung werden:

- ✔ Ausländergesetze zwingen manchmal geradezu in eine schnelle Heirat. Sie ist manchmal der einzige Weg, um zu verhindern, dass der ausländische Partner das Land verlassen muss. Gleichzeitig kann das ein Paar auch um die wertvolle Zeit des Kennenlernens bringen.
- ✔ Ausländer müssen sich von Behörden bisweilen intime bis unverschämte oder schikanöse Fragen gefallen lassen. Nur zu gern nehmen staatliche Behörden an, dass es sich bei der geplanten Ehe um eine Scheinehe handelt, die nur zum Zweck der Aufenthaltsgenehmigung geschlossen wird. Solch eine Behandlung ist für ehrlich Liebende ziemlich demütigend.

Ehe – romantisch oder praktisch?

Die westliche Kultur ist sehr stark auf den einzelnen Menschen und seine Wünsche und Fähigkeiten bezogen. Das bezieht sich auch auf die Partnerschaft, in der sich zwei Liebende zusammentun und das Leben miteinander verbringen möchten.

Doch das ist nicht überall auf der Welt so. In Afrika, arabischen Ländern oder Asien ist es eher so, dass auch die Partnerschaft (und in diesen Ländern damit oft zwingend die Ehe) in die große Familie eingebettet ist. Der westliche Partner ist dann oft enttäuscht, dass der Zweisamkeit kein so großer Stellenwert zugemessen wird und ein Privatleben vielleicht kaum existiert. Man muss Europa vielleicht noch nicht einmal verlassen, um in diese Schwierigkeiten zu geraten: Je weiter man auch in Europa nach Süden kommt, desto mehr neigen die Kulturen dazu, der Gruppe oder dem größeren Familienverband Vorrang vor der einzelnen Persönlichkeit zu geben.

Filmtipp: Maria, ihm schmeckt's nicht!

»Maria, ihm schmeckt's nicht!« ist eine Komödie, die stark mit Klischees und Vorurteilen zwischen Italienern und Deutschen arbeitet. Jan möchte die Deutsch-Italienerin Sara heiraten. Ganz schlicht, im engsten Kreise. Doch da macht er die Rechnung ohne seinen zukünftigen Schwiegervater Antonio: Die Hochzeit muss in der Heimat stattfinden, in Campobello in Süditalien. So bleibt Jan schließlich nichts anderes übrig, als sich dem strengen Wunsch des Schwiegervaters zu beugen. Doch in Campobello erwarten ihn südländisches Temperament, fremde und überreichliche Mahlzeiten und knallharte, unüberwindliche Bürokratie. Nahe am Irrsinn fragt er sich schließlich, ob Sara und ihre Familie wirklich die Richtigen für ihn sind …

Sicher überzeichnet der Film an vielen Stellen die Charaktere, aber das ist nun mal auch das Recht der Komödie. Und erst darin hält sie uns vielleicht auch den Spiegel vor. Interessanterweise zeigt uns der Film neben der Komödie auch zwei ernstere, tiefere Ebenen:

- ✔ Da ist zum einen Saras Vater Antonio, dessen Geschichte als Gastarbeiter in Deutschland recht ernsthaft und mit allen eingeschlossenen Demütigungen erzählt wird. Man versteht, was »Ausländer sein« bedeuten kann: Das es eben nicht einfach »arbeiten im Schlaraffenland« bedeutet, sondern auch Verlust der Heimat und der Familie und manchmal Aufgabe der eigenen Identität.
- ✔ Dann ist da die bereits bestehende bi-kulturelle Ehe zwischen Saras Eltern. Auch Saras Mutter gibt viel von ihrer eigenen Identität auf, macht ihren Gefühlen aber endlich Luft, als sie die Spannungen zwischen Deutschen und Italienern nicht mehr aushält.

Wenn Sie in einer bi-kulturellen Beziehung leben, wird Ihnen vielleicht manches am Film bekannt vorkommen. Vielleicht sogar weniger komödiantisch, als der Film es meint:

- ✔ Welchen Stellenwert hat Essen in Ihrer Beziehung? Gibt es Spannungen wegen des Essens?
- ✔ Wie ist Saras Wandlung von einer deutschen Frau in Deutschland zu einer italienischen Frau in Italien zu erklären?
- ✔ »Deutsche sind ein bisschen wie Maschinen!« Wie kommt Antonio zu dieser Aussage?

Das Thema der bi-kulturellen Partnerschaften kann so viele Schwierigkeiten aufwerfen, wie es verschiedene Paare gibt. Es ist keine Schande, sich Hilfe und Rat zu holen – am besten sogar, bevor es überhaupt Schwierigkeiten gibt. In Deutschland bietet solche Beratung der »Verband binationaler Familien und Partnerschaften« an. Auf der Internetseite `www.verband-binationaler.de` findet man unter anderem die regionalen Beratungsstellen. Für die Schweiz findet man Hilfe unter `www.binational.ch`, in Österreich unter `www.verein-fibel.at`.

Unterwegs als Single

8

In diesem Kapitel

- Die Vorteile des Single-Lebens nutzen
- Sein Bündel schnüren
- Eintauchen in eine neue Welt
- Sich verlieben …

Ein Umzug ins Ausland, ob für begrenzte Zeit oder für immer, ist für eine Familie eine große Herausforderung. Doch auch wer ohne Anhang ins Ausland geht, muss einiges bedenken und wird es nicht immer einfach haben. In diesem Kapitel finden Sie Hilfen dazu, wie man sich als Single in einer fremden Welt schnell einleben und zurechtfinden kann. Ein paar besondere Tipps gibt es für Frauen, die allein ins Ausland gehen.

Allein sein …

Mit dem Alleinsein ist das so eine Sache: Eheleute, Mütter und Väter würden manchmal wer weiß was dafür geben, ein paar Stunden allein sein zu können. Doch als Single graut es einem gelegentlich vor dem Wochenende oder Abenden, die man allein vor dem Fernseher verbringt.

Wer nicht gebunden ist, sollte das Beste daraus machen. Und was könnte besser sein, als das zu tun, worum Freunde in Partnerschaften und mit Familien Singles am meisten beneiden – packen Sie Ihre sieben Sachen und sehen Sie sich eine Weile die Welt an. Ob Sie das dann als Rucksacktourist tun oder im Rahmen eines festen Arbeits- und Entsendungsvertrags von Deutschland aus, liegt ganz bei Ihnen. Das ist sicher auch eine Frage des Typs und eine Sache der Lebens- und Karriereplanung.

Von Abenteurern und Karriereplanern – Typfragen

Warum also die Koffer packen und das gewohnte Leben hinter sich lassen? Darauf gibt es nicht nur eine Antwort, denn Menschen haben viele Motive für ein Leben im Ausland. Eines haben Singles Familienmenschen voraus: Ihre Motive können manchmal einen Tick verrückter, ihre Ziele ein wenig ausgefallener und ihre Pläne ein wenig unausgereifter sein, als es sich eine Familie mit drei Kindern erlauben kann.

Egal was kommt: Die Abenteurer

Der abenteuerlustige Typ hat es nicht so sehr mit der Planung. Nicht nur bei einer Auswanderung, auch beim Auslandseinsatz geht es um das Neue, den Nervenkitzel. Lieber als ein nach strengen Vorgaben zu erfüllender Auftrag ist Abenteurern eine Arbeit, die ganz neu aufgebaut werden muss. Wenn möglich, nach eigenen Regeln …

Ein abenteuerlustiger Typ sind Sie, wenn

- ✔ Ihnen die Beherrschung der Landessprache erst mal egal ist und Sie sich auch gern mit Händen und Füßen verständigen.
- ✔ Sie sich für die erste Zeit auch mit einer Matratze in Ihrem Büro als Schlafplatz zufriedengeben.
- ✔ Sie gern Probleme lösen.
- ✔ Sie mit rheinländischem Gemüt sagen können: »Ett kütt wie ett kütt!« (Es kommt wie es kommt!) und: »Ett het noch immer joot jejange!« (Es ist noch immer gut gegangen!).
- ✔ Sie sich nicht vor Neuem fürchten.

Abenteuer erleben ist natürlich eine feine Sache und für Ihr Unternehmen sind Sie deshalb im Ausland vielseitig einsetzbar. Eine andere Sache ist es aber, sich durch Übermut in Schwierigkeiten zu bringen. Auch wenn Improvisation Ihr zweiter Vorname sein sollte: Nehmen Sie sich Zeit, sich ein wenig mit Ihrer Sozialversicherung und der Kultur Ihres Ziellandes zu beschäftigen. Denn werden Sie von Ihrem Arbeitgeber entsandt, sollen Sie natürlich einen Job tun und Leistung bringen – die Befriedigung Ihrer Abenteuerlust interessiert ihn weniger oder ist vielleicht sogar unerwünscht.

Nichts dem Zufall überlassen: Die Karriereplaner

Ganz andere Motive bestimmen Karrieretypen. Ein Auslandsaufenthalt macht natürlich im Lebenslauf einen guten Eindruck, außerdem sorgt er für Erfahrungen, auf die man auch im späteren Berufsleben aufbauen kann. Als Single haben Sie hier ganz besondere Chancen:

- ✔ Sie können sich Zeit nehmen, vor dem Ausland noch Englischkurse oder sogar Kurse in der Landessprache zu belegen. Sprechen Sie mit Ihrem Arbeitgeber, ob er das finanziert.
- ✔ Als Single sind Sie normalerweise frei zu gehen, wann und wohin Sie wollen – beziehungsweise wohin Ihre Firma Sie schicken möchte. Wenn Sie also gehen wollen, signalisieren Sie früh genug Bereitschaft, damit Sie schon auf der »Kandidatenliste« für Auslandseinsätze stehen, wenn wirklich jemand gesucht wird.
- ✔ Natürlich wollen Sie durch Anpassungsfähigkeit und Leistung Punkte sammeln. Im Ausland werden nicht nur Ihre fachlichen Fähigkeiten zählen, sondern auch Ihre Fähigkeit, in einer anderen Kultur zu funktionieren. Mit Seminaren und Literatur können Sie sich auch darauf vorbereiten.

Wenn Sie einen Auslandsaufenthalt als Teil Ihrer Karriere planen, sollten Sie sich schon so früh und so gut wie möglich darauf vorbereiten. Unerlässlich sind fließendes Englisch und Hintergrundwissen zum Leben in anderen Kulturen. Auch wenn Sie während Ihrer Arbeit in Deutschland schon mit anderen Kulturen zu tun haben, sollten Sie aufmerksam lernen.

Muss ja nicht für immer sein – als Single die Welt sehen

Auch wenn das Leben als Single für manchen nicht nur Sonnenseiten hat, so sind die Vorteile doch groß, wenn man sich ein wenig in der Welt umsehen will. Man kann sich relativ spontan entscheiden, wann und wohin man sich aufmachen will. Gerade für Singles gibt es auch Möglichkeiten zum Auslandsaufenthalt, die sich zwischen Auslandsentsendung und Auswanderung bewegen. Man kann diese Möglichkeiten sogar als Test verstehen, ob man sich an das Leben in einer anderen Kultur gewöhnen kann und eine Auswanderung überhaupt einmal infrage kommt. Es ist eine Art »Auswandern auf Probe«.

Mit Neuseeland, Japan, Australien und Kanada hat Deutschland Abkommen geschlossen, die ein sogenanntes Working-Holiday-Visa ermöglichen. Dieses Visum ermöglicht es jungen Leuten zwischen 18 und 30 (für Kanada 35), sich bis zu zwölf Monate in dem betreffenden Land aufzuhalten und in einem begrenzten Rahmen auch zu arbeiten. So kann man sich die Reise im Land durch kleinere Jobs finanzieren. Internetadressen hierzu finden Sie im Anhang.

Für junge Frauen eignet sich ebenfalls ein Auslandsaufenthalt als Au-pair-Mädchen. »Au pair« kommt aus dem Französischen und bedeutet »auf Gegenleistung«. Das bedeutet, dass Au-pair-Mädchen (meist eigentlich junge Erwachsene) gegen Unterkunft, Verpflegung und ein Taschengeld in einer Gastfamilie helfen und im Gegenzug Sprache und Kultur des betreffenden Landes kennenlernen. Adressen von Organisationen, die Au-pair-Stellen vermitteln, finden Sie ebenfalls im Anhang.

Eine sehr schöne und sinnvolle Art, das Leben im Ausland kennenzulernen, ist die Arbeit in wohltätigen Organisationen (»Volunteering«, also sich freiwillig melden). Viele Abiturienten entscheiden sich für einen freiwilligen Dienst im Ausland, bevor sie eine Ausbildung oder ihr Studium beginnen. Vorteil ist, dass man normalerweise einfach als Tourist in das betreffende Land reist. Man arbeitet nicht gegen Bezahlung (meist sind aber Unterkunft und Verpflegung frei), sondern bringt seinen Unterhalt sogar manchmal mit. Die Möglichkeiten reichen beim Volunteering von der Arbeit in Waisenhäusern über Projekte im Naturschutz bis hin zu archäologischen Ausgrabungen. Auch die Adressen für Volunteering-Organisationen finden Sie im Anhang.

Natürlich ist es nicht so, dass man im Ausland dann für immer allein ist. Man kann den Sprung allein ins Ausland auch mit der Zuversicht wagen, bald neue Bekannte oder sogar Freunde zu finden. Singles haben sogar dabei Vorteile, da sie keine kleinen Kinder haben, die sie an ihr Zuhause binden. Da, wo was läuft, können sie mittendrin sein.

Selbst ist die Frau – auch im Ausland

Gern würde ich die Frauen in diesem Zusammenhang nicht besonders behandeln müssen. In einer friedlicheren Welt wäre das wohl nicht nötig. Denn es ist ja nicht so, dass Frauen ihre besonderen Probleme haben. Das Problem ist vielmehr, dass man (oder besser Mann) Frauen Probleme macht und sie in dieser leider überall aggressiven Welt besonderen Gefährdungen ausgesetzt sind.

Auch eine Frage der Kultur

Entscheidet man sich dafür, in einer anderen Kultur zu leben, will man sich natürlich anpassen und die Menschen seiner neuen Heimat nicht vor den Kopf stoßen. Ein sehr wichtiger Punkt beim Verständnis einer fremden Kultur sind die Rollen der Geschlechter. Wer als alleinstehende Frau vor der Frage eines Auslandseinsatzes oder einer Auswanderung steht, sollte sich über die Rolle der Frau im jeweiligen Gastland genau informieren. Versuchen Sie, Antworten auf folgende Fragen zu finden:

- ✔ Werden alleinstehende Frauen als eigenständige Mitglieder der Gesellschaft akzeptiert? Oder gelten sie nur etwas durch ihre Ehemänner? Dann wird es für alleinstehende Frauen sehr schwer sein, ein eigenes Geschäft aufzubauen und überhaupt einen Platz in der Gesellschaft zu finden.
- ✔ Werden Frauen ohne Partner in ihrer neuen Heimat die Freiheiten haben, die sie auch zu Hause genießen? Und wenn nicht – sind sie bereit dazu, in ihrer Freiheit beschränkt zu werden (zum Beispiel einer gewissen Kleiderordnung unterworfen zu sein?)
- ✔ Sollte man Sie als alleinstehende Frau in einer Führungsposition entsenden wollen, sollten Sie nachforschen, ob im betreffenden Land Frauen in solchen Positionen überhaupt üblich sind. Sonst könnten Sie zum einen das Problem haben, dass man Sie als Vorgesetzte nicht akzeptiert und an Ihnen vorbei arbeitet. Oder aber Sie sind in Ihrer Position eine absolute Exotin, die neben dem Job keinen Platz in der Gesellschaft findet. Wenn aber die Kultur des Gastlandes keinen gesellschaftlichen Platz für Sie findet, verbringen Sie Ihre Freizeit entweder nur mit anderen Ausländern oder vor dem Fernseher …

Doch Fragen von Kultur und Mentalität betreffen nicht nur einfach das gute Benehmen. Auch die Sicherheit einer Frau hängt davon ab, ob sie die Kultur des Ziellandes gut kennt oder nicht.

Immer schön vorsichtig

Oft stecken Frauen auf Reisen oder bei anderen Auslandsaufenthalten in der Zwickmühle: Natürlich möchte man die Einheimischen kennenlernen und nicht nur Touristin oder »reiche Europäerin« sein. Doch irgendwas scheint schiefzulaufen, wenn man ihnen auf der Straße nachruft oder hinterherpfeift, sich in der Straßenbahn »zufällig« an sie drängelt oder gleich begrapscht. Belästigt werden können sie natürlich überall, nicht nur im Ausland. Nur senden sie vielleicht Signale aus, die von Menschen einer anderen Kultur anders interpretiert werden. So ist allein schon die Tatsache, dass sie als Frau allein unterwegs sind, für Männer in vielen Kulturen ein Zeichen dafür, dass sie »leicht zu haben« sind. Besonders schwierig ist das, wenn sie schon vom Aussehen her deutlich als Ausländerin zu erkennen sind. Was also tun?

- ✔ Wer als Frau Kontakt sucht, sollte zuerst den Kontakt zu den Frauen der neuen Heimat suchen. Von ihnen lernen sie, wie Frauen sich in der entsprechenden Kultur verhalten und mit welchen Freiheiten und Einschränkungen sie leben.
- ✔ Allein lebende Frauen müssen lernen, wie man Männern in der Landessprache eine Abfuhr erteilt. Vielleicht macht man sie auf Englisch an – aber wenn Englisch nur eine Fremdsprache ist, ist die Sprache oft unverbindlich. Sie schafft emotionale Distanz, sodass

ein Mann sie eventuell schamloser anmacht, als er es in seiner Muttersprache wagen würde. Ebenso kann eine Abfuhr, die ein Mann plötzlich von einer Ausländerin in seiner Muttersprache hört, einen Schreck auslösen, der dazu führt, dass er, nun ja – den Schwanz einzieht …

✔ In vielen Kulturen gelten verheiratete Frauen und Mütter als unantastbar. Wenn allein lebende Frauen sich ständig belästigt fühlen, hilft es, einen Ehering zu tragen und zu sagen, der Ehemann sei auf Geschäftsreise oder mit den Kindern unterwegs.

In manchen machohaften Kulturen sind in Wirklichkeit die Mütter und Großmütter die wahren Herrscher. Allein lebende Frauen sollten versuchen, eine Beziehung zu einer solchen Frau aufzubauen (der Vermieterin, der Mutter einer Kollegin), und sich von ihr als Tochter oder Enkelin des Herzens »adoptieren« lassen. Eine schimpfende Oma schlägt aufdringliche Verehrer wirkungsvoller in die Flucht als eine Dose Pfefferspray …

Mehr zum Thema Sicherheit im Ausland erfahren Sie in Kapitel 16.

Mit sich selbst zurechtkommen und die Einsamkeit

Als Single ins Ausland zu gehen, hat unbestritten seine Vorteile. Doch hat es auch eine Schattenseite: die Einsamkeit. Nun gut, auch ein Single muss sich nicht zwingend einsam fühlen. Da das allerdings auch wieder nicht so ganz selten der Fall ist, hier ein paar Anregungen, um die einsamen Stunden zu überstehen.

Im Grunde sollte man sich schon vor der Ausreise die Frage stellen, ob man überhaupt allein mit sich selbst zurechtkommt. Einsamkeit muss nicht die zwangsläufige Folge davon sein, dass Sie Single sind. Manche Menschen fühlen sich in ihrer Beziehung oder selbst als Mittelpunkt eines Freundeskreises einsam. Nur eines ist ziemlich sicher: Wer sich in seinem Zuhause in Deutschland einsam gefühlt hat, wird das in der neuen Heimat ohne ein wenig Arbeit an sich selbst nicht besser erleben. Einsamkeit schleicht sich meist in folgenden Schritten in ein Leben ein:

1. Zunächst ist das Gefühl der Einsamkeit die Reaktion auf Zeiten, in denen wir allein sind. Hierzu ein Beispiel: Frank Raabe sitzt in Neu-Delhi, ist krank und niemand kommt vorbei, um nach dem Rechten zu sehen. Seine Bekannten und Kollegen fahren an Feiertagen zu ihren Familien, während er die freien Tage mit Zeitschriften und Büchern verbringt.

2. Dann beginnt die Einsamkeit langsam ein ständiges Gefühl zu sein. Vielleicht weil Frank Raabe merkt, dass er mit der Fremdsprache immer noch oft überfordert ist. Vielleicht hat er bei Kollegen und Nachbarn auch langsam den Status des »Exoten« verloren. Man hat sich an ihn gewöhnt und denkt nicht mehr so viel an sein Wohlergehen wie früher. Er merkt, dass Gastfreundschaft schön, echte Freundschaft aber rar ist.

3. Das Gefühl der Einsamkeit ist nun immer da: allein Zuhause, in Gesellschaft, bei der Arbeit. Frank Raabe ist nicht mehr nur einfach verlassen, er verlässt jetzt auch selbst die Gesellschaft der Menschen, ist gereizt, verletzt und wütend.

Was also tun, um mit dem Alleinsein zurechtzukommen, bevor es zur tief sitzenden Einsamkeit wird?

- ✔ Behandeln Sie sich selbst gut. Warum sollte es sich nicht lohnen, für sich allein zu kochen? Warum nicht, allein einen Spaziergang zu machen? Warum sollten Sie sich nicht allein einen Stadtbummel gönnen?
- ✔ Wer dann für sich selbst einkauft oder einen Spaziergang macht, behält seine Neugier. Ein ganzes Land, seine Menschen und ihre Kultur gibt es zu entdecken. Üben Sie sich in oberflächlichen Gesprächen über das Wetter und andere »leichte« Themen, über die man mit Verkäufern oder Friseuren reden kann. Aber Vorsicht: Nicht in jedem Land gehören Politik oder Familie zu den unverfänglichen Themen.
- ✔ Geben Sie dem Leben Zeit, sich zu entwickeln. Wer verzweifelt nach Freunden oder einem Partner sucht, findet meist beides nicht.

Im Ausland zu vereinsamen kann auch Folge eines Kulturschocks sein, über den Sie in Kapitel 15 mehr erfahren. Dann igelt man sich oft unbewusst zu Hause ein, weil man sich durch den ständigen Kontakt mit Menschen einer anderen Kultur und Sprache überfordert fühlt.

Freunde finden im Ausland

Auch Singles werden während ihrer ersten Monate im Ausland feststellen, dass ihnen so viel Zeit für neue Freunde erst mal gar nicht bleibt. Egal ob ausgesandt oder ausgewandert, die erste Zeit werden sie mit dem neuen Job oder der Jobsuche verbringen und ansonsten versuchen, einen eigenen, neuen Lebensrhythmus zu finden. Behördengänge müssen erledigt werden, Hausaufgaben für den Sprachkurs und Einkäufe. Doch auf all diesen Wegen kann man sich auch gut nach neuen Bekannten umsehen.

Kontakte zu Landsleuten

Gerade in Hauptstädten oder wirtschaftlichen Zentren gibt es oft viele Ausländer und auch Landsleute. Oft sind sie sogar in formellen oder informellen Kreisen und Vereinen organisiert. Ob man im Ausland aber überhaupt Kontakt zu seinen Landsleuten will, ist Ansichtssache. Oft gibt es »Extremisten«, die sich nur auf die fremde Kultur einstellen wollen und den Kontakt mit Landsleuten ganz vermeiden. Dann gibt es auch Extremisten, die in Vereinen und der Gemeinschaft mit ihren Landsleuten ganz aufgehen und sich so weit wie möglich ein eigenes, kleines Heimatland in der Fremde schaffen. Wie so oft ist der goldene Mittelweg wahrscheinlich wieder der beste. Zu viel Umgang mit Landsleuten ist natürlich für das Lernen der Sprache hinderlich und erschwert das Einleben in einer fremden Kultur. Es kann auch sein, dass man sich dann gegenseitig runterzieht und gar nichts vom Leben in dem neuen Land erfährt.

So hielt ein ehemaliger Kollege in Rumänien von den Treffen mit seinen Landsleuten wenig. Die regelmäßigen »Ich-hasse-Rumänien-Treffen« seiner Kollegen fand er einfach nervig und unangebracht.

Singles sollten sich vor ein paar Gefahren in Acht nehmen. Die erste ist das »Verdonnertwerden« zu Zwangsgemeinschaften. Während die Familien ihr eigenes Programm haben, bleiben Singles oft draußen vor. Und wenn es eben nur zwei deutsche Singles in der Stadt gibt, hängt man halt zusammen. Singles sollten den Mut haben, solchen Zwangsgemeinschaften zu entfliehen, wenn die andere Person einfach nicht ihr Typ ist. Wer unter seinen Landsleuten niemanden auf seiner Wellenlänge findet, sollte lieber etwas mit Einheimischen unternehmen, auch wenn die Firma davon ausgeht, dass sie am Einsatzort mit einem anderen alleinstehenden Mitarbeiter die Wohnung teilen. Singles sollten nicht vergessen, dass sie frei und unabhängig sind und nicht mit einem Menschen eine Wohngemeinschaft bilden müssen, nur weil er auch Single ist. Vielleicht wollen sie ja diese Wohngemeinschaft bilden. Kein Problem. Aber lassen Sie sich keine aufzwingen.

Bei der Frage »Könntest du heute Abend mal auf unsere Kinder aufpassen?« ist ebenfalls Vorsicht geboten. Wer sich gut mit den Kindern der Kollegen versteht und die Zeit mit ihnen genießt, hat Glück. Die Welt lebt auch von den Gefälligkeiten, die Menschen einander tun. Aber Singles sollten sich nicht auf eine Position als allzeit zur Verfügung stehender Babysitter einlassen.

Ein Single unter Landsleuten mit Familie sollte immer deutlich machen, dass er ein eigenes Leben hat. Er braucht weder Mitleid noch hat er immer Zeit, wenn man meint, seine Hilfe zu brauchen. Singles, die Kontrolle über ihre Beziehungen behalten, lassen sich auch von Familien nicht vereinnahmen.

Kontakte zu Kollegen und anderen Einheimischen

Ob man zu seinen neuen Kollegen im Zielland auch privaten Kontakt bekommt, hängt stark von der jeweiligen Kultur ab. In Deutschland haben es Ausländer eher schwer, denn hier herrscht normalerweise eine relativ strikte Trennung von Arbeits- und Privatleben. In Japan dagegen ist es üblich, dass ganze Abteilungen nach der Arbeit noch bis in die Nacht gemeinsam fortgehen und meist reichlich trinken – ob es das ist, was einem vorschwebt, ist auch wieder die Frage. Denn wirkliche private Freundschaften kommen dadurch auch nicht zustande.

Mehr dazu, wie die Menschen in verschiedenen Kulturen »ticken«, können Sie in Kapitel 14 erfahren.

Je nachdem, in welches Land es Sie verschlagen hat, sind Sie entweder »Gleicher unter Gleichen« (das wird in der Europäischen Union oft der Fall sein), werden als reicher Westler angesehen oder sogar als »Ungläubiger« (in streng islamischen Staaten) nur geduldet. Das hat natürlich auch Einfluss darauf, inwieweit sich in der neuen Kultur echte Freundschaften entwickeln können.

Besonders sollten Sie hier wieder auf die Rollen der Geschlechter achten. Bevor Sie diese Rollen nicht gut durchschaut haben, sollten Sie sich, wenn möglich, auf Kontakte zu Personen Ihres eigenen Geschlechts beschränken. Und unterschätzen Sie auch Europa nicht: Schon in Südosteuropa gibt es Kulturen, in denen es unangebracht ist, sich nach dem Wohlergehen der Ehefrau zu erkundigen.

Und immer wieder die Liebe ...

Es hört sich vielleicht an wie ein Klischee, ist aber deshalb nicht unbedingt falsch: Singles aus Westeuropa sind– sei es Mann oder Frau – in vielen Ländern der Welt eine »gute Partie«. Ich kann hier nur immer wieder warnen: Lassen Sie sich als Single nicht leichtfertig auf Liebesbeziehungen im Ausland ein, ohne die Kultur und deren Geschlechterrollen zu kennen. Ein missverstandener Flirt kann den Job kosten. Und im schlimmsten Falle finden sich Singles im Gefängnis wieder. Denn Unwissenheit schützt vor Strafe nicht. Aber Wissen hilft, gefährliche Situationen zu vermeiden. Damit sei nicht gesagt, dass Sie nicht überall tatsächlich auch die Liebe Ihres Lebens finden können. Es kann halt nur ein wenig komplizierter werden.

Teil III

Nichts geht ohne Geld und Papiere

»Das mag ja Ihr Markenzeichen sein, aber damit wir es in unserem Land anerkennen können, müssen Sie noch folgende Formulare ausfüllen ...«

In diesem Teil ...

Wer auswandern möchte oder sich auf einen Auslandseinsatz vorbereitet, muss eine Menge Vorbereitungen treffen. In diesem Teil des Buches geht es um Behördengänge, Wohnungs- und Arbeitssuche und viele andere rechtliche und praktische Dinge, die Sie bei einem Umzug ins Ausland beachten müssen. Für den Erfolg und den sorglosen nächtlichen Schlaf ist kaum etwas so wichtig, wie zu wissen, dass man die richtigen Papiere in der Tasche hat.

Sie erfahren allerhand über die Dokumente, die Sie sehr wahrscheinlich für den Aufenthalt in einem anderen Land brauchen werden und bekommen Tipps für die Arbeits- und Wohnungssuche. Wer aus Deutschland kommt, verlässt ein ziemlich eng geknüpftes und sicheres soziales Netz. Ich erläutere Möglichkeiten der sozialen Absicherung auch im Ausland. Umziehen heißt nicht nur, einen Umzugswagen und Container zu packen. Es bedeutet auch, die richtigen Papiere für den Zoll bereitzuhaben. Dazu finden Sie einige Hinweise. Ob und welche Hintertürchen man sich in der Heimat offen halten kann oder sollte, erfahren Sie ebenfalls in diesem Teil. Darüber nachzudenken ist zwar unangenehm, aber nicht unwichtig: Wie kann man sich darauf vorbereiten, wenn ein Familienangehöriger oder man selbst im Ausland stirbt? Auch dazu finden Sie Antworten.

Hürdenlauf: Wichtige Dokumente und Ämter

9

In diesem Kapitel

- Wie Sie sich die richtigen Informationen beschaffen
- Welche Dokumente Sie brauchen
- Ämter – ein Marathonlauf
- Auswanderer – nicht jeder ist willkommen

In Deutschland gibt es zu viel Bürokratie!« Diese Aussage hört man immer wieder von Menschen, die gern auswandern möchten. Wer der Bürokratie entkommen will, kann vielleicht komplett aussteigen und in der Wildnis leben (sofern die Bürokratie des betreffenden Landes das toleriert …), aber auswandern sollte er nicht. Denn in den allermeisten Fällen bringt eine Auswanderung mehr Kontakt mit der Bürokratie mit sich, als man es sich jemals erträumt und gewünscht hat. Und das zumeist in einer fremden Sprache mit anderen Gesetzen.

In diesem Kapitel erfahren Sie zunächst etwas darüber, welche Papiere und Dokumente Sie immer bereithalten sollten. Nicht alles werden Sie in jedem Land der Welt benötigen. Das meiste davon und vielleicht noch mehr aber in allen …

Mit der Beschaffung der Informationen über die Formalitäten, die für einen Auslandsaufenthalt erledigt werden müssen, ist das so eine Sache: Welche Stelle informiert verlässlich? Zunächst einmal sollte man sich keinesfalls auf Auskünfte von Reisebüros verlassen. Dort beschäftigt man sich ja meist mit Kurzzeitaufenthalten für Touristen, was nicht das ist, was ein Auswanderer braucht. Wenn es um Visum und Arbeitsgenehmigung geht, bekommt man verlässliche Auskunft zumeist nur von der Botschaft des betreffenden Landes. Bei Zollformalitäten sieht die Sache schon wieder anders aus. Darüber wissen auch Botschaftsangehörige oft nur wenig Bescheid. Mehr darüber finden Sie in Kapitel 10.

Wer schon länger im Ausland lebt, keinen Wohnsitz mehr in Deutschland hat und trotzdem Nachweise vom Standesamt benötigt (Auszüge aus dem Familienstammbuch, Führungszeugnis …), muss sich meist an das Standesamt I in Berlin, `http://www.berlin.de/standesamt1` wenden. Es ist unter anderem das Auslandsstandesamt der Bundesrepublik Deutschland. Dort werden alle Anfragen bearbeitet, die nicht in die Zuständigkeit des örtlichen Standesamts fallen.

Am Anfang: Personalausweis und Reisepass

Zwar ist der Personalausweis etwas, was fast jeder Deutsche in der Tasche trägt. Da es aber auch immer wieder Neuerungen in den Gesetzen gibt, ist es gerade im Ausland hilfreich zu wissen, wie nützlich oder auch wertlos dieses Dokument sein kann. Auch zum Reisepass, den zumindest Europareisende kaum noch benötigen, gibt es wissenswerte Details. Einer dieser beiden Ausweise wird jedenfalls das Fundament für Ihren Auslandsaufenthalt sein.

Für alle Lebenslagen: Der Personalausweis

Mit dem Personalausweis wird in Deutschland die Identität eines Bürgers bestätigt. Gab es den Personalausweis früher erst mit 16 Jahren, kann er seit dem 1. November 2010 ab der Geburt ausgestellt werden. Bis zum 24. Lebensjahr beträgt die Gültigkeitsdauer des Personalausweises sechs, danach zehn Jahre.

Als Ausweis und auch als Reisedokument ist der Personalausweis in der Europäischen Union gültig. Offiziell gilt der Personalausweis in diesem Falle als »Passersatz«. Aber wie gesagt: Nur in der Europäischen Union. Wenn man in Mitgliedsländer der EU auswandert, reicht für die Aufenthaltsgenehmigung beziehungsweise die Meldung der Personalausweis aus.

Die deutschen Botschaften und Konsulate im Ausland sind zurzeit noch keine Personalausweisbehörden und können deshalb für Deutsche ohne Wohnsitz in Deutschland keinen Personalausweis, sondern nur den Reisepass ausstellen. Einen Personalausweis muss man also in Deutschland beantragen und persönlich oder von einer bevollmächtigten Person abholen lassen. Ins Ausland verschickt wird der Personalausweis nicht. Seit dem 1. November 2010 sind alle Personalausweisbehörden in Deutschland übrigens verpflichtet, deutschen Bürgern auch ohne Wohnsitz in Deutschland einen Personalausweis auszustellen. Ab 1. Januar 2013 werden auch die deutschen Auslandsvertretungen zu Personalausweisbehörden und es wird möglich sein, den deutschen Personalausweis auch im Ausland zu beantragen.

Andere europäische Länder erkennen den deutschen Personalausweis für kürzere Aufenthalte an. So gilt er zum Beispiel in Kroatien, Makedonien, Liechtenstein oder Montenegro für Aufenthalte bis zu 30 Tagen. Für Aufenthalte von bis zu drei Monaten reicht der Personalausweis in Serbien, Norwegen, der Türkei oder der Schweiz. Für die meisten anderen Länder gilt der Personalausweis als Reisedokument nicht, hier sind dann der Reisepass und eventuell ein Visum nötig.

Übrigens gilt der Führerschein in Deutschland nicht als Identitätsnachweis. Es muss schon Personalausweis oder Reisepass sein. In Österreich ist das anders, dort ist der Personalausweis eher unüblich. Da dort auf dem Führerschein auch die Adresse eingetragen ist, gilt er als Ausweis.

Seit 1. November 2010 gibt es in Deutschland den neuen Personalausweis. Er hat nun Scheckkartenformat und besitzt einen Chip, mit dem man eine elektronische Unterschrift leisten kann. Mehr zum neuen Personalausweis finden Sie unter `www.personalausweisportal.de`.

Wenn einer eine Reise tut: Der Reisepass

Außerhalb der Europäischen Union ist man mit dem Reisepass immer auf der sicheren Seite. Die Länder der EU geben für ihre Bürger den bordeauxroten Europapass aus. Der gilt ebenso wie der Personalausweis sechs Jahre bis zum 24. Lebensjahr, danach zehn Jahre. Den Reisepass gibt es in Deutschland in vier verschiedenen Versionen:

- ✔ Zunächst ist da der ganz normale, bordeauxrote Reisepass der Europäischen Union, der Europapass. Er trägt auf der Vorderseite oben die Aufschrift »Europäische Union – Bundesrepublik Deutschland« und enthält neben den leeren Seiten für Stempel und Visa das in Kunststoff gefasste Blatt mit den persönlichen Daten und dem Chip für die Speicherung der biometrischen Daten.
- ✔ Dann gibt es den Kinderreisepass. Er wird an Kinder bis zum zwölften Lebensjahr ausgegeben und enthält immer – auch bei Säuglingen – ein Bild. Er ist sechs Jahre gültig, maximal aber bis zum zwölften Lebensjahr. Dieser Kinderreisepass lässt keine Einreise in die USA zu. Dafür brauchen auch Kinder den normalen Reisepass oder im Kinderreisepass ein Visum für die USA.
- ✔ Der vorläufige Reisepass ist ein Dokument, das ausgestellt wird, wenn man verreisen möchte, der normale Reisepass aber abgelaufen ist. Wird er nicht rechtzeitig fertig, kann man den vorläufigen Reisepass beantragen, der ein Jahr gültig ist. Da es für jemanden, der den vorläufigen Reisepass braucht, ja meist eilt, wird der Pass gleich von der zuständigen Behörde ausgestellt.
- ✔ Der Vollständigkeit halber seien hier noch die Diplomatenpässe erwähnt, die an Abgeordnete, Regierungsmitglieder und Diplomaten ausgegeben werden.

In dringenden Fällen ist es möglich, innerhalb von zwei Tagen den endgültigen Reisepass zu bekommen. Das ist allerdings ziemlich teuer.

In begründeten Ausnahmefällen ist es möglich, dass man mehrere Reisepässe bekommt. Das kann in folgenden Fällen zutreffen:

- ✔ Möchten Sie in miteinander verfeindete Staaten reisen, kann es sein, dass ein Staat die Einreise verweigert, wenn er die Vermerke des anderen Staates im Pass sieht. Das ist besonders bei vielen arabischen Staaten und Israel der Fall.
- ✔ Wer viel reist, muss zur Ausfertigung des Visums seinen Pass manchmal beim Konsulat des betreffenden Landes abgeben. Um in der Zwischenzeit nicht ohne Pass zu sein, kann man dann einen weiteren Reisepass beantragen.
- ✔ Jeder zusätzliche Reisepass hat lediglich eine Gültigkeit von sechs Jahren. Interessanterweise ist es möglich, bis zu zehn zusätzliche Reisepässe zu bekommen.

Kinder können seit dem 1. November 2007 nicht mehr im Reisepass der Eltern eingetragen werden. Sie benötigen einen Kinderreisepass, einen eigenen Personalausweis oder sogar einen normalen Reisepass.

Falls zu erwarten ist, dass Sie viel reisen und dabei meist Ein- und Ausreisestempel oder Visa bekommen, können Sie bei der zuständigen Behörde auch einen Pass mit 48 Seiten statt der üblichen 32 Seiten beantragen. Der ist zwar etwas teurer, erspart es Ihnen aber eventuell, einen neuen Pass zu beantragen, weil der alte für Visa keinen Platz mehr hat.

Bei Auswanderung und Auslandseinsatz außerhalb der Europäischen Union ist der Reisepass unerlässlich. Gut zu wissen ist auch, dass er ein sehr flexibles Dokument ist und Ihnen auch in kniffligen internationalen Situationen die Möglichkeit gibt, sich frei zu bewegen. Jedenfalls solange das Land Ihrer Wahl es nicht bewusst darauf anlegt, Sie nicht einreisen zu lassen oder Ihnen Schwierigkeiten zu machen …

Wenn Sie im Ausland leben und keinen Wohnsitz mehr in Deutschland haben, ist für die Ausstellung oder Verlängerung des Reisepasses die deutsche Botschaft Ihrer neuen Heimat zuständig.

Bleibt noch die Frage, ob und wann man seinen Personalausweis oder Reisepass mitführen muss. Hier spielen zwei Begriffe eine Rolle: die Ausweispflicht und die Mitführpflicht.

In Deutschland besteht eine Ausweispflicht. Das bedeutet, dass jeder Deutsche ab dem 16. Lebensjahr einen Ausweis haben muss. Allerdings besteht in Deutschland keine Mitführpflicht. Niemand muss seinen Ausweis ständig bei sich haben. Ausnahmen sind zum einen das Autofahren (da muss der Führerschein mitgeführt werden). Zum anderen muss man einen Personalausweis oder Reisepass mit sich führen, wenn man eine Waffe trägt. In Österreich und der Schweiz besteht keine Ausweispflicht.

Die doppelte Staatsbürgerschaft

Im Zusammenhang mit dem Reisepass ist auch die Frage nach mehreren Staatsangehörigkeiten interessant. Hier war es bis 2007 so, dass Deutschland eine doppelte Staatsbürgerschaft in der Regel nicht duldete. Lange musste man beim Antrag auf einen neuen Reisepass unterschreiben, dass man weder eine andere Staatsangehörigkeit besitzt noch beantragt hat. War das doch der Fall, konnte man unter Umständen seine deutsche Staatsbürgerschaft verlieren.

Seit 2007 hat sich das geändert und es ist nun möglich, zumindest innerhalb der EU, mehrere Staatsbürgerschaften zu haben. Das gilt jedenfalls von deutscher Seite aus. Hier muss man dann nur noch prüfen, ob das Land, dessen Staatsbürgerschaft man erwerben will, die doppelte Staatsbürgerschaft zulässt.

Bei Menschen aus Staaten außerhalb der EU kann Deutschland auf Aufgabe der Staatsbürgerschaft bestehen. Allerdings gibt es auch hier Ausnahmeregelungen.

Ach ja, und nur um das mal irgendwo unterzubringen: Ich rief einmal für einen slowenischen Bekannten bei einer deutschen Behörde an. Es ging um die Frage, ob sein Großvater die deutsche Staatsangehörigkeit hatte oder nicht. Zur Antwort bekam ich eines der »schönsten« deutschen Wörter, die ich jemals gehört habe: Man müsse ein »Staatsbürgerschaftsfeststellungsverfahren« einleiten.

Für EU-Ausländer innerhalb der EU gilt eine Mitführpflicht des Ausweises. Im Kontakt mit Polizei und Behörden im Ausland wird es für sie immer am sichersten sein, sich jederzeit ausweisen zu können. Das erspart Wartezeit auf Polizeiwachen (weil man sie zur Feststellung ihrer Identität mitgenommen hat ...).

Umziehen innerhalb der Europäischen Union

In der Europäischen Union sind das Auswandern oder der Auslandseinsatz rechtlich gesehen problemlos. Jeder Bürger der EU hat das Recht, in jedem Land der EU zu arbeiten und sich dort niederzulassen. Man meldet sich auf dem Ausländeramt an und bekommt meist eine auf fünf Jahre begrenzte Aufenthaltserlaubnis, danach kann man eine ständige Aufenthaltserlaubnis beantragen. Das Schöne in der EU ist, dass man als EU-Bürger ein Anrecht auf diese Aufenthaltserlaubnis hat, wenn zwei Voraussetzungen stimmen: Man hat eine Arbeitsstelle und ist krankenversichert. Es kann Ihnen also kein Beamter den Aufenthalt verweigern, nur weil er an dem Tag mit dem linken Fuß aufgestanden ist, keine Ausländer mag oder ihm Ihre Nase nicht passt.

Auch demjenigen, der nicht erwerbstätig ist, kann der Aufenthalt nicht verweigert werden, wenn diese beiden Voraussetzungen gegeben sind: Der Lebensunterhalt ist gesichert (vielleicht weil Sie im Lotto gewonnen haben) und man ist außerdem krankenversichert. Das gilt auch für Rentner. Ihre Rente können Sie sich in das Land Ihrer Wahl überweisen lassen. Als Nachweis des Wohnsitzes bekommt man in vielen Ländern Ausweise für EU-Ausländer. Diese relativ einfache Regelung nennt man Niederlassungsfreiheit beziehungsweise Personenfreizügigkeit.

Es ist nicht immer ganz einheitlich, was die Behörden der verschiedenen EU-Länder an Dokumenten verlangen. Am besten, Sie nehmen gleich Folgendes mit:

- ✔ Ihren Reisepass oder Personalausweis (mit Fotokopien)
- ✔ Den Arbeitsvertrag oder Nachweis über Ihre Selbstständigkeit
- ✔ Den Nachweis über Ihre Krankenversicherung: Es sollte eigentlich logisch sein, dass man auch krankenversichert ist, wenn man angestellt ist. Das Thema Krankenversicherung ist allerdings so sensibel, dass man auf den Ämtern doch gern die Krankenversicherungskarte oder einen anderen Nachweis sieht. Erst recht natürlich bei Selbstständigen.
- ✔ Der ein oder andere möchte vielleicht auch Ihren Mietvertrag oder eine Bestätigung des Vermieters sehen.
- ✔ Und vorsorglich von allem Fotokopien machen.

Wenn Sie nun denken, dass die Auswanderung in der EU eigentlich nur ein Spaziergang ist, dann stimmt das eigentlich. Jedenfalls rein rechtlich gesehen. Nun liegt es an jedem selbst, aus diesen guten Rahmenbedingungen etwas zu machen. Eine Arbeit suchen, die Sprache lernen, die richtige Schule für die Kinder finden und vieles mehr, was in diesem Buch angesprochen wird, ist dann meistens keine so leichte Übung mehr. Und ebenfalls kein Spaziergang sind die bürokratischen Hürden, die sich einem außerhalb der EU in den Weg stellen. Zuallererst und am wichtigsten: der Weg zum Visum.

Ziel aller Vorarbeit: Das Visum

Für das Leben, Arbeiten und sonstige Fortkommen im außereuropäischen Ausland ist das richtige und gültige Visum die Voraussetzung. In diesem Abschnitt finden Sie Informationen darüber, was ein Visum ist, welche Arten es gibt und was man alles braucht, um überhaupt eines zu bekommen.

Gesicherter Status für Ausländer: Das Visum

Ein Visum ist ein amtliches Dokument, das die Einreise in ein bestimmtes Land erlaubt. Oft ist darin festgelegt, wie lange eine Person sich in dem betreffenden Land aufhalten darf. Manche Staaten verlangen auch für die Ausreise ein Visum oder begrenzen, wie oft eine Person ein- und wieder ausreisen darf. Manche Länder verlangen sogar ein Visum für Reisen innerhalb des Landes – aber in solche Länder wird man höchstens von seiner Firma geschickt, auswandern will man dorthin normalerweise nicht …

Natürlich kann dieses Kapitel nicht die Visabestimmungen aller Länder der Erde aufzählen. Hier finden Sie nur die wahrscheinlichsten und üblichsten Dokumente und Nachweise, die verlangt werden. Eher unüblich, aber möglich wären der Nachweis darüber, dass die Kinder eine öffentliche Schule besuchen oder Geburts- und Heiratsurkunden.

Ein Visum wird meist vom Konsulat oder der Botschaft des betreffenden Landes ausgestellt. Seltener kommt es vor, dass es erst beim Grenzübertritt ausgegeben wird. Im Reisepass findet sich das Visum dann als großer Stempel oder als aufwendiger Aufkleber mit Hologramm und anderen Sicherheitsmerkmalen. Unterschieden wird bei Visa normalerweise zwischen kurz- und langfristigen Visa und zwischen Visa mit oder ohne Arbeitserlaubnis.

Bürger der Europäischen Union können in viele Länder der Welt nur mit dem Reisepass, das heißt ohne Visum, einreisen. Auch ein dreimonatiges Touristenvisum (kurzfristiger Aufenthalt) wird normalerweise unkompliziert erteilt.

So viel zum Visum an sich. Aber wie bekomme ich das begehrte Ding nun in meinen Pass?

Die Erteilung von kurzfristigen Visa (Touristenvisum, Businessvisum) ist meist kein Problem. Erst bei der Anfrage für langfristige Visa mit Arbeitserlaubnis wird man eine mehr oder weniger umfangreiche Prozedur durchlaufen müssen. Noch umfangreicher kann die Prozedur werden, wenn von Anfang an klar ist, dass Sie einwandern, also für immer bleiben möchten.

Bei längeren Aufenthalten wird geprüft, ob der Antragsteller überhaupt im Land erwünscht ist. Man schaut, ob er etwas zu bieten hat oder vielleicht die Gefahr besteht, dass er dem Staat auf der Tasche liegen würde. Außerdem wird geprüft, ob die Einwanderung einer betreffenden Person dem Interesse des Staates zuwiderläuft. Das muss nicht nur bedeuten, dass man wirtschaftlich schwache oder kriminelle Personen aussondert. Gegen das Interesse mancher Staaten ist es auch, dass ein Ausländer einem Einheimischen den Arbeitsplatz wegnehmen könnte.

Niemandem auf der Tasche liegen: Der Lebensunterhalt

Zunächst einmal möchte jede Behörde wissen, wie ein Ausländer seinen Lebensunterhalt bestreitet. Wer von seiner Firma entsandt wird, sollte dazu den Arbeitsvertrag und drei Gehaltsabrechnungen bereithalten. Eventuell wird ein Einladungsschreiben des örtlichen Unternehmens verlangt. Das trifft natürlich erst recht dann zu, wenn man nicht in Deutschland angestellt bleibt, sondern gleich vor Ort unter Vertrag genommen wird. Dann helfen die Gehaltsabrechnungen wenig, wichtiger ist der örtliche Arbeitsvertrag. Es kann außerdem vorkommen, dass man vom Arbeitgeber eine Zusicherung der Kostenübernahme für Rückreise und andere, unvorhergesehene Ausgaben verlangt.

Wie immer gilt der Grundsatz: Wer von seinem Arbeitgeber ins Ausland entsandt wird, hat es bei Behörden und mit Nachweisen einfacher als Auswanderer. Denn Einkommen und Krankenversicherung sind eindeutig geregelt.

Auch wer für sein Unternehmen ins Ausland geht, sollte sein Visum früh genug beantragen. Auf keinen Fall sollte man sich ohne das richtige Visum auf den Weg machen. Manchmal wird versucht, über ein Touristenvisum schon mal Fuß zu fassen, um das richtige Visum dann später zu bekommen. Das kann klappen, kann aber auch schiefgehen. Behörden mögen es nicht, wenn sie das Gefühl bekommen, dass jemand die Amtswege abkürzen will. Also kann es passieren, dass man Sie nach Deutschland zurückschickt, was erhebliche Kosten verursacht, die Ihren Vorgesetzten nicht passen werden. Im schlimmsten Falle ist man beleidigt und lehnt Ihre Aufenthaltsgenehmigung ganz ab. Rechtlich gesehen ist das für Ihr Unternehmen sogar ein gültiger Kündigungsgrund und Sie stehen plötzlich auf der Straße.

Sicherheitshalber sollte ein Entsendungsvertrag eine Klausel enthalten, dass er nur in Kraft tritt, sofern eine rechtzeitige und gültige Aufenthalts- und Arbeitserlaubnis erteilt wird. So ist man als Arbeitnehmer auf der sicheren Seite, falls etwas schiefgeht.

Der Auswanderer ist für Behörden und Beamte ein eher unsicherer Kandidat. Besonders dann, wenn er mit eigener Geschäftsidee kommt und sich selbstständig machen will. Der einfachere Weg ist auch hier, den Weg zum Ausländeramt mit einem bestehenden Jobangebot anzutreten. Außerhalb der Europäischen Union wird es dann meist so ablaufen:

- ✔ Sie haben ein Jobangebot und gehen für das erste Visum zum Konsulat oder zur Botschaft des betreffenden Landes in Deutschland. Das erste Visum bekommen Sie meist nicht erst im Auswanderungsland, sondern schon in Deutschland.
- ✔ Der Arbeitgeber kann nachweisen, dass er Sie braucht und für die Arbeit keinen Einheimischen findet.
- ✔ Sie weisen nach, was auch immer man von Ihnen verlangt (Wohnung, Führungszeugnis …) und die Behörde ist hoffentlich damit zufrieden. Dann bekommen Sie ein Visum und eine Arbeitserlaubnis, meist zeitlich begrenzt.
- ✔ Sie unterschreiben Ihren Arbeitsvertrag und sind Auswanderer mit Job. Herzlichen Glückwunsch. So weit, so gut.

In der EU unterschreibt man einfach seinen Arbeitsvertrag und meldet bei der Behörde seinen Wohnsitz vor Ort an.

Welches Dokument auch immer Sie einer Behörde vorlegen müssen: Fotokopieren Sie es. Von Pässen, früheren Visa und Ähnlichem werden die Behörden oft eine Fotokopie verlangen, die der Beamte gleich mit dem Original vergleicht und abstempelt. Wenn Sie von allem Fotokopien dabeihaben, werden Sie nicht zum Fotokopieren weggeschickt und müssen sich danach wieder hinten in der Schlange anstellen … Bei Papieren, die Sie im Original beim Amt lassen müssen (zum Beispiel das Führungszeugnis), sollten Sie eine Kopie für Ihre Unterlagen anfertigen.

Zwar wollen die Ämter Fotokopien, für sich selbst sollte man aber alle Dokumente zusätzlich digitalisieren. Scannen Sie alle Dokumente ein und legen Sie sie auf Ihrem Computer ab, dann können Sie jedes benötigte Dokument nach Bedarf immer wieder ausdrucken. Außerdem kann man Sicherheitskopien an verschiedenen Orten hinterlegen: bei Bekannten, auf einer Online-Festplatte oder auf mehreren USB-Sticks.

Manche Länder verlangen für alle möglichen Dokumente Übersetzungen in die Landessprache. Die müssen natürlich von einem beglaubigten Übersetzer vorgenommen werden. Hier kommen unter Umständen noch einmal Kosten auf Sie zu, die Sie in Ihr Auswanderungsbudget einrechnen müssen. Wer entsandt wird, sollte darauf achten, dass seine Firma diese Kosten übernimmt.

Empfindliches Thema: Krankenversicherung

Neben dem Lebensunterhalt ist eine weitere empfindliche Frage die nach der Krankenversicherung. Ohne Nachweis einer Krankenversicherung bekommt man normalerweise nirgends eine längere, geschweige denn zeitlich unbegrenzte Aufenthaltsgenehmigung.

Wieder einmal sind auch beim Thema Krankenversicherung diejenigen im Vorteil, die sich für ihr Unternehmen auf einen Auslandseinsatz begeben. Da sie in einem festen Anstellungsverhältnis stehen, sind sie auch krankenversichert. Ebenfalls problemlos sollte es sein, wenn man als Auswanderer schon vor seiner Ausreise einen Arbeitsvertrag im betreffenden Land unterschrieben hat. In diesem Falle ist man ja meist über seine neue Firma sozialversichert. Ausnahmen erfährt man spätestens bei der Beantragung des Visums bei der entsprechenden Ausländerbehörde oder Botschaft …

Über das deutsche Gesundheitssystem zu klagen, ist Jammern auf hohem Niveau: Die wenigsten Menschen auf der Welt leben in einem so guten Sozial- und Krankenversicherungssystem wie die Deutschen. Und auch der medizinische Standard ist in vielen Ländern der Welt (europäische Länder eingeschlossen) weitaus niedriger. Man sollte sich vorher darüber informieren, wie das Gesundheitssystem in seinem Traumland überhaupt aussieht. Eventuell kann man sich für Notfälle dann zusätzlich absichern. Mehr dazu finden Sie in Kapitel 11 über die soziale Absicherung.

Nachweise über die Krankenversicherung muss man auch für seinen Partner und die Kinder vorlegen.

Dreck am Stecken: Das polizeiliche Führungszeugnis

Für wohl jeden Visum- oder Einwanderungsantrag braucht man ein polizeiliches Führungszeugnis. Darin ist festgehalten, ob die betreffende Person vorbestraft ist. In Deutschland werden Vorstrafen beim Bundeszentralregister in Bonn gespeichert, es stellt dann auch das Führungszeugnis aus.

- ✔ Beantragen kann man das Führungszeugnis beim örtlichen Einwohnermeldeamt, dem Bürgeramt oder Bürgerbüro. Man muss persönlich erscheinen und natürlich einen Ausweis vorzeigen.
- ✔ Das Führungszeugnis kostet 13 Euro (Stand: 2010).
- ✔ Enthält es den Vermerk »Kein Eintrag«, hat man schon mal eine Sorge weniger.
- ✔ Finden sich Vermerke über Verurteilungen, hat man ein Problem.

Nicht alle Verurteilungen werden im Führungszeugnis vermerkt. So finden sich zum Beispiel Geldstrafen bis zu 90 Tagessätzen nicht im Führungszeugnis. Andere Einträge werden nach einer gewissen Frist gelöscht. Wer unsicher ist, was in seinem Führungszeugnis stehen wird, kann die Einsicht in sein Register beantragen. Dazu muss man allerdings einen Antrag beim Bundeszentralregister stellen und außerdem ein Amtsgericht (also wahrscheinlich das des Wohnorts) angeben, bei dem man den Auszug einsehen will. Vom Amtsgericht bekommt man dann Nachricht, wo und wann man seinen Registerauszug einsehen kann. Es ist möglich, sich handschriftliche Notizen zu machen, fotokopieren darf man den Auszug nicht. Nachdem der Auszug eingesehen wurde, wird er vernichtet. Folgende Personalien muss man beim Bundeszentralregister angeben:

- ✔ Geburtsname
- ✔ Familienname, wenn er vom Geburtsnamen abweicht
- ✔ alle Vornamen
- ✔ Geburtsdatum und Geburtsort

Sollte Ihr polizeiliches Führungszeugnis Einträge aufweisen, wird eine Auswanderung außerhalb der Europäischen Union schwierig bis unmöglich. Innerhalb der EU gibt es normalerweise nur Schwierigkeiten, wenn man für Bewerbungen auch das Führungszeugnis vorlegen muss und den Arbeitgeber der Eintrag stört. Sollten Sie allerdings aus irgendeinem Grund – und seien es nur nicht geleistete Unterhaltungszahlungen – vor den Behörden auf der Flucht sein, vergessen Sie dieses Kapitel und schlagen Sie sich mit Gelegenheitsjobs als Erntehelfer, Straßenmusikant oder Hilfsarbeiter durch …

Für eine Verlängerung der Aufenthaltsgenehmigung und ohne Wohnsitz in Deutschland muss man meist ein Führungszeugnis des Landes beantragen, in dem man nun lebt. Wer trotzdem ein Führungszeugnis aus Deutschland braucht, findet das entsprechende Formular im Internet: `www.bundesjustizamt.de`, dann links unter »Themen« weiter zum Menüpunkt »Strafrecht« und dort unter »Bundeszentralregister«. Rechts auf der Internetseite befindet sich dann eine Abteilung »Weitere Seiten«, darunter der Punkt »Informationen für Personen, die außerhalb der Bundesrepublik Deutschland wohnen«.

Hauptsache gesund

Nicht nur was Vorstrafen betrifft, reagiert jeder Staat empfindlich. Einwanderer sollten auch gesund sein. Der neue Bürger soll weder nach kurzer Zeit zum Pflegefall werden oder sonst wie die Sozialkasse belasten, noch soll er Krankheiten wie Aids oder Tuberkulose verbreiten. Also verlangen die Behörden zum Visumantrag oft ein Gesundheitszeugnis. Es kann passieren, dass selbst die Übersetzung eines deutschen Gesundheitszeugnisses nicht anerkannt wird und man sich von einem örtlichen Arzt untersuchen lassen muss.

Erkundigen Sie sich auf jeden Fall, ob in Ihrer neuen Heimat besondere Impfungen vorgeschrieben sind. Darum sollten Sie sich rechtzeitig kümmern, da manchmal in bestimmten Zeitabständen mehrere Impfungen nötig sind.

Mobil bleiben: Der Führerschein

Den Führerschein wird man normalerweise nicht für die Aufenthaltsgenehmigung brauchen. Hat man die Aufenthaltsgenehmigung allerdings erst einmal, stellt sich die Frage, wie lange der deutsche Führerschein noch gültig sein wird. Außerhalb der Europäischen Union wird man in der Regel nach einigen Monaten seinen Führerschein gegen einen Führerschein seiner neuen Heimat eintauschen müssen.

Außerhalb der EU sollte man für die Übergangszeit bis zum Führerscheintausch sicherheitshalber immer einen internationalen Führerschein mit sich führen. Der ist zeitlich begrenzt und nur in Verbindung mit dem regulären Führerschein gültig. Außerdem wird er in Deutschland nur noch in Verbindung mit dem EU-Führerschein ausgestellt. Wer also noch einen alten grauen oder rosa Führerschein besitzt, muss ihn mit dem Antrag auf einen internationalen Führerschein ebenfalls wechseln.

In der EU sollte der deutsche EU-Führerschein gültig sein. Sicherheitshalber kann man aber nach der Erteilung der Aufenthaltserlaubnis bei den Behörden nachfragen, ob der Umtausch in einen nationalen EU-Führerschein gewünscht wird.

Filmtipp: Terminal

Ohne jemandem Angst machen zu wollen, sollte man sich vielleicht zwei vergnügliche Stunden mit dem Film »Terminal« machen, der schön die gelegentlich entstehende Skurrilität zeigt, wenn die unvorhersehbare Realität mit den Vorschriften und Ansichten von Behörden kollidiert.

Victor Navorski, Bürger des (erfundenen) osteuropäischen Staates Krakosien, kommt gerade zu dem Zeitpunkt auf dem Flughafen in New York an, als sich seine Heimat in Kriegswirren auflöst. Da die USA den Staat folglich nicht mehr diplomatisch anerkennen, bleibt Victor Navorski ohne gültigen Pass und ohne Visum. Da er nun weder in die USA noch in seine Heimat zurückkann, muss er sich trotz des Widerstands der Flughafenbehörden ein neues Leben im Flughafenterminal einrichten. Der Film basiert lose auf der Geschichte des Iraners Mehran Karimi Nasseri, der als staatenloser Ausländer ohne gültige Papiere von 1988 bis 2006 auf dem Pariser Flughafen Charles de Gaulle lebte.

Kaum jemand wird im Ausland so drastische Erfahrungen wie Victor Navorski (oder eben Mehran Karimi Nasseri) machen. Doch kommt es gar nicht selten vor, dass man sich aufgrund eines fehlenden Papiers, eines unbegründeten Verdachts des Amtes oder einfach widriger Umstände plötzlich zwischen allen Stühlen wiederfindet. Man ist eben Ausländer und außerhalb der Europäischen Union hat man nicht unbedingt ein Recht auf ein Visum – man ist immer auch vom Wohlwollen der Behörden abhängig.

Victor Navorski zeigt im Grunde den einzigen Weg, sich in einer solch schwierigen Situation zu verhalten:

- ✔ Geduldig sein
- ✔ Ruhig bleiben
- ✔ Beharrlich bleiben
- ✔ Freundlich und höflich bleiben

Selbst wenn man sich moralisch im Recht wähnt: Man bleibt doch Ausländer, damit letztlich Bittsteller und das Amt hat den längeren Arm und den längeren Atem …

Aufenthaltserlaubnis für Familienangehörige

Wem das alles jetzt schon zu viele Papiere sind, dem sei versichert, dass er wahrscheinlich noch mehr braucht. Denn wer Familie hat, der braucht auch für den Partner und die Kinder gültige Aufenthaltsgenehmigungen.

Normalerweise hängt die Aufenthaltsgenehmigung für die Familie am Visum des Partners, der Arbeits- und Aufenthaltsgenehmigung schon hat. In diesem Fall werden die Visa für Partner oder Familie etwas mit »Familienzusammenführung« zu tun haben (wie auch immer das dann in der betreffenden Sprache heißen mag; Sie finden das dann schon heraus). Die mit Visum und Arbeitserlaubnis versehene Person darf also ihre Familie zu sich zu holen.

Mitausreisende Partner bekommen zwar aufgrund des Visums ihres Lebensgefährten meist auch ein Visum. Das bedeutet aber nicht, dass der mitausreisende Partner auch arbeiten darf. Wer arbeiten will, braucht auf jeden Fall eine persönliche Arbeitserlaubnis. Mit einem Visum im Rahmen der »Familienzusammenführung« geht das in der Regel nicht. Wie immer ist die Ausnahme hier natürlich die Europäische Union, in der jeder sich in jedem Land an jedem Ort Arbeit suchen kann.

Für eine vierköpfige Familie können die benötigten Dokumente, Übersetzungen, Beglaubigungen und Untersuchungen ziemlich teuer werden. Man sollte sich auf jeden Fall über die Kosten informieren und sie fest in sein Auswanderungsbudget einplanen.

Dokumente und Papier für alle Fälle

Gesetzgeber und ihre Behörden in jedem Land der Welt sind immer für Überraschungen gut. Wer auf Nummer sicher gehen will, sollte auch folgende Dokumente zumindest bereitliegen haben:

- ✔ Lebenslauf
- ✔ Geburtsurkunden von allen Familienmitgliedern
- ✔ Heiratsurkunde
- ✔ Scheidungsurkunde
- ✔ Zeugnisse, Diplome, Berufsabschlüsse (auch für Kinder und Lebensgefährten)
- ✔ Impfpass
- ✔ Impfpass, Gesundheitszeugnis, Stammbaum für Haustiere

Wenn möglich, sollte man sich die entsprechenden Urkunden in Deutschland gleich auch im internationalen Format ausstellen lassen. Da diese Dokumente (zum Beispiel Geburts- und Heiratsurkunden) gleich mehrsprachig verfasst sind, ersparen sie einem oft den Gang zum Übersetzer.

Wer diese Dokumente vorher in seinen Computer einscannt, kann sich später problemlos Kopien ausdrucken.

Bewertet werden: Punktesysteme in Einwanderungsländern

Manche der klassischen Auswanderungsländer wie Australien, die USA oder Kanada beurteilen Einwanderungsbewerber nach einem Punktesystem. Das bedeutet, dass es für jeden Einwanderungsbewerber Qualifikationen gibt, für die er eine bestimmte Punktzahl bekommt. Dabei wird darauf geachtet, wie wirtschaftlich wertvoll ein Einwanderer für das Land sein kann. Sprachkenntnisse (Abschlüsse) ergeben viele Punkte, ebenso wenn der mögliche Einwanderer einen im Land gesuchten Beruf ausübt. Jüngere Menschen bekommen meist schon für ihr Alter mehr Punkte.

Manche Einwanderungsländer (zum Beispiel Australien) veröffentlichen im Internet Listen mit besonders gesuchten Berufen. Dort kann man sehen, wie hoch die beruflichen Chancen sein können.

In diesen Ländern geht es also nicht nur darum, dass jemand alle erforderlichen Dokumente beibringen kann. Es geht auch darum, den Wert eines Einwanderers für ein bestimmtes Land festzustellen.

Wie sehr auch in Ländernamen wie USA, Kanada, Neuseeland oder Australien ein Ton von Freiheit und unbeschwertem Leben mitschwingen mag: Die Zeiten, in denen sie Einwanderer in Massen aufnahmen, sind vorbei. Wer heute an die Tür klopft, muss schon wirklich etwas zu bieten haben, um eingelassen zu werden …

Sich helfen lassen: Agenturen und Beratungsstellen

Die Fülle der Papiere, die Hürden der Einwanderungsgesetze und die zeitraubende Recherche können dem, der auswandern möchte, vielleicht den Mut rauben. Allerdings gibt es für Auswanderer Beratungsstellen, die mit Rat und Tat zur Seite stehen.

- ✔ Das Bundesverwaltungsamt bietet Merkblätter mit Informationen zu Sozialversicherung und Einwanderungsbestimmungen vieler Länder an.
- ✔ Die EURES-Filialen der Agentur für Arbeit informieren über Jobs in Europa. Außerdem findet man dort Informationen zu den einzelnen Ländern der Europäischen Union (mehr dazu in Kapitel 10).
- ✔ Das Raphaels-Werk der katholischen Kirche begleitet seit 1871 Auswanderer, im Ausland Arbeitende, Flüchtlinge und bi-kulturelle Paare. Namensgeber ist der Erzengel Raphael, der als Schutzengel der Reisenden gilt.

Für viele Länder gibt es Einwanderungsagenturen oder –agenten, die Auswanderern besonders über die bürokratischen Hürden helfen. Sie kosten natürlich Geld, bewahren den Auswanderer allerdings auch oft vor Fehlern.

Auch unter Einwanderungsagenturen gibt es schwarze Schafe, die Ihnen für teures Geld Informationen verkaufen wollen, die Sie mit ein paar Klicks selbst im Internet finden könnten. Ist eine Agentur seriös, wird sie normalerweise ein kostenloses Vorgespräch mit Ihnen führen. Haben Sie kaum Chancen, dass Ihre Auswanderung gelingt, wird sie Sie gar nicht erst als Klienten annehmen – es sei denn, Sie bestehen darauf.

Auf eigenen Füßen: Arbeits- und Wohnungssuche

10

In diesem Kapitel

- Jobsuche
- Gültigkeit von Ausbildungsnachweisen
- Hilfen der Europäischen Union
- Eine Wohnung finden
- Selbstständig arbeiten

Der neue Job ist Dreh- und Angelpunkt jeder Arbeit im Ausland. Dabei hat natürlich derjenige, der für sein Unternehmen ins Ausland geht, diese größte Auswanderersorge nicht. Aber vielleicht möchte ja auch der mitausreisende Partner über kurz oder lang einen Job finden. Viele Tipps aus diesem Kapitel können dafür hilfreich sein.

Wer dagegen auswandert, für den hängt buchstäblich das ganze Projekt an dieser einen Frage: Wie und wo finde ich einen relativ sicheren Job? Ein Single kann das natürlich lockerer sehen und sich für eine Zeit auch mit mehreren kurzzeitigen Jobs durchschlagen. Für eine Familie dagegen sieht es ganz anders aus. Für sie ist es überlebenswichtig, ein regelmäßiges, sicheres Einkommen zu haben und durch die Arbeit so gut wie möglich abgesichert zu sein.

Ähnlich ist es mit der Wohnung: Kann der Entsandte in den meisten Fällen auf Hilfe bei der Wohnungssuche rechnen, ist der Auswanderer ebenfalls in den meisten Fällen auf sich allein gestellt.

Ein Job muss her

In der Europäischen Union arbeiten nur zwei Prozent der Arbeitnehmer nicht in ihrem Herkunftsland. Wer sich also nach Arbeit in einem anderen Land umsieht, gehört zu einer Minderheit. Aber warum sollte man immer nur das machen, was alle machen? Die Jobsuche kann man grundsätzlich auf zwei Arten angehen und hier ist auch schon die erste Entscheidung gefragt:

- ✔ Wer einfach nur aus Deutschland wegwill, der informiert sich zuerst über die Länder, in denen sein Beruf gesucht wird, und wandert dann dorthin aus. Das ist oft der einfachere Weg, denn in diesem Fall kommt man an einem Ort an, an dem man wirklich gebraucht wird. Das birgt natürlich schon eine relativ hohe Chance für eine längerfristige Anstellung in sich.

Wer bei einer Firma angestellt ist, die Vertretungen im Ausland hat, kann natürlich auch selbst aktiv werden und nachfragen, ob im Ausland Mitarbeiter gesucht werden und ob eine Versetzung möglich ist.

- Der meist schwierigere Weg ist, eine Arbeit in seinem Wunschland zu finden. Da braucht man entweder das Glück, dass der eigene Beruf im Wunschland gesucht wird. Oder man muss bereit sein, umzulernen und eine andere Arbeit zu machen. Auch eine Selbstständigkeit wäre in diesem Falle eine (meist ziemlich kostspielige und riskante) Alternative. Haben Sie also ein Traumziel, von dem Sie nicht abweichen wollen, kann die Arbeitssuche wesentlich schwieriger werden.

Wer im Ausland irgendeine Arbeit machen will, sollte darauf gefasst sein, dass er auch weniger attraktive Jobs bekommt. Denken Sie daran, welche Arbeiten in Deutschland oft von Ausländern verrichtet werden. Ob in Fast-Food-Restaurants, bei der Müllabfuhr oder im Straßenbau: Wer keine gesuchte und spezialisierte Fachkraft ist, wird auch als Deutscher im Ausland Ausländer sein, auf den die entsprechenden Jobs warten ...

Am neuen Job hängt alles: ob man ein Visum bekommt und wie lange es gültig sein wird, ob der Lebensunterhalt gesichert ist, Versicherungen, Krankenkasse ... Entsprechend früh sollte man auf Jobsuche gehen und entsprechend gründlich sollte man sich vorbereiten. Und noch eine grundlegende Entscheidung sollte getroffen werden:

- Will ich in ein Land der Europäischen Union auswandern? In diesem Falle muss man weniger bürokratische Schwierigkeiten bewältigen als außerhalb der EU.
- Wer außerhalb der EU arbeiten will, wird ohne persönliche Kontakte viel Mühe auf die Arbeitssuche verwenden müssen. Aber möglich ist alles und auch hier gibt es Hilfe.

Ich gehe davon aus, dass Sie sich über die Einwanderungsbedingungen Ihres Traumlandes schon genau informiert haben. Oft braucht man erst eine Arbeit (sprich: der Lebensunterhalt muss gesichert sein), um eine Aufenthaltsgenehmigung zu bekommen. Manche Länder setzen aber auch das Einwanderungsvisum voraus, damit man überhaupt Arbeit suchen darf.

Jobsuche in der Europäischen Union

Zu den Freiheiten, die ein Bürger der Europäischen Union genießt, gehört die Arbeitnehmerfreizügigkeit. Das bedeutet, dass ein EU-Bürger in jedem Land der Europäischen Union, dessen Staatsangehörigkeit er nicht besitzt, ohne weitere Genehmigung arbeiten darf. Dabei darf er gegenüber den Angehörigen des betreffenden Staates nicht benachteiligt werden. Er darf auch nicht schlechter bezahlt oder zu anderen, schlechteren Bedingungen als die einheimischen Arbeiter angestellt werden.

In der Praxis hat man dann dafür gesorgt, dass die europäischen Arbeitnehmer über die Agentur für Arbeit oder die EURES-Webseite (»**EUR**opean **E**mployment **S**ervices«, eine Art EU-Arbeitsamt) von Deutschland aus Arbeit suchen können.

Es geht zunächst einmal nur um die gesetzlichen Voraussetzungen und die praktischen Schritte zum Job im Ausland. Praktische, wenn auch nicht gesetzliche Voraussetzung ist eigentlich zunächst, dass man sich in der Landessprache oder einer im betreffenden Land üblichen Verkehrssprache (zum Beispiel Englisch) verständigen kann. Ausführliche Informationen zur Sprache finden sich in Kapitel 4.

Nicht nur für Deutschland – Bundesagentur für Arbeit

Warum sich Probleme machen, wenn es auch einfach geht? Es ist zwar nicht gesagt, dass sich über die Arbeitsagentur leicht ein Job im Ausland finden lässt. Aber zumindest kann man sich schnell einen Überblick über das Arbeitsangebot verschaffen und bekommt dazu noch eine Fülle von Informationen.

Erste Informationen kann man bei der **»Zentralen Auslands- und Fachvermittlung«** der Bundesagentur für Arbeit (netterweise mit »ZAV« abgekürzt) mit Sitz in Bonn einholen. Sie kann grundsätzliche Fragen zur Arbeit im Ausland beantworten – über eine Telefon-Hotline und eine informative Internetseite:

- ✔ Telefon-Hotline der ZAV: 0228/713 13 13
- ✔ E-Mail-Adresse: `zav-auslandsvermittlung@arbeitsagentur.de`
- ✔ Internetseite: `www.ba-auslandsvermittlung.de`

Österreicher informieren sich zuerst beim Arbeitsmarktservice `www.ams.at`. Auf der Internetseite sind manche grundsätzliche Fragen schon beantwortet.

In der Schweiz wendet man sich am besten zunächst an die »Regionalen Arbeitsvermittlungszentren (RAV)« für eine erste Beratung. Im Internet findet man Informationen unter `www.treffpunkt-arbeit.ch`.

Auf der Internetseite der ZAV findet man unter dem Menüpunkt »Arbeiten im Ausland« Informationen über die Länder der Europäischen Union (und Schweiz und Norwegen) sowie China, USA, Australien, Kanada und Neuseeland. Man kann die Informationen auf der Webseite lesen oder entsprechende Broschüren herunterladen. Diese Informationen enthalten alles Wichtige über Arbeitsmarktlage, Sprache, Sozialversicherungssystem, Bewerbungsregeln, Löhne und vieles mehr. Einen besseren Start für die Arbeitssuche im Ausland wird man kaum finden können.

Beratung in Anspruch nehmen

Wer bei all den Informationen im Internet den Überblick verliert oder nach dem Lesen einen Notizzettel mit ungeklärten Fragen vor sich hat, kann bei der ZAV eine persönliche Beratung in Anspruch nehmen. Auf der Internetseite findet sich unter dem Menüpunkt »Über uns« ein Verzeichnis der Beratungsstellen in Deutschland.

Aus den Länderinformationen der ZAV

Ein paar Beispiele aus den Länderinformationen der ZAV können einen Eindruck vermitteln, was in den Broschüren alles zu finden ist und wie unterschiedlich die Voraussetzungen und Arbeitsbedingungen in den verschiedenen Ländern sein können:

»An qualifizierten Fachkräften herrscht in Norwegen weiterhin Mangel, sodass Arbeitgeber auch Bewerberinnen und Bewerber aus dem Ausland rekrutieren. Gesucht werden IT-Experten, Ingenieure und Techniker für die verarbeitende Industrie, aber auch Maschinenarbeiter, Kraft- und Anlagenfahrer, Verkaufspersonal sowie Mitarbeiter für Hotels und Gastronomie, im Gesundheitssektor einschließlich Pflege und Betreuung und im Bildungswesen.«

»Österreichische Arbeitnehmer verdienen im Durchschnitt weniger als deutsche. Die Verdienste sind in Wien am höchsten, in Tirol am niedrigsten. Einen gesetzlichen Mindestlohn gibt es in Österreich nicht, jedoch Kollektivverträge, die die Tarifparteien miteinander aushandeln. Üblich sind ein dreizehntes und vierzehntes Monatsgehalt. Auch Fahrgelderstattungen, betriebliche Zusatzrenten oder ein privat nutzbares Mobiltelefon gibt es häufig. Bei Führungskräften werden variable Gehaltsbestandteile immer wichtiger.«

»Deutsche, die in Slowenien arbeiten möchten, müssen einige Hürden nehmen. Die Gehälter sind niedriger als in Deutschland und die slowenische Sprache ist für Nichtslawen relativ schwierig zu erlernen. Da es in Slowenien eine Vielzahl reglementierter Berufe gibt, könnte auch die Anerkennung des Berufsabschlusses oder des akademischen Grades zum Problem werden.«

»Wer ein paar Jahre regulär in Neuseeland arbeiten möchte, ohne gleich den Einwanderungsantrag stellen zu wollen, ist darauf angewiesen, einen Arbeitgeber zu finden, der gegenüber der Einwanderungsbehörde verdeutlicht, dass kein Kandidat aus dem Inland für den Posten zur Verfügung steht. Das kann bei allen Personen funktionieren, die eine hohe Qualifizierung auf einem Spezialgebiet besitzen, oder deren Beruf gerade besonders gefragt ist.«

Sollte sich dieses Buch in die Hände eines Arbeitgebers verirren: Die ZAV hilft auch bei der Suche nach Arbeitnehmern aus dem Ausland oder ausländischen Unternehmen bei der Suche nach deutschen Arbeitskräften.

Damit ein Beratungsgespräch so viel wie möglich bringt, sollte man sich über die Antworten auf folgende Fragen im Voraus Gedanken machen. Auch wenn man weiß, was man schon so gemacht hat, ist es nicht schlecht, sich alles aufzuschreiben. Im Eifer des Gefechts wird doch gerne mal ein wichtiges Detail vergessen.

- Welche Ausbildungen und welche Qualifikationen haben Sie? Wie können Sie diese nachweisen?
- In welchen Bereichen haben Sie Erfahrungen gesammelt?

- ✔ Warum möchten Sie im Ausland arbeiten?
- ✔ Welche zusätzlichen Kenntnisse haben Sie?
- ✔ Haben Sie eine konkrete Vorstellung von Ihrer beruflichen Zukunft? Wie soll der zukünftige Arbeitsplatz im Ausland aussehen?
- ✔ Was sind Ihre Stärken und Schwächen?
- ✔ Welche Sprachen sprechen Sie und wie planen Sie, die neue Landessprache zu erlernen?
- ✔ Was möchten Sie in Zukunft verdienen?
- ✔ Gibt es bei Ihnen Einschränkungen in Bezug auf einen Job im Ausland, zum Beispiel Krankheit oder Vorstrafen?

Neben den Fragen, auf die man vorbereitet sein sollte, gibt es auch Fragen, die man stellen sollte:

- ✔ Wo werden Menschen mit meinem Beruf gesucht? In welchem Land habe ich die größten Chancen, Arbeit zu finden?
- ✔ Wäre eine Aus- oder Weiterbildung für mich vielleicht sinnvoll?
- ✔ Gibt es Veranstaltungen wie Messen oder Jobbörsen, bei denen ich mit Arbeitgebern aus dem betreffenden Ländern sprechen kann?
- ✔ Wie kann ich mich bewerben? Gibt es Kurse oder Seminare, die auf Bewerbungen im Ausland vorbereiten?
- ✔ Bekomme ich bei der Jobsuche im Ausland Unterstützung von der Arbeitsagentur?
- ✔ Werden meine Abschlüsse und Diplome in anderen Ländern anerkannt?

Im besten Fall hat man nun eine ganze Menge Informationen zur internationalen Arbeitssuche.

Besucht man die Internetseite der ZAV oder kommt zum Beratungsgespräch, kann es sein, dass man schon gleich entsprechende Stellenangebote erhält. Man sollte sich auf jeden Fall schon konkret Gedanken darüber machen, innerhalb welchen Zeitraums man seine Zelte abbrechen kann. Man wartet nicht unbedingt auf Sie, ein offenes Stellenangebot kann schnell vergeben sein.

Wieder einmal: Entscheidungen treffen

»S trebuhom za kruhom« (»Mit dem Bauch dem Brot hinterher«) lautet ein slowenisches Sprichwort und trifft damit ziemlich genau, was viele Menschen ins Ausland treibt: ein besseres oder überhaupt ein Einkommen. Mit den Informationen, die Sie bis jetzt über die Arbeit im Ausland gesammelt haben, sollten Sie folgende Entscheidungen treffen können:

- ✔ Land oder Arbeit? Hier muss man sich die Frage stellen, ob es ein Traumland gibt, in das man auf alle Fälle will, oder ob man einfach dorthin geht, wo es Arbeit gibt.
- ✔ Mein Beruf oder irgendein Beruf? Mittlerweile sollte man einigermaßen darüber im Bilde sein, wo man gebraucht wird.

- Deutsch oder neue Sprache? Dann ist es wichtig, sich darüber im Klaren zu sein, in welcher Sprache man es sich zutraut zu arbeiten. Bleibt man bei Deutsch, bleiben einem nur Österreich und die Schweiz als Ziele. Spricht man Englisch, bieten sich die USA, Neuseeland oder Australien an, aber auch andere Länder, in denen Englisch Verkehrssprache ist, etwa Indien. Was immer die Umgangssprache der Wunschheimat auch ist: Reichen die Sprachkenntnisse oder muss noch ein Kurs besucht werden?
- Wann kann es losgehen? Kann man gleich auf Stellenangebote reagieren oder braucht man noch Zeit? Beachten Sie dabei Kündigungsfristen für Wohnung und Arbeit.

Schön wäre es jetzt, wenn es zum ersten Kontakt mit ausländischen Arbeitgebern kommen könnte. Dazu muss man oft gar nicht weit reisen. Denn auch für Arbeitgeber und Arbeitsuchende gibt es Messen und Jobbörsen.

Jobbörsen besuchen

Auf der Internetseite der »Zentralen Auslandsvermittlung« gibt es Hinweise zu Veranstaltungen. Die Veranstaltungen finden über ganz Deutschland verteilt statt und haben unterschiedliche Themen wie »Jobbörse Österreich«, »European Job Day Niederlande«, »Kanada Info-Veranstaltung«, »Jobbörse Schweiz für Akademiker« und viele mehr.

Auch bei einer Informationsveranstaltung oder Jobbörse sollten Sie Ihren Fragenkatalog nicht vergessen und so viel wie möglich über den Auslandsjob und das Umfeld (Wohnung, Lebenshaltungskosten, Schulen …) in Erfahrung bringen. »Wer, wie, was? Der, die, das. Wieso, weshalb, warum? Wer nicht fragt, bleibt dumm!« ist nicht nur Motto der Sesamstraße, sondern auch ein wichtiger Grundsatz der Jobsuche.

Der Besuch einer Jobbörse oder Infoveranstaltung lohnt sich auf jeden Fall. Hier kann man aus erster Hand erfahren, welche Leute gesucht werden, man kann bei einem eventuellen Arbeitgeber gleich einen positiven Eindruck hinterlassen und testen, wie es denn um die Sprachkenntnisse bestellt ist.

Bei der ZAV findet man nicht nur Veranstaltungen zu Jobbörsen, sondern auch unterstützende und weiterbildende Maßnahmen. Angebote zu Themen wie »Bewerbung im Ausland«, »Fit für Übersee« oder »Bewerbungstraining Englisch« sollte man unbedingt nutzen.

EURES – die europäische Arbeitsagentur

Eng verbunden mit der »Zentralen Auslands- und Fachvermittlung« ist EURES, was für »**EU**-**R**opean **E**mployment **S**ervices« steht. EURES ist eine Art europäische Arbeitsagentur, oder besser ein Netzwerk der europäischen Arbeitsagenturen. Im Internet zu erreichen ist es unter: `http://ec.europa.eu/eures`.

Gibt man `www.eures.eu` ein, wird man zur entsprechenden Seite weitergeleitet. Die Aufgaben von EURES sind:

- Die Mobilität der Arbeitnehmer in Europa über die Grenzen hinweg zu fördern

- ✔ Arbeitgebern bei der Gewinnung von Arbeitskräften zu helfen
- ✔ Arbeitnehmer und Arbeitgeber zu beraten
- ✔ Besondere Beratung für Arbeitnehmer und Arbeitgeber in Grenzregionen anzubieten (Auch das ist ja eine Möglichkeit, in Deutschland zu wohnen und zur Arbeit zum Beispiel täglich nach Polen oder Österreich zu fahren.)

Auf der EURES-Internetseite findet man, wie bei der ZAV, zahlreiche Informationen und Stellenangebote. Folgende wichtige Funktionen sollte man nutzen:

- ✔ Sich ein eigenes Konto (account) mit seinen persönlichen Daten anlegen. Neben den persönlichen Daten kann man dort auch seinen Lebenslauf speichern. So kann man von Arbeitgebern auf Mitarbeitersuche gefunden werden.
- ✔ Über die Suchfunktion kann man in ganz Europa nach freien Stellen suchen. Möchte man in einem bestimmten Land arbeiten, kann man in der Suchmaske auch noch eine bestimmte Region wählen.
- ✔ Hat man sich ein eigenes Konto angelegt, kann man auch Suchanfragen speichern. Wer sich also als Koch in Österreich bewerben möchte, kann seine Suchanfrage speichern und bekommt dann per E-Mail die neuen Jobangebote geschickt. (Wobei »Koch« in »Österreich« normalerweise eine sehr ergiebige Suchanfrage ist. Bei »Bestatter« in »Estland« wird das E-Mail-Postfach nicht gerade vor Angeboten überlaufen …)
- ✔ Unter dem Menüpunkt »Leben & Arbeiten« findet man zahlreiche Informationen zu den Ländern des EURES-Netzwerks, unter anderem zur Arbeitsmarktsituation, zu Branchen mit freien Stellen und Einzelheiten zur Sozialversicherung.
- ✔ Auch zum praktischen Leben, zu Schule, Lebenshaltungskosten, Wohnungssuche, Geburt, Hochzeit und Tod finden sich die wichtigsten Einzelheiten.

Es lohnt sich für Arbeitssuchende in Europa also, sich mit dem EURES-Portal vertraut zu machen. Auch EURES bietet Arbeitssuchenden und Arbeitgebern die Möglichkeit einer persönlichen Beratung. Und zwar in jedem Land der Europäischen Union.

Zur Vorbereitung der Jobsuche sollte man sich zunächst einen EURES-Berater in Deutschland suchen. Mit ihm kann man alle offenen Fragen besprechen. Er sollte auch dazu in der Lage sein, die Chancen eines Jobsuchenden am europäischen Arbeitsmarkt einzuschätzen.

Wer sich lieber auf eigene Faust in Europa auf die Suche macht, findet auf der EURES-Webseite eine Suchmaske für EURES-Berater. Man gibt das gewünschte Land ein, die Region und kann sogar, wenn nötig, als gewünschte Sprache »Deutsch« angeben. Als Ergebnis erhält man Adresse, Telefonnummer und E-Mail-Adresse eines EURES-Beraters im Zielland.

Gibt man bei der Suche für einen EURES-Berater als Sprache »Deutsch« an, kann es sein, dass nicht in jeder gewünschten Region ein Deutsch sprechender EURES-Berater zur Verfügung steht. Wenn möglich, versuchen Sie es in diesem Falle mit »Englisch«. Oder, was natürlich super wäre: Sie können sich schon in der Landessprache verständigen.

Wer wird gesucht

Ob »Agentur für Arbeit«, »EURES« oder »Zentrale Auslands- und Fachvermittlung (ZAV)« – wohin man sich auch bei der Arbeitssuche wendet, bleiben zwei Fragen wesentlich:

- Was hat man gelernt?
- Wer wird gesucht?

Österreicher und Schweizer können auch auf den Internetseiten des »EURES« nach Jobs im Ausland suchen. Das Angebot wird dort wesentlich größer als bei den eigenen Arbeitsämtern sein.

Die persönlichen Wünsche müssen sich natürlich mit den Erfordernissen des Arbeitsmarkts decken. Einwanderer sollen gut ausgebildete Fachkräfte sein. Denn ungelernte Arbeiter hat meist jedes Land genug und in schlechten Zeiten bilden sie das Heer der Arbeitslosen. Wer also Gesellen- oder Meisterbrief, Diplome und Weiterbildungsnachweise in der Tasche hat, ist ungelernten Mitbewerbern ein paar große Schritte voraus.

Der Gegensatz von ungelernten Arbeitern zu Fachkräften verschärft sich, wenn man Arbeit außerhalb der Europäischen Union sucht. In der EU darf man keinen Bürger aufgrund seiner Staatsangehörigkeit bevorzugen oder benachteiligen. Außerhalb der EU sieht das ganz anders aus. Dort müssen meistens zuerst Einheimische beschäftigt werden und Ausländer nur, wenn sich kein Einheimischer findet. Ausländische Fachkräfte haben auch hier Chancen, ungelernte Arbeiter kaum.

Gelernt ist gelernt ... ?

Stellt sich allerdings die nächste Frage: Erkennt man in jedem Land an, dass man eine Fachkraft ist? Die Antwort darauf ist vielleicht am ehesten ein »Jein«. Die gegenseitige Anerkennung von Ausbildungsnachweisen und Diplomen ist auch in der Europäischen Union ein Problem. Aber was das betrifft, versucht man in der EU Abhilfe zu schaffen und ein großer Schritt dahin ist der **EUROPASS** (der Europäische Bildungspass). Mit dem Europass wird versucht, die Abschlüsse und Kenntnisse der EU-Bürger so gut wie möglich einheitlich darzustellen. Der Europass besteht aus insgesamt fünf Bestandteilen:

- Der europass Lebenslauf: Hier kann man seinen Lebenslauf in eine europäische einheitlich anerkannte Form bringen.
- Der europass Sprachenpass: Mit ihm kann man seine Sprachkenntnisse nach einem europäisch einheitlichen Maßstab beurteilen. Mehr dazu finden Sie in Kapitel 4.
- Der europass Mobilität: Hier kann man seine Auslandsaufenthalte nachweisen. Dargestellt werden Inhalte, Ziele und Dauer der Auslandsaufenthalte.
- Die europass Zeugniserläuterung (Certificate Supplement): Sie soll das nationale Ausbildungszeugnis in eine international verständliche und vor allem vergleichbare Form bringen. Sie erklärt genau Dauer und Inhalt einer Berufsausbildung.

✔ Der europass Diplomzusatz (Diploma Supplement): Ähnlich wie bei den Zeugniserläuterungen werden hier Studieninhalte international vergleichbar dargestellt.

Auf der Seite `www.europass-info.de` findet man alle europass-Formblätter in verschiedenen Sprachen, Informationen und Neuigkeiten zum europass. Die Formblätter kann man online ausfüllen oder sie herunterladen, ausfüllen und ausdrucken. Füllt man das Formular online aus, wird keine Kopie auf dem Server gespeichert. Man muss die ausgefüllten Formulare also gleich drucken. Für europass-Elemente, die man bei anderen Stellen beantragen muss, gibt es Musterbeispiele.

Der europass Lebenslauf

Der standardisierte europass Lebenslauf nimmt einem das Problem ab, sich mit der Gestaltung von Bewerbungen in den europäischen Ländern auseinandersetzen zu müssen. Wo immer man sich auch bewerben möchte, kann man ihn benutzen (natürlich in der entsprechenden Sprache). In die Felder schreibt man seine Angaben, Schul- und Berufsausbildung, Sprachkenntnisse und so weiter. Felder, die man nicht ausfüllt, werden nicht mit ausgedruckt, sondern ausgeblendet. Natürlich kann man den europass Lebenslauf auch bei einer Bewerbung in Deutschland verwenden.

Der europass Sprachenpass

Wer mehrere Sprachen spricht, ist bei der Jobsuche im Vorteil. Schon im europass Lebenslauf kann man Angaben zu seinen Sprachkenntnissen machen. Aber wie kann der Unternehmer sich ein Bild davon machen, wie gut der Bewerber eine Sprache beherrscht? Dafür hat man den »Gemeinsamen Europäischen Referenzrahmen für Sprachen: Lernen, lehren, beurteilen« (kurz: Europäischer Referenzrahmen, Abkürzung: GER oder auch GERS) entwickelt. Anhand dieser Tabelle kann man seine Sprachfähigkeiten selbst einschätzen.

So heißt es für den »Level B1« zum Beispiel: *»Kann die Hauptpunkte verstehen, wenn klare Standardsprache verwendet wird und wenn es um vertraute Dinge aus Arbeit, Schule, Freizeit usw. geht. Kann die meisten Situationen bewältigen, denen man auf Reisen im Sprachgebiet begegnet. Kann sich einfach und zusammenhängend über vertraute Themen und persönliche Interessengebiete äußern. Kann über Erfahrungen und Ereignisse berichten, Träume, Hoffnungen und Ziele beschreiben und zu Plänen und Ansichten kurze Begründungen oder Erklärungen geben.«*

Belegte Kurse oder erworbene Sprachdiplome kann man auf dem Formblatt auch angeben. Es bietet sich natürlich an, bei jeder Bewerbung auch den Sprachenpass beizulegen.

Der europass Mobilität

Für eine Bewerbung im Ausland ist es auch vorteilhaft, wenn man schon Auslandserfahrungen nachweisen kann. Offizielle Auslandsaufenthalte in Form von Auslandssemestern oder Praktika kann man sich durch den europass Mobilität bescheinigen lassen. Der europass Mobilität ist der einzige Teil der europass-Elemente, den man nicht selbst ausfüllen kann. Er wird von der sendenden und der aufnehmenden Einrichtung (zum Beispiel Universität, Berufsschule, Unternehmen) ausgestellt. In dieser Bescheinigung sind Tätigkeiten und erworbene Kenntnisse genannt. Unterschrieben und damit bestätigt wird der europass Mobilität dann von beiden Einrichtungen.

Die europass Zeugniserläuterung

Mit der Zeugniserläuterung versucht man, die verschiedenen nationalen Berufsausbildungen für Arbeitgeber in Europa vergleichbar zu machen. Sie ist eine Ergänzung zum beruflichen Abschlusszeugnis, ersetzt dieses aber bei den Bewerbungsunterlagen nicht. Sie enthält Angaben zur Dauer der Ausbildung, zu den Inhalten sowie zu den erlernten Kenntnissen und Fertigkeiten.

Die europass Zeugniserläuterung ist kein persönliches Dokument. Sie ist lediglich ein Formblatt mit Erklärungen zum jeweiligen Beruf. Da diese Übersetzung der deutschen Berufsausbildungen in ein internationales Format recht aufwendig ist, gibt es diese Erläuterungen noch nicht für alle Berufe. Eine Liste der vorhandenen Zeugniserläuterungen findet man auf `www.europass-info.de`. Von dort kann man sie herunterladen und seinem Zeugnis beilegen.

Der europass Diplomzusatz (Diploma Supplement)

Für Leute, die sich nach einem Studium in der Europäischen Union bewerben möchten, gibt es den europass Diplomzusatz. Er erspart einem die Mühe, seinem ausländischen Arbeitgeber das deutsche Hochschul- und Notensystem zu erklären. Außerdem werden die Inhalte der betreffenden Studiengänge und die erworbenen Qualifikationen erläutert (auf Englisch). Den europass Diplomzusatz kann man an seiner Hochschule beantragen. Bei einer Bewerbung legt man ihn seinem Originalzeugnis bei.

Man gibt sich in der Europäischen Union große Mühe, den Menschen das Leben und Arbeiten in den Mitgliedsländern so weit wie möglich zu erleichtern. Wer Arbeit im Ausland sucht, für den lohnt es sich, etwas Zeit und Mühe zu investieren, um seine Bewerbungspapiere in eine ordentliche »europäische Form« zu bringen. Damit zeigt man auch, dass man sich den Schritt ins Ausland reiflich überlegt hat.

Leiharbeiter – Startpunkt oder Schleudersitz?

Gerade in der Europäischen Union bietet es sich dank der Freizügigkeitsregelung an, im EU-Ausland Arbeit bei einer Leiharbeitsfirma zu suchen. Zeitarbeitsfirmen (oder auch Personalleasingfirmen) stellen Arbeitnehmer an und leihen ihre Mitarbeiter dann an andere Firmen aus. Diese Unternehmen suchen meist kurzfristig Mitarbeiter, zum Beispiel bei erhöhter Auftragslage, wollen aber aus bestimmten Gründen keine neuen Mitarbeiter fest einstellen. Man kann Leiharbeiter sehr kurzfristig anfordern, sie aber auch von heute auf morgen freisetzen, ohne dass man Kündigungsfristen einhalten oder Abfindungen zahlen muss (das muss im ungünstigsten Fall die Personalleasingfirma als Arbeitgeber selbst machen, wenn sie den betreffenden Mitarbeiter nicht woanders einsetzen kann).

Auch bei Zeitarbeitsfirmen haben Facharbeiter meist die besseren Chancen. Aus der Arbeitslosigkeit heraus ist es oft möglich, relativ schnell Arbeit zu finden, besonders in Zeiten, in denen es wirtschaftlich gut läuft. Sich für eine Leiharbeitsfirma zu entscheiden, hat Vorteile, kann aber auch ein paar schwerwiegende Nachteile haben.

Zunächst einige Vorteile:

- Es ist relativ leicht möglich, irgendwo einen Job zu bekommen. Als Bürger der Europäischen Union braucht man ja keine Arbeitsgenehmigung in den Mitgliedsländern.
- Man kann unter Umständen in verschiedenen Firmen arbeiten und sie kennenlernen.
- Anspruchslosere Arbeiten kann man auch mit geringen Sprachkenntnissen ausführen. Firmen, die einen Arbeiter wegen geringer Sprachkenntnisse nicht einstellen würden, tolerieren das eventuell bei Leiharbeitern. Während dieser Zeit sollte man allerdings an seinen Sprachkenntnissen arbeiten, um später einen besseren Job zu bekommen.
- Unter Umständen können auch Leiharbeiter jahrelang im gleichen Unternehmen arbeiten.
- Bewährt man sich in einer Firma, kann der Job als Leiharbeiter das Sprungbrett zur Festanstellung sein. Denn eine Firma weiß ja dann schon, was sie an dem Mitarbeiter hat.
- Ist man noch unentschlossen, ob man im Ausland arbeiten möchte und ob es einem liegen wird, kann Zeitarbeit eine Art Probezeit im Ausland sein, eventuell sogar ohne Partner und Familie.

Zeitarbeit hat aber auch Nachteile:

- Da man ausdrücklich eingestellt wird, damit ein Unternehmen flexibel auf den Markt reagieren kann, arbeitet man immer ein wenig auf dem Schleudersitz. In wirtschaftlich schlechten Zeiten lässt man natürlich erst die Leiharbeiter gehen, bevor eigenes Personal entlassen wird. Und das kann tatsächlich von heute auf morgen passieren.
- Der Verdienst der Leiharbeiter ist meist geringer als der der anderen Mitarbeiter. Außerdem bekommen sie an ihrem Einsatzort keine Gewinnbeteiligungen oder Prämien, die eventuell an feste Mitarbeiter des Unternehmens ausgezahlt werden. In Deutschland gibt es seit Mai 2011 allerdings einen gesetzlich festgelegten Mindestlohn für Leiharbeiter.

Wahrscheinlich eignet sich der Auslandsjob in einer Zeitarbeitsfirma am ehesten für Singles, die flexibel sind und keine Familie versorgen müssen. Wem es also nichts ausmacht oder wer es sogar darauf anlegt, seine Zelte öfter mal abzubrechen und neu aufzubauen, der sollte es mit Zeitarbeit versuchen.

Arbeitslos in Europa: Die E-Formulare der E300-Reihe

Die Europäische Union hat auf vielerlei Weise dafür gesorgt, dass ihre Bürger sich frei im EU-Raum bewegen können. Reisen sind sowieso kein Problem, aber genauso problemlos sollen auch Leben und Arbeiten werden. Dabei ist eine der wichtigsten Aufgaben die Angleichung der Sozialversicherung.

Es gibt unterschiedliche Sozialversicherungssysteme in den Mitgliedsländern der EU – wie aber ist es möglich, dass EU-Bürger ohne Verluste die Systeme wechseln? Wie kann man die Systeme verbinden? Einige Fragen dazu werden in Kapitel 11 noch ausführlicher besprochen. An dieser Stelle ist die Frage wichtig, inwieweit die EU Arbeitslose dabei unterstützt, im EU-Ausland Arbeit zu finden.

Die nationalen Arbeitsagenturen sind mittlerweile stark miteinander vernetzt. Man hat aber auch Möglichkeiten geschaffen, Arbeitssuchende über die Grenzen hinweg bei ihrer Suche nach einem Job zu unterstützen. Zugang zu dieser Unterstützung erhält man über die E-Formulare der E300-Reihe (Leistungsansprüche bei Arbeitslosigkeit). Sie regeln die Leistungsansprüche bei Arbeitslosigkeit im EU-Ausland. Die E-Formulare werden außer in den Mitgliedsstaaten der Europäischen Union auch in der Schweiz, Norwegen, Liechtenstein und Island verwendet. Wer als EU-Bürger in diesen Ländern vorübergehend oder länger arbeitet, studiert und wohnt, wird wahrscheinlich über kurz oder lang mit dem einen oder anderen dieser Formulare zu tun haben.

Mit dem Formular E303 kann man Arbeitslosengeld beantragen, während man im EU-Ausland (und der Schweiz, Island, Norwegen und Liechtenstein) Arbeit sucht. Folgendes muss dabei beachtet werden:

- ✔ Die Arbeitssuche im Ausland wird höchstens drei Monate unterstützt.
- ✔ Vor Antrag der Unterstützung muss Arbeitslosengeld beantragt worden sein. Außerdem muss man der Agentur für Arbeit vorher mindestens vier Wochen für Arbeitsvermittlungen zur Verfügung gestanden haben.
- ✔ Die Agentur für Arbeit stellt dem Jobsuchenden die Bescheinigung E303 aus. Insgesamt besteht E303 aus fünf Teilen, wobei E303/05 ein Merkblatt für den Arbeitssuchenden ist. Es informiert darüber, was beachtet werden muss, wenn man im Ausland nach Arbeit sucht.
- ✔ Das Arbeitslosengeld wird von der Behörde in dem Land gezahlt, in dem man Arbeit sucht. E303 ist also die Bestätigung dafür, dass man das Recht auf Unterstützung hat. Dazu muss man sich spätestens sechs Tage nach seiner Abreise bei der Behörde im Land der Arbeitssuche melden.
- ✔ Findet man im Ausland keine Arbeit, muss man innerhalb von drei Monaten wieder nach Deutschland zurückkehren, damit der Anspruch auf Arbeitslosengeld weiterhin bestehen bleibt. Erneut Arbeit im Ausland suchen kann man nur, wenn man in der Zwischenzeit eine Anstellung gefunden hatte, egal in welchem Land.

Die E-Formulare gibt es auch für andere Bereiche der sozialen Absicherung in der Europäischen Union. Mehr darüber finden Sie in Kapitel 11.

Nach all den Möglichkeiten der Hilfe und Unterstützung durch die Europäische Union stellt sich vielleicht nur noch eine Frage:

Was kann ich verdienen?

Das ist eine einfache Frage mit einer relativ schwierigen Antwort. Denn der Verdienst muss immer im Verhältnis zu dem stehen, was man in einem bestimmten Land zum Leben braucht. Man sollte sich also nie von scheinbar hohen, sogar viel höheren Löhnen als in Deutschland in Begeisterung versetzen lassen. Wesentlich höhere Löhne und Gehälter können auch anzeigen, dass die Lebenshaltungskosten in dem betreffenden Land höher sind. Das ist zum Beispiel in Norwegen und der Schweiz der Fall. Andererseits gibt es auch Länder mit relativ hohen Lebenshaltungskosten und geringeren Löhnen. Das kommt in den osteuropäischen EU-Ländern sehr oft vor.

Zu beachten ist außerdem der Unterschied zwischen Stadt und Land, da die Lebenshaltungskosten in der Stadt normalerweise höher sind. Das trifft besonders auf Hauptstädte zu.

Über die aktuellen Lebenshaltungskosten in den verschiedenen Ländern kann man sich ebenfalls auf dem EURES-Portal informieren: `www.eures.eu`. Dort klickt man auf die Registerkarte »Arbeitsuchende«, dann auf »Leben & Arbeiten«. Nun findet man zu den einzelnen Ländern eine Fülle an Informationen, auch zu den Lebenshaltungskosten.

Jobsuche weltweit

So viel Unterstützung Jobsuchende innerhalb der EU bekommen – bei der weltweiten Jobsuche außerhalb der EU sind sie eher auf sich allein gestellt. Bevor man allerdings tage- und nächtelang das Internet durchforstet, sollte man auch hier die »Zentrale Auslands- und Fachvermittlung« (ZAV) der Bundesagentur für Arbeit kontaktieren. Allerdings sind die außereuropäischen Jobangebote bei der ZAV eher dünn gesät. Die Jobsuche im außereuropäischen Ausland hat einige Haken, über die man sich im Klaren sein sollte:

- ✔ In außereuropäischen Ländern bekommen Ausländer meist nur dann einen Job, wenn Arbeitgeber nicht genügend einheimische Arbeitskräfte finden. Das ist normalerweise im Bereich der Facharbeiter der Fall. Im Klartext: Ausländer haben nur in den Berufen Chancen, in denen Arbeitskräftemangel herrscht.
- ✔ Wie viele Ausländer in einem Land überhaupt arbeiten dürfen, wird über Arbeits- und Aufenthaltsgenehmigungen gesteuert. Selbst wenn einem eine Arbeitsstelle zugesagt wird, liegt es noch an den Behörden, ob man auch die Aufenthalts- und Arbeitsgenehmigung erhält.
- ✔ In manchen Fällen scheuen Arbeitgeber auch Bescheinigungen und Formulare, die sie beibringen müssen, wenn sie einen Ausländer einstellen wollen. In Stellenanzeigen liest man dann, dass sich nur Ausländer mit schon gültiger Arbeitsgenehmigung bewerben sollen.

Solche rigorosen Beschränkungen des Arbeitsmarkts sind für den Arbeitssuchenden ärgerlich. Schließlich will man ja nur arbeiten und auch gern seine Steuern zahlen. Und das mit einem anerkannten, deutschen Gesellenbrief und jahrelanger Berufserfahrung! An diesem Punkt sollte man allerdings nicht vergessen, dass es Nicht-EU-Bürger in Deutschland und der Europäischen Union genauso schwer haben, eine Anstellung zu finden. Beschränkungen auf dem Arbeitsmarkt – das gehört einfach zur täglichen, frustrierenden Erfahrung von Ausländern rund um den Globus. Was aber kann man tun, um auf eigene Faust Arbeit im Ausland zu finden?

Es gibt wohl zu jedem einigermaßen populären Auswanderungsland Foren im Internet. Dort treffen sich sowohl Menschen, die bereits in ihrem Wunschland leben, als auch Menschen, die Interesse an einer Auswanderung haben. Viele Beiträge sind von der persönlichen Erfahrung geprägt: Da hat der eine Glück gehabt und alles läuft wie am Schnürchen, der andere hat nur Pech und verflucht seine Auswanderung. Trotz allem kann man in diesen Foren viel Nützliches erfahren und, wenn man sich registriert hat, Fragen stellen.

Jobsuche auf Reisen

Wer es sich leisten kann, informiert sich am besten im Land seiner Wahl nach Arbeitsmöglichkeiten. Das kann während eines Urlaubs geschehen, der auch gleichzeitig als Erkundungstrip geplant wird. Wer Partner und Kinder hat, sollte am besten mit der Familie auf diese Expedition gehen. Es ist für alle leichter, wenn sie wissen, wohin es gehen soll und was sie dort erwartet.

Im Grunde hängt wieder vieles daran, ob man die Landessprache kann oder nicht: die Stellenangebote beim örtlichen Arbeitsamt ansehen, Zeitungen nach Job- und Wohnungsangeboten durchsuchen und so weiter.

Sie sollten sich über die Lage auf dem örtlichen Arbeitsmarkt gut informieren. So suchen Sie vielleicht eine Stelle als Tischler und in den Anzeigen der Tageszeitungen werden zufällig Tischler gesucht. Allerdings kann es sein, dass es Arbeitsbeschränkungen für Ausländer gibt.

Auf Jobsuche im Internet

Wesentlich günstiger, als sich persönlich auf den Weg zu machen, ist die Jobsuche im Internet. Hier gibt es Jobbörsen, die internationale Stellenanzeigen anbieten.

Zur Jobsuche bietet sich auch eine Kombination an: die Lage im Urlaub erst mal erkunden und danach von zu Hause aus eine passende Stelle suchen. Oder umgekehrt: Sich zu Hause per Internet Stellenanzeigen und Firmen heraussuchen und dann im Urlaub gezielt ansprechen.

- ✔ `monster.com`: Das ist die größte Online-Jobbörse weltweit. (Die deutsche Seite findet man unter `www.monster.de`.) Dort kann man nicht nur in Deutschland nach offenen Arbeitsstellen suchen, sondern auch international. Zudem gibt es zahlreiche Informationen und Anleitungen über internationale Bewerbungen: vom Bewerbungsschreiben bis zum Vorstellungsgespräch. Neben der einfachen Stellensuche kann man auch seinen Lebenslauf bei `monster.de` hinterlegen, um so vielleicht von Arbeitgebern gefunden zu werden.
- ✔ `stepstone.de`: Stepstone konzentriert sich auf Jobs für Fach- und Führungskräfte. In dieser Jobbörse findet man eher Jobs in Deutschland, Österreich und der Schweiz. Mühsamer ist die weltweite Suche: Wer zur internationalen Suche wechselt, wird nach der Auswahl des Landes auf eine nationale Seite umgeleitet (zum Beispiel `www.bumeran.com.br` für Brasilien). Hier heißt es dann: die Landessprache beherrschen.

- ✔ `pickingjobs.com`: Diese Seite fällt aus dem Rahmen und ist nicht sehr umfangreich. Für den ein oder anderen unabhängigen Geist ist sie aber vielleicht doch interessant. Hier findet man weltweite Angebote als Erntehelfer. Sicher keine Alternative für Leute, die eine Familie versorgen müssen, aber interessant für Globetrotter und andere, die lieber unterwegs sind als sich irgendwo niederzulassen.

Wie für so vieles, gibt es private Agenturen, die für Sie in verschiedenen Ländern nach einer passenden Stelle suchen. Doch sollten Sie vorsichtig sein: Will die Agentur schon vorab höhere Geldbeträge von Ihnen, ist das zumeist ein Zeichen dafür, dass sie wenig seriös ist. Manchmal erhält man gegen einen geringeren Geldbetrag auch nur ein paar Informationsblätter, deren Inhalt man sich auch schnell selbst hätte zusammensuchen können. Dafür sind dann auch 39,90 Euro zu viel …

Sich selbstständig machen

Mehr als bei jedem anderen Weg in ein neues Leben im Ausland ist auf sich allein gestellt, wenn man sich selbstständig machen will. Und wem es schon in Deutschland nicht gut geht, der wird auch im Ausland kaum eine Möglichkeit haben, sein eigenes Geschäft zu eröffnen. Hier ein kleiner Überblick über die größten Hindernisse:

- ✔ Wer im Ausland als Selbstständiger arbeiten will, befindet sich zunächst einmal außerhalb des Sozialsystems (Krankenversicherung, Arbeitslosenversicherung und so weiter muss man aus eigener Tasche bezahlen). Außerdem kann er (noch) kein festes Einkommen nachweisen. Das ist selbst in der Europäischen Union ein Hindernis für den Umzug ins Ausland. In der Regel muss man deshalb den Behörden nachweisen, dass man genug Geld hat, um eine Weile ohne festes Einkommen zu überleben.
- ✔ Man sollte sich darüber informieren, ob man seinen Beruf in einem anderen Land als Selbstständiger ausüben darf.
- ✔ Ohne eine feste Anstellung ist es meist schwer, eine dauerhafte Aufenthaltsgenehmigung zu bekommen. Ohne Aufenthalts- und Arbeitsgenehmigung kann man jedoch kein eigenes Geschäft aufmachen. Es sei denn, man hat so viel Kapital, dass die Behörden beruhigt sind …
- ✔ Vielleicht mehr als jeder andere braucht der Selbstständige Kenntnisse der Landessprache.
  Denn schließlich muss er Verträge verstehen, mit Kunden reden und die Buchhaltung erledigen können.
- ✔ Man sollte die wirtschaftliche Lage seiner neuen Heimat gut kennen. Wird man mit seiner Geschäftsidee dort überhaupt gebraucht? Wie viele »Deutsche Bäckereien« oder »Bayerische Biergärten« verträgt Rio de Janeiro? Die wievielte Tauchschule will man auf Jamaika eröffnen? Gute Ideen in Deutschland müssen sich an der Realität des Ziellandes messen.

Man braucht also viel Geld und riskiert, es zu verlieren. Vielleicht noch nicht einmal durch gewagte Investitionen, sondern weil man ohne genügend Einkommen seine Ersparnisse für das tägliche Leben verbraucht.

Wer sich im Ausland selbstständig machen will, sollte in Betracht ziehen, zunächst eine feste Anstellung zu suchen. Idealerweise kann man in der gleichen Branche arbeiten, in der man sein Geschäft gründen will. Man kann seine Existenzgründung dann von einer gesicherten Stellung planen. Außerdem nimmt man am täglichen Leben der neuen Heimat teil und kann sich eher ein Bild davon machen, ob der Plan wohl aufgehen wird.

Auf eigene Faust: Das neue Dach über dem Kopf

Wen seine Firma ins Ausland schickt, der wird normalerweise von ihr auch bei der Wohnungssuche unterstützt. Vielleicht gibt es sogar eine Firmenwohnung. Oder die Firma beauftragt einen Makler mit der Wohnungssuche. Trotzdem sollte man einige Hinweise beachten.

Wer auf eigene Faust ins Ausland geht, ist bei der Wohnungssuche auf sich allein gestellt. Vielleicht konnte die Agentur für Arbeit bei der Jobsuche helfen, aber Wohnungen vermittelt sie nicht. Schwierig ist es auch, sich schon von der Heimat aus eine Wohnung zu suchen. Weder sollte man unbedingt allen Fotos trauen, die man im Internet sieht, noch werden die meisten Vermieter einem ausländischen Mieter die Wohnung unbekannterweise zusagen wollen …

Wird man in Europa arbeiten, ist es vielleicht möglich, einen Urlaub mit der Wohnungssuche zu verbringen. Schön ist es auch, wenn die Familie an der Wohnungssuche beteiligt wird. Teuer, aber manchmal unvermeidlich, sind Übergangslösungen.

Ist es vor der Ausreise nicht möglich, eine Wohnung zu finden, muss man finanzielle Reserven für eine Übergangslösung einplanen. Vielleicht müssen Sie die ersten Tage oder Wochen in der neuen Heimat in einem Hotel oder einem Ferienappartement verbringen. Dabei ist ein Hotel ungünstig, da es dort keine Küche gibt und Sie viel Geld brauchen, um Essen zu gehen. Besser also ein Appartement mit Küche. Rechnen Sie nicht zu knapp, Sie möchten nicht auf der Straße sitzen, bevor Sie eine Wohnung gefunden haben.

Wo wohnen?

Sehr oft wird der neue Job bestimmen, wie und wo man wohnen wird. Deshalb hängen viele Fragen, die die neue Wohnung betreffen, mit der Arbeit und eventuell der Schule zusammen:

- ✔ Wie weit sind Arbeitsplatz und Schule oder Kindergarten von der Wohnung entfernt? Ist alles gut mit öffentlichen Verkehrsmitteln zu erreichen? Oder werden zwei Autos notwendig sein, um das Familienleben zu organisieren?
- ✔ Sind kleine Einkäufe möglich oder sind die Wege zu den Einkaufszentren länger?
- ✔ Möchten Sie eine Wohnung oder ein Haus? Was ist in der neuen Heimat üblich?
- ✔ Soll es eine möblierte oder eine unmöblierte Wohnung sein? In manchen Ländern sind Mietwohnungen fast nur möbliert zu haben.

Hat man eine passende Wohnung gefunden, kann man sich ihre Lage in den meisten Fällen über Google Earth ansehen. Einfach Land und Adresse eingeben und schon zoomt das Programm in Ihre neue Wunschheimat. Aus der Vogelperspektive sieht man schnell die Lage der Wohnung im Verhältnis zum Ort (Vorort, Randlage, Zentrum …) und zu Schule und Arbeit.

Wohnungssuche in der neuen Heimat

Wie so oft gibt es mehrere Möglichkeiten, eine Wohnung zu suchen:

- ✔ Man kauft sich die Tageszeitungen mit den Wohnungsangeboten und surft im Internet.
- ✔ Man beauftragt einen Makler.
- ✔ Man macht beides.

Dabei muss man sich zunächst fragen, wie viel Zeit man hat. Wohnt man erst mal in einem Hotel und sieht sein Startkapital stetig schwinden, arbeitet man unter hohem Druck. Da kann der tägliche Blick in die Zeitungen und ins Internet zur entnervenden Tortur werden.

Auch wenn der Makler Geld kostet, kann er nützlich sein. Er hat vielleicht schon eine Vorstellung davon, welche Wohnungen zu groß oder zu teuer sind (und kann gleich aussortieren), und er kennt vielleicht Gegenden, in denen auch andere Europäer gern wohnen. Und letztendlich kostet die Maklerprovision vielleicht doch weniger als zwei Wochen Hotel.

Nie vergessen: »Andere Länder, andere Sitten!« So sollte man sich immer genau danach erkundigen, was der Mietvertrag überhaupt enthält: Möbel? Klimaanlage? Müllabfuhr? Je mehr man fragt, desto weniger unliebsame Überraschungen gibt es.

In manchen Gegenden dieser Welt muss man in Deutschland eher unübliche Fragen stellen. Für alle, die es in mehr oder weniger entlegene Gegenden dieser Welt zieht:

- ✔ Gibt es ständige und ausreichende Wasserversorgung? Ist das Wasser trinkbar?
- ✔ Gibt es durchgehend Strom? Gibt es Spannungsschwankungen?
- ✔ Sind Fenster und Türen mit Insektenschutz versehen?
- ✔ Ist eine Telefonleitung vorhanden beziehungsweise kann sie ohne großen Aufwand installiert werden?
- ✔ Gibt es Jahreszeiten (Regenzeit, schneereiche Winter …), in denen die Zufahrt zum Haus erschwert ist?
- ✔ Gibt es eine Zentralheizung im Haus oder wird über Fernwärme geheizt (das heißt, das Kraftwerk entscheidet, wann im Herbst die Heizung ein- und im Frühling ausgeschaltet wird).

Über Ländergrenzen oder Kontinente hinweg nach einer neuen Bleibe zu suchen, ist selten einfach. Die Wohnungssuche wird in den meisten Fällen die erste stressige Hauptaufgabe in der neuen Heimat sein.

Soziale Absicherung für Auswanderer

11

In diesem Kapitel

- Die E-Formulare der Europäischen Union
- Bleibende und verfallende Ansprüche in Deutschland
- Wie krankenversichern?

In diesem Kapitel geht es um die soziale Absicherung von Auswanderern. Mitarbeiter von deutschen Unternehmen, die von ihrer Firma ins Ausland geschickt werden, bleiben normalerweise Mitglieder im deutschen Sozialversicherungssystem. (Mehr dazu erfahren Sie in Kapitel 3.)

Bei Auswanderern ist das anders. Sie verlassen Deutschland in der Regel vollständig, das heißt, dass sie auch die deutsche Sozialversicherung verlassen. Hier muss einiges beachtet werden, um nicht plötzlich ohne Krankenversicherung dazustehen. Besonders kritisch ist die Zeit von der Auswanderung bis zu dem Zeitpunkt, an dem man in der neuen Heimat wirklich Fuß gefasst hat.

Es gibt einen großen Unterschied zwischen Auswanderern innerhalb und außerhalb der Europäischen Union. In der EU hat man versucht, auch für Menschen, die ihr Heimatland verlassen, die soziale Sicherheit zu gewährleisten. Das trifft nicht unbedingt zu, wenn das Auswanderungsziel außerhalb der EU liegt. Es ist also nützlich, sich mit der Hilfe, die die EU bietet, gut auszukennen. Aber auch bei Zielen außerhalb der EU kann man zumindest für eine gewisse Übergangszeit Vorsorge für die soziale Sicherheit treffen.

Halbwegs sicher: Auswandern in der Europäischen Union

Um die Möglichkeiten der Europäischen Union zu nutzen und um seine Rechte geltend zu machen, braucht man meistens die E-Formulare. Diese Formulare helfen den Behörden, die verschiedenen sozialen Systeme der EU miteinander in Einklang zu bringen, sodass zum Beispiel ein Deutscher, der seinen Ruhestand in Portugal verbringen will, dort problemlos seine Rente bekommt.

Die E-Formulare

Die E-Formulare gibt es in verschiedenen Reihen, die jeweils ein besonderes Gebiet der Sozialversicherung abdecken. Normalerweise braucht man nie alle Formulare einer Reihe, jedes hat seinen Zweck für eine bestimmte Situation.

Neben der Europäischen Union gelten die E-Formulare auch in der Schweiz, Island, Norwegen und Liechtenstein.

Hier die E-Formular-Reihen:

- ✔ E100-Reihe: Leistungsansprüche bei Krankheit oder Mutterschaft

  Formulare dieser Reihe braucht man, um im Ausland Leistungen von der Krankenkasse zu bekommen. Für einen Urlaub im EU-Ausland sind sie nicht mehr so wichtig, da es mittlerweile die Europäische Krankenversicherungskarte gibt. Damit wird man im EU-Ausland medizinisch versorgt, ohne dass man die Kosten der Behandlung selbst tragen muss. Früher brauchte man dafür das Formular E111.

Die Europäische Krankenversicherungskarte

Wer in einem anderen EU-Land einen Unfall hat oder krank wird, hat mit der europäischen Krankenversicherungskarte im Krankheitsfall das Anrecht auf medizinisch notwendige Behandlung. Es besteht aber kein Anspruch auf Leistungen, wenn man nur wegen der Behandlung in das andere EU-Land gefahren ist. Mit der Karte kann die kranke Person zum Arzt gehen und der muss die europäische Krankenversicherungskarte wie einen nationalen Krankenschein oder eine nationale Krankenversicherungskarte anerkennen. Wichtig ist, dass man nur Anspruch auf medizinisch notwendige Sachleistungen hat, Zahlungen wie Krankenhaustagegeld bekommt man dann vielleicht (hoffentlich) von seiner Versicherung, wenn man zurück in Deutschland ist.

- ✔ E200-Reihe: Berechnung und Zahlung von Renten

  Unter dieser Reihe findet man alle möglichen Formulare, um seine Rente im EU-Ausland zu beantragen. Wer also seinen Ruhestand in der Toskana verbringen will, aber zum Beispiel in Deutschland, Spanien, Bulgarien und Frankreich gelebt und gearbeitet hat, hat in all diesen Ländern der EU Rentenansprüche erworben. Die E200-Reihe dient dazu, diese Zeiten festzustellen und zusammenzurechnen.

- ✔ E300-Reihe: Leistungsansprüche bei Arbeitslosigkeit

  Ähnlich wie bei der Rente, werden auch geleistete Arbeitsjahre zur Berechnung des Arbeitslosengeldes berücksichtigt. Die E300-Reihe braucht derjenige, der im EU-Ausland arbeitslos wurde und Arbeitslosenunterstützung beantragt.

- ✔ E400-Reihe: Leistungsansprüche auf Familienzulagen

  Hier geht es zum Beispiel um das Kindergeld. Anspruch auf Kindergeld haben auch Kinder, die in einem anderen Land als der Versicherte wohnen.

- ✔ E600-Reihe: Beitragsunabhängige Leistungen

  Jetzt wird's wirklich kompliziert: Es gibt in verschiedenen Staaten Zusatzversicherungen oder ergänzenden Schutz zur Sozialversicherung oder Sozialhilfe. Darunter auch Anspruche, die man nicht in ein anderes Land mitnehmen kann. Auf manche dieser Leistungen haben Sie aber bei der Niederlassung in einem anderen Land gleich Anspruch. Allerdings muss man dafür die Höhe der Einkünfte in einem anderen EU-Land nachweisen, wozu die E600-Formulare dienen.

✔ E001-Formular: Austausch von Informationen

Es ergänzt lediglich andere Formulare, wenn noch zusätzliche Informationen gebraucht werden.

Keine Sorge, Sie müssen sich all diese Formulare nicht merken. Wenn Sie eine bestimmte Leistung irgendwo beantragen, wird man Ihnen schon sagen, welche Formulare man von Ihnen braucht. Es ist aber von Vorteil, wenn Sie ungefähr wissen, wie die Zusammenarbeit zwischen den europäischen Behörden geregelt ist.

Alle E-Formulare gelten sowohl für den Auswanderer in ein EU-Land als auch den ausgesandten Mitarbeiter, der im EU-Ausland arbeitet, aber in Deutschland angestellt bleibt. Allerdings unterscheiden sich die Stellen, von denen sie Leistungen erhalten: Auswanderer müssen nun alles in ihrer neuen Heimat beantragen, mit den E-Formularen holen sie sich dann die benötigten Daten von den deutschen Behörden. Ausgesandte bekommen ihre Leistungen weiter von deutschen Behörden, müssen aber ihren Status regelmäßig bestätigen und erneuern lassen.

Andere (EU-)Länder, andere Sitten: Krankenversicherung

Ein heikles Thema auch innerhalb der Europäischen Union ist die Krankenversicherung. In allen Ländern sind die Krankenversicherungen überlastet und neben dem fehlenden Einkommen ist eine fehlende Krankenversicherung der einzige Grund, der die Niederlassungsfreiheit der EU-Bürger einschränkt.

Wer im Ausland einen Job findet, wird normalerweise auch dort krankenversichert. Wer lediglich von seiner Firma entsandt wurde oder eine Urlaubs- oder Geschäftsreise macht, dem reicht die Europäische Krankenversicherungskarte für einen Besuch beim Arzt. Wer in Deutschland selbstständig ist, muss auch in Deutschland krankenversichert sein. Aber auch wenn in manchen Ländern vielleicht keine Versicherungspflicht für Selbstständige besteht, wird man als Ausländer um die Versicherung nicht herumkommen, denn die Aufenthaltsgenehmigung hängt davon ja ab.

Allerdings muss einem Folgendes klar sein: Die Leistungen der Krankenkasse umfassen nur die in dem jeweiligen Land üblichen Leistungen. Das kann mit etwas Glück ein wenig mehr sein, als es in Deutschland der Fall wäre. Allerdings gibt es nicht sehr viele Länder, deren Gesundheitswesen einen gleich hohen oder sogar höheren Standard als Deutschland hat. Wer also auswandert oder entsandt wird, muss sich mit der Gesundheitsversorgung abfinden, die er vor Ort vorfindet.

Auch wer als Deutscher im EU-Ausland krankenversichert ist, kann nun nicht einfach mit seiner EU-Krankenversicherungskarte nach Deutschland kommen und sich dort behandeln lassen. Ansprüche bestehen auch für ihn nur auf die sofort erforderliche medizinische Versorgung.

Noch einmal Krankenversicherung: Arbeiten im Ausland, Familie in Deutschland

Denkbar ist auch der Fall, dass jemand im Ausland arbeitet, seine Familie aber in Deutschland bleibt, vielleicht auch nur für eine Übergangszeit. Nun wäre der Arbeitnehmer im Ausland über seinen Arbeitgeber krankenversichert. Was aber ist mit seiner Familie?

In diesem Falle kommt ein E-Formular der 100er-Reihe zum Einsatz: das Formular E109. Beantragen muss das der Versicherte bei der ausländischen Krankenkasse, bei der er versichert ist. Sie füllt einen Teil aus und gibt ihn dem Versicherten, der es seiner Familie gibt. Diese muss es dann zur von ihr ausgewählten deutschen Krankenkasse bringen. Mit diesem Formular erhält dann die Familie des Versicherten alle in Deutschland vorgesehenen medizinischen Leistungen. Das betrifft übrigens nicht nur Krankheit, sondern auch Mutterschaft. Das Prinzip ist also immer gleich: Man bekommt immer das, was in dem jeweiligen Land Standard ist. Nicht weniger, aber auch nicht mehr.

Wenn's mal schiefgeht: Arbeitslos in der EU

Es kann immer und überall passieren: Die wirtschaftliche Lage ändert sich oder ein Geschäftsführer fährt das Unternehmen vor die Wand – schon hat man seinen Job verloren. Wichtig ist es, nicht in Panik zu geraten und alle Möglichkeiten auszuschöpfen.

Die Aufenthaltserlaubnis eines Mitgliedsstaats der Europäischen Union schützt denjenigen, der in Not gerät. Mit einer gültigen Aufenthaltserlaubnis und den entsprechenden Beitragszeiten steht jedem EU-Bürger in jedem EU-Land Arbeitslosengeld oder Sozialhilfe zu. Wer als Deutscher in Belgien arbeitslos wird, hat die gleichen Ansprüche auf Sozialhilfe und Arbeitslosengeld wie jeder Belgier auch.

Auf keinen Fall sollte man bei plötzlicher Arbeitslosigkeit hektisch seine Koffer packen und zurück nach Deutschland gehen. Denn dort war man ja die letzte Zeit nicht Mitglied der Sozialversicherung. Versichert ist man jeweils in dem Land, in dem man zuletzt gelebt und gearbeitet hat. Ziehen Sie wegen Arbeitslosigkeit wieder nach Deutschland, kann es passieren, dass Ihnen Ansprüche verloren gehen, die Sie im Ausland noch hatten.

Auch bei Arbeitslosigkeit kommen die E-Formulare zum Einsatz, diesmal die der Reihe E300.

Kein Land der EU kann einem EU-Ausländer die Aufenthaltsgenehmigung verweigern, wenn er seinen Lebensunterhalt bestreiten kann und krankenversichert ist. Kritisch kann es allerdings werden, wenn eine befristete Aufenthaltserlaubnis in dem Moment verlängert werden muss, in dem man arbeitslos ist. In diesem Fall könnte eine Verlängerung von den örtlichen Behörden abgelehnt werden.

Wichtiger Grundsatz ist, dass man immer in dem Land versichert ist, in dem man zuletzt gearbeitet hat. Allerdings zählt zur Berechnung des Arbeitslosengelds nicht nur die Arbeitszeit in dem betreffenden Land. Zur Berechnung werden alle früheren Beschäftigungszeiten herangezogen, auch die Jahre angerechnet, die man in Deutschland oder einem anderen EU-Land gearbeitet hat. Dazu braucht man die Bescheinigung E301: »Bescheinigung von Zeiten, die für die Gewährung von Leistungen bei Arbeitslosigkeit zu berücksichtigen sind«. Sie muss man bei der Arbeitsagentur in Deutschland (beziehungsweise den Arbeitsagenturen der Länder, in denen man schon gearbeitet hat) beantragen. Das für den Arbeitnehmer aktuell zuständige Arbeitsamt berechnet danach dann das Arbeitslosengeld.

Auch beim Arbeitslosengeld gilt: andere Länder, andere Richtlinien. Die Arbeitslosengeldsätze oder der Zeitraum, in dem Arbeitslosengeld bezahlt wird, können von Land zu Land stark unterschiedlich sein. So gibt es zum Beispiel in Slowenien eine Grenze beim Arbeitslosengeld von knapp 570 Euro. Vielleicht wird es weniger, aber mehr bekommt niemand, egal wie viel er vorher verdiente. Es kann also durchaus sein, dass man sich als Arbeitsloser in Deutschland besser stehen würde. Hilft aber nichts: Arbeitslos melden muss man sich dort, wo man lebt und zuletzt gearbeitet hat.

Die Formulare der Reihe E300 helfen auch bei der Arbeitssuche in der EU. Für maximal drei Monate unterstützen die Arbeitsagenturen der EU auch die Arbeitssuche im EU-Ausland finanziell. Genaueres dazu findet sich in Kapitel 10.

Für die lieben Kleinen: Kindergeld

Das Anrecht auf Sozialleistungen in der EU beschränkt sich nicht nur auf Arbeitslosengeld, Krankenversicherung und Sozialhilfe. Generell hat jeder EU-Bürger, der in einem anderen Mitgliedsstaat der EU lebt und arbeitet, das Recht auf sämtliche Sozialleistungen. Dazu gehören unter anderem Kindergeld und andere Leistungen, die Familien gezahlt werden. Doch wie immer gilt: Man hat kein Anrecht auf die Sozialleistungen seines Heimatstaats, sondern nur des Staates, in dem man lebt, arbeitet und Teil des Sozialversicherungssystems ist. Sollte also in Ihrer neuen Heimat das Kindergeld nur 50 Euro monatlich betragen, ist das zwar ärgerlich, aber nicht zu ändern.

Anders ist das bei Arbeitnehmern, die von ihren deutschen Unternehmen entsandt wurden. Sie sind durch die Entsendung weiterhin Teil des deutschen Sozialsystems und haben dadurch weiterhin ein Anrecht auf deutsche Sozialleistungen. Und zwar nicht nur in der EU, sondern weltweit.

Wenn Kinder in einem anderen Land der EU wohnen als man selbst, kann man für sie trotzdem Kindergeld von dem Staat bekommen, in dem man arbeitet. Um diese Ansprüche nachzuweisen, muss man das E-Formular E401 vorlegen. Die Familienangehörigen in Deutschland bekommen es bei der für sie zuständigen Behörde (zum Beispiel dem Einwohnermeldeamt). Die E401-Bescheinigung muss jährlich erneuert werden.

Sich zur Ruhe setzen: Die Rente in Europa

Die Europäische Union regelt Rentenansprüche so wie auch die Ansprüche auf andere Sozialleistungen. Ansprüche gehen bei einem Umzug ins EU-Ausland nicht verloren, sondern werden zusammengerechnet, diesmal mit der Formularreihe E200:

- ✔ Man beantragt also seine Rente zunächst in dem Land, in dem man wohnt.
- ✔ Die Versicherungsträger der anderen Länder, in denen man gearbeitet hat, stellen auf Verlangen die Bescheinigung E201 aus: »Bescheinigung zur Zusammenrechnung der Versicherungs- und Wohnzeiten«.
- ✔ Um die wann und wo geleisteten Arbeitsjahre genau dokumentieren zu können, dienen ebenfalls die Bescheinigungen E202, E205 und E207. Jeder Staat, in dem man einmal gearbeitet hat, trägt hier die Zeiten ein, in denen man der dortigen Gesetzgebung entsprechend beschäftigt war und Rentenbeiträge gezahlt hat.
- ✔ Ist der Rentenantrag genehmigt, bekommt der Rentner aus jedem Land, in dem er gearbeitet hat, den entsprechenden Anteil seiner Rente. Der Wohnort ist dabei egal.

Einen kleinen Haken gibt es hier, und zwar das sogenannte Renteneintrittsalter, also ab wann einem überhaupt Rente zusteht. Denn das kann in jedem Land anders sein. Wer in Deutschland seine Rente erst mit 65 Jahren bekäme, in einem anderen Land aber schon ab 62 Jahren, der bekommt den Rentenanteil aus Deutschland tatsächlich erst dann, wenn er 65 Jahre alt ist. Wer also in einem Land mit einem niedrigen Renteneintrittsalter lebt, kann unter Umständen nicht in Rente gehen, weil es ohne den Beitrag aus einem Land mit einer höheren Altersgrenze nicht reicht. Wenn es ganz schiefläuft und man in Rente gehen muss, kann es passieren, dass man die Wartejahre bis zur vollen Rente auf Sozialhilfe angewiesen ist.

Jenseits der EU: Viel Mühe für Auswanderer

Der Unterschied zwischen echten Auswanderern und von ihrem Unternehmen entsandten Mitarbeitern ist außerhalb der Europäischen Union viel ausgeprägter. Die Entsandten bleiben aufgrund ihrer bestehenden Anstellung in Deutschland Mitglied des deutschen Sozialversicherungssystems. Das ist nicht immer alles ganz mühelos, aber doch relativ sicher.

Auswanderer dagegen verlassen Deutschland und das deutsche Sozialversicherungssystem. Wenn Sie als Auswanderer außerhalb der EU einen Job finden, sollten Sie sich auf jeden Fall mit den Gegebenheiten der dortigen Sozialversicherung auseinandersetzen. Denn dieses meist fremde System wird nun auch Ihr neues Zuhause. Wichtige Fragen, über die man Bescheid wissen sollte, sind folgende:

- ✔ Wie ist das Gesundheitssystem organisiert? Bekommt man jederzeit die Hilfe, die man braucht? Oder gibt es auch für lebenswichtige Behandlungen längere Wartezeiten (die sich dann vielleicht von selbst erledigen ...)?
- ✔ Sind Sie über den Arbeitgeber ausreichend versichert oder ist es üblich oder notwendig, zusätzliche Kranken-, Arbeitslosen- oder Rentenversicherungen abzuschließen?

Wer auswandert und vollständig in einem anderen Land lebt, hat nur in sehr wenigen Ausnahmefällen noch Anspruch auf deutsche Sozialleistungen. Normalerweise verfallen diese Ansprüche mit einer Auswanderung vollständig.

Besser als in Deutschland wird's kaum – Krankenversicherung

Sehr oft wird es so sein, dass die neue Krankenversicherung mit dem neuen Job einhergeht. Ist eine Krankenversicherung nicht oder nur in geringem Umfang üblich, sollte man sich gleich darüber informieren, welche privaten Zusatzversicherungen man abschließen kann oder vielleicht sogar Standard sind.

Wer sich schon vor der Auswanderung mit dem Gesundheitssystem seiner neuen Heimat beschäftigt, wird schnell herausfinden, wie viel Geld im Budget für eine gute Krankenversicherung eingeplant werden muss. Vielleicht ist das, was in Ihrem Wunschland üblich ist, Ihnen zu wenig. Dann kann es allerdings sein, dass Sie für das Mehr, das Sie sich wünschen, tiefer in die Tasche greifen müssen.

Wer ohne neuen Job ins Ausland geht oder vielleicht noch ein paar Tage bis zum Antritt seiner neuen Arbeitsstelle warten muss, sollte noch in Deutschland eine Auslandskrankenversicherung abschließen. Das darf nicht nur eine Reisekrankenversicherung sein (die einen längeren Aufenthalt im Ausland nicht abdecken würde), sondern muss eine vollständige private Krankenversicherung sein. Eine solche Auslandskrankenversicherung kann man mit relativ flexiblen Laufzeiten abschließen. Nur länger als 60 Monate (also fünf Jahre) kann man sich damit meist nicht versichern. Aber wer nach fünf Jahren im Ausland noch nicht so weit Fuß gefasst hat, dass er dort auch krankenversichert ist, dessen Auswanderung kann man wohl als gescheitert ansehen …

Sie müssen bei einer Auslandskrankenversicherung Folgendes beachten:

- ✔ Sie ist wirklich nur eine Übergangslösung für diejenigen, die das deutsche Sozialversicherungssystem verlassen.
- ✔ Es muss unbedingt eine Auslandskrankenversicherung sein, nicht nur eine Reisekrankenversicherung.
- ✔ Man sollte genau prüfen, in welchen Ländern die Versicherung gilt. Sehr oft wird das »weltweit« einer Versicherung eingeschränkt durch ein »außer in …«. So decken »weltweite« Auslandskrankenversicherungen oft nicht die Länder der nordamerikanischen Freihandelszone (NAFTA) ab, gelten also nicht in den USA, Kanada und Mexiko, wo die medizinische Versorgung extrem teuer ist (in den USA zum Beispiel im Durchschnitt siebenmal so hoch wie in der EU). Um für den Verbraucher günstiger kalkulieren zu können, nimmt man die NAFTA-Länder aus der Rechnung heraus und bietet für sie gesonderte Tarife.

Letztlich wird es bei der Krankenversicherung am sinnvollsten sein, sich persönlich beraten und sich ein passendes Paket zusammenstellen zu lassen.

In Rente gehen unter Palmen ...

In der neuen Heimat sollte man sich auch gleich um eine Rentenversicherung kümmern. Dazu sollte man folgende Fragen stellen:

- ✔ Wie hoch ist üblicherweise die Rente in der neuen Heimat? Wird man damit wohl auskommen? Wenn nicht: Was kann man zusätzlich für die Altersversorgung tun?
- ✔ Gibt es überhaupt ein ausreichendes Rentenprogramm? Oder gehören private Zusatzversicherungen oder Vermögensanlagen selbstverständlich zur Sicherung der Rente dazu?
- ✔ Man sollte unbedingt sein Alter bedenken: Wer schon mit 24 Jahren auswandert, erwirbt wahrscheinlich in der neuen Heimat einen vernünftigen Rentenanspruch (egal ob nun über die Arbeit oder mit privater Zusatzversicherung). Wer aber bei der Auswanderung schon 45 Jahre alt ist, wird nicht mehr viel Zeit für den Aufbau einer vernünftigen Rente haben.
- ✔ Hat das betreffende Land ein Sozialversicherungsabkommen mit Deutschland abgeschlossen?

Fast wie in der EU: Sozialversicherungsabkommen

Nun stellt sich die Frage, was aus den bereits in Deutschland erworbenen Rentenansprüchen wird. Dabei hilft es, dass Deutschland auch mit vielen Ländern außerhalb der Europäischen Union Sozialversicherungsabkommen geschlossen hat, die die Rente betreffen. Das bedeutet, dass auch die in Deutschland erworbenen Rentenansprüche nicht verloren gehen, sondern angerechnet werden.

Beliebte Auswanderungsländer, mit denen Deutschland ein Sozialversicherungsabkommen abgeschlossen hat, sind die USA, Kanada und Australien. Eine vollständige Liste der Länder findet man unter `www.deutsche-rentenversicherung-bund.de`; im Feld »Suche« dann einfach »Sozialversicherungsabkommen« eingeben.

Im Prinzip wird die Berechnung und Auszahlung der Rente genauso berechnet wie in der EU. Auch hier sollten Sie die unterschiedlichen Altersgrenzen und Rentenhöhen der verschiedenen Länder beachten. Man bekommt also nicht unbedingt aus jedem Staat die Rente zum gleichen Zeitpunkt oder in gleicher Höhe.

Der Ernstfall: Ein Land ohne Sozialversicherungsabkommen mit Deutschland

Wer in ein Land auswandern möchte, das mit Deutschland kein Sozialversicherungsabkommen geschlossen hat, wird mehr Mühe haben, zu seiner Rente zu kommen. Das größte Problem ist, dass die Anrechnungszeiten, also die Jahre, in denen man Rentenbeiträge gezahlt hat, nicht zusammengerechnet werden. Man muss also mindestens 60 Monate in die deutsche Rentenkasse eingezahlt haben, um einen Rentenanspruch zu haben. Ebenso muss man in seiner neuen Heimat lange genug arbeiten, um sich den Anspruch auf Rente zu verdienen. Wer also in Deutschland nur 55 Monate Beiträge gezahlt hat, kann sie nicht mit den 15 Jahren zusammenrechnen, die er vielleicht in Suriname gearbeitet hat. In diesem Fall gibt es aus Deutschland also nichts – und das Rentensystem in Suriname kenne ich nicht ...

Wer in Deutschland noch keine Rentenansprüche erarbeitet hat, kann das durch freiwillige Beitragszahlungen aus dem Ausland nachholen. Das lohnt sich eventuell, wenn man nur noch wenige Beitragsmonate vom Rentenanspruch entfernt ist.

Es gibt auch eine Möglichkeit, seine Rentenbeiträge erstattet zu bekommen. Ich sage es gleich: Die Chance ist ziemlich klein. Hier die Bedingungen:

- ✔ Man darf nicht mehr der deutschen Rentenversicherungspflicht unterliegen. Wer also für seinen deutschen Arbeitgeber ins Ausland geht, bleibt in der deutschen Rentenversicherung. Nur wer wirklich Auswanderer ist, Deutschland also (voraussichtlich) für immer verlässt und die Sozialversicherungsbrücken hinter sich abbricht, könnte eventuell Beiträge erstattet bekommen. »Könnte eventuell« weil es da noch einen Haken gibt: Man darf auch nicht berechtigt sein, freiwillig in Deutschland rentenversichert zu sein. Da aber jeder auch im Ausland lebende Deutsche dazu berechtigt ist, kann man das kaum erfüllen.
- ✔ Die Ausnahme sind diejenigen, die 60 Monate für den Rentenanspruch noch nicht erreicht haben. Sie könnten ihre Beiträge bei einer Auswanderung zurückbekommen.
- ✔ Erstattet wird allerdings nur der Anteil, den der Arbeitnehmer eingezahlt hat. Den Arbeitgeberanteil behält die Rentenkasse.

Man sollte sich also trotz aller Abenteuerlust gut überlegen, worauf man sich einlässt, wenn man das deutsche Sozialversicherungssystem verlässt. Ist man im Alter auf die Rente angewiesen, kann es durchaus sein, dass man das Leben unter Palmen plötzlich nicht mehr genießt …

Wer erst als Rentner auswandern will, hat übrigens keine besonderen Probleme: Die Rentenkasse überweist das Geld dorthin, wohin man es haben will. Man muss sich also nur noch um eine Krankenversicherung kümmern, die einen im Ausland versichert.

So war das nicht geplant: Arbeitslosigkeit

Zum Thema »Arbeitslosigkeit von Auswanderern außerhalb der EU« ist im Grunde nicht viel zu sagen außer:

- ✔ Aus Deutschland gibt es keine Hilfe. Sie sind auf sich allein gestellt.
- ✔ Hoffentlich gibt es in Ihrer neuen Heimat ein Sozialversicherungssystem, das Sie versorgt.
- ✔ Die Rückkehr nach Deutschland nützt Ihnen wahrscheinlich wenig, da Ihr Anspruch auf Arbeitslosengeld in Deutschland nach vier Jahren erlischt.

Wer erst nur eine befristete Aufenthaltsgenehmigung besitzt, der läuft bei Arbeitslosigkeit Gefahr, sie zu verlieren. Besonders wenn die Verlängerung der Aufenthaltsgenehmigung mit der Arbeitslosigkeit zusammenfällt.

Man sollte sich vor der Auswanderung informieren, was bei Arbeitslosigkeit in der neuen Heimat geschehen würde und welche Ansprüche man wo hätte. Vielleicht lässt sich daraus ein Notfallplan entwickeln. Ansonsten bleibt nur zu hoffen, dass man nicht in diese Lage gerät. Denn Arbeitslosigkeit gehört zu den Situationen, in denen eine Auswanderung ein Wagnis ist und bleibt.

Versicherungen am Ende der Welt ...

Eine ganze Weile bevor man auswandert, sollte man seinen Versicherungsmakler aufsuchen und mit ihm die bestehenden Versicherungen in Bezug auf die Auswanderung besprechen. Denn sehr oft erlöschen die Leistungen eines Versicherungsvertrags, wenn der Versicherte für immer ins Ausland geht.

Wer von seinem Arbeitgeber ins Ausland entsandt wird, sollte ebenfalls seine Versicherungen prüfen: So gibt es zwar Haftpflicht- und Rechtsschutzversicherungen, die auch im Ausland zahlen, doch ist nicht gesagt, dass das auf Ihre Police zutrifft. In diesem Fall sollten Sie die Versicherung kündigen und eine andere suchen, die im Schadensfall auch im Ausland bezahlt.

Stellen Sie Ihren Versicherungen folgende Fragen:

- ✔ Gilt der Versicherungsschutz auch bei Umzug ins Ausland?
- ✔ Gibt es Übergangszeiten, in denen auch im Ausland noch bezahlt wird und wann erlöschen diese?
- ✔ Erlischt der Versicherungsvertrag (und damit die Beitragszahlung) in dem Moment, in dem ich ins Ausland ziehe, oder muss ich bis zu einem bestimmten Kündigungstermin weiter zahlen?

Generell wird der einfachste Weg meist sein, sich so schnell wie möglich dort Versicherungen zu suchen, wo man sich niedergelassen hat.

Jetzt aber los – den Umzug planen

12

In diesem Kapitel

- Einen Haushalt auflösen
- Von Koffer bis Container
- Mitnehmen oder neu kaufen?
- Achtung, Zoll!

Es ist also alles erledigt: Entscheidung getroffen, Aufenthaltsgenehmigung bekommen, Job und Wohnung gefunden. Jetzt wird es ernst: Ein Termin für den Umzug muss gefunden und der Haushalt aufgelöst, verpackt oder eingelagert werden.

Job- und Wohnungssuche sind oft nervenaufreibend, weil man vieles nicht in der Hand hat. Oft heißt es einfach nur: warten. Hat man sich dann aber erst einmal einen Umzugstermin gesetzt, gilt es zu handeln. Wann immer in diesem Kapitel über Zoll und Verzollung geschrieben wird, betrifft das in der Regel nur Umzüge und Auswanderungen über die Grenzen der Europäischen Union hinaus. Innerhalb der EU gibt es bei Umzügen keine Zollbeschränkungen.

In diesem Kapitel finden Sie Tipps und Anregungen, damit der Umzug nicht zum Chaos wird. Denn wenn erst mal Umzugswagen und -helfer vor der Tür stehen, wird es schwer, den Überblick zu behalten.

Nicht alles geschieht erst am Umzugstag, schon vorher sind viele Dinge zu beachten und zu erledigen. Die einzelnen Punkte sind im Anhang in einer Checkliste zusammengefasst. So fällt es leichter, den zeitlichen Überblick zu behalten und nicht alles auf den letzten Drücker erledigen zu müssen.

Zunächst müssen ein paar grundsätzliche Entscheidungen getroffen werden:

- ✔ Es ist möglich, dass eine Firma den kompletten Umzug organisiert und durchführt, eine sogenannte Relocation-Agentur. Das ist natürlich kostspielig, und so wird dieses Angebot meist nur von Arbeitnehmern in Anspruch genommen, die von ihrer Firma ins Ausland geschickt werden. Dann bezahlt das Unternehmen den gesamten Umzug.
- ✔ Sie können bei einer Autovermietung einen Lastwagen mieten, Verwandte und Freunde zusammentrommeln und den Umzug selbst durchführen. Innerhalb der Europäischen Union ist das relativ leicht machbar. Braucht man allerdings einen Schiffscontainer für einen Übersee-Umzug, sollte man doch professionelle Hilfe suchen. Spätestens wenn der Zoll seine Hände an Ihren Hausrat legt, werden Sie sich einen Spediteur wünschen.
- ✔ Umzug in Eigenregie oder mithilfe einer Firma ist aber keine Frage des Entweder-oder. Man kann sich von Umzugsfirmen ein Angebot machen lassen, und dann eben nur so viele Sonderleistungen buchen, wie der Geldbeutel hergibt. So kann man zum Beispiel die Kartons selbst packen und Kisten und Möbel mit der Hilfe von Freunden bis zum Lastwagen bringen.

Wie auch immer der Umzug geplant wird, es sollte rechtzeitig geschehen. Auch wenn der Haushalt klein zu sein scheint und das Umzugsziel mit dem Auto erreichbar ist, sollte man mindestens drei Monate zwischen erster Planung und Umzugstermin ansetzen. Sonst passiert es schnell, dass man wegen Zeitdruck für alles Mögliche auf ungünstige Angebote eingehen muss und schon beim Umzug eine Menge Geld verliert.

Eine Frage des Geldes – Relocation-Agenturen

Leider kommt man hier um das Fremdwort nicht herum: »Relocation-Agenturen« (vom Englischen relocate = umziehen) nennen sich auch in Deutschland so. Diese Agenturen bieten meist einen Komplettservice für den Umzug ins Ausland an. Sie helfen bei der Wohnungssuche und bei Behördengängen, organisieren Erkundungsreisen in die neue Heimat und organisieren den kompletten tatsächlichen Umzug. So weit, so gut. Aber eine solche Dienstleistung hat natürlich ihren Preis. Für den »gewöhnlichen« Auswanderer ist das schwer zu bezahlen.

Daher werden Relocation-Agenturen meist von Unternehmen gebucht, deren Mitarbeiter ins Ausland umziehen soll. Wenn die Relocation-Agentur alles organisiert, kann der Mitarbeiter sich schnell auf seine neue Aufgabe im Ausland konzentrieren.

Viele europäische Relocation-Agenturen sind dem Verband EuRA angeschlossen, der europäischen Vereinigung von Relocation-Unternehmen. Sie finden sie unter `www.eura-relocation.com`. Unter dem Menüpunkt »Members« sind die Mitgliedsagenturen in verschiedenen Ländern aufgelistet. Dort findet man ein großes Angebot von Firmen in Deutschland, Österreich und der Schweiz.

Oft arbeiten Unternehmen schon länger mit bestimmten Relocation-Agenturen zusammen, sodass man nicht selbst auf die Suche gehen muss. Für Auswanderer wäre eine Relocation-Agentur zwar auch optimal, aber bezahlen lässt sich das für sie kaum. Doch Angebote kann man sich natürlich einholen.

Ausziehen aus Wohnung oder Eigenheim

Für denjenigen, der von seiner Firma ins Ausland entsandt wird, kann der Umzug zum heiklen Spagat werden: Man muss seinen Lebensmittelpunkt in ein anderes Land verlegen, aber das normalerweise nur für ein paar Jahre. Dann soll es zurück in die Heimat gehen. Was also geschieht mit dem Haus oder der Wohnung? Was, wenn man zur Miete wohnt? Löst man seinen Haushalt trotzdem komplett auf, zieht man mit Sack und Pack um oder lagert man den Hausrat irgendwo ein?

Für Auswanderer stellen sich da weniger Fragen. Im Grunde müssen sie nur entscheiden, wie viel sie mitnehmen wollen. Den Rest verkaufen sie oder werfen sie weg.

Wenn man einen Seecontainer packt und sich dann mit dem Flugzeug auf den Weg in die neue Heimat macht, kann man schlecht von dem »Umzugstag« sprechen. Praktischerweise wird aber in diesem Kapitel immer wieder der Umzugstag erwähnt. Für die Betreffenden ist dann natürlich der Tag gemeint, an dem der Hausrat in den Container gepackt und die bisherige Wohnung aufgegeben wird.

Kein Problem: Den Mietvertrag kündigen

Wer zur Miete wohnt, wird es relativ leicht haben, seinen Haushalt aufzulösen. Nur darf er nicht versäumen, das rechtzeitig zu tun.

- ✔ Zuerst sollten Sie sich nach der Kündigungsfrist für Ihre Wohnung erkundigen oder im Mietvertrag nachschauen.
- ✔ Als Nächstes setzen Sie den Tag für den Umzug fest. Das bestimmt dann den Termin, zu dem Sie Ihre Wohnung kündigen müssen.
- ✔ Dann müssen Sie klären, was Sie bis zum Auszug aus der Wohnung noch tun müssen. Muss renoviert werden? Kümmern Sie sich rechtzeitig um Handwerker, falls Sie die Reparaturen und Renovierungen nicht selbst durchführen.
- ✔ Vereinbaren Sie mit dem Vermieter rechtzeitig einen Termin zur Wohnungsbegehung. Sie sollten nach der Begehung noch genug Zeit haben, um Unstimmigkeiten zu klären oder Schäden zu beseitigen.

Wenn am Umzugstag alle Möbel und Kartons im Lastwagen sind und Sie den Wagen starten, sollten Sie auch mit der Mietwohnung vollständig abgeschlossen haben. Sie möchten nicht aus Barcelona noch mit dem Vermieter streiten müssen, wer für die herausgerissene Steckdose im Schlafzimmer verantwortlich ist. Und eine noch zu erstattende Mietkaution findet den Weg auf Ihr Bankkonto auch viel schwerer, wenn Ihr ehemaliger Vermieter Sie in Südafrika weiß …

Echte Nervensache: Was wird aus dem Haus?

Wer ein Eigenheim oder eine Eigentumswohnung besitzt und auswandern möchte, muss nun entscheiden, ob er die Brücken hinter sich abbrechen möchte. Im günstigsten Falle ist das Geld für das Haus oder die Wohnung das Startkapital für das neue Leben in der Ferne. Vielleicht wird der Erlös aber auch nicht viel mehr als die Kredite fürs Haus tilgen, aber dann ist man zumindest schuldenfrei.

Wer für seine Firma geht, wird meist weniger an Verkauf denken, da man voraussichtlich in näherer Zukunft zurück nach Deutschland kommt. Man muss sich also eine günstige Übergangslösung ausdenken.

Das Haus verkaufen: Hoffen und warten auf den richtigen Moment

Vor der Auswanderung eine Immobilie zu verkaufen, hat so seine Tücken. Schließlich kann man einen Verkauf nicht so genau planen, wie man einen Mietvertrag kündigt.

Hier gibt es nun stressige und weniger stressige Lösungen:

- Man setzt sich einen Termin für die Auswanderung und hofft, dass das Haus bis dahin verkauft ist. Das Problem hierbei ist, dass Häuser und Wohnungen sich nicht immer so einfach und schnell verkaufen, wie man sich das wünscht. Ist man für die Auswanderung auf das Geld vom Hausverkauf angewiesen, kann das alle Pläne durcheinanderbringen.
- Die nächste Lösung wäre, den Hausverkauf erst ernsthaft in die Wege zu leiten, wenn man Aufenthaltsgenehmigung und Job sicher hat. Problematisch wird es hier aber, wenn sich nicht rechtzeitig ein Käufer für das Haus finden lässt und der Job angetreten werden muss.

Will man das Haus selbst, also ohne Makler, verkaufen, sollte man auf jeden Fall bedenken, dass man dem ganzen Projekt »Auswanderung« damit eine erhebliche Belastung hinzufügt. Es ist eine Überlegung wert, ob man den Hausverkauf nicht in professionelle Hände gibt, um den Kopf für andere Dinge frei zu haben. Vielleicht hat sogar Ihre Hausbank eine Immobilienabteilung, die den Verkauf für Sie übernehmen könnte.

- Am einfachsten wäre es für den Verkäufer, wenn der Käufer sich auf einen flexiblen Übergabetermin einlässt (natürlich innerhalb einer angemessenen Frist). Das heißt, dass das Haus verkauft wird, die endgültige Übergabe aber erst später erfolgt. Bei dieser Möglichkeit fühlen sich vielleicht beide Seiten sicherer, wenn ein Makler sich um die Aufsetzung eines entsprechenden Vertrags kümmert.

Welchen Weg man auch immer einschlägt, es sollte alles geklärt sein, bevor man sich auf den Weg in die neue Heimat macht. Das neue Leben wird einen zur Genüge in Anspruch nehmen und es erleichtert den Start nicht gerade, wenn man nebenher noch ein Haus in Deutschland verkaufen muss.

Für befristete Auslandseinsätze: Übergangslösungen

Wer von seinem Unternehmen auf einen Auslandseinsatz geschickt wird, kann sich folgenden Situationen gegenübersehen:

- Er wohnt zur Miete und muss nun mit seinem Hausrat umziehen oder ihn in Deutschland einlagern. Oder ein Teil des Haushalts wird mitgenommen, der Rest wird eingelagert.
- Er hat ein Eigenheim oder eine Eigentumswohnung und muss sie während seiner Abwesenheit versorgt wissen.

Ist man nicht gerade im benachbarten Ausland im Einsatz, wird man sich schlecht selbst um seine Immobilie kümmern können. Eines muss klar sein: Auch ein leeres Haus oder eine leere Wohnung kostet Geld. Steuern und andere Abgaben fallen an und die Versicherung muss weiter bezahlt werden. Außerdem sollte man Garten und Hof nicht verwahrlosen lassen und auf jeden Fall muss im Winter geheizt werden. Und wer den Kredit für sein Haus noch nicht abbezahlt hat, muss weiterhin die Raten abtragen.

Hat man Wohneigentum, sollte man bei den Gehaltsverhandlungen zum Auslandseinsatz diesen unter Umständen erheblichen Posten einrechnen. Legen Sie auch Versicherungen und Steuern auf die zwölf Monate des Jahres um und versuchen Sie festzustellen, was ein leeres Haus Sie im Monat kosten wird.

Folgendes sollte man sich klarmachen:

- ✔ Wer sein Haus vermietet, hat fremde Leute im Haus. Und man kann von diesen Leuten nicht verlangen, dass sie Haus und Garten zwei, drei oder mehr Jahre so unverändert lassen, wie der Eigentümer es haben will. Es kann sein, dass man sich bei der Rückkehr in die eigenen vier Wände erst mal nicht sehr zu Hause fühlt.
- ✔ Während der Abwesenheit aus Deutschland sollte sich ein Familienmitglied oder ein guter Freund bereit erklären, sich um das Haus und die Belange der Mieter zu kümmern. Denn hier und da sind immer Reparaturen fällig oder andere Kleinigkeiten müssen erledigt werden. Als Dankeschön oder Aufwandsentschädigung sollte man ihm vielleicht einen kleinen monatlichen Betrag zukommen lassen.
- ✔ Der »Stellvertreter« in Deutschland sollte sich freundlich, doch wenn nötig mit Nachdruck darum kümmern können, dass die Mieter wieder ausziehen, wenn der Eigentümer in die Heimat zurückkehrt.

Chaos mit Chancen – die Haushaltsauflösung

Einen Haushalt in Kartons und Kisten zu verpacken, diese in einen Lastwagen oder Container zu laden und zum Schluss wieder auszupacken, ist keine kleine Leistung. Man sollte sich aber nicht gleich 100 Umzugskartons kaufen und mit dem Packen beginnen. In jedem Haushalt gibt es Dinge, die man schon lange nicht mehr benutzt hat. Warum sollte man sie einpacken und mitnehmen? Warum nicht den Haushalt einmal gründlich verschlanken?

Vor dem Packen entrümpeln

Zieht man um, muss man jede einzelne Sache in die Hand nehmen. Warum nicht bei jedem einzelnen Ding einmal kurz innehalten, um sich selbst (oder seinen Partner …) zu fragen, ob man es überhaupt noch braucht?

Entrümpeln ist angesagt. Das hat für die Auswanderung auch zwei ganz praktische Vorteile:

- ✔ Alles, was man nicht mitnimmt, wiegt nichts und nimmt keinen Platz weg. Wenn man nach dem Entrümpeln einen kleineren Lastwagen oder Container braucht, spart man bares Geld.
- ✔ Alles, was nicht über eine Grenze muss, muss nicht verzollt werden. Warum für den alten Computer, aus dem man nicht mal mehr Elemente als Ersatzteile gebrauchen kann, Zoll bezahlen, nur weil ein Zollbeamter ihn als hochwertige Elektronik einstuft? Also schon zu Hause ab damit in den Müllcontainer.

Für die effektive »Auswanderer-Entrümpelung« braucht man dann noch drei Dinge:

- ✔ Umzugskartons für alles, was mit soll
- ✔ Große Müllsäcke für alles, was weg soll. Wer wirklich Ernst machen will, kann auch gleich einen Müllcontainer bestellen. Dort passen dann auch Möbel, Teppiche und anderer sperrige Dinge hinein.
- ✔ Einen Platz für all die Dinge, die auf dem Flohmarkt oder über das Internet verkauft werden sollen

Zu schade für den Müll? Überlegen Sie nicht zu lange, ob Sie bestimmte Dinge jemandem schenken könnten. Diese Dinge sind für Sie unbrauchbar und Sie sind gerade dabei, sie wegzuwerfen. Warum sollte jemand anders sie gebrauchen können?

Optimal ist es, wenn man es schafft, jedes Ding nur einmal in die Hand zu nehmen, bevor man es in eine der drei Kategorien einteilt.

Werfen Sie großzügig weg. Den Eierkocher, den man geschenkt bekam und nie benutzt hat? Weg damit. Die Winterstiefel, die man schon drei Jahre nicht anhatte? Unnötiger Ballast. Den ersten Computer, den man als Andenken behalten hat? Man sollte sich auch von ihm trennen … Alles, was man lange nicht oder noch nie gebraucht hat, wird man wahrscheinlich auch in Zukunft nicht brauchen.

Holen Sie sich nicht zu viele Helfer, um Ihre Umzugskartons zu packen. Denn nur Sie können entscheiden, was eingepackt und was weggeworfen, verschenkt oder verkauft werden soll. Es ist auch nicht sinnvoll, wenn zehn Helfer bei jedem Ding, das sie anfassen, nachfragen, ob das auch in den Karton soll. Das hält Sie nur von der eigentlichen Arbeit des Packens ab und zermürbt obendrein Ihre Nerven. Ein bis zwei Helfer sind genug. Das Geheimnis lautet: Früh genug mit dem Entrümpeln und Packen anfangen.

Möchte man ungebrauchte Dinge seines Haushalts über das Internet verkaufen, sollte man Folgendes beachten:

- ✔ Zuerst einmal braucht man Zeit. Die Artikel fotografieren und einen ansprechenden Text dazu schreiben, Auktionen einstellen und Bilder hochladen, Fragen von Interessenten beantworten und schließlich die Zahlungseingänge überwachen, die Artikel verpacken, zur Post bringen und verschicken. Danach eventuell sogar noch Beschwerden bearbeiten.

Vielleicht können Sie einen Freund bitten, das, was Sie loswerden wollen, im Internet für Sie zu verkaufen. Es gibt Menschen, für die das ein Spaß und ein Sport ist und vielleicht findet sich ein solcher in Ihrem Bekanntenkreis. Wahrscheinliches Profil: männlich, ledig, zwischen 16 und 35 Jahre alt …

- ✔ Rechnen Sie den Erlös aus den Internetauktionen nicht in Ihr Auswanderungsbudget ein, bevor er wirklich auf Ihrem Konto eingegangen ist. Der Gewinn ist meist schlecht kalkulierbar und oft sind die Erwartungen zu hoch.
- ✔ Neben dem Internet sind auch Flohmärkte eine gute Gelegenheit, um gebrauchte Dinge zu verkaufen. Auch hier sollten Sie überlegen, ob Sie dazu wirklich die Zeit haben oder ob

ein Freund das für Sie erledigen kann. Normalerweise gehen für Flohmärkte die Wochenenden drauf. Wenn man arbeitet, sind die Wochenenden aber die Zeit, die man eigentlich fürs Packen und Umziehen braucht.

Mitnehmen oder einlagern?

Wer auswandert, wird in den wenigsten Fällen noch Dinge, die er irgendwann mal benötigen könnte, in Deutschland zurücklassen. Eine Heimkehr ist ja nicht geplant.

Anders ist das bei dem, der für seine Firma ins Ausland geht. Er wohnt im Ausland meist zur Miete und löst seinen Haushalt nur für bestimmte Zeit auf. Für ihn gibt es die Möglichkeit, seinen Hausrat in einem Lagerhaus einzulagern. In folgenden Fällen kann man das in Erwägung ziehen:

- ✔ Es kann sein, dass es im neuen Einsatzland üblich ist, Wohnungen möbliert zu vermieten. Da mag die Einrichtung zwar nicht immer den eigenen Geschmack treffen, es hat aber den Vorteil, dass sich die Umzugskosten beziehungsweise Kosten für Neuanschaffungen in Grenzen halten. Die eigenen Möbel kann man nun also entweder verkaufen oder einlagern.

Wer die Lagerkosten sparen und seine Möbel verkaufen will, sollte daran denken, dass er sie sich in einigen Jahren wieder neu kaufen muss. Das ist zwar praktisch, wenn man gern mit der Mode geht, kann aber für einen ganzen Haushalt ziemlich ins Geld gehen.

- ✔ Elektrogeräte (Hi-Fi-Anlage, Fernseher, Waschmaschine bis hin zu Mixer und Toaster) sind nicht unbedingt in jedem Land brauchbar. Oft passen die Stecker nicht oder sogar die Spannung ist unterschiedlich. Den unterschiedlichen Steckdosen kann man mit Adaptersteckern abhelfen. Bei unterschiedlicher Spannung (zum Beispiel 110 Volt in den USA, Kanada oder Japan) brauchen Sie schon einen Spannungswandler. Und das für alle Geräte im ganzen Haus.
- ✔ Gerade auf Unterhaltungselektronik wirft auch der Zoll gern sein Auge. Transport, Verzollung, Steckeradapter und Spannungswandler können sich zu einem solchen Betrag summieren, dass man seine Geräte vielleicht doch lieber einlagern möchte und dringend Benötigtes in der vorübergehenden Heimat neu kauft.

Auswanderern sei dazu geraten, sich einfach dem neuen Land entsprechend neu auszurüsten. Wer von seiner Firma geschickt wird, sollte genau klären, was an Neuanschaffungen oder Lagerkosten vom Arbeitgeber übernommen wird.

Lagerhäuser und Lagerräume in vielen Regionen findet man unter `www.lagerraum-anbieter.de`. Füttert man die Suchmaschine mit »Hausrat einlagern Österreich« oder »Hausrat einlagern Schweiz« bekommt man auch dort viele Treffer.

Heißgeliebte Platzfresser: Sammlungen

Briefmarken, Parfümflakons, Überraschungseifiguren, Porzellan, Engelchen, Comics und Nilpferdfiguren – die Liste der Dinge, die Menschen sammeln können, ist unendlich lang. Außerdem haben Sammlungen die Eigenschaft, unendlich groß zu werden. Und so kann seine Sammelleidenschaft einen Auswanderer in Konflikte stürzen:

- ✔ Meist braucht eine Sammlung Platz, also Stauraum beim Transport, also kostet sie Geld.
- ✔ Empfindliche Gegenstände wie Porzellan oder Briefmarken (Luftfeuchtigkeit!) müssen besonders verpackt und gelagert werden und kosten dadurch wieder Geld – und Nerven.
- ✔ Die neuen Lebensumstände sind noch unbekannt, also bleibt die Sammlung in der neuen Heimat vielleicht bis auf Weiteres in Kartons verpackt.
- ✔ Man weiß nie, durch welche Brille ein Zollbeamter eine Sammlung betrachten wird. Eine Kiste mit Figuren aus Überraschungseiern wird vom Zoll sicher als Spielzeug übersehen, ein Album mit Goldmünzen oder eine Kiste Meißner Porzellan kann einen dagegen schon in echte Schwierigkeiten bringen.

Nun kann man keinem Sammler sagen, dass er sich vor der Auswanderung lieber von seiner Sammlung trennen soll. Mancher schafft das, andere nicht. Wichtig ist nur, dass man die Sammlung bei Transport und Verzollung in den Finanzierungsplan für die Auswanderung einrechnet. Bei wertvollen Dingen wie Briefmarken, Münzen oder Antiquitäten sollte man sich über die Kosten einer Verzollung erkundigen.

Es geht los – Umzugskartons packen

Wer seinen Haushalt nun schon durchforstet, entrümpelt, verkauft und verschenkt hat, der kann jetzt gut überblicken, wie viel er nun packen muss. So heißt es erst einmal Schränke ausräumen, dann sind die Möbel an der Reihe. Wie immer gilt der Grundsatz, dass man mit gutem Werkzeug auch gut arbeiten kann. Deshalb lohnt es sich, für das Umzugsmaterial ein paar Euro auszugeben.

Kisten, Decken, Klebebänder: Umzugsmaterial

»Sparen« heißt das Zauberwort bei vielen Unternehmungen, die wir planen, und »am falschen Ende gespart« die Redewendung, die sich dann nur allzu oft bewahrheitet. Und sicher kann man beim Umzug versuchen, die Gratiskartons vom Lebensmitteldiscounter zu bekommen und die Gläser in Zeitungspapier wickeln. Nur ist es dann extrem nervig, wenn man zum Schluss noch in fünf Supermärkten Verkäufer suchen muss, die einem freundlicherweise leere Kartons aus dem Lager holen, wenn man noch das letzte Werbeblättchen aus dem Briefkasten klaubt, weil man unbedingt Füllmaterial braucht und für die letzten Kartons um Mitternacht noch die Federmäppchen der Kinder nach Klebeband durchsuchen muss.

Eine ordentlichere Lösung ist es da, sich echtes Umzugsmaterial zu besorgen. Damit man richtig loslegen und zügig durcharbeiten kann, sollte man Folgendes zur Hand haben:

- ✔ Genügend Umzugskartons
- ✔ Festes Paketklebeband, am besten mit Abroller, das erspart das mühselige »den Anfang suchen« und man muss nicht mit einer Schere hantieren.
- ✔ Luftpolsterfolie (Noppenfolie) in verschiedenen Breiten
- ✔ Seidenpapier/Packseide zum Einwickeln und Ausstopfen
- ✔ Möbelpackdecken
- ✔ Hammer, Zange, Schraubendreher (Schlitz und Kreuzschlitz) oder Akkuschrauber
- ✔ Arbeitshandschuhe

Wer in seine Internet-Suchmaschine »Umzugskartons« eingibt, wird gleich einen Haufen Online-Shops finden, die Umzugsmaterialien versenden. Auf diesen Seiten gibt es auch meist Vorschläge und Richtwerte dafür, wie viel Kartons man für eine Wohnung bestimmter Größe braucht.

Alles in allem muss das gar nicht mal so teuer sein: Für eine Wohnung um die 75 Quadratmeter sollte man mit 150 bis 200 Euro Umzugsmaterial rechnen.

Packen und polstern: Die Umzugskartons

Umzugskartons und sonstiges Material zu kaufen, ist eine bequeme und ordentliche Sache. So ist man sicher, dass die Kartons sauber und stabil sind und sich außerdem im Lastwagen oder im Container noch gut stapeln lassen.

Als Faustformel kann man sagen, dass man pro Quadratmeter Wohnung einen Umzugskarton braucht. Man muss dann einfach schauen, was alles verpackt werden soll: Wer zum Beispiel viele Bücher hat, sollte ein paar kleinere Umzugskartons nehmen, da ein normaler Karton mit Büchern viel zu schwer wäre.

Ein Standard-Umzugskarton hat die Maße 600 × 330 × 340 mm. Daneben gibt es noch Gläserkartons, Bücherkartons (oft mit extra starkem Boden) oder Kleiderboxen (ein höherer Karton mit Kleiderstange).

Nebenher sollten Sie immer auch Ihren Familien- und Notfallkoffer packen. Dahinein kommt alles, was Sie auch während des Umzugs und danach immer wieder brauchen werden: Kopien wichtiger Dokumente, Lieblingsspielzeug der Kinder, Verbandskasten, Kleider zum Wechseln, Toilettenartikel und so weiter. Das und was Ihnen sonst noch dringend wichtig erscheint, sollten Sie auf der Reise bei sich haben.

Zeit der Monteure: Möbel zerlegen

Ein Problem beim Umzug ins Ausland ist, dass man zu Hause oft noch eine Menge Helfer hat, in der neuen Heimat angekommen steht man aber oft allein da. Besonders schwierig wird es, wenn man sich mit dem Aufbau von Möbel nicht so gut auskennt. Dann sollte man die Möbel zu Hause selbst abbauen, um ein Gefühl dafür zu bekommen, wie ein bestimmtes Möbelstück aufgebaut ist. Vielleicht hat man sogar einen Bekannten, der einem dabei hilft und ein paar Tipps gibt.

- ✔ Die Beschläge (also Schrauben, Scharniere, Griffe und so weiter) eines Möbels sollte man in eine Tüte packen und mit Klebeband gut an einem Teil des Möbelstücks befestigen. So gehen sie nicht verloren und man weiß außerdem, welcher Beschlag zu welchem Möbel gehört.
- ✔ Wenn möglich, sollte man keine Schrauben oder Nägel in den einzelnen Bauteilen lassen. Zum einen können sie andere Möbel verkratzen, zum anderen können sie leicht herausbrechen.
- ✔ Zum Schutz der Möbel sollte man am Umzugstag auch ein paar Möbeldecken bereithalten.
- ✔ Kleinere Schränke und Kommoden muss man vielleicht gar nicht auseinanderbauen, sondern kann sie als Ganzes verladen. Dabei bietet es sich auch an, sie gleich als Kiste zu gebrauchen und vielleicht Handtücher oder Bettwäsche darin zu verpacken.

Lampen tut es in der Regel nicht gut, wenn man sie bis zum Schluss hängen lässt, da sie gern mal von Schranktüren und anderen Möbelteilen »abgeschossen« werden. Aber weil man ja noch Licht braucht, werden sie erst am Ende noch schnell abgehängt, eilig verpackt und oben auf den Laster »geworfen«. Auch dadurch nehmen sie schnell Schaden. Besser ist es, wenn man sich im Baumarkt ein paar Lampenfassungen kauft und die Lampen frühzeitig dadurch ersetzt.

Den Zoll nicht vergessen: Listen anlegen

Und schon wieder begegnet uns der Zoll. Wer die Europäische Union verlässt, muss seinen Haushalt durch den Zoll bringen. Dazu muss man eine Inventarliste für jeden Karton führen, das heißt, dass man genau aufschreibt, was in jedem Karton ist.

Jeden Umzugskarton muss man also zuerst nummerieren und dann jedes Teil, das man hineingibt, aufschreiben. Am besten auch gleich mit Mengenangaben. Das kann dann so aussehen:

Karton Nr. 5

- ✔ 15 Bücher
- ✔ 10 Handtücher
- ✔ 2 Fotoalben

Karton Nr. 26

- ✔ Tintenstrahldrucker *** (Marke und Alter)
- ✔ 4 Tintenpatronen für Drucker
- ✔ Büroartikel (Kugelschreiber, Bleistifte, Büroklammern …)
- ✔ 2 Pakete A4-Druckerpapier

Karton Nr. 64

- ✔ 75 Musik-CDs
- ✔ 50 DVDs
- ✔ 5 Tischdecken

Und so geht es immer weiter, bis man den ganzen Haushalt in Kartons verpackt und in Listen erfasst hat. Auf die Listen gehören natürlich auch alle anderen Dinge des Haushalts: Waschmaschine, Kinderspielzeug, Möbel und so weiter.

Falls Sie Englisch oder sogar schon die Sprache Ihrer neuen Heimat kennen, sollten Sie die Inventarliste auch gleich in diese Sprache übersetzen. Eine 50-seitige Packliste auf Deutsch wird einen Zöllner in Indien oder Paraguay nicht gerade gnädig stimmen. Eventuell müssen Sie diese Übersetzung nach der Ankunft noch anfertigen lassen, bevor der Zoll Ihre Sachen freigibt. Oder aber die Zöllner haben Zeit und Lust, Ihren Wagen komplett auszuräumen und zu durchsuchen. Unangenehm, aber tun können Sie dagegen nichts.

Auf Achse – ein Laster muss her

Wie man nun seinen Hausrat von A nach B bekommt, ist wie alles eine Frage des Geldes und auch ein wenig der Bürokratie. So ist es innerhalb der Europäischen Union relativ einfach, den kompletten Umzug selbst über die Bühne zu bringen.

Endlich mal Brummi fahren ...

Um einen passenden Lastwagen sollten Sie sich rechtzeitig kümmern, ein Monat vor dem Umzugstermin schadet nicht. Am besten wendet man sich an eine örtliche Autovermietung.

Dabei sollte man darauf achten, dass man nur einen Wagen mietet, für den man auch den entsprechenden Führerschein hat. Da die Umstellung von den alten deutschen auf die neuen EU-Führerscheinklassen manchmal für Verwirrung sorgt, fragt man bei der Autovermietung lieber genau nach.

Es kann sein, dass Sie durch die Umstellung der Führerscheinklassen nun nicht nur Lastwagen bis zu 7,5 t Gesamtgewicht fahren dürfen, sondern auch leichte Lastzüge bis zu 12 t. Sind Sie aber in Ihrem Leben noch nie so einen großen Laster gefahren und haben außerdem Schwierigkeiten damit, einen Anhänger rückwärts einzuparken, sollten Sie bei Ihren Bekannten fragen, ob jemand den Wagen fahren kann. Obwohl – wenn Sie wirklich einen so großen Wagen brauchen sollten, empfehle ich Ihnen noch einmal den Abschnitt »Vor dem Packen entrümpeln« zu lesen ...

Flexible Angebote, professionelle Ausführung: Der Spediteur

Wer eine Spedition mit dem Umzug beauftragt, bewegt sich irgendwo zwischen zwei Polen:

- ✔ Man kann den Umzugswagen bestellen, man trommelt Freunde und Familie zusammen, um den Laster zu beladen. Nachdem der Laster beladen ist, bringt der Fahrer den Haushalt zum Zielort. Dort lädt man ihn dann selbst wieder aus. Das ist die günstigste Version.
- ✔ Im teuersten Fall kommt die Umzugsfirma mit ein paar Leuten und jeder Menge Kartons, räumt die Schränke aus, zerlegt die Möbel, trägt das Klavier in den Laster, schraubt die Lampen von der Decke, zurrt alles schön fest, putzt die Wohnung blitzblank, übergibt Ihnen zum Schluss den Schlüssel der leeren Wohnung und fährt den Haushalt zum Zielort. Die teuerste Version.

Zwischen diesen beiden Extremen gibt es unendliche Variationen. So kann man die Kisten selbst packen, sie aber von der Umzugsfirma verladen lassen, Möbel selbst abbauen und so weiter. Am besten lässt man sich von mehreren Umzugsfirmen Angebote geben und sieht dann, was man sich alles leisten kann.

Umzugsfirmen kann man bequem im Internet finden und sich verschiedene Angebote machen lassen. Umzugsfirmen (auch für Auslandsumzüge) findet man zum Beispiel unter `www.immobilienscout24.de` oder `www.umzug4me.de`.

Eigentlich unverzichtbar wird ein Spediteur, wenn man die Grenzen der Europäischen Union überschreitet. Dann bekommt man es mit dem Zoll zu tun und das kann für den Privatmann eine alles andere als angenehme Erfahrung werden.

Schwierigkeiten kann es viele geben:

- ✔ Zuerst einmal hat man es in den meisten Fällen mit einer fremden Sprache zu tun. Ein Spediteur weiß aber, was er an der Grenze oder auf dem Zollamt zu tun hat.
- ✔ Auch die Formulare sind meist in einer fremden Sprache und dazu voller Paragrafen und Abkürzungen. Ein unüberwindliches Hindernis für den Privatmann, ein paar Routinestempel und Unterschriften für den Spediteur.

Zumindest für den, der die Europäische Union verlässt, ist die Hilfe eines Spediteurs im Grunde unverzichtbar.

Nach Übersee: Koffer oder Container?

Der Umzug oder die Auswanderung in ein anderes Land kann, muss aber nicht immer so ganz groß vonstattengehen. Man kann auch mit kleinem Gepäck reisen. Arbeiten wir uns also langsam vor, vom Koffer bis zum Containerschiff.

Mit ein paar Koffern mehr

Nicht nur mit dem eigenen Auto kann man »klein« umziehen. Wer mit ganz kleinem Gepäck auswandern will und schon weiß, dass er Arbeit hat und möbliert wohnen wird, kann sein Hab und Gut einfach in Koffer packen. Das geht nicht nur mit dem Auto, sondern sogar mit dem

Flugzeug. Für drei Koffer das zusätzliche Gewicht zu bezahlen, ist immer noch billiger als sich von einer Spedition einen Lastwagen mit Fahrer zu mieten. Und als Familie haben Sie schon pro Person (meist) 20 kg frei.

Ab in den Container

Vom Auto bis zur Zahnbürste kann man mit einem Standard- Seecontainer alles um die Welt schicken. Das besondere Merkmal der Seecontainer ist, dass sie genormt sind und so auf verschiedene Verkehrsmittel umgeladen werden können.

Container gibt es als 20-Fuß-Container (20') und als 40-Fuß-Container. Der kleinere ist etwas über 6 Meter lang, 2,35 Meter breit und 2,39 Meter hoch. Der größere Container ist knapp 12 Meter lang und genauso hoch und breit wie sein kleiner Bruder.

Mit der Verschiffung eines Seecontainers verlässt man endgültig den Bereich dessen, was man als Laie selbst machen kann. Mit der Anmietung, Verschiffung und Verzollung eines Seecontainers sollte man unbedingt eine Spedition beauftragen.

Das richtige Stauen eines Seecontainers verlangt Erfahrung und entsprechende Ausrüstung. Es gibt eine spezielle Überseeverpackung (Emballage), die den Hausrat im Container auf der langen Reise um die Welt schützt. Dabei werden Polstermöbel vollständig in Wellpappen und Luftpolsterfolien verpackt. Für wertvollere Möbel oder Musikinstrumente werden eventuell eigene Kisten gebaut. Es werden nicht nur die Kleinteile eines Haushalts in Kisten und Kartons verpackt, sondern auch die Möbel.

Hier einige Tipps, wie man den Container selbst beladen kann:

- ✔ Meist können Sie den Container für eine kurze Zeitspanne kostenfrei beladen. Danach sollten Sie Ihren Spediteur fragen. So kostet bei einer Frist über zwei Stunden vielleicht jede weitere halbe Stunde extra. Sie können sich einen Container nicht Tage vorher auf die Auffahrt stellen und dann gemütlich beladen. Jedenfalls nicht kostenfrei.
- ✔ Zwei wichtige Grundsätze: Es muss formflüssig und kraftflüssig gestaut werden. Formflüssig bedeutet, dass zwischen den einzelnen Packstücken im Container keine Luft sein darf. Alle Zwischenräume müssen ausgefüllt werden. Kraftflüssig heißt, dass die Container gleichmäßig beladen werden müssen und der Inhalt nicht verrutschen darf.
- ✔ Schwere Stücke gehören nach unten, die leichteren obenauf.
- ✔ Auf jeder Seereise besteht die Gefahr, dass Feuchtigkeit in den Container eindringt (besonders Luftfeuchtigkeit und Kondenswasser). Fragen Sie Ihren Spediteur nach Trockenmittel für Container, das die Feuchtigkeit anzieht und bindet. Das kann man sich vorstellen wie die kleinen Tütchen, die man manchmal in neu gekauften Taschen findet, nur größer. Ohne Trockenmittel kann es sein, dass Kleider, Bücher und Polstermöbel beim Öffnen des Containers verdorben sind.

Es kommt zwar relativ selten vor, aber auch Container können mal über Bord gehen. Von den jährlich rund 2.000 verlorenen Containern versinken laut einer Studie 70 Prozent im Meer, 15 Prozent werden an die Küste gespült, und 15 Prozent treiben im Meer herum. Für diesen seltenen Fall der Fälle sollten Sie wenigstens persönliche Erinnerungsstücke wie Fotos, Souvenirs, Festplatten mit persönlichen Dateien und andere sehr persönlich wichtige Kleinigkeiten im Koffer mit auf die Reise nehmen.

Und jetzt alles verladen ...

Der Umzugstag ist gekommen, doch wohin mit dem Lastwagen, wenn vor dem Haus immer alles zugeparkt ist? Praktischerweise kann man für solche Fälle ein vorübergehendes Halteverbot beantragen. Bucht man bei einer Umzugsfirma ein Komplettpaket, ist das oft auch schon darin enthalten.

Platz da für den Lastwagen

Für die Genehmigung eines vorübergehenden Halteverbots ist die Straßenverkehrsbehörde der jeweiligen Stadt zuständig. Wer gegen eine geringe Gebühr die Genehmigung des Amtes für öffentliche Ordnung einholt, darf den Platz, den er für den Umzugswagen braucht, mit Verkehrszeichen (Halteverbot) reservieren.

Für den Antrag muss man angeben:

- ✔ das Warum des Halteverbots (Umzug, Arbeiten am Haus ...)
- ✔ den Zeitraum des Halteverbots (rechnen Sie nicht zu knapp)
- ✔ den Ort des Halteverbots
- ✔ den Umfang des benötigten Halteverbots
- ✔ Kennzeichen des Lastwagens und das zulässige Gesamtgewicht

Im Preis für das vorübergehende Halteverbot ist nur die Genehmigung enthalten, die Schilder müssen Sie sich selbst besorgen und aufstellen. Es gibt aber Firmen, die Verkehrszeichen verleihen. Informationen dazu finden Sie im Internet oder im Branchentelefonbuch.

Umzugswagen beladen mit Überblick

Sie haben die Umzugskartons beschriftet und den Inhalt aufgelistet. So weit ist alles in Ordnung. Ihre zehn hoch motivierten Helfer haben alles, was ihnen in die Hände geriet, in den Lastwagen gepackt. Dann stehen Sie am Zoll steht und der Zöllner will den Tintenstrahldrucker sehen ..., den ein guter Freund allerdings gleich mal als Erstes in den Wagen geladen hatte.

Auch wenn man viele Umzugshelfer hat, sollte man die Kontrolle behalten. Überlegen Sie sich schon ein paar Tage vor dem Umzug, was zuerst und was zuletzt in den Lastwagen soll. Und auch wenn es zu logisch erscheint, darf man in der Hektik nicht vergessen: Was zuerst in den Container hineingeht, kommt erst als Letztes wieder heraus. Und passen Sie auf Ihren Notfallkoffer auf, sonst verschwindet er im Eifer des Gefechts ebenfalls im Umzugswagen.

Es läppert sich: Umzugskosten

Vieles muss bedacht, bestellt, organisiert und gekauft werden und jetzt rechnen wir mal zusammen!

- ✔ Spedition: Lassen Sie sich mehrere Kostenvoranschläge machen und vergleichen Sie die Leistungen der einzelnen Unternehmen genau.
- ✔ Sollten Sie allein umziehen: Berechnen Sie Miete, Benzin und Maut für den Umzugswagen.
- ✔ Material: Was kosten Kartons, Decken, Klebeband, Decken und so weiter?
- ✔ Was wird Sie die Reinigung und Renovierung der alten Wohnung kosten?
- ✔ Was werden Sie in der neuen Heimat alles neu kaufen müssen? Überschlagen Sie die Anschaffungskosten für neue Möbel, Haushaltsgeräte und Elektronik.
- ✔ Eventuell müssen Sie doch noch einige Teile des Hausrats verzollen.

Für all diese Posten können die Kosten so immens in die Höhe gehen, dass es für manchen Auswanderungswilligen wirklich heißt: Alles verkaufen, wenig mitnehmen und wieder ganz klein anfangen.

Geliebtes Problemkind: Das Auto

Auch in der Fremde wird man in den wenigsten Fällen ohne ein eigenes Auto auskommen. Innerhalb Europas wird mancher mit dem Gedanken spielen, sein eigenes Auto mitzunehmen und dann umzumelden. Wer nach Übersee auswandert, wird damit schon mehr Probleme und Kosten haben. Aber egal, wohin es geht, sind einige grundsätzliche Dinge zu bedenken.

- ✔ Die einfache erste Frage: Wird man in der neuen Heimat überhaupt ein Auto brauchen? In vielen Großstädten der Welt kommt man gut mit öffentlichen Verkehrsmitteln zurecht.
- ✔ Wer von seiner Firma ins Ausland geschickt wird, der bekommt vielleicht einen Dienstwagen und braucht sich ebenfalls keine Gedanken mehr ums Auto zu machen.
- ✔ Für alle anderen bleibt die Frage: Mitnehmen oder dort kaufen?

Um das gleich für alle Länder weltweit vorwegzunehmen: Wer in ein Land ziehen will, in dem Linksverkehr herrscht, sollte auf jeden Fall einplanen, sich in der neuen Heimat ein Auto kaufen zu müssen.

»Ich fahr einfach selbst hin ...« – Autos in Europa

Es klingt einfach: Man packt erst mal das Auto voll, fährt in seine neue Heimat (günstigerweise innerhalb der Europäischen Union) und kümmert sich später um den Rest. Das deutsche Kennzeichen tut es auch erst mal noch. Aber so einfach bleibt es nicht.

Grundsätzlich gilt, dass man ein Auto nur in dem Land anmelden kann, in dem man gemeldet ist und seinen ständigen Wohnsitz hat. An einem Zweit- oder Ferienwohnsitz kann man sein Auto nicht registrieren lassen. Auch wenn das häufig praktiziert wird: Die Lösung, sein Auto über einen Freund oder Verwandten in Deutschland angemeldet zu lassen, ist nicht legal, wenn das Auto ständig bei Ihnen im Ausland ist.

Wer mit seinem Auto länger als sechs Monate in einem Land der Europäischen Union bleibt, muss sein Auto ummelden. Dabei können allerdings Steuern und Gebühren fällig werden, über deren Höhe man sich vorher erkundigen sollte.

Bevor man sein Heimatland verlässt, sollte man in Erfahrung bringen, welche Dokumente man für die Ummeldung braucht, und versuchen, sie gleich mitzunehmen. Es kann auch sein, dass Sie sich durch die Einhaltung bestimmter Fristen und Termine Steuern und Gebühren sparen. Weitere Informationen findet man auf der Internetseite der Europäischen Union: `www.europa.eu`.

»Passt doch locker in den Container ...« – Autos nach Übersee

Außerhalb der Europäischen Union wird es normalerweise kompliziert und teuer, wenn man sein eigenes Auto mitnehmen will. Einige Fragen sollte man unbedingt klären, bevor man sein Auto in einen Überseecontainer fährt:

- ✔ Wird der Zoll den Wagen als persönliches Umzugsgut oder als eingeführte Ware betrachten? Es kann leicht einen Unterschied von mehreren Tausend Euro ausmachen, wenn man für sein Auto Zoll und Mehrwertsteuer bezahlen muss.
- ✔ Ist das Auto überhaupt für den Straßenverkehr in der neuen Heimat zugelassen? Jeder Staat der Welt hat so seine eigene Meinung darüber, was auf seinen Straßen fahren darf und was nicht.
- ✔ Man sollte sich von einem Spediteur ein genaues Angebot über Überführungskosten und Transportversicherung erstellen lassen. Darin eingeschlossen sollten auch alle Hafen- und Standgebühren und alle sonstigen Nebenkosten sein. Lohnt es sich wirklich, sein Auto mitzunehmen?

Wer Europa verlassen will, für den wird es sich in den meisten Fällen nicht lohnen, sein Auto mitzunehmen. Das bedeutet aber, dass man bei der finanziellen Planung der Auswanderung auch einen Betrag für ein neues Auto einplanen muss.

Bis hierher und nicht weiter – der Zoll

Fast wie ein roter Faden zieht sich das Wort »Zoll« durch dieses Kapitel über das Packen und Umziehen. Es ändert sich alles, wenn man die Europäische Union verlässt (oder als Nicht-EU-Bürger in die EU möchte): Man landet wieder in der guten alten Zeit, in der man an Grenzübergängen Herzklopfen bekam und auf Gedeih und Verderb den Zollbestimmungen eines anderen Landes und den Launen der Zollbeamten ausgeliefert war und in der man schon ein mürrisches Durchwinken als Gnadenerweis ansah.

Vieles ist eine Sache der Interpretation: Wenn Sie Ihren Fernseher als persönlichen Besitz und vor allem als gebraucht anmelden, der Zollbeamte aber der Meinung ist, dass Sie ihn in sein Land bringen, um ihn zu verkaufen – wessen Meinung zählt dann? Ihre nicht … Doch die gute Nachricht ist, dass auch alles glattgehen kann und es nicht immer Probleme am Zoll gibt. Hier ein paar Tipps, wie man relativ ungeschoren durch den Zoll kommen kann.

Der einfachste Weg: Der Spediteur, dein Freund und Helfer

Zunächst einmal sollte man sich dem Fachwissen eines Spediteurs anvertrauen. Der kann neben dem Transport die Verzollung gleich mit übernehmen. Auch die Zollbeamten sehen das aus verschiedenen Gründen gern:

- ✔ Ein Spediteur kennt sich mit den Formularen genau aus. Er kennt den Wert des Container- oder Lastwageninhalts und kann alle Papiere entsprechend ausstellen und die Höhe des Zolls ausrechnen.
- ✔ Der Spediteur besitzt in der Regel eine Zollgarantie. Das bedeutet, dass er sozusagen Geld »auf der hohen Kante« hat, mit dem er den Zoll auf jeden Fall bezahlen kann.
- ✔ Spediteure und Zöllner auf Grenzen und Zollämtern kennen einander. Man kann auch mal warten, bis der Zöllner Dienst hat, mit dem man besonders gut kann.

In manchen Ländern müssen Sie als Eigentümer auch selbst zum Zoll, um Ihren Container in Empfang zu nehmen. Das muss übrigens nicht immer an der Grenze sein. Ein Zollamt kann sich auch in einer Stadt im Inland befinden. Selbst dann ist es aber normalerweise erwünscht, dass ein Spediteur Ihren Container durch den Zoll bringt, das heißt die Formulare ausfüllt und die Bezahlung übernimmt.

Ohne Spediteur läuft die Verzollung ungefähr folgendermaßen:

- ✔ Sie bekommen ein paar Formulare, die Sie fachgerecht ausfüllen müssen.
- ✔ Der Zöllner sieht sich Ihre Inventarlisten an und rechnet aus, wie viel Zoll bezahlt werden muss (dass er das jetzt selbst machen muss, hebt seine Laune nicht gerade).
- ✔ Haben Sie die Formulare ausgefüllt und der Zollbeamte findet Fehler, wird er sie Ihnen über den Tisch zurückwerfen.
- ✔ Die Laune des Beamten verschlechtert sich. Jetzt will er in den Container schauen. Ärgert er sich nun genug, nimmt er Ihnen die ganze Ladung auseinander und schaut in jeden Karton …

- Da Sie als Privatmann ja keine Zollgarantie haben, werden Sie nach etlichen Tagen oder Wochen aufs Zollamt bestellt, um Ihre Rechnung in bar zu begleichen.

Nein, ich werde als Autor nicht vom Verband der Deutschen Spediteure gesponsert. Ich habe lediglich genug Zeit mit Ausländern rund um die Welt verbracht …

Immer schön freundlich

Was auch immer passiert, aufregen bringt nichts. An Grenzen und bei Zollämtern hilft es nur, die Ruhe zu bewahren und freundlich zu bleiben. Wenn man zwei Stunden warten muss, wartet man eben. Wenn man ein Formular dreimal ausfüllen muss, füllt man es eben dreimal aus. Nie vergessen: Sie sind der Gast und der Zollbeamte ist der Herr im Haus.

Sicher haben Sie auch schon davon gehört, dass eine wohldosierte Bestechung manche Schwierigkeit löst. Nur können Sie als Fremder nicht einfach mit Geldscheinen wedelnd durchs Zollamt laufen. In vielen Ländern ist Bestechung keine Lösung. Und selbst wenn, wissen Sie als Ausländer nicht, wem Sie im richtigen Augenblick die angemessene Summe in die Schublade legen müssen. Ein »Hier haben Sie etwas für die Kaffeekasse …« kann ganz schön ins Auge gehen, wenn Sie die Regeln nicht beherrschen. Also nehmen Sie sich lieber viel Zeit und bleiben Sie gelassen.

Plötzlich wird Ihr Hausrat wertvoll …

Bleibt noch die Frage, was überhaupt verzollt werden muss. Das hängt zum einen an der Aufenthaltsgenehmigung. Mit Aufenthaltsgenehmigung sieht man Ihren Hausrat als genau das an, was er ist: Ihr Besitz. Was davon verzollt werden muss, bestimmen die Gesetze des jeweiligen Landes. Ohne Aufenthaltsgenehmigung wird man normalerweise Ihren kompletten Hausrat als Ware ansehen, die importiert und verkauft werden soll. Dann müsste man vom Computer bis zum Wattestäbchen alles verzollen.

Achten Sie darauf, dass das nicht schiefgeht: Um Ihr Eigentum durch den Zoll zu bekommen, brauchen Sie eine gültige Aufenthaltserlaubnis. Warten Sie lieber ein paar Wochen auf den Container als mit Container auf Ihre Aufenthaltserlaubnis.

Neben der Aufenthaltserlaubnis spielt auch das Alter der Gegenstände eine Rolle. Sehr oft sind all die Haushaltsgüter zollfrei, die schon mehr als ein oder zwei Jahre in Ihrem Besitz sind. Diese Fristen unterscheiden sich von Land zu Land. Andererseits können bestimmte Dinge von dieser Regelung auch ausgenommen sein. In China zum Beispiel müssen Elektrogeräte, Möbel, Parfüm, Computer und vieles andere immer verzollt werden. Dazu bestimmen die dortigen Behörden selbst, wie viel Wert sie den Dingen beimessen, Rechnungen als Nachweis sind also vielleicht sogar unnütz.

Als Faustregel sollte man beachten, dass man vor dem Umzug nicht noch alles Mögliche neu kaufen sollte. Originalverpackte Möbel und Elektrogeräte können Sie am Zoll teuer zu stehen kommen. Und ebenso alles, was auch unverpackt neu aussieht.

Ganz genau informieren sollte man sich, wenn man Tiere, Pflanzen oder Pflanzensamen mitnehmen will. Für Haustiere sind vielleicht besondere Impfungen Pflicht, außerdem braucht man für sie eventuell Besitz- und Herkunftsdokumente. Um unnötige Kosten und Ärger zu vermeiden, sollte man zumindest auf die Einfuhr von Pflanzen und Pflanzensamen verzichten.

Falls Sie ein »Freund« von Film- und Software-Raubkopien sind, sollten Sie Ihre entsprechende Sammlung noch vor der Abreise in die Tonne werfen. Das gilt nicht nur für gebrannte DVDs und CDs, sondern auch für Festplatten. Schauen Sie vor der Abreise lieber noch mal nach, was sich so auf Ihren Datenträgern angesammelt hat. Am Zoll möchten Sie nicht mit Raubkopien erwischt werden, es drohen hohe Strafen und mit der Auswanderung und dem Auslandseinsatz hat es sich dann auch gleich erledigt.

Um all die Vorbereitungen übersichtlich im Blick zu haben, finden sich im Anhang Checklisten für einen Umzug in Eigenregie und einen Umzug mit einer Spedition.

Tod im Ausland

13

In diesem Kapitel

- Wie man ein Testament erstellt
- Den Nachlass regeln
- Die eigene Bestattung vorbereiten
- Der Umgang mit dem »digitalen Erbe«

Wer ins Ausland geht, der denkt vor allem an eines: das neue Leben, das vor ihm liegt. Gleichzeitig auch noch ans Sterben zu denken, ist vielleicht ein wenig viel verlangt. Trotzdem wäre *Im Ausland leben für Dummies* nicht vollständig, wenn man nicht auch über das Sterben nachdenken würde.

Nun kann es durchaus sein, dass Sie sich mit dem Tod nicht beschäftigen wollen, weil er Sie nichts mehr angeht, wenn er dann da ist. Wer allerdings bleibt, sind Verwandte, Nachbarn und Freunde. Und die werden eventuell ziemlich viel Arbeit und hohe Kosten auf sich nehmen müssen, wenn Sie sterben, ohne ein paar grundlegende Dinge geregelt zu haben.

In diesem Kapitel geht es um Fragen von Tod und Hinterlassenschaft. Gerade wenn man sein Heimatland verlassen, aber noch Familie zurückgelassen hat, sollte man bestimmte Dinge regeln. Die Fragen rund um Tod und Erbe zu klären, steht vielleicht nicht ganz oben auf der Liste von Dingen, die man vor der Ausreise noch unbedingt erledigen will. Aber das Kapitel läuft ja nicht weg.

Spätestens dann, wenn man ein Alter erreicht, in dem man den Tod nicht mehr als Möglichkeit, sondern als bevorstehende Wirklichkeit empfindet, sollte man sich mit diesem Kapitel noch einmal intensiv auseinandersetzen.

Warum den Ernstfall planen

Es wird jedem empfohlen, ein Testament zu machen. Dabei geht es zum einen darum, den letzten Willen des Verstorbenen zu respektieren. Zum anderen ist es auch wichtig, Ärger zu vermeiden. Es sei denn, man lebt nach dem Motto »Nach mir die Sintflut ...«.

Für Auswanderer und für Menschen, die vorübergehend im Ausland arbeiten, ist ein Testament besonders wichtig. Denn hier treffen ein neues Leben und neue Beziehungen, die meist nur der Auswanderer selbst kennt, mit den alten familiären Beziehungen zusammen. Woher sollen die Kinder in Deutschland wissen, dass der spanische Hausmeister wie ein zweiter Sohn für Sie war? Er wird im Zweifelsfall leer ausgehen. Und was ist mit all dem Hausrat vor Ort in Neuseeland? Muss sich jemand aus Deutschland darum kümmern?

In der Fremde sterben?

Ohne jemandem Angst machen zu wollen: Wer sein gemütliches Wohnzimmer in Deutschland, Österreich oder der Schweiz verlässt, setzt sich natürlich Gefahren aus (ausführlich gehe ich darauf in Kapitel 16 ein, in dem es um die Sicherheit in der neuen Heimat geht). Dabei muss man nicht unbedingt nach Afghanistan, Kolumbien oder in den Irak gehen, um besonderen Gefahren ausgesetzt zu sein. Es reicht, Ausländer zu sein – oder einfach am falschen Ort:

- ✔ In England, Japan, Neuseeland, Australien und vielen andern Ländern der Welt herrscht Linksverkehr. Die Unfallgefahr im Straßenverkehr steigt für Menschen, die Rechtsverkehr gewöhnt sind.
- ✔ In Tokyo kann jederzeit ein schweres Erdbeben drohen.
- ✔ Bei der Tsunami-Katastrophe in Asien im Jahr 2004 starben auch 2.500 Ausländer. Sie waren einfach nur in Urlaub gewesen.

Wer in die Krisengebiete dieser Welt reist, sollte auf jeden Fall ein Testament machen. Man bannt die Gefahr nicht, indem man sie einfach ignoriert.

Ein Traum von Portugal

Im Jahr 2001 ging ich von Österreich nach Portugal an die Algarve, um dort für eine deutsche Klubanlage als Reitlehrerin zu arbeiten. Dort habe ich meinen zweiten Mann kennengelernt. Er war Deutscher und arbeitete dort als Golflehrer. Irgendwann lief mein Vertrag aus und wir wollten beide weder nach Österreich noch nach Deutschland zurück. Also haben wir uns selbstständig gemacht. Ich habe mir zwei Pferde gekauft und Reitausflüge angeboten. Nach einem Jahr habe ich einen Reitstall gemietet und nach drei Jahren lief er auch schon ganz gut.

Dann wurde bei meinem Mann Krebs festgestellt. Die Diagnose wurde noch in Portugal gestellt, doch innerhalb von zehn Tagen mussten wir einen Stall mit mehr als zehn Pferden auflösen, um zur Behandlung nach Österreich gehen zu können. Nach 16 Monaten starb mein Mann. Nun ist es in Österreich erlaubt, die Urne mit der Asche eines Verstorbenen auf seinem Privatgrundstück aufzubewahren. Ich holte also die Urne zu mir und machte mich mit der Asche meines Mannes auf den Weg zurück nach Portugal. Zwar hatte ich vorbei an Polizei und Zoll ein mulmiges Gefühl, doch niemandem fiel etwas auf. Und so konnte ich die Asche meines Mannes an einem Platz verstreuen, der für uns wichtig war.

Um zu trauern und für diesen Abschnitt meines Lebens einen Abschluss zu finden, blieb ich noch ein Jahr in Portugal. Doch den Traum, den wir beide hatten, wollte ich allein nicht mehr leben und so ging ich zurück nach Österreich.

Barbara Gottardi, Klagenfurt

Vorausschauen und Ärger vermeiden

Die meisten Menschen möchten nicht, dass nach ihrem Ableben die Angehörigen im Chaos versinken. Das kann man folgendermaßen verhindern:

- ✔ Auf jeden Fall sollte man ein Testament aufsetzen.
- ✔ Nicht unbedingt verbindlich, aber für die Hinterbliebenen hilfreich, sind Anweisungen für den Fall des Todes.
- ✔ Versicherungspolicen in Ordnung und für die Hinterbliebenen erreichbar haben.
- ✔ Eine Vertrauensperson finden (vielleicht auch einen Anwalt oder Notar), der im Todesfall die Dinge in die Hand nimmt.

Wenn Sie einen Anwalt oder eine andere Vertrauensperson damit beauftragen, Ihre Familie zu kontaktieren, sollten Sie darauf achten, dass diese Vertrauensperson wenn möglich die Sprache Ihrer Familie spricht. Es ist kein guter Start, wenn die Angehörigen nicht einmal sicher sind, ob jetzt wirklich gemeint ist, dass Sie tot sind.

Auch wenn es vielleicht schwierig ist, das deutsche Erbrecht auf andere Länder zu übertragen, sollte es der Ausgangspunkt für die Hinweise über die Nachlassregelung sein. So lassen sich Abweichungen in anderen Ländern leichter feststellen. Und für den, der nur begrenzte Zeit ins Ausland geht, wird das deutsche Erbrecht gelten.

Der letzte Wille

Ein Testament ist »eine Verfügung von Todes wegen« und soll das Erbe regeln. Es braucht eine bestimmte Form und kann vom Verfasser (im Gesetz wird er »Erblasser« genannt) jederzeit widerrufen oder geändert werden. Ein Testament zu schreiben, ist kein Problem. Wenn man ein paar einfache Regeln beherzigt, kann man es ohne Notar oder Anwalt so aufsetzen, dass es gültig ist.

Allerdings sind nicht alle Wünsche oder Anweisungen so wichtig, dass sie tatsächlich ins Testament sollen. Also unterscheidet man das eigentliche Testament und die »Anweisungen im Fall meines Todes«.

Die folgenden Regeln für ein korrektes Testament gelten für alle Testamente, nicht nur für die von Auswanderern. Punkte, die für Leute in Auslandseinsätzen oder für Auswanderer besonders wichtig sind, finden Sie eingestreut im Text oder als »Tipp« extra gekennzeichnet.

Das korrekte Testament

Der juristische Fachbegriff für das Testament ist »letztwillige Verfügung«. Das bedeutet, dass jeder sein Erbe so verteilen darf, wie er will. Es ist nicht unbedingt an Verwandtschaftsverhältnisse und gesetzliche Erbfolge gebunden. Im Folgenden gehe ich auf das deutsche Erbrecht ein. Grundkenntnisse darüber sind für jeden Auswanderer oder Auslandsmitarbeiter nützlich, der noch Verwandte in Deutschland hat. Hinweise zum Testament im Ausland finden sich dann am Ende dieses Abschnitts.

Neben dem Testament kennt das deutsche Recht auch den Erbvertrag. Im Gegensatz zum Testament, das der Erblasser jederzeit ändern oder widerrufen kann, hat der Vertragspartner einen gesetzlichen Anspruch auf das ihm zugesagte Erbe. Näheres dazu kann man bei einem Anwalt erfragen.

Die Form des Testaments

Zum gültigen Testament geht es in wenigen Schritten:

1. Ein Testament verfassen kann nur eine Person für sich allein. Ausnahmen sind Eheleute und Lebenspartner nach dem Lebenspartnerschaftsgesetz (also das, was man gemeinhin als »Homo-Ehe« bezeichnet). Sie können auch gemeinsame Testamente erstellen. Geschwister oder Verlobte können kein gemeinsames Testament erstellen.

   Bei einem gemeinsamen Testament muss unbedingt auch der Partner seine Unterschrift geben. Das kann wie folgt aussehen: »Dies ist auch mein letzter Wille. (Unterschrift)« oder »Dieses Testament ist auch mein letzter Wille. (Unterschrift)«.

2. Ein Testament muss handschriftlich verfasst werden. Ein maschinengeschriebenes Testament mit handschriftlicher Unterschrift ist nicht gültig.

3. Damit das Testament nicht übersehen wird, sollte es deutlich mit »Testament« oder »Mein letzter Wille« überschrieben werden.

   Wer im Ausland lebt, sollte zumindest auf dem Umschlag des Testaments das entsprechende Wort dafür in der Landessprache angeben. Außerdem sollte er eine Kontaktperson in Deutschland benennen, an die sich einheimische Vertraute wenden können. Unbedingt sollte man immer darauf achten, dass die verschiedenen Kontaktpersonen auch zumindest eine gemeinsame Sprache sprechen.

4. Hat das Testament mehrere Seiten, muss man sie deutlich kennzeichnen, also »Seite 1 von 4« oder »Seite 3 von 4«. Es muss deutlich sichtbar sein, dass kein Blatt fehlt.

5. Man sollte deutlich benennen, wer die Erben sein sollen. Das können auch mehrere Personen sein. Sinnvoll ist es aber, als Erblasser das Vermögen unter den Erben auch selbst aufzuteilen. Sonst müssen die sich selbst einigen, wer was bekommt, was dann gern zu Streitereien führt. Und gerade das soll ein Testament ja verhindern.

6. Wer möchte, dass auch andere Personen außer den gesetzlichen Erben etwas erhalten, sollte das benennen. Ob es sich um Geld oder Gegenstände handelt, spielt keine Rolle. Wenn es im Testament erwähnt wird, sind die Haupterben verpflichtet, das herauszugeben, was anderen Personen zugedacht wurde.

7. Die Unterschrift mit Ort und Datum gehört ganz unten unter die letzte Zeile des Testaments. Nur die Abschnitte, die vor der Unterschrift liegen, sind rechtsgültig.

Ohne Testament: Die gesetzliche Erbfolge

Wird nach dem Tod einer Person kein Testament gefunden, gilt die gesetzliche Erbfolge. In Deutschland wird die Erbfolge in sogenannten Ordnungen geregelt. Das bedeutet, dass gesetzliche Erben danach eingeteilt werden, wie nah sie mit dem Erblasser verwandt sind. Das sieht ungefähr so aus:

- ✔ Erste Ordnung: Alle Abkömmlinge des Erblassers (Kinder, Enkelkinder, uneheliche Kinder, Adoptivkinder und so weiter)
- ✔ Zweite Ordnung: Die Eltern des Erblassers und deren Nachkömmlinge (Eltern, Bruder, Schwester und so weiter)
- ✔ Dritte Ordnung: Großeltern des Erblassers und deren Abkömmlinge (Onkel, Tanten und so weiter)

Auch die anderen, weitläufigeren Verwandten werden in Ordnungen der Erbfolge aufgeteilt. Wichtig ist, dass ein Verwandter höherer Ordnung alle anderen Ordnungen ausschließt. Innerhalb der ersten Ordnung wird nach »Stämmen« unterschieden, das heißt, dass jedes Kind des Erblassers einen eigenen »Stamm« bildet. Alle weiteren Ordnungen sparen wir uns hier, am besten informieren Sie sich bei einem Anwalt.

Mit Testament: Der Erblasser entscheidet über das Erbe

Liegen ein Testament oder ein Erbvertrag vor, spricht man von einer »gewillkürten Erbfolge«. Das bedeutet, dass man sich nicht an die gesetzliche Erbfolge hält (oder halten muss), sondern das Erbe nach eigenen Wünschen aufteilt. Allerdings ist dieser freien Entscheidung auch eine Grenze gesetzt: Selbst wenn man seine nächsten Verwandten (Kinder, Eltern) enterbt, steht ihnen ein Pflichtteil zu. Das ist zum Beispiel wichtig, wenn Ehepartner ihren Besitz einander vererben (das sogenannte Berliner Testament). Das bedeutet, dass man die Kinder zunächst einmal enterbt. Die Kinder könnten ihr Pflichtteil vom zurückgebliebenen Partner einfordern.

Auch wenn es ein komisches Gefühl ist, den Kindern zu misstrauen, kann es nicht schaden, auf Nummer sicher zu gehen, um den hinterbliebenen Ehepartner zu schützen. Das geht mit einer einfachen Klausel im Testament: Man fügt hinzu, dass, sollten die Kinder ihren Pflichtteil vom hinterbliebenen Partner einfordern, sie im Falle des Todes des zweiten Partners auch nur den Pflichtteil bekommen. Damit es dann auch richtig wehtut, spenden Sie den Rest des Erbes einfach dem örtlichen Tierheim oder einem Missionswerk. Damit würden die Kinder also ein Gutteil des Erbes verlieren, wenn sie beim Tod des erstversterbenden Partners ihr Pflichtteil einfordern sollten.

Wo aufbewahren?

Mit der Aufbewahrung des Testaments ist das so eine Sache. Man kann es zu Hause zwischen seinen Dokumenten haben. Irgendwer wird sie ja im Todesfall sicher sichten. Das macht das Testament allerdings auch zu einer sehr verletzlichen Sache. Es könnte leicht »verschwinden« oder vernichtet werden.

Oder aber es wird einfach übersehen oder aus irgendeinem Grund nicht gefunden. Es gibt andere Aufbewahrungsmöglichkeiten:

- ✔ Man gibt das Testament einem guten Freund, der ansonsten mit der Erbschaft nichts zu tun hat, zur Aufbewahrung.
- ✔ Besser noch ist es, wenn man das Testament beim Amtsgericht verwahren lässt. Das kostet zwar eine Gebühr, die ist aber relativ gering. Welches Amtsgericht in Deutschland für Sie zuständig ist, erfahren Sie unter `www.oertliche-zustaendigkeit.de`.
- ✔ Wer im Ausland lebt, richtet sich danach, wo er was wem vererben möchte. Sind Besitz und Familie beziehungsweise Erben mit im Ausland, wird natürlich dort vererbt. Das kann aber auch bedeuten, dass das Erbrecht des anderen Landes gilt. So kennt man in den USA den Pflichtteil nicht. Daher kommt uns durch die vielen Hollywood-Filme eine Enterbung drastischer vor, als sie es in Deutschland tatsächlich ist (es sei denn, Ihre Erben wollten Sie umbringen, aber das führt jetzt in diesem Buch wirklich zu weit ...).

Das Testament im Ausland

Wem das Erbrecht in Deutschland schon kompliziert erscheint, dem sei versichert, dass es erst richtig kompliziert wird, wenn man über Länder, Grenzen und Nationalitäten hinweg vererben will.

Grundsätzlich richtet sich die gesetzliche wie auch die »gewillkürte« Erbfolge nach dem Recht des Staates, dessen Angehöriger der Erblasser bei seinem Tode war. Hat jemand mehrere Staatsangehörigkeiten, hat für die deutschen Behörden das deutsche Erbrecht Vorrang.

Haut das alles nicht recht hin (zum Beispiel weil die Behörden des Landes, in dem der Erblasser zuletzt lebte, nicht mitspielen ...), gilt das Erbrecht des Landes, in dem sich der Verstorbene für gewöhnlich aufhielt.

Nach ausländischem Erbrecht muss man sich richten, wenn für Immobilien andere Gesetze gelten als in Deutschland. Dann kann eine »Nachlassspaltung« stattfinden. Das Erbe wird also »aufgespaltet« in das unbewegliche Vermögen (die Immobilie) im Ausland und das bewegliche Vermögen. Das unbewegliche Vermögen wird nach den Gesetzen des Landes vererbt, in dem es liegt. Das bewegliche Vermögen (also Geld, Schmuck und so weiter) dann nach deutschem Recht. Deutsches Recht hin oder her: Anerkannt werden Testamente oder wie auch immer »letztwillige Verfügungen« in anderen Ländern genannt werden in Deutschland auch, wenn

- ✔ sie dem Recht des Landes entsprechen, dessen Staatsangehöriger der Erblasser bei der Niederschrift des Testaments oder bei seinem Tod war,
- ✔ sie dem Recht des Landes entsprechen, in dem die Verfügung erstellt wurde,
- ✔ sie dem Recht des Landes entsprechen, in dem der Erblasser zum Zeitpunkt der Niederschrift oder bei seinem Tod seinen Wohnsitz hatte,
- ✔ sie dem Recht des Landes entsprechen, in dem sich das nicht bewegliche Vermögen befindet, von dem im Testament die Rede ist.

Nun liest sich das bis hierher vielleicht kompliziert und verwirrend. Das hält sich allerdings in Grenzen, wenn man seinen Platz gefunden hat und genau weiß, welche Gesetze in der neuen Heimat gelten und wem man in welchem Land etwas vererben sollte.

Fürs Erste kann man folgendermaßen vorgehen:

- ✔ Wer nur für begrenzte Zeit ins Ausland geht, regelt seine Dinge einfach wie in Deutschland üblich und hinterlegt sein Testament zur Aufbewahrung beim Amtsgericht seines Heimatorts.
- ✔ Wer ausgewandert ist und in Deutschland weder Besitz noch Familie hat, der macht sein Testament nach den Gesetzen seiner neuen Heimat.

Falls das Erbrecht in der neuen Heimat sich erheblich vom deutschen Erbrecht unterscheidet, man aber gern nach deutschem Recht vererben möchte, muss man in seinem Testament genau festlegen, wie das aussehen soll. Dann können diese Wünsche berücksichtigt werden, solange sie nicht ausdrücklich den Gesetzen des Gastlandes widersprechen.

- ✔ Wer gerade erst auswandert, sollte sein Testament in Deutschland machen und dort beim Amtsgericht hinterlegen. Sobald man in der neuen Heimat Fuß gefasst hat, sollte man aber auch das Testament neu überdenken. Vielleicht gibt es mehr Besitz zu verteilen oder vielleicht findet man neue Freunde, die man im Testament bedenken möchte.
- ✔ Wer Besitz und Familie sowohl in der alten als auch in der neuen Heimat hat, sollte sich darüber informieren, nach welchem Recht er vererben kann und ob sein Nachlass nicht vielleicht geteilt wird und unter das Erbrecht beider Länder fällt. Dann zieht man am besten einen Anwalt zurate.

Anweisungen für den Todesfall

Es gibt so manche Dinge, die man vielleicht geregelt haben möchte, die aber nicht unbedingt ins Testament gehören. Meist sind das Wünsche, die man noch hat, bei denen aber die Hinterbliebenen entscheiden müssen, ob sie sie erfüllen wollen oder können. In diesen Anweisungen kann man Wünsche zu seiner Beerdigung äußern, festhalten, welche Abos und Versicherungen gekündigt werden sollen, und so weiter.

Machen Sie sich bewusst, dass Ihr Tod für Ihre Angehörigen ein Schock sein wird. Umso mehr, wenn Sie die letzten Jahre Ihres Lebens in weiter Ferne verbracht haben. Unter Umständen müssen sich Ihre Angehörigen nun mit Menschen einer anderen Kultur und Sprache auseinandersetzen. All dies sollten Sie Ihren Angehörigen so leicht wie möglich machen. Das geht Sie dann zwar nichts mehr an, aber wäre nett.

Anweisungen für den Todesfall können unter anderem Folgendes umfassen:

- ✔ Angaben dazu, wo das Testament liegt oder wo es verwahrt wird
- ✔ Welche Versicherungen und Bankkonten gekündigt werden müssen

Wenn es um die Kündigung von Bankkonten und Versicherungen geht, sollten Sie einer Vertrauensperson eine Vollmacht ausstellen. Diese Vollmacht sollte natürlich in der Sprache und nach dem Recht des Auswanderungslandes abgefasst sein.

- ✔ Ort der Beerdigung: In der neuen Heimat oder in Deutschland? Näheres dazu findet sich im nächsten Abschnitt.
- ✔ Art der Beerdigung: Erdbestattung, Feuerbestattung, Seebestattung …
- ✔ In welchem Land, auf welchem Friedhof man beerdigt werden will
- ✔ Musikwünsche für die Trauerfeier
- ✔ Gegenstände, die bestimmte Leute erhalten sollen

Mit den Anweisungen zum Todesfall kann man also den Angehörigen eine Menge Arbeit und Sorge ersparen.

Knifflig: Ihr digitales Erbe

Ein noch gar nicht so altes, aber schon heikles Problem ist das sogenannte »digitale Erbe«, also alles das, was man auf seinem Computer und im Internet hinterlässt.

Fragt sich also, wie man sein »digitales Erbe« in den Griff bekommt.

- ✔ Ist man verheiratet oder lebt in einer Partnerschaft, kann man den Partner gleich über alle Dateien, Passwörter, Internetforen-Mitgliedschaften oder den eigenen Blog auf dem Laufenden halten. Der überlebende Partner kann dann nach dem Tod Mitgliedschaften beenden oder Daten löschen.
- ✔ Da der Lebenspartner Passwörter, die ihn nicht selbst betreffen, leicht vergisst, kann man auch eine Datei anlegen, in der all diese Informationen gespeichert sind. Noch besser wäre eventuell ein Ausdruck dieser Datei für den Partner.

Im Idealfall teilen Lebenspartner ihre Geheimnisse. So kann man sich also darauf einigen, dass der Letztversterbende digital »Klarschiff« macht. Wer also die gemeinsamen Aktfotos, erotischen Chats, gewagte finanzielle Spekulationen und alle möglichen anderen ihm peinlichen Dinge vor seiner Familie geheim halten will, sollte sich mit seinem Lebenspartner darauf einigen, dass der Überlebende all diese Dateien rechtzeitig löscht. Wer ohne Partner ist, kann vielleicht einen Freund bitten, das für ihn zu übernehmen. Es sei denn, man denkt: »Egal, nach mir die Sintflut …«

Allerdings kann auch dem geholfen werden, der die Aufgabe hat, den Nachlass eines Verwandten zu regeln und nun hilflos vor einem Computer steht. Es gibt Firmen, die sich darauf spezialisiert haben, das »digitale Erbe« sichtbar zu machen. Auf folgenden Internetseiten kann man sich darüber informieren: `www.atvadas.de` und `www.semno.de`.

Den Hinterbliebenen helfen

Über die eigene Beerdigung machen sich die Menschen unterschiedliche Gedanken. Den einen ist es relativ egal, wo und wie sie beerdigt werden, andere planen schon die Trauerfeier durch. Manche machen sich eher Gedanken darüber, wie man sie wohl in Erinnerung behält, andere wollen niemandem großen Stress machen.

Wie so oft muss man hier einen goldenen Mittelweg finden. Als ich in meiner Jugend eine Tischlerlehre machte, hatten noch einige Tischlereien angeschlossene Beerdigungsinstitute. Mein Lehrmeister hatte die Tischlerei von einem alten Meister übernommen. Der sagte mir dann eines Tages: »Wenn ich jetzt aufhöre, mache ich als Letztes noch meinen Sarg fertig, damit meine Frau damit keine Arbeit hat.« Gerade derjenige, der voraussichtlich im Ausland sterben wird, sollte besonders dann an seine Familie in Deutschland denken, wenn sie seine nächsten Verwandten bilden.

Begrabt mein Herz ... wo?

Zunächst einmal sollte man herausfinden, was in der neuen Heimat im Todesfalle überhaupt passiert. Meist wird beim Tod eines Ausländers zunächst die Botschaft oder das Konsulat verständigt, die dann Verwandte ausfindig machen.

Über den Tod zu sprechen, ist keine leichte Sache. Aber um derer Willen, die man zurücklassen wird und die im Todesfall kaum einen klaren Gedanken werden fassen können, sollte man sich ein Herz fassen und über das Sterben reden.

Es geht bei der Beerdigung eines im Ausland Verstorbenen auch ums Geld:

- ✔ Soll der Verstorbene in die Heimat überführt werden?
- ✔ Soll der Verstorbene verbrannt und dann seine Asche in die Heimat überführt werden?
- ✔ Soll der Verstorbene in dem Land, in dem er verstorben ist, beigesetzt werden?

Alle Varianten kosten Geld, wobei Überführungen des Leichnams locker mehrere Tausend Euro kosten können.

Man sollte daher gerade mit Lebenspartner und Kindern besprechen, was gewünscht und was finanzierbar ist:

- ✔ Wird der überlebende Partner voraussichtlich auch allein im Auswanderungsland bleiben? Möchte er das Grab des Partners in seiner Nähe haben?
- ✔ Legen in Deutschland zurückgebliebene Eltern oder Kinder Wert darauf, den Verstorbenen in ihrer Nähe beerdigt zu wissen? Wer kann und vor allem wer will das finanzieren?
- ✔ Wird es absehbar sein, dass die Familie in Deutschland weder Kosten für Beerdigung und Überführung noch für die Anreise zur Beerdigung aufbringen kann?

Mit einem »Ist mir eh egal, wenn ich tot bin!« sollte man nicht zu leichtfertig umgehen. Ihnen mag es egal sein, Ihrer Familie vielleicht nicht. Sie müssen mit Ihrem Tod dann nicht mehr klarkommen, Ihre Angehörigen schon. Wem also an seiner Familie liegt, der sollte mit ihr auch über seinen Tod sprechen.

Man braucht einen Bestatter

Gerade bei internationalen Sterbefällen braucht man das Fachwissen eines Bestatters über Grenzen, Botschaften und Konsulate hinweg.

- ✔ Gehen Sie nur kurzzeitig ins Ausland, vereinbaren Sie mit einem örtlichen Bestatter ein Vorsorgegespräch. Das sollte in der Regel kostenlos sein.
- ✔ Wer auswandert, aber in Deutschland beerdigt werden möchte, sollte vor der Auswanderung ebenfalls ein Vorsorgegespräch mit einem Bestatter führen. Vor allem sollte man in Erfahrung bringen, was man in der neuen Heimat schon für die Überführung vorbereiten könnte.
- ✔ Wer auswandert und im Todesfall keine Überführung nach Deutschland wünscht, sollte sich in der neuen Heimat einen Bestatter seines Vertrauens suchen. Er kann auch über die Regelungen in seinem Heimatland Auskunft geben.

Was man selbst tun kann

Noch ein paar Dinge könnte man den Hinterbliebenen abnehmen:

- ✔ **Suchen Sie sich einen Friedhof aus und kaufen Sie sich ein Grab.** Sie haben schließlich (wahrscheinlich) Zeit dazu. Ihre Angehörigen müssten das schnell und unter Stress erledigen. Auf Ihren kleinen, versteckten Lieblingsfriedhof mit Meerblick würde vielleicht sonst niemand kommen …
- ✔ **Suchen Sie sich einen Sarg aus.** Umso besser, wenn Sie ihn auch gleich bezahlen. Dann ist der Familie die Entscheidung zwischen »Mahagoni-Schlachtschiff« und Fichtenkiste abgenommen.
- ✔ **Geben Sie mit warmen Händen.** Es gibt manche Dinge in Ihrem Leben, die nur Ihnen wichtig sind. Jeder andere würde sie bei der Haushaltsauflösung in den Container werfen. Wenn es einen Menschen gibt, dem Sie eine solche Sache vererben möchten, geben Sie es ihm zu Lebzeiten. So sind Sie sicher, dass es in die richtigen Hände gelangt.

Weltweit zugänglich – die Internet-Gedenkstätte

Was aber, wenn die Umstände Angehörige und Freunde wirklich daran hindern, jemandem das letzte Geleit zu geben? Wenn ein Grab zu weit weg ist, um es mit Blumen zu schmücken oder darauf eine Kerze anzuzünden? Dafür gibt es heute Internet-Gedenkstätten. Dort kann man ein paar Worte hinterlassen oder eine virtuelle Kerze anzünden. Man könnte eine solche Internetseite auch als »Facebook für Tote« bezeichnen. Entsprechende Seiten findet man hier:

- ✔ `www.stillespuren.de`
- ✔ `www.memorta.com`
- ✔ `www.geh-den-weg.de`

Teil IV

Ausländer sein

»Den Gästen vor dem Essen ein heißes Bad zu bereiten ist doch wirklich eine schöne Sitte, oder?«

In diesem Teil ...

geht es um viele praktische Fragen des Lebens im Ausland. Ist man angekommen, muss man sich auf ein neues Leben mit ganz anderen Menschen einstellen. Diese Menschen haben eine andere Lebensweise, andere Ziele, andere Traditionen und andere Gewohnheiten, miteinander umzugehen. Daher beginnt dieser Teil mit dem Kapitel »Fremde Kulturen verstehen«. Doch eine andere Kultur kann bei einem Besucher auch ziemlichen Stress verursachen, darum geht es in Kapitel 15 »Kulturschock«.

Je nachdem, in welcher Ecke der Welt man landet, kann das Leben unsicherer werden, als es in der Heimat war. Zudem ist man als Ausländer auch überall eher gefährdet als Einheimische, und sei es nur, dass man beim Geldwechseln betrogen wird. Deshalb also Kapitel 16 »Sicherheit in der neuen Heimat«. Über Heimweh und den Kontakt mit Familie und Freunden in Deutschland geht es in Kapitel 17, »In der alten Heimat geht das Leben weiter«. Und wer doch wieder zurück in sein Heimatland will, der wird meist feststellen, dass auch das nicht immer so locker und reibungslos geht, wie man sich das vielleicht wünscht. Einige Hilfen und Tipps dazu finden Sie in Kapitel 18, »Zurück in die Heimat«.

Fremde Kulturen verstehen

14

In diesem Kapitel

- Es ist nicht falsch, nur anders
- Menschen sind Problemlöser
- Die eigene Kultur verstehen
- Auffallen oder anpassen

Verlässt man seine Heimat, werden nicht nur das Klima, die Bürokratie und das Essen fremd. Auch die Menschen benehmen sich in anderen Ländern verwirrend anders. In diesem Kapitel finden sich eine Menge Hinweise darauf, wie Menschen in anderen Kulturen denken und leben. Es gibt aber auch Hilfen dazu, diese fremden Verhaltensweisen zu durchschauen und sich selbst daran anzupassen.

Auch wer selbst nicht verreist, kommt mit Ausländern in Kontakt. Menschen aus anderen Ländern leben nicht mehr nur weit entfernt, sondern auch mitten unter uns: als Auswanderer auf der Suche nach einem neuen Leben in Deutschland, als Flüchtlinge oder auch als Asylanten.

Wer aber auswandert oder sich auch nur für eine begrenzte Zeit ins Ausland begibt, wird selbst Ausländer. Er muss sich damit abfinden, die Menschen seiner neuen Heimat oft nicht zu verstehen – und selbst nicht verstanden zu werden. Dabei geht es oft weniger um die fremde Sprache, sondern um vielmehr das Denken und Handeln der Menschen.

Als ich Mitte der 1980er-Jahre ein Praktikum in Japan machte, wurde uns vom ersten Tag an immer wieder gesagt: »It's not wrong, it's different.« (»Es ist nicht falsch, nur anders.«). Aber es ist nicht so leicht, eine lebende Garnele zu verspeisen und sich dabei zu sagen: »Es ist nicht falsch, nur anders ...« Auf Schritt und Tritt stellte ich fest, dass es so gut wie unmöglich ist, sich auszudenken, was eine andere Kultur als »normal« und was sie als »fremdartig« versteht.

Aber mit dem Grundsatz des »Nicht falsch, nur anders« und ein wenig Hintergrundwissen ist es möglich, die faszinierende Vielfalt menschlicher Kulturen zu entdecken – egal, ob man nur auf Zeit oder für immer sein Leben in der Fremde verbringen will. Wobei sich jetzt die Frage stellt, was »Kultur« eigentlich ist.

Was ist Kultur?

Das Wort »Kultur« gehört zu den Worten, die man viel gebraucht, aber meist schlecht erklären kann. Im Alltag benutzt man es oft für alles, was mit Kunst zu tun hat: Konzerte, Ausstellungen oder Lesungen sind »kulturelle« Veranstaltungen. Doch wer seinen Koffer für eine Reise packt, der packt auch seine »Kultur-Tasche«. Also hat anscheinend auch Körperpflege mit »Kultur« zu tun. Und einen Menschen, der sich zu benehmen weiß, bezeichnet man als »kultiviert«. Was steckt also wirklich dahinter?

Was den Menschen zum Menschen macht

Im Laufe der Zeit haben viele Menschen versucht, das Wort »Kultur« zu erklären, unter anderem:

- ✔ Kultur ist, was dich zum Fremden macht, wenn du nicht in der Heimat bist. (Unbekannt)
- ✔ Kultur ist die Gesamtheit aller Regeln, die zu beachten sind, wenn man sich richtig verhalten will. (Lothar Käser, Ethnologe)
- ✔ Die Kultur ist die zweite Natur einer Person. (Lianne Roembke, Trainerin für multikulturelle Teams)
- ✔ Kulturen sind die Strategien zur Gestaltung des menschlichen Daseins. (Lothar Käser)

Unter den Erklärungen gibt es natürlich wesentlich kompliziertere, doch diese vier drücken sehr gut das aus, was den Menschen »woanders« zum Ausländer macht:

- ✔ Was einen Menschen zum Fremden macht, sind nicht unbedingt seine Hautfarbe, Sprache oder sogar sein Pass. Vielleicht ist es die Tatsache, dass er einem anderen Menschen zur Begrüßung lieber die Hand geben möchte, anstatt ihn zu küssen oder sich zu verbeugen.
- ✔ Als Ausländer wird man daran erkannt, dass man die Regeln nicht kennt. Was gebietet die Höflichkeit: Beim Essen alles aufzuessen oder einen Rest übrig zu lassen? Beim Betreten einer Wohnung die Schuhe auszuziehen oder anzulassen? Während einer Sitzung das Telefon auszuschalten oder einen Anruf anzunehmen? Nur wer die Regeln kennt, kann sich auch angemessen verhalten.

All diese geschriebenen und ungeschriebenen Regeln sind Teil unserer Persönlichkeit geworden. Zur Begrüßung strecken wir die Hand aus, wir müssen nicht überlegen, ob wir uns nicht lieber küssen oder uns verbeugen sollten. Ausnahmen bestätigen die Regel, aber auch die Ausnahmen sind uns sonnenklar: Familienmitglieder kann man auch küssen. Sollte aber mal jemand einem gekrönten Haupt über den Weg laufen, wird er sich wohl eher doch verbeugen.

Auch wenn dieses Buch von Deutschen, Österreichern und Schweizern gelesen werden kann, sollte man die »Kulturen« dieser drei Länder auf keinen Fall in einen Topf werfen. Schon dort, wo Menschen noch eine gemeinsame Sprache sprechen (Dialekte mal außen vor gelassen), kann sich das, was sie als höflich und angebracht empfinden, sehr voneinander unterscheiden. Leider verleitet einen die gemeinsame Sprache oft dazu, auf die Unterschiede nicht zu achten.

Dass Kultur mehr ist als »andere Regeln haben«, zeigt der Satz von der Kultur als »Strategie zur Bewältigung menschlichen Daseins«. Hier ist die Rede vom Menschen als einem Wesen, das Probleme löst. Egal wo der Mensch auf dieser Welt lebt, muss er Probleme lösen: In der Kalahari gibt es zu wenig Wasser, in Holland zu viel. In den Tropen brauchen sich die Einwohner wenig um Kleidung und Unterkunft zu kümmern, es reicht das Nötigste. In Alaska ist beides überlebensnotwendig. Überall auf der Welt müssen die Menschen also Probleme lösen, um zu überleben. Und diese Probleme und ihre Lösungen machen die Menschen auf dem jeweiligen Fleck der Erde zu dem, was sie sind, und bestimmen das, was ihnen wichtig ist.

Menschen müssen nicht nur ihre Umwelt bewältigen, sondern auch das, was in ihnen steckt. Denn zumindest eines ist allen Menschen gemeinsam: das Bewusstsein der Sterblichkeit. Jeder Mensch muss sterben und das Schlimme ist, dass er das weiß. Jeder Mensch überall auf der Welt muss damit fertigwerden. Also sucht er auch dafür Erklärungen und glaubt an die Wiedergeburt oder an die Geister der Ahnen, an viele Götter oder an einen, an Himmel und Hölle, ein Nichts oder ein besseres Jenseits. Und diese Dinge, an die er glaubt, beeinflussen sein Leben.

All diese Gründe für die verschiedenen Lebenspläne, Ansichten und Werte der Menschen sind leider meistens nicht offensichtlich. Manche Sitten beziehen sich vielleicht auf Probleme, die die Menschen schon Jahrhunderte nicht mehr haben. Und doch sind sie Tradition geworden und werden weitergeführt.

Filmtipp: Gran Torino

Der alte Koreakriegsveteran und pensionierte Automechaniker Walt Kowalski (Clint Eastwood) möchte nach dem Tod seiner Frau eigentlich nur noch in Ruhe gelassen werden. Seinen Kindern misstraut er und die Nachbarschaft hat sich verändert. Asiaten und Jugendbanden bestimmen das Bild seines Wohnorts, was überhaupt nicht in Kowalskis rassistisches Weltbild passt.

Und doch hilft er eines Tages mehr oder weniger unfreiwillig dem Nachbarsjungen Thao gegen den Angriff einer Jugendbande. Dadurch kommt er in Kontakt mit der Familie des Jugendlichen, die zum südostasiatischen Bergvolk der Hmong gehören. Auch wenn Kowalski nichts davon wissen will, fühlen sie sich in seiner Schuld, beschenken ihn und schicken ihm Thao, um für ihn zu arbeiten.

Anfangs fällt es Kowalski schwer, mit den Hmong umzugehen. Doch nach und nach lernt Kowalski die Kultur der Hmong ein wenig kennen und freundet sich mit Thao an. Nachdem Kowalski ihm ein wenig handwerkliche Anleitung gegeben hat, besorgt er Thao sogar einen Job. Doch der Konflikt mit der Jugendbande ist noch nicht ausgestanden …

»Gran Torino« ist ein Film, in dem gezeigt wird, wie aus Vorurteilen Zuneigung wird und wie Menschen aus verschiedenen Kulturen sich näherkommen können, wenn sie bereit sind, voneinander zu lernen.

Besonders interessant sind folgende Punkte:

- ✔ Schlechte Erfahrungen – in diesem Fall Kowalskis Erfahrungen des Koreakriegs – können lebenslange Vorurteile gegen Fremde auslösen.
- ✔ In »Gran Torino« bauen Jugendliche Brücken zwischen den Kulturen. Andererseits sind es auch Jugendliche (die Straßengang), die diese Gräben vertiefen und Vorurteile bestärken.
- ✔ Kowalski zeigt Thao, wie es in seiner Welt läuft, das Gleiche tut Thaos Kusine für Kowalski und die Welt der Hmong. Einen Freund oder Bekannten zu haben, der als »Kulturführer« dient, kann sehr hilfreich sein.

Man muss wissen, um zu sehen

Viele Dinge fallen einem erst auf, wenn man weiß, dass es sie gibt. Für viele Menschen ist Olivenöl eben Olivenöl. Erst wenn man am Mittelmeer zum ersten Mal frisch gepresstes Olivenöl probiert hat, fällt einem auf, was Olivenöl noch sein kann. Viele Dinge müssen wir also erst lernen, bevor sie uns auch in unserem Alltag auffallen. So geht es auch dem Arzt, der eine Diagnose stellen will: Er bringt ein langes Studium hinter sich, um später Krankheiten zu erkennen. Ohne die Merkmale einer Krankheit vorher gelernt zu haben, kann er nicht wissen, was dem Patienten fehlt. Er muss also wissen, um zu sehen.

Ähnlich ist es mit den Traditionen und Kulturen anderer Völker: Ja, sie sind anders. Eine brasilianische Fußballmannschaft oder eine japanische Touristengruppe erkennt man sofort. Und es ist nicht nur das Aussehen – na ja, es ist ... und wir können den Finger nicht darauflegen, was es nun wirklich ist.

Dieses Kapitel soll sehen lehren. Sie werden vielleicht manchmal erstaunt sein, wie das Verhalten Ihrer ausländischen Nachbarn, Freunde und Kollegen plötzlich anfängt, sinnvoll zu erscheinen, wenn Sie nur ein wenig davon lernen, wie unterschiedlich Menschen ihr Zusammenleben organisieren.

Fremdwörter, die Sie für andere Bücher brauchen

Wer sich nach der Lektüre dieses Kapitels weiter mit anderen Kulturen beschäftigen will oder es schon vorher getan hat, wird auf viele Fremdwörter stoßen. Denn auch die Leute, die sich mit dem Zusammenleben von Menschen aus verschiedenen Kulturen beschäftigen, haben ihre Fachsprache. Deshalb hier ein paar Fremdwörter, die ich in diesem Buch nicht benutze, die aber normalerweise für dieses Thema üblich sind:

- ✔ **Interkulturelle Kommunikation**: Das ist meist das große Überthema und findet sich in etlichen Buchtiteln. Damit beschreibt man die Möglichkeiten, wie Menschen aus unterschiedlichen Kulturen sich überhaupt miteinander verständigen können. Dabei geht es oft nicht so sehr um die Sprache, sondern auch darum, fremdes Denken zu verstehen und die Dinge, die Menschen in anderen Kulturen wichtig sind.
- ✔ **Kulturelle Dimensionen**: Will man etwas beschreiben und aufschreiben, ordnet man es, damit man es besser verstehen kann. Mit den »kulturellen Dimensionen« versucht man zu beschreiben, in welchen Bereichen Menschen überhaupt miteinander umgehen. Da geht es zum Beispiel um die Beziehungen von Untergebenen zu ihren Vorgesetzten, zwischen Mann und Frau oder Schüler und Lehrer.
- ✔ **Interkulturelle Kompetenz**: Auch diese beiden Wörter finden sich in etlichen Buchtiteln. Es geht darum, wie gut ein Mensch sich an eine neue Kultur anpassen beziehungsweise sich mit Menschen aus anderen Kulturen verständigen kann.
- ✔ **Stereotyp:** Als Stereotypen bezeichnet man Meinungen über Menschen oder Kulturen, die zum einen sehr stark vereinfachen, zum anderen auch alle Mitglieder dieser Kultur über einen Kamm scheren: »Alle Deutschen sind ordnungsliebend, fleißig und gehorchen ihren Vorgesetzten« wäre zum Beispiel ein solches Stereotyp.

✔ **Mentalität:** Darunter versteht man die vorherrschenden Denk- und Verhaltensmuster eines Menschen oder einer Gruppe von Menschen.

Missverständnisse in der Begegnung mit anderen Kulturen

Wer die Menschen einer anderen Kultur verstehen will, begibt sich immer auch ein wenig aufs Glatteis. Denn auch wenn sich Deutsche von Franzosen oder Massai unterscheiden, ist doch jeder Mensch eine eigenständige Persönlichkeit. Deshalb ist es wichtig, gleich zu Beginn ein paar Fehler zu vermeiden.

Das, was man »tun und lassen sollte«

Die erste Gefahr ist, dass man sich nur auf die sogenannten Dos and Dont's konzentriert, also auf das, was man in einer Kultur »tut oder nicht tut«. Das sind Traditionen, Sitten und Gebräuche. Sie zu kennen ist für den Anfang sicher sehr wertvoll und erspart einem viel Ärger und viele Fettnäpfchen.

Aber die Benimmregeln einer jeweiligen Kultur sind nicht das, worum es beim Verstehen einer fremden Kultur eigentlich geht. Denn wie man sich benehmen sollte, ist meist schnell gelernt.

Es geht vielmehr ums Denken und um Einstellungen der Menschen in anderen Kulturen. Wie hören sie zu? Wie verarbeiten sie Informationen? Wie treffen sie Entscheidungen? Wie werden Konflikte gelöst? Warum erscheint ihnen logisch, was wir als verrückt ansehen? Und warum werden wir manchmal wie Verrückte angeschaut?

Beobachtet man die Menschen an verschiedenen Enden der Welt, erkennt man auch, dass Logik nicht gleich Logik ist und Werte nicht gleich Werte sind. Das, was Menschen verschiedener Kulturen trennt, berührt oft den tiefsten Kern ihrer Persönlichkeit.

Um nicht gleich alle neuen Freunde und Nachbarn zu schockieren, ist es natürlich wichtig zu lernen, wie man sich benimmt. Doch darf man nicht den Fehler machen, das Lernen fremder Gebräuche mit dem echten Begreifen einer Kultur zu verwechseln. Versuchen Sie also auch herauszufinden, warum etwas getan oder nicht getan wird.

Alle über einen Kamm scheren

Die zweite Gefahr ist, alle Menschen einer Kultur über einen Kamm zu scheren und sie alle als gleich anzusehen. Egal, was in diesem Kapitel über Menschen, Kulturen und Mentalitäten gesagt wird, es wird zu jeder Zeit ein Leser sagen können: »Das stimmt nicht. Ich habe das ganz anders erlebt.«

Und das ist richtig so. Denn Menschen sind Persönlichkeiten und unterscheiden sich voneinander. Es ist nicht ein Deutscher wie der andere und selbst in eher gruppenorientierten Gesellschaften wie der japanischen bestehen die Gruppen trotz allem aus einzelnen Personen.

Und wenn man diesen einen Menschen trifft und mit ihm redet, dann kann er ein »typischer« Japaner sein. Vielleicht aber auch nicht und es fällt einem zunächst schwer, das typisch Japanische an ihm zu sehen.

Interessanterweise ist auch jeder Leser dieses Buches gerade dabei, Menschen anderer Kulturen ein »falsches« Bild von der deutschen (beziehungsweise österreichischen oder Schweizer) Kultur zu geben. Und das einfach dadurch, dass er etwas über andere Kulturen lernt. Man wird aufmerksamer auf Kulturunterschiede und wird sich vielleicht besser anpassen können. Und was werden die Menschen der anderen Kultur dann wohl am ehesten über einen sagen? Vielleicht: »Die Deutschen (Schweizer, Österreicher ...) sind gar nicht so, wie ich dachte.« Denn nicht nur wir scheren die Menschen gern alle über einen Kamm. Jeder Mensch tut das.

Menschen in Schubladen stecken

Die dritte Gefahr ist, Menschen in Schubladen zu stecken. Eine deutsche Kollegin, die in einem Team mit Amerikanern und Franzosen in Frankreich arbeitete, erzählte mir einmal, dass sie ein Training zum Thema »Arbeit in Teams mit Menschen aus verschiedenen Kulturen« hatten. Doch die Probleme, die zwischen den verschiedenen Kulturen im Team bestanden und die gelöst werden sollten, verschärften sich nach dem Seminar noch. Denn plötzlich sagte der amerikanische Kollege bei Meinungsverschiedenheiten: »Ich wusste, dass du das sagen würdest. Du bist ja Deutsche.«

Nun ist das nicht gerade eine elegante Lösung von Spannungen zwischen Menschen verschiedener Kulturen. Alle Menschen sind Persönlichkeiten und niemand möchte nur nach seiner Nationalität und Herkunft beurteilt werden. Ja, mehr oder weniger oft handeln und reagieren Deutsche »typisch deutsch« und Spanier »typisch spanisch«. Aber möchten Menschen nur als das gekannt werden? Ich möchte, dass die Menschen mich als Marco Kranjc kennenlernen, nicht nur als »einen Deutschen«. Jeder von uns ist mehr als nur Österreicher, Schweizer, Spanier oder was immer seine Nationalität sein mag.

Achten Sie einmal selbst darauf, was die Vorstellung von bestimmten Nationalitäten in Ihnen für Gefühle und auch Vorurteile auslöst. Bei manchen werden die meisten von uns eher neutral mit den Schultern zucken, so vielleicht bei dem Gedanken an Esten, Slowenen, Inuit oder Sioux. Wahrscheinlich verbinden wir mit diesen Völkern wenig, sie sind uns zu unbekannt. Aber was ist mit Polen? Amerikanern? Russen? Holländern? Sie merken vielleicht: Es ist nicht immer leicht, ohne Schubladen zu denken.

»Das tut man doch nicht«: Zuschreibung

Eine vierte Gefahr ist die sogenannte Zuschreibung. Das bedeutet, dass man Situationen und Menschen nur danach beurteilt, was man selbst kennt und was man selbst als richtig oder falsch ansieht. Kommt zum Beispiel ein Brasilianer später zu einem Treffen, als man es mit ihm verabredet hat, geht man davon aus, dass das Treffen ihm wohl nicht so wichtig ist oder sogar, dass man nicht respektiert wird. Kommt er immer wieder zu spät, geht man davon aus, dass er unpünktlich und unzuverlässig ist. Würde man aber von der brasilianischen Kultur ausgehen, wüsste man, dass es nicht üblich ist, pünktlich zu erscheinen und dass eine selbst 45-minütige Verspätung in brasilianischen Augen noch keine Verspätung ist, sondern sich im Rahmen des Üblichen hält.

Deutsche haben besonders Probleme mit der zur Schau gestellten japanischen Freundlichkeit oder dem oft überschwänglichen Lob der Amerikaner. Durch die deutsche Brille gesehen, kann es sich dabei nur um Heuchelei handeln. In japanischen beziehungsweise amerikanischen Augen aber wird in solchen Situationen der von der eigenen Kultur geforderten Höflichkeit Genüge getan.

Es geht darum, dass Sie sich selbst in einem anderen Land befinden und »eine andere kulturelle Brille« aufsetzen müssen. Natürlich kann man Ausländern, die sich »fremd« benehmen, auch in Deutschland begegnen. Ist man näher mit ihnen bekannt, sollte man aber doch eher versuchen, ihnen die deutschen Regeln beizubringen, als sich ihnen verständnisvoll anzupassen.

Filmtipp: Die Götter müssen verrückt sein

In dieser Komödie dreht sich vieles um Zuschreibung. Und das diesmal nicht aus westlicher Sicht, sondern aus der Sicht eines Buschmanns aus der Kalahari. Denn eigentlich hat sich in den letzten paar Tausend Jahren für Xixo und die anderen Angehörigen seines Volkes kaum etwas geändert. Nun aber fällt eine leere Cola-Flasche vom Himmel (eigentlich wird sie aus einem Flugzeug geworfen) und stellt das Leben der Buschmänner auf den Kopf. Nachdem deutlich wird, dass dieses »Geschenk der Götter« nur Probleme bringt, macht Xixo sich auf, den Göttern ihr Geschenk zurückzubringen. Dabei trifft er auf Westler und auf Afrikaner und findet doch so manches, was diese Menschen (oder Götter?) tun, recht seltsam …

Interessant und witzig sind immer wieder die Kommentare des Buschmanns Xixo, wenn er das für ihn seltsame Verhalten der Weißen beschreibt. So wundert er sich, dass diese »Götter« (ein weißes Paar, das er trifft) nicht sprechen können, sondern nur Geräusche wie Affen machen. Und das hässlichste Wesen, dass Xixo jemals gesehen hat, ist groß, blass und hat lange, blonde Haare – eine weiße Frau, von der er annimmt, dass man für sie einen ganzen Tag arbeiten müsse, um sie satt zu kriegen.

Durch Xixos Blick auf die »weiße« Kultur bekommt man ein Gefühl dafür, wie fremd und seltsam man in den Augen anderer selbst sein kann.

Nicht falsch, nur anders

Es wird Zeit, sich das »Es ist nicht falsch, nur anders« aus der Nähe anzusehen. Dazu muss man allerdings den einzelnen Menschen ein wenig außer Acht lassen und ihn mit anderen »über einen Kamm scheren« und »in Schubladen stecken«.

Das machen Menschen immer, wenn sie Dinge einordnen und sortieren oder Gesetzmäßigkeiten entdecken wollen. So wie man zum Beispiel Bäume erst mal in große Gruppen wie

Laubbäume, Nadelbäume oder auch Obstbäume einteilt, obwohl es doch so viele unterschiedliche Arten gibt, kann man auch Kulturen in große Gruppen einteilen. Es geht also darum, die Ordnung und die meist ungeschriebenen Gesetze hinter bestimmten Kulturen zu entdecken.

Die Sitten, Traditionen oder Denkweisen anderer Menschen sollen nicht beurteilt werden. Man kann vielleicht irgendwann feststellen, dass man persönlich in der einen Kultur besser, in der anderen schlechter funktioniert. Das heißt aber nicht, dass eine Lebensweise besser oder schlechter ist als eine andere. Die unterschiedlichen Möglichkeiten menschliches Zusammenlebens zu gestalten, haben sich aus den Notwendigkeiten der Umwelt und den zu lösenden Problemen entwickelt. Bei einer Reise durch die Kulturen ist man also immer nur Entdecker, nie Richter.

Im Dschungel der Theorien

Es gibt viele Leute, die sich über die Unterschiede und Gemeinsamkeiten der Menschen Gedanken gemacht haben. Wer sich damit eingehender beschäftigen möchte, findet im Anhang Bücher, mit denen er sein Wissen vertiefen kann.

So viel man auch von der Theorie weiß, darf man nie vergessen, dass das Leben oft anders spielt. So gibt es auch in allen Kulturen Ausnahmen von der Regel. Aber Ausnahmen von der Regel bedeuten nicht, dass die komplette Beschreibung falsch ist.

Formen menschlichen Zusammenlebens

Da der Mensch aber keine Maschine ist, ist es schwer, seiner Vielfältigkeit gerecht zu werden. So ist man im Laufe der Zeit zu verschiedenen Beobachtungen, Ergebnissen und Theorien gekommen. Meiner Meinung nach widersprechen sie sich nicht, sondern ergänzen sich.

Von Schamkulturen und Schuldkulturen

Ganz grob kann man die Welt zuerst einmal in zwei Hälften teilen: in »Schamkulturen« und »Schuldkulturen«. Dabei finden wir im Westen eher Schuldkulturen, in Asien und Afrika eher Schamkulturen.

In einer Schuldkultur dient das Gewissen des Einzelnen als Maßstab dafür, was richtig und was falsch ist. Tut jemand etwas Falsches, fühlt er sich schlecht – egal ob jemand anders den Fehler bemerkt hat oder nicht. Man wird vielleicht seine Schuld bekennen, den Fehler einsehen und korrigieren. Oder jemand richtet über das Vergehen, man wird bestraft und zur Korrektur gezwungen. Vielleicht muss man für seine Schuld auch irgendwie büßen. Schuld empfindet der, der Unrecht begangen hat.

Man sollte die Trennung zwischen Scham- und Schuldkulturen allerdings nicht zu scharf ziehen und lieber von »schuldorientierter« oder »schamorientierter« Kultur sprechen. Denn Schuld und Scham gibt es in allen Kulturen. Nur in der Frage, wo die Betonung liegt, gibt es sehr viele Unterschiede. Für einen Besuch in Asien oder im Mittleren Osten ist diese Einteilung allerdings sehr hilfreich.

In vielen Kulturen, besonders in Asien und im Nahen Osten, sind die Menschen dazu verpflichtet, die Harmonie innerhalb der Gruppe nicht zu stören. Der Einzelne darf nicht in ein schlechtes Licht gerückt werden. Sie kennen den Begriff vielleicht: Das Gegenüber »darf sein Gesicht nicht verlieren«. Derartig geprägte Kulturen nennt man »Schamkulturen«.

In einer Schamkultur empfindet derjenige Scham, an dem Unrecht begangen wurde. Er »verliert sein Gesicht«. Das ist bereits dann der Fall, wenn ein Fehler öffentlich gemacht wird oder jemand öffentlich und direkt um einen Gefallen gebeten wird, den er nicht erfüllen kann.

Um drei Ecken ...

Während meiner Zeit in Japan wohnte ich eine Weile bei einer Gastfamilie. Als ich dann umziehen sollte, wäre es praktisch für mich gewesen, wenn ich noch eine Nacht länger als geplant bei meiner Gastfamilie hätte schlafen können. Die Unterkünfte hatte ein Amerikaner organisiert, der schon ein paar Jahrzehnte in Japan lebte. Ich fragte also zunächst ihn, ob ich bei meiner Gastfamilie nachfragen sollte, ob ich eine Nacht länger bleiben könnte. Das ging natürlich nicht, weil sie mir ja nicht mit »Nein« antworten konnten. Also sagte er, dass er selbst fragen würde. Dann aber besann er sich eines Besseren und sagte, er werde einen Freund der Familie fragen, ob er mal nachhören könnte, ob ich eine Nacht länger bleiben kann. Das wäre am sichersten.

Da weder ich noch der Organisator nachfragten, kam also keiner in die missliche Lage, ein »Nein« hören oder sagen zu müssen. Das wäre auch sehr wahrscheinlich nicht passiert, eher hätte sich die Familie gezwungen gefühlt, mich noch eine weitere Nacht zu beherbergen. Es war zwar dann kein Problem, noch eine Nacht dort zu verbringen. Aber über zwei Mittelsmänner hatte die Familie zumindest eine Möglichkeit, mir abzusagen, ohne dass jemand sein Gesicht verloren hätte.

In einer schamorientierten Kultur belasten Unrecht und Fehler, die niemand bemerkt, das Gewissen des Einzelnen weniger. Anders ist das bei einem erkennbaren Vergehen, das dem Einzelnen oder der Gruppe Schande bringt. Schamorientierte Kulturen sind meist auch sehr gruppenorientierte Kulturen (etwa Japan und China).

Typisch für eine schamorientierte Kultur ist die Einstellung der Japaner gegenüber ihren Kriegsverbrechen an den Chinesen: Sie werden nicht geleugnet, aber es wäre taktlos, darüber zu viele Worte zu verlieren. Für Deutsche, die ein sehr offenes Schuldbekenntnis in Bezug auf die Naziverbrechen pflegen, ist das ein wenig befremdlich.

In einer schamorientierten Kultur sollte man auf keinen Fall versuchen, den Gegenstand der Scham durch ein klärendes Gespräch aus der Welt zu schaffen. Merkmal einer Schamkultur ist eben auch, dass man so wenig wie möglich über eine Situation spricht, die jemanden »das Gesicht verlieren« lässt. Im Zweifelsfalle sollten Sie eher so tun, als wüssten Sie von nichts und hätten nichts gesehen, als ein klärendes Gespräch zu suchen. Nicht vergessen: Ihr Gegenüber ist womöglich nicht an »klärende Gespräche« gewöhnt und wird keinen blassen Schimmer haben, was Sie von ihm wollen und wie er sich verhalten soll.

Wie geht man mit den Menschen einer schamorientierten Kultur um? Nicht alles offen zu sagen, ist keine Aufforderung zu Lüge und Verstellung. Man muss Wege finden, sein Anliegen so vorzubringen, dass es in der anderen Kultur verstanden wird, niemanden das Gesicht verlieren lässt und den Frieden nicht stört.

Wie kann man vorgehen, wenn es am Arbeitsplatz oder im privaten Umfeld Probleme gibt?

✔ Denken Sie zunächst einfach daran, dass viele Kulturen die Harmonie brauchen, um Probleme lösen zu können, nicht die Anspannung.

✔ Adressieren Sie ein Problem nie direkt, sondern immer über eine dritte Person. Und auch dann nicht als Beschwerde, sondern als Bitte. Wir sagen gerne: »Kein Problem. Jeder macht mal Fehler«. In Asien ist das keine versöhnliche Geste. Natürlich macht jeder Mensch Fehler. Aber in vielen Kulturen spricht man nicht darüber. Es bedeutet, sein Gesicht zu verlieren. Bitten Sie also eine dritte Person höflich um Behebung des Fehlers, aber erwähnen Sie den Fehler nicht gegenüber dem Verursacher.

✔ Versuchen Sie nicht, den Schuldigen zu finden. Suchen Sie jemanden, der Ihr Problem löst. Sagen Sie also dem Zimmermädchen nicht: »Sie haben keine frischen Handtücher hingelegt!« oder dem Hotelmanager: »Das Zimmermädchen hat vergessen, die Handtücher zu wechseln«, sondern bitten Sie lieber an der Rezeption, ob man Ihnen wohl frische Handtücher bringen könnte.

✔ Manchmal wird man Ihnen mit »Ja, sofort« oder »Ja, gerne« antworten und es passiert trotzdem nichts. »Ja« bedeutet in Schamkulturen nicht unbedingt »Wird sofort erledigt«, sondern im Zweifelsfalle zunächst einmal nur: »Ja, ich habe Sie gehört«. Auch wenn es unmöglich ist, Ihr Problem zu lösen, wird man Ihnen zunächst mit einem freundlichen »Ja« antworten. Ein »Nein« wäre grob und unhöflich und würde Sie das Gesicht verlieren lassen.

Sollten Sie einmal in der Situation sein, in Asien nach dem Weg fragen zu müssen, fragen Sie nicht irgendjemanden auf der Straße. Es kann passieren, dass Sie an einen Ortsfremden geraten, der Sie hilflos durch eine Stadt führt, die er selbst nicht kennt. Aber die Höflichkeit verbietet es ihm, Ihnen zu sagen, dass er den Weg nicht kennt. Ein »Nein« kann auch in einer solchen Situation für den Angesprochenen keine Möglichkeit sein. Fragen Sie lieber in einem Geschäft oder einem anderen Ort, an dem es mit ziemlicher Sicherheit Ortskundige gibt.

✔ Was auch immer Ihnen begegnet, die Regeln »Das klären wir unter vier Augen« oder »Ich sage immer offen, was ich denke« gibt es nicht. Ein Problem aus der Welt schaffen, kann man in Schamkulturen meist nur durch einen Mittelsmann und nur ohne direkte Konfrontation.

Natürlich geht das den Menschen aus westlichen Kulturen schwer gegen den Strich. Und natürlich dauert das alles etwas länger. Aber man darf nie vergessen, dass man nun Ausländer und Gast einer fremden Kultur ist. Die Regeln machen jetzt andere. Und ob man nun Auswanderer ist oder für seine Firma im Ausland ist: Man ist gekommen, um etwas zu erreichen, ein Geschäft oder ein ganzes Leben neu aufzubauen. Das geht aber nur, wenn man auch lernt, nach den fremden Regeln zu spielen. Also sollten Sie die neuen Regeln lernen und sich auch von Menschen und Gesellschaften faszinieren lassen, die ganz anders miteinander reden und denken, als wir es tun.

Anders sein mal vier: Kulturelle Unterschiede

Eine sehr populäre Aufteilung der verschiedenen Kulturen hat in den 1980er-Jahren Geert Hofstede, ein niederländischer Fachmann für Kulturwissenschaften, erstellt. In über 50 Ländern untersuchte er die Kultur der Mitarbeiter in den jeweiligen Niederlassungen der amerikanischen Firma IBM. Dabei entdeckte er vier Bereiche, in denen Kulturen sich unterscheiden und das Leben und die Zusammenarbeit ihrer Mitglieder organisieren: Machtdistanz, Individualismus oder Kollektivismus, maskulin oder feminin und Unsicherheitsvermeidung.

Was der Chef zu sagen hat – Machtdistanz

In arabischen Ländern ist der Abstand von Vorgesetzten und Mitarbeitern oder Regierung und Bürgern sehr groß und wird auch so akzeptiert.
In den USA finden wir eine geringe Machtdistanz. Das zeigt auch der typisch amerikanische Traum »vom Tellerwäscher zum Millionär«.

Besonders am neuen Arbeitsplatz gilt es, die Augen danach aufzuhalten, wie das Verhältnis von Mitarbeitern und Vorgesetzten ist:

- ✔ Duzen sich Mitarbeiter und Vorgesetzte oder reden sie sehr förmlich miteinander? Achten Sie besonders darauf, wie die Landessprache Förmlichkeiten ausdrückt: Es kann durchaus vorkommen, dass die Vornamen benutzt werden, durch die Förmlichkeit der Sprache aber trotzdem ein großer Abstand hergestellt wird.
- ✔ Wird der Mitarbeiter in Entscheidungen einbezogen oder erwartet er lediglich Anweisungen?
- ✔ Wie viel Wert wird auf Privilegien und Statussymbole gelegt (eigener Parkplatz, eigener Waschraum und so weiter)?

Doch nicht nur am Arbeitsplatz, auch im Alltag sollte man die Augen offen halten:

- ✔ Behandelt man Kinder eher wie Partner oder erwartet man von ihnen Gehorsam? Wo strikter Gehorsam verlangt wird, ist der Abstand zu Respektspersonen wie Lehrern und Älteren natürlich größer.
- ✔ Erwarten die Lehrer von den Schülern Mitarbeit oder lediglich Auswendiglernen?

Wer in einer Kultur mit großem Abstand zu Vorgesetzten arbeitet, wird als Mitarbeiter schnell merken, dass er seinem Chef nicht reinreden sollte. Dabei geht es vielleicht noch nicht einmal so sehr darum, dass der Chef sich in seiner Position bedroht fühlt. Zumeist wird er sich von Ihnen einfach nicht respektiert fühlen. Haben Sie in einer solchen Kultur die Rolle des Vorgesetzten inne, werden Sie merken, dass Sie ihren Mitarbeitern wahrscheinlich mehr Anweisungen geben müssen als in Deutschland.

Ich oder die Gruppe – Individualismus und Kollektivismus

Bei diesem Punkt geht es um die Bedeutung der Gruppe (das Kollektiv) gegenüber dem Einzelnen. In einer eher auf den Einzelnen konzentrierten Gesellschaft wie den USA wird erwartet, dass jeder für sich selbst und seine Familie sorgt. Im Rahmen der Gesetze und seiner Möglichkeiten soll jeder machen, was er will. Die eigene Meinung ist sehr wichtig.

In gruppenorientierten Gesellschaften geht es vorrangig um das Wohl der Gruppe. Der Einzelne wird von Geburt an in eine Gruppe eingebunden und hat Verantwortung für diese Gruppe. Die Harmonie innerhalb der Gruppe ist wichtiger als die Äußerung einer eigenen Meinung oder die berufliche Selbstverwirklichung. Daher sind gruppenorientierte Kulturen zumeist auch Schamkulturen.

Dass es auch hier eine interessante Bandbreite an Kulturen gibt, wird an Deutschland deutlich: Obwohl »eine eigene Meinung haben« ein sehr hoher Wert ist, ist das Vereinswesen ein deutlicher Hinweis auf starke Gruppenorientierung. Man identifiziert sich gern mit einer bestimmten Gruppe und es herrscht ein starkes Gefühl dafür, wer dazugehört und wer nicht. Obwohl man Deutschland normalerweise zu den schuldorientierten Kulturen zählt, ergibt sich aus dieser Orientierung zur Gruppe hin eine oft schamorientierte Erziehung: Unsere Kinder erziehen wir gern mit »Das macht man nicht« und »Was werden die Leute sagen?«.

Da man als Deutscher eher aus einer Kultur kommt, in der der Einzelne sich verwirklichen soll und möchte, hier ein paar Tipps fürs Leben und Arbeiten in gruppenorientierten Kulturen:

- Eine starke Umstellung wird man wahrscheinlich im Verhältnis von Arbeit und Familie hinnehmen müssen: Alles, was privat ist, wird der Firma (also der Gruppe, für die man wichtig ist) untergeordnet. Wer überlegt, nach Asien zu gehen, sollte das mit seinem Partner in die Überlegungen mit einbeziehen.
- Gruppenmitglieder sind einander meist durch Stellung, Gefälligkeiten oder Verwandtschaft verpflichtet. Als Ausländer sollte man sich sehr vorsichtig bewegen, es braucht seine Zeit, dieses Geflecht von Verpflichtungen zu verstehen. Denn letztlich steht man außerhalb dieser Gruppen und muss seinen Platz innerhalb der Gruppe »Firma« erst finden.
- Die Harmonie der Gruppe darf nicht durch offene Konflikte gestört werden.
- Ihre Freunde werden Sie sich in der Regel nun nicht mehr selbst aussuchen: Es sind die Mitglieder Ihrer »Gruppe«.

Das Geschlecht der Kultur – männlich oder weiblich?

Es ist sehr interessant danach zu fragen, ob eine Kultur mehr »männliche« oder mehr »weibliche« Anteile hat (in der Fachliteratur wird das als Maskulinität oder Femininität einer Kultur bezeichnet).

Ob eine Kultur eher männlich oder eher weiblich orientiert ist, hat allerdings nicht unbedingt damit zu tun, ob eher die Männer oder eher die Frauen das Sagen haben. Es geht um männliche und weibliche Eigenschaften und darum, wie viele weibliche oder männliche »Anteile« eine Kultur zeigt. Als »weibliche« Eigenschaften bezeichnet man zum Beispiel Toleranz oder die Betonung zwischenmenschlicher Beziehungen. »Männliche« Eigenschaften sind Betonung von Wettbewerb und Leistung, die Bedeutung von Erfolg und Karriere.

Wie bei Scham- und Schuldkulturen gibt es auch hier eher fließende Übergänge. Wenn Sie die Kultur Ihrer neuen Heimat durch die Geschlechterbrille betrachten, werden Sie eher feststellen, dass die Gesellschaft Ihrer neuen Heimat in eine gewisse Richtung neigt, als dass sie ganz eindeutig zu einem Lager gehört.

Dies sind besondere Merkmale *weiblicher Kulturen*:

- ✔ Die Rollen der Geschlechter innerhalb der Gesellschaft sind nicht sehr scharf getrennt. Die Gleichheit der Geschlechter wird angestrebt, so ist es auch für Männer akzeptabel, fürsorglich und zärtlich zu sein.
- ✔ Die Lebensqualität wird stark betont.
- ✔ Man arbeitet, um zu leben.
- ✔ Der Staat soll sich um seine Bürger kümmern, idealerweise ist er ein »Wohlfahrtsstaat«.
- ✔ Der Abstand zu Vorgesetzten ist gering.
- ✔ Zwischenmenschliche Beziehungen werden betont.

Eher feminin orientiert sind die skandinavischen Länder wie Schweden und Dänemark, aber auch die Niederlande.

Merkmale *männlicher Kulturen* sind:

- ✔ Die Rollen der Geschlechter sind oft sehr stark getrennt. Männer müssen sich behaupten und als Männer beweisen, Frauen übernehmen eher pflegende und erziehende Rollen. Typisch ist auch, dass Frauen bei gleicher Arbeit weniger verdienen als Männer.
- ✔ Betont werden Wettbewerb, Leistung, Sieg und Fortschritt.
- ✔ Geld und Statussymbole sind sehr wichtig.
- ✔ Vorgesetzte nehmen eine starke Stellung ein.
- ✔ Wirtschaftliches Wachstum hat Vorrang vor zwischenmenschlichen Beziehungen.

Beispiele für eher männlich orientierte Kulturen sind Deutschland, Österreich, die USA und Japan.

Menschen in Angst – Unsicherheitsvermeidung

Ein vierter Bereich, in dem Geert Hofstede Unterschiede zwischen den Kulturen sieht, ist die Unsicherheitsvermeidung, die Frage also, inwieweit sich Menschen in verschiedenen Kulturen von den Unsicherheiten des Lebens bedroht fühlen und wie sie mit unbekannten und ungewissen Situationen umgehen.

Kulturen mit hoher Unsicherheitsvermeidung empfinden Unsicherheit als ständige Bedrohung und brauchen viele Gesetze und Regeln, um sich sicher zu fühlen. Auch alles, was anders ist, wird oft abgelehnt. Japan und Deutschland sind hier sehr stark. Kaum irgendwo gibt es so viele geschriebene und vor allem ungeschriebene Gesetze wie in Deutschland, nirgends werden so viele Versicherungen verkauft. Und die japanische Gesellschaft regelt durch zahllose ungeschriebene Regeln das Miteinander der einzelnen Personen.

Kulturen mit geringer Unsicherheitsvermeidung dagegen empfinden Risiken nicht als Bedrohung, sondern eher als Herausforderung. Was anders ist, ist lediglich seltsam, nicht bedrohlich. Hierfür sind die USA ein typisches Beispiel.

Wer aus Deutschland, Österreich oder der Schweiz in eine Kultur mit geringer Unsicherheitsvermeidung wie die USA wechselt, kann sich leicht verunsichert fühlen. Machen Sie sich also bewusst, welche Grundsicherung Sie brauchen, um den Alltag angstfrei bestehen zu können (Krankenversicherung? Haftpflichtversicherung?). Dann rechnen Sie aus, ob Sie sich diese von Ihnen als notwendig empfundene Grundsicherung in Ihrem Wunschland auch leisten können, denn Sie werden nun viel mehr privat bezahlen müssen. Je nachdem, wie diese Rechnung ausfallen wird, wird sie auch Ihre Entscheidung für das Leben im Ausland beeinflussen.

Was wichtig ist – von Zeiten und Menschen

Neben der Trennung in Scham- und Schuldkulturen und den vier Bereichen Hofstedes gibt es noch eine dritte Möglichkeit, Kulturen einzuteilen. Diese hat damit zu tun, wie Menschen mit der Zeit und mit ihren Mitmenschen umgehen. Hier unterscheidet man zwischen drei Gruppen von Kulturen:

- ✔ Kulturen, in denen die Menschen ihre Arbeit und andere Tätigkeiten streng planen, ein Ziel fest ins Auge fassen und alle Punkte nach und nach abarbeiten. Man nennt sie *linear-aktive Kulturen*. Die Arbeit zu erledigen hat in diesen Kulturen Vorrang vor den Beziehungen zu anderen Menschen.
- ✔ Dann gibt es Kulturen, in denen Menschen und Beziehungen immer den Vorrang vor Plänen und Terminen haben. Man nennt diese Kulturen *multi-aktive Kulturen*, weil die Menschen in diesen Kulturen oft viele Dinge gleichzeitig erledigen und Plänen nicht streng folgen.
- ✔ Eine dritte Gruppe von Kulturen sind diejenigen, in der die Menschen erst mal versuchen herauszufinden, was das Gegenüber will, um dann darauf angemessen reagieren zu können. Deshalb nennt man sie *reaktive Kulturen*. Auch Menschen dieser Kulturen sind Beziehungen sehr wichtig.

Man muss tun, was man tun muss – die Planer

Linear-aktiv zu sein bedeutet, dass man seine Aufgaben eine nach der anderen erledigt. Zeit wird sehr straff geplant, Dinge werden nacheinander erledigt. Gute Planung und konkrete Ziele sind den Menschen wichtig, ohne sie können sie nur schlecht arbeiten. Der Charakter eines Menschen wird auch danach beurteilt, wie pünktlich er ist. Projekte werden in einzelne Schritte und Zwischenziele zerlegt, Arbeit und Produktion werden vom Terminplan beherrscht und gesteuert. Ungeplante Ereignisse werden zumeist als Störungen empfunden. Informationen beschafft man sich aus Statistiken, Datenbanken und Nachschlagewerken.

Zu diesen termin- und planorientierten Kulturen gehören Schweizer, Deutsche und Amerikaner (im Grunde auch Österreicher, doch sehen sie es gelegentlich etwas entspannter). Nicht von ungefähr ist also ein Wahrzeichen der Schweiz die Uhr …

In Deutschland sind gewisse Tätigkeiten und Zeiten austauschbar zu gebrauchen: Sagt man »Komm doch um 15:30 Uhr«, weiß der Angesprochene, dass er zum Kaffee kommen soll. Sagt man ihm: »Komm zum Kaffee!«, wird er gegen 15:30 Uhr kommen.

Ohne System, aber mit Ziel – lebenslustige Chaoten

Zu den auf Menschen und Beziehungen orientierten Kulturen gehören die südeuropäischen und lateinamerikanischen Kulturen. Dort gibt es kaum »Unterbrechungen« oder »Störungen«, alles wird miteinander vereinbart und nebeneinander erledigt (deshalb *multi-aktiv*). Für die Menschen in diesen Kulturen ist das die Realität, während es dem wirklichen Leben widerspricht, sich stur an Pläne und Termine zu halten. Sie sind für sie künstlich.

Menschen aus beziehungsorientierten Kulturen führen Gespräche gern zu Ende. Warum ein gutes Gespräch beenden, nur weil irgendwo im Kalender ein »Termin« steht? Zeit kann nie besser investiert werden als im Zusammensein mit Menschen. Daraus ergeben sich starke Netzwerke und Beziehungen. Aufgaben werden nicht unbedingt an den kompetentesten Mitarbeiter, sondern an Freunde und Verwandte delegiert.

Um als Ausländer in diesen sehr personenorientierten Kulturen ein Bein auf die Erde zu bekommen, ist es wichtig, Teil solcher Beziehungsnetzwerke zu werden.

Diese Einteilung dient nur als Richtlinie, die die Beobachtung und das Lernen erleichtern soll. Denn zwischen Deutschen und Schweizern auf der einen Seite und Brasilianern am stark beziehungsorientierten Ende der Skala gibt es viele Zwischenstufen. So findet man Franzosen, Belgier, Tschechen oder Slowenen auf einer Skala zwischen den Extremen eher im Mittelfeld wieder. Jetzt ist Beobachtungsgabe gefragt: Es kann bedeuten, dass man der Pünktlichkeit einen hohen Wert beimisst, bei der Arbeit aber trotzdem eher Wert auf Beziehungen als auf Leistungen legt. Die Möglichkeiten zwischen den beiden Enden der Skala sind also vielfältig.

Wie kann man nun als Deutscher, Österreicher oder Schweizer in einer personenorientierten Kultur leben und überleben?

- ✔ Wichtigstes Hilfsmittel ist nicht mehr der Terminplaner, sondern Ihr Handy. In den meisten personenorientierten Kulturen ist es kein Problem zu telefonieren, wenn man sich gerade mit jemandem zum Kaffee getroffen hat, oder sogar kurz eine Sitzung oder ein Seminar zu verlassen, wenn man angerufen wird. Menschen haben Vorrang vor Terminen.
- ✔ Machen Sie sich eher einen Wochen- als einen Tagesplan. Schreiben Sie sich auf, was Sie in der Woche erledigen möchten. Falls Sie sich am Freitag mit Juan treffen wollen, ihn aber Dienstag schon in der Stadt treffen, nutzen Sie die Gelegenheit und setzen Sie sich mit ihm ins nächste Kaffeehaus. Dann haben Sie wieder eine Sache erledigt und der Freitag ist offen für neue Gelegenheiten.
- ✔ Personenorientierte Kulturen haben meist viele öffentliche Treffpunkte wie Kaffeehäuser, Teestuben oder Restaurants. Das werden Sie bald herausfinden und diese Orte als »Zweitbüro« nutzen, wie das Ihre Kollegen auch tun (Österreicher mit ihrer starken Kaffeehaus-Tradition sind hier klar im Vorteil).
- ✔ Ob geschäftlich oder privat: In vielen personenorientierten Kulturen geschieht das Wichtige beim Essen. Beim Essen werden Freundschaften vertieft und lange vor einem Geschäftsabschluss erst einmal die richtigen Beziehungen aufgebaut. Lernen Sie, sich zum Essen mit anderen Menschen Zeit zu nehmen.

- Geschäftlich gesehen ist eine Person immer wichtiger als eine Firma. Ein besseres Produkt und selbst ein günstigerer Preis kommen sehr oft nicht gegen die Beziehung zu einer Person an. Wer also für seine Firma in ein Land mit einer personenorientierten Kultur geht, vertritt nicht nur die Produkte seiner Firma, sondern macht sich als Person unentbehrlich und ist nicht einfach auswechselbar.
- Es gibt keine starke Trennung von Berufs- und Privatleben.

Die meisten Menschen in osteuropäischen Ländern sind zwar nicht in dem Ausmaß personenorientiert wie es Südländer oder Araber sind. Trotzdem sollte man in Geschäftsbeziehungen bedenken, dass auch osteuropäische Geschäftspartner lieber mit einem Namen und einem Gesicht arbeiten als mit einer »Firma«.

Still und undurchschaubar – die Zuhörer

Als weitere Gruppe in dieser Einteilung nach Personen- und Zeitorientierung gibt es die sogenannten reaktiven Kulturen. Die Menschen in diesen Kulturen sind sehr gute Zuhörer, die zunächst einmal wissen möchten, was ihr Gegenüber zu sagen hat, bevor sie darauf antworten.

Sehr stark auf das Gegenüber bezogene Kulturen sind Japan und Finnland. Man versucht die Meinung des Gegenübers zu erfahren, bevor man darauf reagiert und seine eigene Meinung formuliert. Selbst dann wird selten sofort ein fester Standpunkt eingenommen. Bei Japanern führt das dazu, dass das tatsächlich gesagte Wort von nebensächlicher Bedeutung ist. Wichtiger sind ihnen gesellschaftliche Stellung, Mimik und Körperhaltung. Hat man herausgefunden oder weiß schon, dass der andere einen gesellschaftlich höheren Rang bekleidet, kann man ihm auch nicht widersprechen.

Menschen, die ebenfalls stark ihr Gegenüber beobachten, sind Chinesen, Koreaner und auch Türken.

Für sehr kontaktfreudige, personenorientierte oder direkte Menschen wie Deutsche oder Amerikaner sind diese abwartenden Kulturen verwirrend: Man weiß nie, woran man ist. Extrembeispiel sind hier die Finnen: Während die Japaner wenigstens noch so tun, als wären sie erfreut, zeigen Finnen normalerweise zunächst gar keine äußerliche Reaktion.

Auch reaktive Kulturen sind also menschenorientiert. Sie sind sehr nachdenklich, schützen das Gegenüber vor Gesichtsverlust und vermeiden, wenn möglich, Kontroversen.

- Man wird sich darauf einstellen müssen, dass bei Gesprächen wenig geredet wird. Es geht darum herauszufinden, wer der andere ist und was er denkt. Zum einen möchte man das Gegenüber nicht verletzen, zum anderen könnte er gesellschaftlich höher stehen (Japan). Dann stünde einem keine eigene Meinung zu.
- Auch den Menschen in diesen »reaktiven« Kulturen geht es darum, eine gute Beziehung zum Gegenüber aufzubauen.
- Lernen Sie, Schweigen nicht als peinliche Pause, sondern als Teil des Gesprächs anzusehen. Sie zeigen Respekt, wenn Sie über die Worte Ihres Gesprächspartners erst mal eine Weile nachdenken, bevor Sie antworten.

- ✔ Bedenken Sie, dass auch geschäftliche Verhandlungen mit Menschen aus reaktiven Kulturen Zeit brauchen. Lassen Sie ihnen keine Zeit zum Nachdenken und zum Antworten, wird kaum ein Abschluss zustande kommen.

Beobachten und kombinieren

Kommen wir in Kontakt mit fremden Kulturen, wird am ehesten eine Kombination aus Sichtweisen und Theorien helfen.

- ✔ Fliegen Sie für einen kurzen Urlaub nach Asien, wird es Ihnen helfen, sich ins Gedächtnis zu rufen, dass Sie in einer Schamkultur zu Besuch sind und sehr zurückhaltend sein sollten.
- ✔ Nehmen Sie an einer geschäftlichen Verhandlung teil, wird auch so etwas wie Machtdistanz wichtig: Sie müssen dann beurteilen können, ob Ihre Verhandlungspartner wirklich als Team verhandeln oder ob es doch nur eine Person gibt (vielleicht im Hintergrund?), die alles entscheidet.
- ✔ Wenn es um das Leben in einer fremden Kultur geht, fand ich persönlich für Europa die Einteilung in lineare und multi-aktive Sichtweise von Kulturen am hilfreichsten.

Was Deutsche in Schwierigkeiten bringt

Hier ein paar Worte über besondere kulturelle Schwierigkeiten und Hürden, denen Deutsche im Ausland begegnen können.

Natürlich muss ich jetzt auch wieder verallgemeinern, denn die wenigsten von uns würden sagen, dass sie »typische Deutsche« sind. Wie man sich in eine fremde Kultur einfindet, ist immer auch eine Frage der Persönlichkeit. Der eine blüht in einer personenorientierten Kultur regelrecht auf und hat keine Mühe, sein Büro ins Kaffeehaus zu verlegen, der andere ist ohne seinen Terminplaner verloren. Der eine liebt die Ruhe in asiatischen Verhandlungen, der andere kommt ohne den offenen Schlagabtausch nicht in Fahrt. Am sichersten wird es also immer sein, wenn man durch kurze Aufenthalte in verschiedenen Ländern schon mal herausfinden kann, wo man sich langfristig auch kulturell wohlfühlen würde.

Die Kunst des (Ver-)Schweigens

Sobald man Deutschland verlässt, sollte man eine der liebsten deutschen Tugenden eher ganz unten in den Koffer als ins Handgepäck legen: die Sitte, dem anderen offen zu sagen, was man denkt und jedem seine Meinung zu sagen.

In Deutschland ist man gesellschaftlich nicht nur dazu verpflichtet, immer die Wahrheit zu sagen, sondern auch dazu, die Wahrheit immer zu sagen. Natürlich bändigen auch wir diese Tugend mit Höflichkeit und auch gelogen wird häufig. Trotzdem geht man in kaum einer Kultur der Welt mit solch fast brutaler Offenheit miteinander um wie wir in Deutschland.

Nur leider macht die Deutschen gerade ihre Leidenschaft für Offenheit und Wahrheit in den meisten Ländern der Welt zu groben, ungehobelten Klötzen. Übrigens ist den Deutschen dieser harte Umgang miteinander durchaus bewusst. Wenn man jemandem offen die Meinung sagen will, heißt es manchmal, dass man »jetzt aber mal Deutsch« mit ihm reden muss.

Eine sachliche Diskussion

Wieder einmal war ich mit meinen amerikanischen Kollegen zu einer Vorstandssitzung in Tschechien. Die Teilnehmer waren sechs Amerikaner, zwei Deutsche und ein Australier. Im Allgemeinen liefen solche Sitzungen harmonisch ab: Keiner von uns arbeitete in seinem Heimatland und wir alle waren darin geübt, uns auf andere Kulturen einzustellen.

Nun gab es während einer Sitzung – mit Sitzungssprache Englisch – eine kleine Meinungsverschiedenheit zwischen mir und meinem deutschen Kollegen. Nichts Ernstes, es ging um Zollvorschriften (und wie soll man sich darüber nicht in die Haare kriegen?).

Der Meinung meines Kollegen widersprach ich mit einem entschiedenen »Nein«, was er mit einem scharfen »Doch« beantwortete. Seinem »Doch« folgte ein weiteres entschiedenes »Nein« von mir, worauf er mit einem »Das stimmt nicht« antwortete.

Das ging vielleicht ein oder zwei Minuten zwischen meinem Kollegen und mir hin und her, als sich unser australischer Direktor laut räusperte und wir bemerkten, dass um uns herum betretenes Schweigen herrschte. Dann sagte der Australier zu den Anwesenden: »Seien sie versichert, meine Herren, dass diese beiden Kollegen die besten Freunde sind.«

Und schon löste sich die Spannung in Gelächter auf. Denn Amerikanern wie Deutschen fiel jetzt auf, was wir eigentlich wussten: dass die Heftigkeit einer sachlichen deutschen Diskussion auf den ausländischen Beobachter wie eine Blutfehde wirken kann.

Die deutsche Sprache unterstützt eine sachliche Heftigkeit, die Deutsche selbst oft nicht persönlich nehmen (Ausnahmen bestätigen wie immer die Regel): So wendet »man« den Blick weg von einer bestimmten Person und verallgemeinert und versachlicht ein Problem.

Deutsch-amerikanische ... Freundschaft?

Amerikaner ziehen es meist vor, ein Ziel anzuvisieren und Probleme auf dem Weg so schnell wie möglich zu überwinden. Deutsch-amerikanische Projekte sind an den unterschiedlichen Ansätzen immer wieder gescheitert. Während die Deutschen noch Klärungsbedarf sehen, wollen die Amerikaner handeln. Und dann werfen die Amerikaner den Deutschen oft vor, durch Reden wertvolle Zeit zu vertrödeln und die Lösung auf die lange Bank zu schieben. Deutsche dagegen werfen Amerikanern oft vor, dass sie handeln, bevor sie überhaupt wirklich wissen, worum es geht.

Achten Sie einmal auf Ihre Diskussionen mit Freunden und Kollegen: Deutsche brauchen den Widerspruch, um zu denken und zu Lösungen zu kommen. Deutsche produzieren sogar absichtlich Spannung, um ein Problem zu lösen: Selbst wenn in einer Gruppe alle einer Meinung sind, wird es oft jemanden geben, der sich verpflichtet fühlt »Ja, aber ... « zu sagen. Und das ist auch erwünscht. Denn im Allgemeinen ist für Deutsche der erste Schritt, um ein Problem zu lösen, nicht, eine Lösung ins Auge zu fassen, sondern das Problem in all seinen Details zu verstehen.

Mach nur einen Plan ...

Eine weitere Schwierigkeit, denen Deutsche, Schweizer und Österreicher in vielen Ländern oft gegenüberstehen, ist das Fehlen von Analysen, Handlungsabläufen und Plänen. Gerade in eher personenorientierten Kulturen löst man Probleme gern erst, wenn sie auftreten. Wozu über eine Lösung für ein Problem nachdenken, dass auftreten könnte, wenn mir schon etwas einfallen wird, wenn das Problem da ist? Seinen tieferen Grund hat diese Sorglosigkeit oft in dem Denken, dass man seine Umwelt nicht wirklich unter Kontrolle hat. Die technische Weltsicht der Westeuropäer und Nordamerikaner, die die Welt als vollkommen beherrschbar ansieht, ist besonders vielen asiatischen und afrikanischen Kulturen fremd.

In Osteuropa dagegen hat man über Jahrzehnte hinweg gelernt, mit dem Nötigsten (und manchmal weniger) auszukommen. Da, wo man in Deutschland ein Ersatzteil bestellte, wurde in Osteuropa geflickt und repariert. Wo man in Deutschland feste Abläufe für Problemsituationen festlegte, war und ist in Osteuropa noch häufig der kreative Problemlöser gefragt.

Zeiten ändern sich, aber sie ändern sich langsam. Osteuropa ist nicht mehr so rückständig, wie es das bis Ende der 1980er-Jahre war. Doch ein Merksatz hilft auch heute noch, so manches zu erklären: Im Westen gibt man Geld aus, um Zeit zu sparen. In Osteuropa dagegen investiert man Zeit, um Geld zu sparen. Das bedeutet, dass man in Deutschland den Kundenservice anruft, um das Ersatzteil einer Maschine auszutauschen. In Osteuropa war und ist es immer noch üblich, das betreffende Teil oft mühsam selbst zu reparieren, weil die Mittel fehlen, es neu zu kaufen.

Filmtipp: Schultze gets the blues

Ein Deutscher, der auszieht, um eine Welt zu entdecken, die er noch nie mit eigenen Augen gesehen hat: Darum geht es in »Schultze gets the blues«. Schultzes Leben spielt sich zwischen der Arbeit im Bergbau, Kneipe, Kochen und Angeln ab. Doch die Zeiten sind schlecht und so werden Schultze und seine Kollegen in Frühpension geschickt. Das ohnehin eintönige Leben wird für sie nun noch öder. Doch Schultze hat eine Leidenschaft: die Musik und sein Akkordeon. Als er in einer schlaflosen Nacht Zydeco-Musik aus dem Süden der USA hört, ist es um seine Ruhe geschehen. Er macht sich auf die Suche nach dem Ursprung der Musik. Seine Suche führt ihn bis in die Sümpfe von Louisiana, wo er seine Ruhe auf der Dachterrasse einer freundlichen farbigen Frau und endlich auch seine Musik findet.

Der Film zeigt einen neugierigen Menschen, der sich ohne Sprachkenntnisse aufmacht, eine neue Welt zu entdecken. Wie ein großes Kind tappt Schultze ein wenig verloren durch diese neue große Welt und erreicht doch das Ziel, das er nicht mal kannte.

Wer als Auslandsmitarbeiter oder als Auswanderer auf solche Schwierigkeiten trifft, wird es oft schwer haben, sich selbst an das Prinzip »Es ist nicht falsch, nur anders« zu erinnern. Und doch bleibt es auch da ein wichtiger Grundsatz, wo der eigenen Meinung nach die Dinge im Argen liegen.

- ✔ Natürlich kann man versuchen, Abläufe und Arbeiten zu verbessern, vielleicht hat man Sie auch gerade deshalb ins Ausland geschickt. Denn irgendwie soll ja alles mit den Abläufen in Deutschland zusammenpassen. Nun aber mit dem eisernen Besen zu kehren und als deutscher Besserwisser zu erscheinen, wird nicht helfen.
- ✔ Wer sich Zeit nimmt, sowohl seine eigene wie auch die neue Kultur zu verstehen, wird eher in der Lage sein, die Stärken beider Kulturen zu beider Vorteil zu verbinden.

Toleranz und Vorurteil – den eigenen Weg finden

Ob man in Deutschland lebt, in Österreich oder in der Schweiz, ob man in die USA reist, nach Saudi-Arabien, nach Indien oder Südafrika: Man wird überall Menschen treffen, die sich für ganz normal halten.

Es kommt uns leicht über die Lippen, Südeuropäer als unpünktlich zu bezeichnen, Japaner als höflich, aber undurchschaubar und Polen als unordentlich. Genauso aber werden Deutsche es sich immer wieder gefallen lassen müssen, als grob, kalt, technokratisch und humorlos bezeichnet zu werden. Ob all diese Vorurteile stimmen, ist für die meisten Menschen zweitrangig. Denn das, was sie sehen, liegt klar auf der Hand: Sie selbst sind normal, der Fremde ist komisch und anders. Im günstigsten Falle ist ein Ausländer, den man persönlich kennenlernt, dann doch »ganz anders, als ich gedacht habe«, was meistens bedeutet, dass er nicht den Vorurteilen entsprach, die man über ihn hatte.

So »normal« wir uns persönlich auch empfinden: Lebt man irgendwo auf dieser Welt als Ausländer, sollte man nicht vergessen, dass man ohne Anpassung nur unter seinesgleichen »normal« ist. Nur wer sich der Kultur seiner Gastgeber zumindest annähert, kann darauf hoffen, auch dort irgendwann zumindest als einigermaßen normal angesehen zu werden.

Anpassen oder Neues schaffen?

Wie ist es, wenn Menschen aus verschiedenen kulturellen Hintergründen täglich zusammenarbeiten? Wie können Menschen verschiedener Kulturen ein Team bilden? Arbeiten dann vielleicht sogar alle oder ein großer Teil noch nicht einmal in ihrem Heimatland, kann es auch nicht mehr nur darum gehen, sich anzupassen. Denn wer soll sich anpassen? Welche Kultur regiert denn ein solches Team?

Je mehr die Menschen der Welt zusammenrücken, desto mehr wird sich diese Frage in Zukunft stellen. Deshalb wird man in einer solchen internationalen Arbeit auch irgendwann verstehen müssen, dass Unterschiedlichkeit nicht nur das ist, was trennt, sondern auch das sein kann, was die Menschen ergänzt.

Besteht ein Team aus Menschen unterschiedlicher Kulturen, sollte man sich der Unterschiedlichkeiten bewusst werden und versuchen, daraus eine ganz neue Kraft zu schaffen. Sich vom anderen zu unterscheiden, sollte als etwas Gutes angesehen werden, als Ergänzung, die ganz neue Möglichkeiten schafft.

Und so kann trotz des Stresses, den man als Ausländer haben mag, auch eine vielleicht naiv klingende Aussage ein guter Grundsatz sein: Fremde sind Freunde, die man nur noch nicht kennengelernt hat.

Weiter lernen

Nun noch ein paar Tipps, um fremde Kulturen noch besser kennenzulernen.

Seminare und Schulungen

Wer für seine Firma ins Ausland geht, sollte darauf bestehen auch auf die neue Kultur vorbereitet zu werden (natürlich auf Firmenkosten). Da in diesem Falle das Ziel ja zumeist konkret ist, kann man sich Trainer und Seminaranbieter suchen, die sich auf das betreffende Land spezialisiert haben. Dann kann man sich gezielt auf seinen neuen Job vorbereiten lassen und auch die Sitten bei Geschäftsverhandlungen oder den Führungsstil der Vorgesetzten kennenlernen.

Wer Familie hat, sollte nicht vergessen, ein solches Training auch für seinen Partner und die Kinder zu verlangen. Das mag vielleicht etwas anders aussehen, aber auch der Familie hilft eine gründliche Vorbereitung beim Einleben. Für Auswanderer sind solche Trainings ebenfalls sehr nützlich. Wer es also irgendwie in seinem Budget unterbringen kann, sollte das tun.

Eine solche Vorbereitung ist nicht nur für Einsätze in Asien oder Afrika wichtig. Auch über die europäischen Nachbarn wie Franzosen, Österreicher oder Polen kann man viel lernen.

Besonders Ingenieure und Techniker tun sich oft schwer damit, in Vorbereitungsseminaren zur Kultur an Rollenspielen teilzunehmen. Das Theaterspielen liegt ihnen einfach nicht. Allerdings sollten Sie daran denken, dass Sie besonders in der ersten Zeit in der neuen Kultur auch »spielen« werden. Sich vor dem Gegenüber zu verbeugen oder ihn zu küssen wird Ihnen nach dem Umzug nicht plötzlich natürlich erscheinen. Sie müssen das so lange spielen und sich dabei wohl auch fremd vorkommen, bis Ihnen die neue Sitte zur Gewohnheit geworden ist. Lernen Sie also besser das »Spielen«, solange Sie noch entspannt die Möglichkeit dazu haben.

An deiner Seite – der Kulturführer

Sehr hilfreich kann es besonders in der ersten Zeit im neuen Land sein, wenn man einen Menschen hat, der als »Kulturführer« dient. Dies könnte ein Arbeitskollege sein, ein Sprachlehrer oder vielleicht ein Student, für den das ein Nebenjob ist. Darauf achten sollte man allerdings, dass sich dieser »Kulturführer« in beiden Kulturen auskennt: Er muss sich sowohl über seine eigene Kultur Gedanken machen können als auch Vergleiche mit der Kultur seines Gastes ziehen und ihn auf Stolpersteine aufmerksam machen können.

Sprache lernen

Die Sprache der neuen Heimat zu lernen, ist ebenfalls wichtig, um die Menschen, ihr Denken und ihre Kultur kennenzulernen. Wer sich mit den Menschen verständigen will, braucht eine gemeinsame Sprache. Das mag eine Fremdsprache sein, die beide können, oder es gibt vielleicht Kollegen, die auch Deutsch sprechen. Wer allerdings die Herzen der Menschen erreichen und sie wirklich verstehen will, muss ihre Muttersprache lernen. Mehr dazu erfahren Sie in Kapitel 4.

Sagt mir, was ihr schreibt und singt ...

Wer sich auf das Leben in einem neuen Land vorbereitet, wird zunächst viel über das betreffende Land und seine Kultur lesen und vielleicht auch in Filmen sehen wollen. Wichtig ist auch der nächste Schritt: Man sollte Bücher aus dem betreffenden Land lesen, Filme des Landes schauen oder auch seine Musik hören.

Um etwas aus einer bestimmten Nationalliteratur zu lesen, ist es meist nicht notwendig, die betreffende Sprache zu können. So manches gibt es in deutscher Übersetzung. Was man nicht kaufen möchte, findet man vielleicht in der örtlichen Bibliothek, was auch sie nicht hat, besorgt sie Ihnen über die Fernleihe aus einer anderen Bibliothek. Das gilt besonders für Bücher, die es vielleicht nicht mehr zu kaufen gibt. Schwieriger ist es normalerweise mit Musik: Texte exotischer Folk- oder Popsongs findet man selbst im Internet nur selten übersetzt.

Will man lernen, was in einer anderen Kultur wichtig ist, sollte man sich in folgenden Bereichen mal umschauen:

- ✔ Lesen Sie den Text der Nationalhymne. Was ist das Thema, was ist wichtig, was ist besonders herausgestellt?
- ✔ Viel lernen kann man auch aus Sagen und Märchen. Was wollten die Menschen in ihnen weitergeben, was sind wichtige Themen?
- ✔ Welche berühmten Schriftsteller kennt das Land? Sie müssen nicht unbedingt international bekannt sein, aber wer ist im Land bekannt? Was sind die Themen? Warum sprechen diese Schriftsteller die Menschen an?
- ✔ Welche Musik hören die Menschen? Welche Geschichten erzählen die Volkslieder? Ist einheimische Popmusik beliebt?
- ✔ Welches Leben zeigen die Filme des Landes?

Ein Tipp für Sammler: Viel über Geschichte und Kultur eines Landes lernt man, wenn man seine Briefmarken sammelt. Berühmtheiten und Jahrestage, Erfindungen und Politiker, Tiere und Pflanzen, die höchsten Berge und die tiefsten Seen – alles, was man über ein Land wissen sollte, findet sich meist auf seinen Briefmarken wieder. Auch wenn das kleine Stückchen Papier nur Platz für Namen und Zahlen bietet, ist es doch genug, um diese Stichworte in eine Internet-Suchmaschine einzugeben.

Fremde Kulturen erleben: Kulturschock

15

In diesem Kapitel

- Kulturschock – Ereignis oder Prozess?
- Einen Kulturschock erkennen
- Den Kulturschock überstehen

In diesem Kapitel geht es darum, wie eine neue, fremde Kultur auf einen Menschen wirken kann. Mancher, der mit einer neuen Kultur in Kontakt kommt, verliert die Orientierung und weiß kaum noch, was richtig und falsch ist. Die nächsten Abschnitte sollen dabei helfen, sich trotz Schwierigkeiten einzuleben und den Boden unter den Füßen nicht zu verlieren.

Wir waren seit ein paar Tagen in Tokio, ein Haufen neugieriger deutscher und amerikanischer Praktikanten. Zunächst einmal nahm man sich zwei Wochen Zeit, uns ein wenig in die japanische Sprache und Kultur einzuführen, aber keiner von uns war bisher so sehr in der Fremde gewesen. Selbst wenn man mitten im prallen Leben von Tokio stand, fühlte man sich wie unter einer Glasglocke: Keine vertrauten Worte waren zu hören, keine Schilder und Plakate, die man lesen konnte und selbst die Autos fuhren auf der anderen Straßenseite. Wir standen wieder einmal auf einem Bahnsteig und warteten auf den nächsten Zug, als plötzlich eine junge Amerikanerin aus unserer Gruppe auf die Bahnhofsuhr zeigte und rief: »Schaut mal, eine amerikanische Uhr.« Einen Augenblick schauten wir die junge Frau verdutzt an – dann brachen sie und wir alle plötzlich in Gelächter aus: Natürlich, Uhren sind auch in Japan Uhren. Kein Unterschied.

Unsere Kollegin erlebte in diesem Moment einen sehr offenen und deutlich sichtbaren Kulturschock. Allerdings einen von der eher niedlichen Sorte, der gute Anekdoten liefert. Krasser erlebte den Kulturschock eine andere junge amerikanische Frau ebenfalls in Japan: Während eines christlichen japanischen Gottesdienstes sprang sie auf und rief dem Pfarrer zu: »Speak English! Sprich Englisch!« In diesem Fall ist der Kulturschock nicht mehr mit Humor zu nehmen, das ist schon ein echter Nervenzusammenbruch.

Den Kulturschock zu beschreiben ist nicht ganz einfach. Er tritt in vielen Formen auf und wirkt manchmal fast unsichtbar. Er kann leise im Hintergrund arbeiten oder ganze Projekte mit einem Knall scheitern lassen.

Was ist ein Kulturschock?

Eingeführt haben den Begriff »Kulturschock« (englisch: culture shock) die amerikanischen Anthropologen Cora DuBois (1903–1991) und Kalervo Oberg (1901–1973). Nun darf man sich einen Kulturschock nicht so vorstellen, als würde man einen Schock bekommen, sobald man im fremden Land aus dem Flugzeug steigt. Das kann zwar passieren, wenn man zum Beispiel gleich auf extreme Armut, Gestank und Tod trifft. In den meisten Fällen ist ein Kulturschock aber kein plötzliches Ereignis, sondern ein Prozess, der in verschiedenen Stufen abläuft.

Man spricht von so etwas Dramatischem wie einem Kultur»schock« wohl deshalb, weil er einen Menschen vollständig aus der Bahn werfen kann. Manches lässt sich mit Humor nehmen, doch irgendwann ist der Bogen überspannt und jeder Mensch kommt an seine Grenzen. Und das besonders schnell dann, wenn er sich nicht mehr in der Welt zurechtfindet.

Einen »Kulturschock« verbindet man in Gedanken meist hauptsächlich mit Ländern und Kulturen, die sehr weit entfernt liegen. China und Japan kommen in den Sinn, auch Afrika. Umso unvorbereiteter treffen einen dann manchmal die Kulturunterschiede zwischen uns und unseren europäischen Nachbarn. Selbst wenn sie (halbwegs) die gleiche Sprache sprechen, sollten sich auch Deutsche, Österreicher und Schweizer auf kulturelle Unterschiede vorbereiten, wenn sie bei ihren jeweiligen Nachbarn leben und arbeiten wollen.

Die Orientierung verlieren

Das Schöne am Zuhausesein ist, dass man sich dort auskennt und man einen Platz hat, an den man gehört. Dabei meine ich mit dem Zuhause nicht nur die eigenen vier Wände. Auch die Muttersprache ist ein Zuhause, in dem man sich auskennt und das einem Sicherheit gibt: In der Muttersprache kann man Freude und Zorn ausdrücken, kann einkaufen gehen und eine Party organisieren, kann fernsehen und lesen. Und das alles ohne Anstrengung und Angst.

Ebenso bilden die Menschen und die Regeln, nach denen sie miteinander leben, ein Zuhause. Einkaufen, ein Konzert besuchen, die Straße überqueren, Freunde anrufen oder in die Kneipe gehen – all das machen Menschen in ihrer Heimat ohne viel darüber nachzudenken.

Diese Sicherheiten gehen verloren, wenn man ins Ausland geht. Die Sprache wird zum Risiko – versteht man und wird man überhaupt verstanden? Plötzlich kann man sich vielleicht nicht mehr ausdrücken und auch nicht mehr verstehen, wie sich die Menschen um einen herum fühlen. Einkaufen wird zur Herausforderung, in der fremden Sprache anstehende Telefonate treiben einem Schweißperlen auf die Stirn und an fernsehen und Zeitung lesen ist gar nicht erst zu denken.

Kein Wunder also, wenn ein Mensch in einer solchen Situation die Orientierung verliert. Denn kaum noch etwas von dem, was früher selbstverständlich war, ist in einer fremden Kultur noch sicher. Man wollte ein neues Leben anfangen und steht vielleicht jetzt noch mehr am Anfang, als man es sich eigentlich gewünscht hat.

Verschiedene Stufen eines Kulturschocks

Es ist meist schon der zweite Schritt, wenn einem Menschen im Ausland die eigene Hilflosigkeit auffällt. Ein Kulturschock vollzieht sich in verschiedenen Stufen, und die erste Stufe ist noch recht hoffnungsvoll und gar kein Schock …

Stufe 1 – Flitterwochen: Spannung, Neugier, Freude

Endlich angekommen. Die neue Wohnung muss eingerichtet werden, der Job wird angetreten, die Umgebung erkundet. Im günstigsten Falle hatte man einen guten Einstieg: pünktlich angekommen, kein Gepäck verloren und niemand krank geworden. Und selbst wenn nicht alles ganz reibungslos geklappt hat, war man doch guten Mutes und voller Energie. Man probiert ungewöhnliche Speisen und nimmt an fremdartigen Festen teil. Es macht einem nichts aus, sich unter Menschen zu bewegen, die man nicht versteht. Es gilt, eine ganz neue Welt zu entdecken.

Die neue Heimat: Sie ist die »Liebste«, mit der man zunächst seine »Flitterwochen« verbringt. Schlechte Eigenschaften und Schwierigkeiten bemerkt man noch nicht oder man ist bereit, sie zu übersehen. Im Grunde fühlt man sich vielleicht wie im Urlaub: Weg von zu Hause und für kurze Zeit gibt es in der neuen Heimat noch keinen Alltag. Alles ist neu, toll und schön.

Lassen Sie sich die Hochstimmung und die gute Laune der ersten Wochen nicht verderben. Gönnen Sie sich die Neugier und den Spaß der ersten Erkundungen der neuen Heimat und genießen Sie Ihr neues Leben.

Stufe 2 – Katerstimmung: Verunsicherung und Enttäuschung

Nach ein paar Wochen sind die Flitterwochen vorbei und die Urlaubsstimmung verfliegt. Das, was spannend und neu war, nervt nun langsam. Es geht einem auf die Nerven, dass man die Menschen um sich herum nicht versteht. Dabei geht es nicht nur um die Sprache, auch das alltägliche Leben und Handeln der Menschen sind einem mehr und mehr fremd. Nach einer Weile fällt es immer schwerer, alle Missverständnisse und eigene Ungeschicklichkeiten in der neuen Kultur noch mit Humor zu nehmen.

Zum »Kater« gehört oft auch noch das Heimweh. Wer mit Familie ins Ausland gegangen ist, wird nicht nur mit seinem eigenen Heimweh zu kämpfen haben, sondern auch mit dem der Kinder oder des Partners. Im Grunde stellt man nun fest, wie schön der normale, »langweilige« Alltag zu Hause doch auch war: Man verstand Gespräche und den Wetterbericht, wusste Gesten und Gesichtsausdrücke der Menschen zu deuten und die nächste Currywurst gab es zwei Straßen weiter. In der Heimat wusste man, was richtig und was falsch ist. In der Fremde nicht mehr.

Die Bereitschaft und Fähigkeit, sich auf die neue Kultur einzustellen, nimmt von diesem Moment an oft erst einmal ab. Manchmal haben Sie vielleicht das Gefühl, dass Sie zu viel von sich selbst aufgeben und immer nur nachgeben. In dieser Zeit der Ernüchterung sollten Sie Ihr Ziel nicht aus den Augen verlieren: Sie werden die fremde Sprache lernen und sie werden Ihr Geschäft aufbauen. Ein Urlauber geht wieder zurück, bevor sein Heimweh schlimm wird. Sie aber sind dabei, sich ein neues Leben aufzubauen und Ihre Träume zu leben. Lassen Sie sich nicht durch ein paar trübe Tage davon abbringen.

Stufe 3 – Krise: Stress, Wut und Rückzug

Irgendwann hat man dann die Nase voll von der Exotik: zu viele Palmen. Immer nur Fisch. Ständig wird man mit dem Wechselgeld betrogen. Ständig neuer Behördenkram, ohne dass man die Formulare lesen kann. Und bei der Arbeit spürt man deutlich, dass man ein Fremder ist und trotz vielleicht eindeutiger Position doch seinen Platz noch nicht gefunden hat. Die Krise bedeutet, dass einem bewusst wird, dass man die Kontrolle über große Teile seines Lebens weitgehend verloren hat und sie zurück möchte.

Ein ziemlich sicheres Zeichen dafür, dass die Beziehung zu Ihrer neuen Heimat in der Krise steckt, ist die Abwertung der fremden Kultur. Plötzlich vergleichen Sie ständig ärgerlich Deutschland mit der neuen Kultur. Wie viel besser doch alles in Deutschland organisiert ist. Da sind die Leute alle ehrlich. In Deutschland kann man alles kaufen und muss nicht lange suchen. Wenn Sie sich (und ihre Familie) bei solchen Gedanken und Aussagen ertappen, können Sie ganz sicher sein: Die Flitterwochen sind vorbei. Sie bewegen sich auf den Boden der Tatsachen zu.

In dieser Zeit der Krise sind die Menschen extrem gestresst. Und doch ist den meisten gar nicht bewusst, dass sie sich in einer von der neuen Situation ausgelösten Krise befinden. Zu vieles geschieht einfach nur auf der Ebene der Gefühle – Angst, Unsicherheit, Ärger, sogar Wut. Doch diese Gefühle brechen sich auch Bahn und Ventile werden gesucht, um Druck abzulassen.

Stufe 4 – annehmen und anpassen

Wer ein gesundes Selbstvertrauen hat, wird nach einer Zeit wieder aus dem Loch der Krise herausfinden. Meist stellen sich erste Erfolge ein, vielleicht ein gelungenes Telefonat in der neuen Sprache, ein Abend mit Gästen, bei dem sich alle wohlgefühlt haben oder ein Geschäftsabschluss mit dem neuen Team.

Langsam lernt man immer besser, die Unterschiede zur eigenen Kultur zu sehen und die Reibungspunkte und Gegensätzlichkeiten auszuhalten. Je vertrauter die Umgebung wird, desto mehr bemüht man sich darum, die andere Kultur zu verstehen. Mit der Zeit beginnt man sogar, Verhaltensweisen aus der anderen Kultur zu übernehmen.

Wer noch in der Krise steckt, dem fällt es manchmal schwer, das Licht am Ende des Tunnels zu sehen. Doch da heißt es: Nicht aufgeben! Eine Familie kann in dieser Situation einander stützen und ermutigen. Vor allem die Kunst des Lobens und des Ermutigens ist jetzt wichtig. Singles haben es mit der Ermutigung von außen oft schwerer und sollten versuchen, Freunde zu finden, die vielleicht in der gleichen Situation stecken. Vielleicht freundet man sich mit anderen Ausländern an, oft entstehen solche Freundschaften in Sprachkursen.

Früher oder später trifft es jeden

Mehr oder weniger hart trifft ein Kulturschock letztlich jeden Menschen, der in eine neue Kultur wechselt. Allerdings hat jeder Mensch seine persönlichen Schwachpunkte und Empfindlichkeiten.

Wer versucht, an seiner Familie oder sich selbst einen Kulturschock zu erkennen, sollte nicht nach dem einen, schlimmen Erlebnis Ausschau halten. Einen Kulturschock verursacht eher die Menge oder sogar Regelmäßigkeit von schwierigen Situationen. Wer im Restaurant regelmäßig seinen Kaffee mit Milch bekommt, weil er nicht weiß, wie er ihn ohne Milch bestellen soll, ist einem Kulturschock wahrscheinlich näher als jemand, der schon durch seine Hautfarbe als Ausländer zu erkennen ist.

Wenn es in all diesen Schwierigkeiten Hilfe gibt, dann am ehesten für diejenigen, die von ihrer Firma ins Ausland entsandt wurden. Auswanderer bleiben wie so oft meist auf sich allein gestellt. Das fängt an bei der finanziellen Situation, die ja bei Auswanderern nicht unbedingt besonders sicher ist. Aber auch bei Behördengängen und der ersten Orientierung am Ort werden die von Firmen entsandten Mitarbeiter normalerweise betreut. Auswanderer haben solche Hilfe nur, wenn sie sie sich leisten können. Es ist also in den meisten Fällen schon vorprogrammiert, dass Auswanderer einen Kulturschock krasser und schneller erleben als Auslandsmitarbeiter.

Das löst einen Kulturschock aus

Folgende Liste bietet eine Auswahl von Problemen, mit denen besonders Mitteleuropäer kämpfen müssen. Bei stabilen Persönlichkeiten wird kein Punkt der Liste gleich einen Kulturschock auslösen. Wichtiger Auslöser eines Kulturschocks ist die dauerhafte Belastung – hier höhlt der stete Tropfen den Stein. Und meist ist es dann auch nur ein Tropfen, der das Fass zum Überlaufen bringt.

- ✔ Zunächst ist es sehr oft die neue Sprache, die zu Unsicherheiten führt. Macht es in den »Flitterwochen« des Auslandsaufenthalts noch Spaß, sich mit Händen, Füßen und gebrochenem Englisch zu verständigen, wird es nach ein paar Wochen nervenaufreibend. Denn wie soll ich dem russischen Automechaniker beibringen, was ich für das Problem an meinem Auto halte? Und wie soll ich dann wiederum verstehen, welche umfangreichen Reparaturen er an meinem Wagen für nötig hält?
- ✔ Viele Menschen mit mangelnden Sprachkenntnissen sind unsicher, ob sie bei den kleinen Alltagsgeschäften nicht andauernd übers Ohr gehauen werden.
- ✔ In vielen Ländern sind Armut und Elend nervenzehrende Stresspunkte. Oft weiß man nicht, wie man sich verhalten soll. Und außerdem plagt einen das schlechte Gewissen, weil man im Vergleich doch verhältnismäßig reich ist.
- ✔ Ständiger Lärm und auch nächtliche Betriebsamkeit können stressen. Wer weniger Möglichkeiten hat, sich zurückzuziehen und seine Ruhe zu haben, gerät leicht aus dem Gleichgewicht.

- Zum Stress kann auch das Klima der neuen Heimat beitragen. Wer sein Jahr in vier voneinander abgegrenzte Jahreszeiten eingeteilt hat, wird manchmal Mühe damit haben, dass es jetzt nur noch »trocken« und »nass« gibt oder dass der Winter fünf Monate Minustemperaturen mit sich bringt.
- Oft sind es auch die Erwartungen der Menschen um uns herum, die stressen: »Warum kannst du nach vier Wochen unsere Sprache noch nicht? Warum läuft das Büro nach sechs Wochen immer noch nicht so, wie es sich der Chef in Deutschland vorstellt? Warum beteiligen Ihre Kinder sich nicht am Unterricht?« Der Bonus, den man als Gast und Fremder in den ersten Wochen hatte, wird langsam aufgebraucht.
- Und schlimmer geht's kaum: weinende Kinder, die Angst vor Kindergarten oder Schule haben. Es ist schwer, ihnen ehrliche Antworten zu geben, wenn man genau solche Angst vor dem nächsten Arbeitstag oder dem nächsten Einkauf hat. Unglückliche Kinder erhöhen den Druck, unter denen die Eltern stehen, enorm.

Man hält mich wohl für blöd …

Wenn man in einer Sprache lebt, die man nicht besonders gut beherrscht, wird man andauernd für dumm gehalten. Das muss man wohl einfach in Kauf nehmen. Ist die Aussprache ganz in Ordnung, spricht man aber die Sprache noch nicht besonders gut, ist es am schlimmsten: Man gerät in Verlegenheiten, kann sich aber nicht herausreden. Vor allem an Orten, an denen man nicht an Touristen gewöhnt ist, ist das ein Problem. Denn manchmal erkennen die Einheimischen einen Akzent nicht immer gleich.

Kurze Gespräche in Geschäften können besonders peinlich sein. Ich erkläre dem Metzger ja nicht, dass ich Jason heiße und aus Kanada komme und dort auch öfter Gerichte aus Putenhackfleisch gemacht habe. Nein, ich sage: »Hallo, ich möchte 400 Gramm Putengehacktes!«

Da guckt der Metzger mich komisch an und sagt: »So etwas gibt es gar nicht auf der Welt!« Auf jeden Fall wohl nicht auf seiner Welt und kulinarischen Landkarte. Jetzt hätte ich trotzdem versuchen können, dem Metzger zu erklären, was ich will, aber hinter mir standen zehn Leute in der Schlange und alle waren der gleichen Meinung wie der Metzger. Außerdem habe ich auf dem Weg dorthin in der fremden Sprache keine komplizierten Erklärungen geübt, sondern nur: »Ich möchte 400 Gramm Putengehacktes … Ich möchte 400 Gramm … «

Jason Blake/Celje, Slowenien

Wer einmal im Ausland ist, wird die Liste der Stresspunkte beliebig erweitern können. Jeder Mensch hat seine eigenen Grenzen und jede Kultur ihre eigenen Traditionen und Gewohnheiten, die diese Grenzen strapazieren. Es hilft zuerst einmal nicht, gleich ein Heilmittel gegen den Kulturschock finden zu wollen. Natürlich kann man Humor und Gelassenheit empfehlen, doch hilft das wenig, wenn man den Schwierigkeiten nicht zunächst einmal ins Auge blickt und sie sich eingesteht.

Der Ekel

Eine der schärfsten Grenzen zwischen uns und unserer Umwelt ist Ekel. Interessanterweise hört und liest man wenig vom Ekel als Hürde bei der Auswanderung oder beim Auslandseinsatz. Doch wer schon einmal gegen Mitternacht auf einem taiwanesischen Nachtmarkt gegrillten stinkenden Tofu (stinky tofu) gerochen hat, weiß, was echter Ekel auslösen kann: Man fragt sich vielleicht zum ersten Mal in seinem Leben, ob Gerüche die Seele verätzen können …

Wer Ekel aus ein wenig Abstand beobachten will, sollte sich gelegentlich das »RTL-Dschungelcamp« ansehen. In dieser Show werden mehr oder weniger prominente Menschen in den Dschungel geschickt und müssen »Prüfungen« bestehen: Insekten oder Känguruhoden essen oder sich mit Kakerlaken oder Spinnen übergießen lassen. Sehr drastisch sieht man, dass Ekel kein Gefühl ist, das man gut unter Kontrolle bekommt: Ekel arbeitet für sich selbst. Und das tut er, indem er Übelkeit und Brechreiz verursacht, den Herzschlag verlangsamt und die Hände schwitzen lässt. Er schwächt sogar das Immunsystem, sodass bei vielen Menschen Herpes ausbricht, nachdem sie sich geekelt haben. Der Kopf geht zur Seite und die Hand legt sich automatisch auf Mund und Nase und man muss sich wirklich zusammenreißen, um all diese Reaktionen in den Griff zu bekommen.

Natürlich ist Ekel zunächst einmal dazu da, den Körper zu schützen, er soll Schädliches fernhalten. In der Fremde kann es aber sein, dass man sich vor Dingen ekelt, die andere Menschen als Köstlichkeit empfinden.

Man nehme nur das gute Mettbrötchen: Deutsche essen gern rohes Schweinefleisch mit etwas Salz und Pfeffer und Zwiebelringen. Ein paar Milliarden Menschen auf dieser Welt würde allein beim Gedanken daran schon der Appetit vergehen. Nimmt man dazu noch die Blutwurst und den »Harzer Roller«, machen diese »Spezialitäten« die Deutschen in den Augen der (mindestens) halben Welt zu kulinarischen Barbaren.

Man hat festgestellt, dass Frauen meist stärkere Ekelgefühle haben als Männer. Das heißt, dass Männer ihre Partnerinnen nicht dazu drängeln sollten, Dinge zu berühren oder zu essen, vor denen sie sich ekeln. »Stell dich nicht so an, schmeckt doch gut.« hilft nicht, Ekel zu überwinden. Andererseits empfinden jüngere Menschen stärkeren Ekel als ältere. Das gibt also Hoffnung, dass Ekel doch durch Erfahrung und Gewohnheit weniger wird oder sogar überwunden werden kann.

Nicht nur Ekel kann Auslöser für extremen Stress sein, sondern auch die gesellschaftliche Einschränkung, die mit dem Ekel einhergehen kann. Was soll man tun, wenn man sich vor dem Essen, das der Gastgeber einem vorsetzt, ekelt? Zum Ekel kommt also die Tatsache, dass Menschen sich durch Ekel verletzt fühlen können. Gerade wenn Gastfreundschaft in der neuen Heimat ein großes Thema ist, kann einen das in kaum lösbare Konflikte stürzen.

In vielen Kulturen stiftet gemeinsames Essen Gemeinschaft und Freundschaft. Egal was auf den Tisch kommt, man sollte zumindest so tun, als würde man sich über das Essen freuen. Schließlich sind Sie kein Tourist, dem Ekel vor Höflichkeit geht, weil er eh wieder abreist und wohl nie wiederkommt. Bevor Ihr Würgereiz allerdings unübersehbar wird, flüchten Sie sich lieber in Notlügen wie Magenverstimmung (die Sie wahrscheinlich in dem Moment tatsächlich haben …) oder Zahnschmerzen.

Eine erprobte Taktik bei Paaren funktioniert so: Falls nur einer der beiden Probleme mit dem Essen hat, kann der »robustere« Partner in unbeobachteten Momenten die »ekligen« Teile der Mahlzeit vielleicht auf seinen Teller bugsieren.

Einen Kulturschock erkennen

Es ist gut zu wissen und sich darauf einzustellen, dass der Kulturschock kommen wird. Vielleicht wird man eines Morgens aufwachen, nicht aufstehen wollen, und sich plötzlich bewusst werden, dass das wohl jetzt der Kulturschock ist. Einige Hinweise können dabei helfen, einen Kulturschock bei sich, seiner Familie oder auch anderen ausländischen Kollegen wahrzunehmen.

- ✔ Zeichen der Krise kann ein erhöhter Alkoholkonsum sein. Wenn Sie anfangen, regelmäßig Alkohol zu trinken, weil Sie Entspannung suchen, sollten Sie sich fragen, warum das so ist.
- ✔ Ständige Müdigkeit trotz eigentlich ausreichenden Schlafes kann auf einen Kulturschock hindeuten. Ständige Müdigkeit hat meist einen tieferen Grund als bloß »viel Arbeit«.
- ✔ Morgens lange schlafen, nachmittags lang schlafen und dann früh zu Bett gehen – das hängt sicher mit der ständigen Müdigkeit zusammen. Doch gibt es auch das sogenannte Fluchtschlafen. Natürlich kann man sich und anderen Müdigkeit einreden. Doch tatsächlich flüchtet man sich in den Schlaf, um der Realität ein wenig zu entfliehen.
- ✔ Migräne, Kopfschmerzen, Bauchschmerzen – alles körperliche Symptome, die durch anhaltenden Stress ausgelöst werden können. Auch bei körperlichen Beschwerden gibt es viele Unterschiede, jeder Mensch hat auch seine besonderen Schwächen. Vorsicht ist geboten, weil diese Beschwerden leicht zu erhöhtem Medikamentenkonsum führen können, von dem man letztlich dann nicht mehr loskommt.
- ✔ Ein Kulturschock kann auch der Grund sein, wenn Menschen, die sonst relativ ausgeglichen schienen, plötzlich nah am Wasser gebaut haben. Grund für das plötzliche Weinen können Lieder oder E-Mails aus der Heimat sein, ein toter Vogel, ein fallen gelassener Teller oder eine angebranntes Gericht. Dabei sind all diese Kleinigkeiten nicht der Grund für die Tränen. Sie bringen lediglich das Fass zum Überlaufen.
- ✔ Auch unsere Essgewohnheiten können sich in der Krise ändern. Das kann sich in Appetitlosigkeit und auch in Fressattacken äußern. Für den, der sonst nie Probleme mit dem geregelten Essen hatte, sind auch das Zeichen für einen Kulturschock.
- ✔ Ständiger Stress kann auch sexuelle Lustlosigkeit nach sich ziehen. Sollten Sie in Ihrer Partnerschaft plötzlich sexuelle Probleme haben, kann es zunächst einmal an der Reihe sein, sich über einen Kulturschock statt über Ihre Partnerschaft an sich Gedanken zu machen.
- ✔ In eine Reihe mit Alkohol und Fluchtschlafen gehören vielleicht auch Affären. Das Leben im Ausland macht es oft besonders Männern leicht: Man ist unbekannt am fremden Ort und eventuell unterstützt die neue Kultur sogar außerpartnerschaftliche Beziehungen.

Filmtipp: My Big Fat Greek Wedding – Hochzeit auf Griechisch

Als nette Aschenputtelgeschichte verpackt wird die Geschichte von Toula Portokalos erzählt, die im Restaurant »Dancing Zorbas« arbeitet, das zu den zahlreichen Familienunternehmen gehört, das sich ihre Sippe in Chicago aufgebaut hat. Da sie schon dreißig ist, darf sie sich ständig von ihrem Vater anhören, dass sie ihn nur stolz macht, wenn sie einen Griechen zum Mann nimmt und viele griechische Kinder in die Welt setzt. Doch Toula sieht das anders, sie möchte raus aus dem Trott. Mithilfe der Mutter fängt sie an, eine Computerschule zu besuchen. Später bringen die Frauen den Vater dazu, dass Toula im Reisebüro der Tante arbeiten kann, da diese eigentlich keine rechte Lust mehr dazu hat. Toula lebt in ihrem Job auf und lernt eines Tages Ian kennen, einen gar nicht griechischen Highschool-Lehrer. Irgendwann kommt die Familie dahinter, dass Toula einen xeno, einen Nichtgriechen, zum Freund hat. Und Ian Miller stellt ganz schnell fest, dass er mit Toula auch eine ganze griechische Sippschaft heiratet.

Der Überraschungserfolg hat für eine Gruppe von Leuten eine ganz besondere Bedeutung: für Ausländer in Südosteuropa. Denn vieles, was der Film zeigt, gehört zu dem, was nördliche Ausländer täglich zwischen Ungarn und Slowenien im Norden und Makedonien, Griechenland und der Türkei im Süden erleben: Essen als Psychotherapie und ein Familienleben, in dem es »privat« nicht gibt …

Ein paar Fragen zum Film:

✔ Welche Bedeutung hat im Film das Essen?

✔ Was sagt Ihnen der Film über Ausländer und ihre neue Heimat?

✔ Mit dem Blick auf Toulas Kindheit: Welchen besonderen Schwierigkeiten stehen Kinder von Ausländern gegenüber?

✔ Wie werden im Film Brücken zwischen den Kulturen geschlagen?

✔ Wie sieht Toula ihre Familie?

✔ Welche »Kulturschocks« fallen Ihnen bei den Treffen der beiden Familien auf?

Auch hier muss man sich hinsetzen und sich fragen: Will ich eigentlich eine Affäre und das erträumte neue Leben aufs Spiel setzen? Oder brennen mir nur gerade vor lauter Stress alle Sicherungen durch?

✔ Wachsende Unsicherheit in der neuen Kultur führt oft auch zu Überängstlichkeit: Die Tür, die man vorher einfach abgeschlossen hat, bekommt nun noch ein Sicherheitsschloss. Man denkt jeden Tag nervös daran, ob Kinder und Partner Schule und Arbeitsplatz wohl sicher erreichen werden. Man hofft, dass das Telefon nicht klingelt, damit man nicht in der fremden Sprache reden muss, und misstraut allen Einheimischen.

✔ Beliebt sind auch Treffen mit anderen Ausländern, um über die neue Heimat zu lästern. Wenn Sie sich gerade in einer heftigen Zeit des Kulturschocks befinden, mag das ein wenig helfen. Aber auf Dauer sollte man doch solche Kreise eher meiden. Nur weil jemand den gleichen Pass hat wie Sie, muss er nicht gleich Ihr Freund oder gut für Sie sein. In Lästerrunden zieht man sich nur gegenseitig herunter und verstellt einander den Blick auf die Schönheiten und die Chancen des neuen Lebens in der Fremde.

Sind Sie mit Partner oder Familie im Ausland, achten Sie aufeinander. Oft sehen unsere Nächsten eher als wir selbst, dass mit uns etwas nicht stimmt. Außerdem sollte man daran denken, dass auch im Stress jeder Mensch anders ist. Es müssen nicht gleich alle Symptome aufeinandertreffen: Was dem einen seine Schlaflosigkeit ist, ist dem anderen seine Migräne …

Familie und Kulturschock

Steht eine Familie oder eine Partnerschaft unter Kulturschock, bleibt natürlich auch die häusliche Harmonie nicht verschont. Eine doch recht menschliche Eigenart ist es, bei Stress die Mitmenschen aus den Augen zu verlieren. Wer gestresst ist, rückt seine eigenen Probleme, Bedürfnisse und Wünsche in den Vordergrund. Das trifft auch in einer Partnerschaft oder der Familie zu und so verlangt es manchmal großen Einsatz, den Familienfrieden zu erhalten.

Die Berufstätigen: Kulturschock unter Leistungsdruck

Im Berufsleben können sich viele besondere Stresspunkte zeigen, die einen Kulturschock begünstigen. Das gilt sowohl für einen Angestellten, der ein einfaches Teammitglied ist, als auch für Mitarbeiter in Führungspositionen.

- Wieder einmal ist es die Sprache, die für den meisten Stress sorgen kann. Wer anfängt, in einer Fremdsprache zu arbeiten, hat zunächst das Gefühl, immer 150 Prozent Aufmerksamkeit zeigen zu müssen, um nichts falsch zu verstehen und um auch selbst richtig verstanden zu werden. Das kostet natürlich viel Kraft.
- Die Beziehungen der Kollegen untereinander sind noch unklar. Unternimmt man privat etwas miteinander oder eher nicht? Ist der Vorgesetzte der absolute Boss, dessen Anweisungen man erwartet und befolgt, oder verteilt er lieber Arbeit und Verantwortung und lässt auch selbstständig arbeiten?
- Bei ins Ausland Entsandten stehen auch immer die Erwartungen der Firma in Deutschland im Raum. Erfüllt man sie zur Genüge?

Mehr zur unterschiedlichen Arbeitsweise verschiedener Kulturen erfahren Sie in Kapitel 14. Wichtig ist, die persönlichen Stresspunkte zu erkennen und sie sich bewusst zu machen. Unbestimmte Gefühle der Überforderung machen Menschen gereizt und vergiften Partnerschaft und Familie. Wem dagegen bewusst ist, was ihn bei der Arbeit besonders stresst, wird meist auch darüber reden können.

Mitausreisende Partner

Wer mit seinem Partner ins Ausland geht und dort keinen Job finden möchte oder kann, sieht sich besonderen Stresssituationen gegenüber:

- Sehr oft hat der Stress mit Arbeit und Karriere zu tun. Viele mitausreisende Partner haben die eigene Karriere der des Partners geopfert. In Krisenzeiten kann das eine Beziehung belasten.

- ✔ Manchmal war geplant, dass beide arbeiten, aber nun gibt es vielleicht keine Arbeitserlaubnis für den Partner oder es findet sich keine Arbeit. Das kann am Selbstvertrauen zehren. Ungeplant ist man plötzlich Hausfrau oder Hausmann.
- ✔ Freunde und Familie fehlen. Das Gefühl der Einsamkeit wird dadurch sehr stark. Ganz besonders dann, wenn der Partner (und auch die Kinder) den ganzen Tag außer Haus sind. Die »Flitterwochen« in der neuen Heimat enden dann oft schneller, als erwartet.

Mehr dazu erfahren Sie in Kapitel 7 über »Partnerschaft«, und Kapitel 14 über »Fremde Kulturen verstehen«. Über die besondere Situation der Kinder finden Sie Weiteres in Kapitel 5.

Den Kulturschock überwinden

Bleibt die Frage, wie man mit dem Kulturschock fertig wird. Wie schafft man es, die Schwierigkeiten so zu überwinden und die Fremdheiten so weit anzunehmen, dass sie einen nicht mehr fertigmachen?

Versuchen Sie, sich zurückzuziehen und zur Ruhe zu finden. Tun Sie etwas, was Ihnen Spaß und Entspannung bringt. Die Welt wird sich auch mal ein paar Stunden ohne Sie drehen, keine Angst.

Um die Lage ein wenig zu entspannen, sollten Sie erst einmal an Folgendes denken: So deprimiert und ängstlich Sie sich auch fühlen mögen, so unsicher der Alltag auch scheint und so schwer die ersten Tage im Job auch sind, Sie sind nicht verrückt. Und Sie sind auch nicht dabei, es zu werden. Sie sind einfach ein ganz normaler Mensch, der sich in einer fremden Kultur zurechtfinden muss. Ein Ausländer eben.

Alles, was Sie bis hierher gelesen haben, kann übrigens auch Ihren Blick für Ausländer in Deutschland schärfen. Jeder Einzelne von ihnen erlebt einen Kulturschock. Seien es Türken, Chinesen oder auch Asylanten aus vielen Ländern der Welt: Sie alle erleben die Orientierungslosigkeit und die Ängste eines Kulturschocks. Das Wissen um den Kulturschock kann lehren, diese Menschen mit anderen Augen zu sehen.

Mit ein wenig Aufmerksamkeit muss man einen Kulturschock nicht unbedingt dramatisch erleben, sondern kann ihn als Begleiterscheinung des neuen Lebens annehmen und durchleben:

- ✔ Die wichtigste Voraussetzung, um einen Kulturschock gut zu meistern, ist die positive Einstellung zum neuen Leben und zur neuen Kultur. Suchen Sie immer wieder das, was schön und lehrreich ist. Wer die Menschen aus der anderen Kultur grundsätzlich für primitiv und unordentlich hält, wird auch die täglichen Reibungspunkte nicht überwinden können. Die Einstellung, dass man die fremde Kultur verstehen lernen will, hilft, den Kulturschock im Rahmen zu halten.
- ✔ Nicht zu unterschätzen sind Kenntnisse der Landessprache. Je mehr man sich verständlich machen kann, desto mehr verliert sich auch das Gefühl von Hilflosigkeit und Orientierungslosigkeit.

- Das Wissen über das Denken und Leben der Menschen im Zielland hilft, den Kulturschock zu mindern. Mehr dazu finden Sie in Kapitel 14. Auch Wissen über Geschichte, Politik und Geografie eines Landes helfen, es sich vertrauter zu machen.
- Als Fremder muss man auch lernen, die Gewohnheiten und Gesetze des Landes zu akzeptieren. Es ist wichtig, große Teile seines Lebens in den äußeren Rahmen der neuen Kultur einzugliedern: Die neuen Arbeitszeiten, Feiertage und Feste werden Ihr Leben auf jeden Fall bestimmen. Hilfreich können da Kinder in der Schule und im Kindergarten sein. So haben die Kinder meiner Kollegen in Istanbul schon nach kurzer Zeit selbstverständlich jeden Morgen in der Schule die türkische Nationalhymne und die Loblieder auf Kemal Atatürk gesungen. Wohlgemerkt: Die Kollegen waren US-Amerikaner. Man sollte also durchaus auch mit dem Strom schwimmen.

Es gilt: Je mehr Sie von der neuen Kultur lernen und je besser Sie die neue Sprache beherrschen, desto weniger wird die Hilflosigkeit, die wir Kulturschock nennen.

- Nicht vergessen sollte man die Kraft des Humors. Viele im ersten Moment stressige Situationen verwandeln sich im Laufe der Zeit in lustige Geschichten. Nach einer Weile lacht man über die eigene Unerfahrenheit oder erzählt stolz und erleichtert von Schwierigkeiten, die man gemeistert hat.

Auch wenn Sie sich in der betreffenden Situation hilflos gefühlt haben: Wenn Sie die Geschichte erzählen, werden Sie zum Helden. Nicht unbedingt, weil Sie alles gemeistert haben. Man wird Sie auch dafür bewundern, dass Sie trotz der Rückschläge und Schwierigkeiten durchgehalten haben. Damit Ihre Freunde und Verwandten merken, was Sie als »Ausländer« leisten, müssen Sie nicht mal ein großartiger Geschichtenerzähler sein. Nur ehrlich.

Kulturschock extrem

Auch wenn ein Kulturschock ganz normal ist und von den meisten Menschen in absehbarer Zeit überwunden wird, gibt es doch manchmal extreme Fälle. Die Erfahrung zeigt, dass es wohl Menschen gibt, die für ein Leben im Ausland nicht geschaffen sind. Es gibt tatsächlich Menschen, die an ihrer Auslandserfahrung scheitern.

Zu viel von allem: Die akute Belastungsreaktion

Der Begriff Nervenzusammenbruch ist unter Nichtmedizinern zwar immer noch üblich, bezeichnet aber nicht wirklich, was es damit auf sich hat. Im Zusammenhang mit dem Kulturschock ist der richtige Begriff allerdings hilfreich: Was man früher allgemein einen Nervenzusammenbruch nannte, nennt man heute »akute Belastungsreaktion«. Damit ist gemeint, dass ein Mensch eine bestimmte Zeit so sehr unter Stress steht, dass Körper und Seele irgendwann »dicht machen«. Passenderweise für unser Thema spricht man sogar auch von einer »Anpassungsstörung«.

Die Situation, die den Nervenzusammenbruch auslöst, muss gar nicht so schwierig oder dramatisch sein. Normalerweise ist sie nur der Tropfen, der das Fass zum Überlaufen bringt. Alle Spannungen und Ängste, die in einem Menschen sind, brechen sich plötzlich Bahn. Äußern kann sich ein solcher plötzlicher Zusammenbruch folgendermaßen:

- ✔ Für andere deutlich sichtbar sind starke emotionale Schwankungen: von Traurigkeit über Wutanfälle bis zur Teilnahmslosigkeit ist in rascher Folge alles möglich.
- ✔ Die Person ist wie »betäubt«. Plötzlich scheint sie alltägliche Situationen nicht mehr einschätzen zu können oder handelt seltsam und unangemessen.
- ✔ Vielleicht hat man auch das Gefühl, alles von außerhalb seiner selbst zu beobachten. Das eigene Leben kommt einem vor wie ein Film, den man von außen beobachtet.
- ✔ Körperliche Reaktionen können die gleichen sein wie bei starkem Stress: Herzrasen, Magenschmerzen, Übelkeit, Schweißausbrüche.

Wer mit einer »akuten Belastungsreaktion« zu kämpfen hat, hat den Kampf gegen den Kulturschock noch nicht verloren. Im Grunde drückt sich in diesem Moment der Krise eher die Angst davor aus, es im fremden Land nicht zu schaffen oder die Sprache nicht lernen zu können. Man fühlt sich hoffnungslos überfordert. Meist werden ein paar Tage Urlaub und Gespräche mit einem Arzt, mit Freunden oder dem Partner wieder Klarheit bringen und den Druck mindern, sodass man Mut zum Weitermachen findet.

Kein Licht mehr am Ende des Tunnels: Die Depression

Jeder Mensch kennt Tage, an denen er mies drauf ist. Besonders das Leben im Ausland kennt viele Zeiten und Situationen, in denen es einfach nicht so klappt, wie man es sich vorstellt, und man kommt niedergeschlagen und »deprimiert« nach Hause. Aber was soll's? Neue Tage, neues Glück und die schlechte Laune vergeht auch wieder.

Nicht so bei der Depression. Sie ist ein Zustand anhaltender Niedergeschlagenheit und ständiger Traurigkeit. Das Leben erscheint aussichtslos, man kann sich keine Ziele mehr setzen, wünscht sich nichts mehr und denkt viel an den Tod. Für eine Depression kann es viele Ursachen geben. Ein Kulturschock wird normalerweise nicht einfach der Auslöser einer Depression sein. Er kann sie aber deutlich zutage fördern und einem Menschen sozusagen »den Rest geben«.

Dies können Hinweise auf eine Depression sein:

- ✔ Wer sich mindestens zwei Wochen täglich traurig, niedergeschlagen hoffnungslos fühlt, könnte in eine Depression fallen. Bezogen auf den Auslandsaufenthalt kann die Hoffnungslosigkeit zum Beispiel das Erlernen der Sprache betreffen.
- ✔ Appetitlosigkeit und Gewichtsverlust können in diesem Zustand der Traurigkeit ebenfalls Zeichen einer Depression sein.
- ✔ Oft verliert man das Interesse am Leben um einen herum. Nichts bereitet einem mehr Freude, selbst zu seinen Hobbys hat man keine Lust mehr. Freunde mag man nicht sehen.

- Die meisten Menschen mit einer Depression schlafen schlecht. Sie schlafen spät ein, wachen früh auf oder können nicht durchschlafen.
- Man fühlt sich wertlos. In der neuen Kultur fühlt man sich wie ein Fremdkörper und das nicht, weil man Ausländer ist, sondern weil man sich unfähig fühlt. An den Schwierigkeiten in der neuen Heimat gibt man nur sich selbst die Schuld.
- Ob es das morgendliche Aufstehen, das Anziehen oder das Kochen ist: Zu nichts hat man Lust und zu jeder Tätigkeit muss man sich überwinden.
- Man hat Angst, das Haus zu verlassen, weil draußen Menschen sind, die man nicht versteht.
- Der Tod erscheint als tröstliche Möglichkeit, als Ausweg aus der ständigen Traurigkeit. In schweren Fällen stellen sich Selbstmordgedanken ein.

Das alles sind nur Hinweise auf eine Depression. Außerdem müssen viele dieser Punkte über einen Zeitraum von ein paar Wochen zutreffen. Wichtig ist es, in diesem Fall auch die Hilfe eines Arztes in Anspruch zu nehmen. Sich zusammenzureißen ist nun nicht mehr möglich.

Bei von Unternehmen entsandten Mitarbeitern kann eine vorzeitige Rückkehr selbst dann vonnöten sein, wenn nicht der Mitarbeiter selbst, sondern sein Partner oder eines der Kinder betroffen ist. Die Frage ist, an welchem Ort der Erkrankte ausreichend behandelt werden kann. Dazu ist natürlich Therapie in einer Sprache nötig, in der er sich zu Hause fühlt. Ist das im Einsatzland nicht gegeben, ist eine Rückkehr in die Heimat fast unvermeidlich.

Das Risiko für psychische Schwierigkeiten durch Kulturschock kann man dadurch mindern, dass den Auslandsmitarbeitern ein Trainer und Berater (Coach) zur Verfügung gestellt wird, der sich mit dem Leben in fremden Kulturen auskennt und für die Mitarbeiter leicht erreichbar ist. Der Kontakt kann per Telefon, E-Mail oder auch Telefonieren übers Internet hergestellt werden. Die Kosten für einen solchen Begleiter sind im Vergleich zu einem abgebrochenen Auslandseinsatz gering.

Auswanderer werden oft nicht die Möglichkeit haben, kurzfristig nach Deutschland zurückkehren zu können. In den meisten Fällen fehlt das Geld für eine Rückkehr und Behandlung in Deutschland, denn krankenversichert ist man ja meistens dort auch nicht mehr. Dann ist es hoffentlich möglich, in der neuen Heimat sowohl die richtige Behandlung als auch Therapie in einer dem Patienten angenehmen Sprache zu finden.

Bis der Ofen aus ist: Das Burn-out

Das Burn-out-Syndrom (englisch: to burn out – ausbrennen) ist in den letzten Jahren ein viel diskutiertes Thema geworden. Ein Burn-out trifft besonders Menschen, die beruflich und privat ständig über ihre Kräfte beansprucht werden. Ein 100-Meter-Läufer gibt alles für eine Zeit von knapp 10 Sekunden. Ein Burn-out-gefährdeten Menschen kann man ebenfalls als jemanden beschreiben, der alles gibt. Nur eben ständig. Tagaus, tagein. Er ist wie eine Kerze, die man an beiden Seiten entzündet hat. Mehr über Burn-out erfahren Sie in *Burn-out für Dummies* von Adrian Urban.

Die meisten Auswanderer und Auslandsmitarbeiter bringen eine Grundvoraussetzung für ein späteres Ausgebranntsein mit sich: den Idealismus, was bedeutet, dass sie mit Hingabe eine Aufgabe übernehmen, die wichtig ist, aber auch besonders schwer. Das haben sie mit Menschen in den sogenannten »helfenden Berufen« (Krankenschwestern, Ärzte, Missionare, Sozialarbeiter …) gemeinsam, bei denen das Burn-out-Syndrom auch zuerst beschrieben wurde.

Beim Burn-out geht es nicht um die Folgen eines schwierigen Erlebnisses. Nur die ständige Überforderung lässt Menschen ausbrennen. So sind Anzeichen eines Burn-outs eher mit hohem Einsatz als mit dem Rückzug in sich selbst verbunden.

- ✔ Wer ausbrennt, der brennt zunächst einmal heller. Auch wenn die Arbeit unbefriedigend ist, treibt man sich weiter an – und schafft immer weniger.
- ✔ Um mehr zu schaffen, verzichtet man auf Ruhe und Erholung.
- ✔ Ständige Müdigkeit, die auch bei genügend Schlaf nicht verschwindet, wird nicht beachtet. Man trinkt eben mehr Kaffee oder wechselt zu stärkeren Aufputschmitteln.
- ✔ Durch wenig Schlaf und ständige Überforderung steigt die Reizbarkeit eines Menschen. Wer früher ein umgänglicher Mensch war, kann nun leicht verärgert werden.
- ✔ Der Körper macht das nicht ewig mit. Die Folge sind Schlafstörungen, Kopfschmerzen und Konzentrationsschwäche.
- ✔ Oft steigt das Bedürfnis nach Ablenkung und Trost. Alkohol, Tabak und ein verstärktes Bedürfnis nach Sex können die Folge sein. Entspannung bietet all das nicht mehr, es sind nur noch kleine Fluchten.
- ✔ Man zieht sich vor den Menschen um sich herum zurück. Die Kollegen gehen einem nur noch auf den Geist.
- ✔ Schließlich ist der Ofen aus. Als letzte Stufe des Burn-outs wird der Mensch von einem tiefen Gefühl der Sinnlosigkeit und der Verzweiflung befallen. Er glaubt nicht mehr an das, was er tut, und stellt fest, dass er schon lange nicht mehr an das glaubt, was er tut. Er wollte es nur nicht wahrhaben und hat einfach weitergemacht.

Auswanderer und Auslandsmitarbeiter bringen meist alles mit, was es für einen Burn-out braucht: ein hohes Ziel, das ganzen Einsatz fordert, stressige äußere Umstände, Unsicherheit, ob man Sprache und Verhalten der Menschen richtig versteht. Und keine Möglichkeit zur Flucht. Auch hier kann ein Berater (Coach) helfen, zumindest die kulturellen Probleme zu entschärfen. Außerdem sollte er auch ab und an nach Ruhe- und Erholungszeiten seines Klienten fragen.

Bleibt die Frage, was man selbst tun kann, um sich gegen das Ausbrennen zu schützen.

- ✔ Hören Sie auf Ihren Körper und Ihre Seele. Geben Sie sich selbst gegenüber offen zu, worüber Sie sich freuen und ärgern, und gönnen Sie Ihrem Körper Ruhe und Entspannung.
- ✔ Wenn Sie ständige Überforderung empfinden, sollten Sie versuchen, die äußeren Umstände zu ändern und zu entspannen. Das geht nur, wenn Sie sich Ihre Schwächen bewusst machen.

- Arbeiten Sie wenn möglich nicht allein. Sind Sie Vorgesetzter oder arbeiten Sie im Team, machen Sie nicht alles selbst: Verteilen Sie Arbeit auch auf andere.
- Lernen Sie, »Nein« zu sagen. Sollten Sie in einer Kultur arbeiten, in der man dem Gegenüber kein »Nein« sagen kann, suchen Sie nach einem Weg, ein »Nein« auszudrücken. Auch wenn es vielleicht nur über Mittelsmänner geschehen kann.
- Respektieren Sie Ihre Grenzen. Versuchen Sie zu entdecken, wie viel Energie Ihnen zur Verfügung steht und achten Sie auf die körperlichen Signale, die ein Burn-out andeuten.

Passen Sie besonders in den Zeiten des Erfolgs gut auf sich auf. Nach einer großen Anstrengung, die vielleicht für den Erfolg notwendig war, kommt oft Müdigkeit und Erschöpfung, die Sie verletzlich macht. Gönnen Sie sich also nach den großen Erfolgen ein paar Tage Ruhe.

Eine Auswanderung oder ein Auslandseinsatz kann an einem Burn-out scheitern. Das ist tragisch, weil gerade die Mitarbeiter, die ausbrennen, andererseits extrem leistungsfähig sein können. Doch wenn der Macher zum Zuschauer wird, kann so manche Auslandsunternehmung zu einem plötzlichen Ende kommen.

Sicherheit in der neuen Heimat

16

In diesem Kapitel

- Gefahren für Ausländer
- Von Taschendiebstahl bis Raubüberfall
- Naturkatastrophen
- Vorkehrungen für den Ernstfall treffen

Es ist kein Geheimnis: Auf dieser Welt gibt es viele unsichere Ecken. Und wer sich auf Reisen begibt, dem werden über kurz oder lang die Gefahren auch bewusst: Kontrollen an Flughäfen erinnern an die ständige Terrorgefahr und empfohlene Impfungen vor Fernreisen machen uns die unsichtbaren Gefahren deutlich. Dann wieder sind es die eigenen Erlebnisse und die von Freunden und Bekannten, die uns immer wieder begegnen: eine gestohlene Brieftasche hier, ein aufgebrochenes Auto dort. Auch wer sich nicht leicht Angst machen lässt, muss zugeben: Die Welt ist ein unsicherer Ort. Und das ist sie besonders für den, der seine Heimat verlässt.

In diesem Kapitel geht es um Sicherheit am neuen Wohnort. Dazu gehört zum einen, dass man sich über die Sicherheitslage am Zielort informiert. Aber auch, dass man Vorkehrungen trifft, wenn das nötig ist. Dieses Kapitel soll niemandem Angst machen, aber es soll den Blick für Gefahren schärfen und dabei helfen, für den Notfall vorbereitet zu sein. Denn wie ein arabisches Sprichwort so treffend sagt: Vertraue auf Gott, aber binde dein Kamel an!

Der erste Blick: Wie sicher ist die neue Heimat?

Wer ins Ausland entsandt werden soll oder auswandern möchte, sollte sich über die Sicherheitslage im Zielland informieren. Wieder gilt für den Auswanderer, dass er normalerweise auf sich allein gestellt ist und für ihn die Rückkehr nach Deutschland aus finanziellen Gründen oft nicht einfach ist.

Erste Informationsquelle für die Länder Ihres Interesses sollte die Internetseite des Deutschen Auswärtigen Amtes sein: `www.auswaertiges-amt.de`. Hier finden sich Reisewarnungen für besonders gefährliche Gebiete, aber auch viele andere nützliche Kleinigkeiten: Besonderheiten der Straßenverkehrsordnung oder Einreise- und Zollbestimmungen, die Sie auch in ungefährlichen Ländern bei Nichtbeachtung in Schwierigkeiten bringen können. Der regelmäßige Blick auf diese Internetseite lohnt sich.

Wer von seiner Firma an einen Ort geschickt werden soll, der als unsicher gilt, sollte auf jeden Fall mit seinen Vorgesetzten darüber sprechen, mit welcher Unterstützung er rechnen kann und welche Maßnahmen getroffen werden. Dazu gehören Impfungen genauso wie vielleicht ein Sicherheitstraining, Sicherheitssysteme in der Wohnung vor Ort bis hin zu einer Lösegeldversicherung.

Mit einem »Es wird schon nichts passieren« oder »Passieren kann ja überall etwas …« darf man sich auf keinen Fall zufriedengeben. Wird von Ihnen erwartet, dass Sie sich in gefährliche Situationen begeben, sollten Sie auch die bestmögliche Absicherung Ihres Risikos verlangen.

Ausländer sind leichte Opfer

Dass gerade Ausländer Opfer von kriminellen Übergriffen werden können, hat meistens nichts mit Fremdenfeindlichkeit zu tun. Vielmehr ist es so, dass Ausländer in der Regel leichte Opfer sind.

- ✔ Ausländer sind meist ortsfremd. Viele äußere Eindrücke lenken sie ab, sie suchen nach dem Weg, wollen nicht verloren gehen. Diebe und Betrüger nutzen diese zeitweilige Orientierungslosigkeit aus.
- ✔ Selbst wenn ihnen etwas passiert, gehen viele Ausländer ungern zur Polizei. Besonders wenn sie die Landessprache nicht kennen oder sich nicht besonders willkommen fühlen. Denn auch vom Umgang mit der örtlichen Polizei haben sie keine Ahnung. Deshalb lässt man kleinere Diebstähle oft ungemeldet, erst wenn wichtige Dokumente oder die komplette Reisekasse verschwunden sind, kommt man um die Polizei nicht herum.

Mittlerweile gibt es in vielen Ländern eine Touristenpolizei, zum Beispiel in Thailand und Ägypten. Sie soll besonders auf das Wohl der Touristen achten, ihnen aber auch bei Schwierigkeiten helfen. Auch wenn Sie für immer oder für längere Zeit ins Ausland gehen, kann eine solche Polizei Ihnen gerade am Anfang eine Hilfe in Schwierigkeiten sein.

- ✔ Ausländer sind meist unsicher im Umgang mit den fremden Menschen. Sie wissen noch nicht, was in der fremden Kultur noch Herzlichkeit und was schon Aufdringlichkeit ist. So können sie leicht in Situationen gedrängt werden, die sie ungeschützt lassen.
- ✔ Gerade wer als Ausländer oder Tourist zu erkennen ist, wird zur Zielscheibe. Reisende brauchen Geld und tragen oft Kameras mit sich. Bei ihnen gibt es also mehr zu holen als bei Einheimischen.

Wer auf Nummer sicher gehen will, sollte die Telefonnummer der nächsten deutschen Botschaft oder des deutschen Konsulats mit sich führen. In manchen Fällen gibt es auch einen sogenannten Honorarkonsul. Ein Honorarkonsul arbeitet nicht gegen Honorar, sondern ehrenhalber (von lateinisch honor: Ehre) für ein deutsches Konsulat. Er kann Deutscher sein, ist aber oft auch Bürger des Staates, in dem er diese Vertretung übernimmt. Alle Adressen des für Sie zutreffende Landes finden Sie auf der Seite des Deutschen Auswärtigen Amtes: `www.auswaertiges-amt.de`. Sie sollten sich die Adressen und Telefonnummern in Ihrem Handy speichern oder in ein Notizbuch schreiben und immer dabeihaben.

Warnungen sollte man beachten

Keinesfalls sollte man sich selbst mit einem »Es wird schon nichts passieren …« beruhigen, wenn schon Medien von Schwierigkeiten berichten oder die Regierung eine Reisewarnung ausgibt. Wenn eine Firma einen Mitarbeiter in eine Krisenregion entsenden will, sollte man Risiken und Nutzen sehr genau abwägen.

Für einen Auswanderungswilligen, der in eine Krisenregion auswandern will, stellt sich allerdings nur eine Frage: Warum ausgerechnet dorthin?

Egal, in welches Land man entsandt wird oder auswandert: Wer sich im Ausland für eine Weile niederlässt, sollte sich in die Krisenvorsorgeliste des Deutschen Auswärtigen Amtes eintragen. Sie ersetzt neuerdings die früher von den Botschaften in den einzelnen Ländern geführte »Deutschenliste«. Den Botschaften ermöglicht diese Liste, die Deutschen im betreffenden Land zu erreichen und zum Beispiel eine Evakuierung zu veranlassen. In die Krisenvorsorgeliste trägt man sich via Internet selbst ein. Nach jeweils einem halben Jahr muss man auf Anfrage seine Daten erneut bestätigen, tut man das nicht, wird man nach einiger Zeit gelöscht. Seine Daten kann man über einen eigenen Zugang per Passwort jederzeit selbst ändern. Die Internetadresse lautet: `www.konsularinfo.diplo.de/krisenvorsorgeliste`

Polizei und Straßenverkehr

Auf zwei Dinge, die man in Deutschland als selbstverständlich nimmt, sollte man im Ausland besonders achten:

- ✔ Zum einen scheint die Straßenverkehrsordnung in vielen Ländern der Welt auf dem »Recht des Stärkeren« zu gründen.
- ✔ Zum anderen ist die Polizei durchaus nicht überall »dein Freund und Helfer« beziehungsweise: Es kann eine Frage des Preises sein, wessen Freund und Helfer sie ist.

Bevor man sich in seiner neuen Heimat mutig in den Straßenverkehr stürzt, sollte man wenn möglich andere Ausländer nach den Gepflogenheiten des neuen Landes fragen oder sie in einem Reiseführer nachlesen.

Eine wichtige Frage ist das Verhalten bei Verkehrsunfällen. Hier kann es lebenswichtig sein, sich vorher bei anderen Ausländern genau zu informieren, wie man reagieren soll. Kommt ein Mensch zu Schaden, kann es in entlegeneren Gebieten Afrikas oder Asiens passieren, dass Einheimische den Ausländer angreifen, der den Unfall verursacht hat. Man sollte in solchen Gegenden keinesfalls auf die Polizei warten, sondern sich schnell entfernen und die Polizei im nächsten Ort aufsuchen. Ebenso kann es sein, dass man bei einem Unfall mit Personenschaden von der Polizei gleich verhaftet wird. Der Grund ist in beiden Fällen »logisch«: Der Ausländer gehört schließlich nicht in dieses Land, wäre er nicht da, wäre der Unfall nicht passiert. Dann gibt es sogar den Fall, in dem man sich mit dem Geschädigten gleich auf eine Entschädigungssumme einigen kann. Diese sollte man bereitwillig zahlen und dann schnell das Weite suchen. Dass man vom Unfallort flüchten sollte, ist zwar die Ausnahme und generell natürlich nicht das korrekte Verhalten. Doch sollte man sich kundig machen, wo es aufgrund der örtlichen Sitten lebensrettend sein kann.

Polizisten sind mancherorts so schlecht bezahlt, dass selbst die eigene Regierung davon ausgeht, dass sie sich ihr Gehalt durch Bußgelder selbstständig ein wenig aufbessert. Da hat es also oft keinen Zweck, mit ihnen zu diskutieren oder sogar zu versuchen, Beschwerde einzulegen. Man bezahlt seine Strafe und Ruhe ist.

Wie sehr Sie sich auch von einem Polizisten schikaniert fühlen mögen – bleiben Sie immer ruhig und höflich. Je mehr Sie sich aufregen und auf Ihr Recht pochen, desto höher wird in der Regel das Bußgeld. Haben Sie einen Polizisten erst mal wirklich verärgert, finden Sie sich leicht auf der Wache wieder, wo zunächst einmal ausgiebig all Ihre Papiere und Dokumente geprüft werden.

Gelegenheit macht Diebe

Meine beiden Söhne Niklas und Benedikt waren schon erfahrene Balkanreisende, bevor sie das zehnte Lebensjahr erreicht hatten. Eines Tages kam ich ins Wohnzimmer, wo die beiden lachend vor dem Fernseher saßen. Allerdings lief dort kein Zeichentrickfilm, sondern eine Sendung, in der darüber informiert wurde, wie Taschendiebe in Geschäften vorgehen. »Guck mal, Papa, wie leicht man die Leute in Deutschland beklauen kann«, riefen meine Jungs und waren amüsiert darüber, wie gedankenlos die Menschen Taschen und Geldbörsen für jeden erreichbar zur Schau stellten. Auch wenn die Kleinen keine großen Reichtümer schützen mussten, hatten sie doch schon gelernt, wie und wo man sein Hab und Gut auf Reisen einigermaßen sicher versteckt.

Der wahrscheinlichste kriminelle Übergriff, den man erleben kann, ist wohl der Diebstahl. Ob auf der Straße oder im Einkaufszentrum, überall, wo sich viele Menschen aufhalten, finden sich auch irgendwann die Langfinger ein.

Gefahr im Gedränge: Taschendiebstahl

Menschen sind so kreativ und erfinderisch, dass es gar nicht möglich ist, alle Tricks von Taschendieben aufzuzählen. Wer jemals die Vorstellung eines Bühnentaschendiebs gesehen hat, wundert sich, was alles möglich ist, ohne dass das Opfer es merkt. Übrigens sind als Opfer überwiegend Frauen betroffen, das mag daran liegen, dass sie ihre Wertgegenstände meist in Handtaschen und nicht am Körper tragen. Wie gesagt: Taschendiebe sind erfinderische Menschen und denken sich immer Neues aus. Hier nur ein paar Beispiele:

- ✔ **Der Supermarkt-Trick**: Beim Einkaufen fragt Sie jemand nach einem bestimmten Artikel. Während Sie sich umblicken und danach suchen, wird Ihre Tasche am oder im Einkaufswagen ausgeräumt.
- ✔ **Der Geldwechsel-Trick**: Jemand bittet Sie, ihm eine Münze zu wechseln. Haben Sie die Geldbörse gezogen, lenkt man Sie ab und nimmt die Banknoten heraus.
- ✔ **Der Gedränge-Trick**: In vollen Bussen, Bahnen oder auf Märkten rückt ein Dieb dicht an Sie heran. Im Gedrängel bemerkt man den Griff in die Tasche nicht, selbst die Trageriemen von Hand- und Hüfttaschen können so unbemerkt durchschnitten werden.

- ✔ **Der Anrempel-Trick**: Hierbei wird man meist von zwei Leuten »in die Zange« genommen: Der eine lässt Sie auflaufen und lenkt Sie ab, der andere bedient sich aus Ihren Taschen.
- ✔ **Der Stadtplan-Trick**: Ein Fremder fragt Sie mit einem Stadtplan nach dem Weg, um sie abzulenken. Haben Sie Gepäck dabei, wird man Sie so ansprechen, dass Sie sich von Ihrem Gepäck wegdrehen. Ein Komplize kann so Ihre Taschen ausräumen oder sogar ganze Gepäckstücke mitgehen lassen.
- ✔ **Der Flecken-Trick**: Besonders nach einem Besuch auf der Bank oder der Abhebung von einem Geldautomaten rempelt Sie jemand an und bekleckert Sie mit Ketchup, Eis oder einem Getränk. Während der Taschendieb mit vielen entschuldigenden Worten versucht, Ihre Kleidung zu reinigen, verschwindet das gerade abgehobene Geld aus Ihrer Jackentasche …
- ✔ **Der Bettel-Trick**: Kinder tollen auf der Straße um Sie herum und betteln. Die Ablenkung nutzen andere für den raschen Griff nach Ihrer Geldbörse.

Sind Ihnen Ihre Kredit- und Bankkarten gestohlen worden oder verloren gegangen, sollten Sie sie sofort sperren lassen. Eine entsprechende Telefonnummer finden Sie oft auf der Bankkarte, die sollten Sie zusammen mit der Kartennummer aufschreiben. Es gibt auch eine rund um die Uhr erreichbare Sperr-Notrufnummer. Sie lautet aus dem Ausland ++49-116 116. Funktioniert das nicht, kann man auch folgende Rufnummer benutzen: ++49-30 4050 4050.

Ein Ausflug im sommerlichen Budapest, die Stadt ist voller Touristen, Gedränge an allen Orten. Mein damals zwölfjähriger Sohn Niklas läuft mit etwas Abstand hinter mir her. Als mir auf einem engen Fußgängerweg über eine Brücke ein Mann entgegenkommt und mich anrempelt, kommt Niklas schnell zu mir und fragt: »Papa, hast du noch alle Sachen?« Ja, ich hatte noch alles. Aber ohne dass wir es vorher abgesprochen hatten, tat er das Richtige. Hier also ein paar Tipps, um sich vor Taschendiebstahl zu schützen:

- ✔ Sind Sie als Gruppe unterwegs, soll einer ein Auge auf die anderen werfen, besonders wenn man angesprochen wird (zum Beispiel wie beim »Stadtplan-Trick«).
- ✔ Geld, Kreditkarten und Papiere sollten in verschiedenen verschlossenen Innentaschen möglichst dicht am Körper getragen werden. Brustbeutel und Geldgürtel sind hilfreich. Geld, das Sie gleich auszugeben gedenken (Eintrittsgelder, Geld für Essen und Trinken), sollten Sie allerdings erreichbar in der Tasche haben. Vielleicht an einer Geldbörse mit Kette. Holen Sie am Eisstand auf keinen Fall umständlich Ihren Brustbeutel oder gar den Geldgürtel hervor. Muss ja nicht jeder sehen …
- ✔ Die so beliebten Hüfttaschen sind schlecht. Zum einen zeigen sie, dass Sie wahrscheinlich Fremder oder Tourist sind. Zum anderen weisen sie deutlich darauf hin, wo Sie sehr wahrscheinlich Ihre Wertsachen haben. Im Gedränge ist der Verschluss blitzschnell unbemerkt zu öffnen. Mit einer scharfen Klinge ist auch der Gurt leicht zu durchtrennen.
- ✔ Hand- und Umhängetaschen sollten Sie verschlossen auf der Körpervorderseite tragen oder sie sich unter den Arm klemmen. Auf keinen Fall Handtaschen zur Straße gekehrt tragen, dort kann sie Ihnen von Dieben auf Mopeds leicht entrissen werden. Gehen Sie mit Ihrem Partner, tragen Sie die Tasche zwischen sich und ihm.

- Die Geldbörse gehört nicht oben auf die Einkaufstasche oder den Einkaufskorb. Tragen Sie sie auch beim Einkaufen nah am Körper. Bei der Anprobe von Kleidern oder Schuhen sollten Sie die Tasche nicht unbeaufsichtigt abstellen. Wenn Sie zu zweit sind, drücken Sie sie auf jeden Fall immer Ihrem Begleiter in die Hand.
- Wertsachen gehören nicht in den Rucksack, schon gar nicht in dessen Außentaschen. Wenn sich im Gedränge jemand mit einer scharfen Klinge daranmacht, ihn aufzuschlitzen, werden Sie es kaum merken.
- Zu guter Letzt: Führen Sie so wenig Wertsachen wie möglich mit sich.

Draußen vor der Tür: Trickdiebstahl zu Hause

Leider lauern Diebe nicht nur unterwegs auf ihre Opfer. Wenn die Leute nicht unterwegs sind, kommen die Strolche auch gern an Ihre Tür. Also:

- Informieren Sie sich zunächst einmal ausgiebig in Ihrer Wohngegend, was an Sicherheitsmaßnahmen üblich ist – bei Ausländern wie bei Einheimischen. Am einen Ort schließt man noch nicht mal die Tür ab, am anderen sind mehrfache Sicherheitsschlösser an der Haustür üblich …
- Lassen Sie keine Fremden in die Wohnung. Wenn Sie nicht genau wissen, was der Mensch vor Ihrer Tür will, versuchen Sie, einen Nachbarn zu erreichen, damit er Ihnen hilft. Ist niemand zu erreichen und fühlen Sie sich unsicher, lassen Sie den Menschen später wiederkommen, wenn ein Dolmetscher erreichbar ist.
- Öffnen Sie die Wohnungstür nicht gleich, sondern legen Sie, wenn möglich, die Sicherheitskette an. Oder schauen Sie durch den »Türspion« oder durchs Fenster, um zu sehen, wer vor Ihrer Tür steht.

Hilfreich ist es, wenn man von Anfang an ein gutes Verhältnis zu seinen Nachbarn aufbaut. Im Zweifelsfalle hat man dann schnell jemanden erreichbar, der weiß, ob der Mensch an der Tür eine zwielichtige Gestalt ist oder nur den Wasserzähler ablesen will.

- Lassen Sie sich von Amtspersonen immer den Dienstausweis zeigen (den Sie als Ausländer hoffentlich verstehen werden).

Seltsame »Versicherungen«: Schutzgelderpressung

Wer aus Deutschland kommt, für den ist eine »Schutzgeldzahlung« eher etwas, das er aus Filmen kennt. Es geht darum, dass man als Geschäftsmann einer kriminellen Organisation einen bestimmten Betrag zahlen muss, um gegen Gewalt oder Zerstörung des Geschäfts geschützt zu sein. Natürlich geht die Gewalt auch von der Organisation aus, die das Schutzgeld verlangt.

Was also tun, wenn man sich gerade sein Geschäft aufgebaut hat und dann derartig bedroht wird?

- Zunächst sollte man sich bei Einheimischen oder anderen Ausländern darüber informieren, ob das Zahlen eines Schutzgelds im betreffenden Land üblich ist. Wenn ja, wird man wohl kaum darum herumkommen und muss hoffen, dass sich der Preis nicht ständig erhöht.

- ✔ Leider ist es oft so, dass mit der Zeit die geforderten Beträge immer höher werden, bis sie zur ernsthaften Belastung für das Geschäft werden.
- ✔ Herausfinden sollte man außerdem, ob tatsächlich etwas passiert, wenn jemand nicht zahlt oder ob es nur leere Drohungen sind.
- ✔ Die Polizei zu rufen, ist nicht überall auf der Welt eine Möglichkeit. Auch das sollten Sie halten wie die anderen Geschäftsleute. In vielen Fällen ist die Polizei machtlos oder bekommt ihren eigenen Anteil an dieser »Versicherung«, steckt also mit den Erpressern unter einer Decke.
- ✔ Letztlich muss man sich als Ausländer auch immer damit abfinden, dass man im Zweifelsfall eher zu den Menschen zählt, die weniger Möglichkeiten haben, sich zu wehren.

Allgegenwärtige Gewalt

Die Nachrichten sind voll von Gewalt – klar, die Medien leben schließlich davon. Doch ist nicht alles aufgebauscht, es gibt tatsächlich unsichere Gegenden auf dieser Welt. Viele dieser Orte sind Ziele für Mitarbeiter, die von ihren Firmen entsandt werden. Und sogar manche Auswanderer suchen sich gefährliche Orte aus. Es schadet also nichts, sich ein paar Gedanken zur alltäglichen Gewalt und zum eigenen Verhalten gegenüber dieser Gewalt zu machen.

In den Schlagzeilen: Terroranschläge

Heutzutage ist eine vergessene Tasche auf einem Bahnhof nicht mehr nur eine vergessene Tasche. Von der Polizei wird sie erst einmal als Bombe behandelt. Zwar bestätigen die Politiker allerorts, dass man den Forderungen von Terroristen nicht nachgeben wird. Doch zumindest haben Terroristen es geschafft, Teile unseres Alltags zu beherrschen. Worauf sollte man also achten, wenn man im Ausland lebt?

Zunächst einmal sollte man sich darüber informieren, wie hoch die Terrorgefahr im Zielland eingeschätzt wird. Auf der Internetseite des Auswärtigen Amtes erfährt man dazu vieles.

> Wenn auf der Seite des Auswärtigen Amtes für Ihr Zielland eine Reise- oder Terrorwarnung ausgegeben ist, sollten Sie sich gar nicht erst auf den Weg machen. Selbst wenn es geschäftlich notwendig scheint, sollte man mit seinen Vorgesetzten die Notwendigkeit der Reise überdenken.

Lebt man in einem Land mit hoher Terrorgefahr, muss man Vorkehrungen treffen, um das Risiko zu verkleinern, Opfer eines Terroranschlags zu werden

- ✔ Man sollte wissen, ob man als Person selbst gefährdet ist. Ein Problem ist das leider fast überall für US-Amerikaner und Israelis. Deutsche, Österreicher oder Schweizer werden eher als »Westler« oder als »Christen« oder als Manager internationaler Konzerne in den einen großen Feindbild-Topf geworfen. Jedenfalls sollte man nicht unbedingt das größte Haus am Platz bewohnen und das dickste Auto fahren. Es ist wichtig, sich so unauffällig wie möglich zu verhalten. Sind Sie allerdings 1,95 Meter groß, blond und blauäugig und haben einen Termin in Bagdad, wird das schwierig. Dann sollte den Termin vielleicht lieber ein türkischstämmiger Kollege wahrnehmen.

- Meiden sollte man Orte, die von vielen Menschen, besonders Touristen, besucht werden: Sehenswürdigkeiten, große Feste mit vielen Menschen, Bahnhöfe oder Flughäfen.
- Da es sich nicht immer vermeiden lässt, auch gefährdete Gebäude zu besuchen, sollte man es sich zur Gewohnheit machen, gleich nach Notausgängen und Fluchtwegen Ausschau zu halten.

Auch wenn die Terrorgefahr die Zeitungen dominiert, ist es wahrscheinlicher, dass Sie Opfer eines Unfalls, einer Krankheit oder eines kriminellen Übergriffs als eines Terroranschlags werden. Sie sollten also Terrorwarnungen beachten, dabei aber die alltäglicheren Gefahren nicht vernachlässigen.

Gewalt im Alltag

Im Alltag gibt es verschiedene Situationen, in denen Ihnen Gewalt begegnen kann. Manchmal sucht einfach jemand Streit, meist in Verbindung mit zu viel Alkohol. Man kann in eine Gruppe randalierender Fußballfans geraten oder Ziel eines Raubüberfalls werden.

Als Ausländer steht man dann noch besonderen Herausforderungen gegenüber:

- Vielleicht kann man die Sprache noch nicht, versteht also nicht, worum es bei dem Streit überhaupt geht, und hat wenig Möglichkeit, den Streitsuchenden zu beschwichtigen.
- Manchmal hat man sein Gegenüber auch durch eine Handlung oder Geste beleidigt, über die man nicht Bescheid wusste. Allein das Ansprechen oder Fotografieren einer Frau kann in vielen Ländern zu ernsthaften Schwierigkeiten führen.
- Ausländer werden gern als leichtere Opfer gesehen. Außerdem geht man oft davon aus, dass bei ihnen etwas zu holen ist. Auch wenn man sich selbst nicht für reich hält: Es gibt Länder auf der Welt, in denen man auch für 10 Euro tötet …
- Meistens gegen Frauen richtet sich sexuelle Gewalt. In diesem Falle ist die Ausländerin meist auffälliger und wird zudem meist auch als schutzloser eingeschätzt.

Nichts wie weg: Sicherster Ausweg ist die Flucht

Zunächst einmal sollte man die Augen offen halten und jede gefährliche Situation meiden oder verlassen. Kommt Ihnen eine Horde Betrunkener entgegen, wechseln Sie die Straßenseite oder gehen in ein Geschäft. Randalieren Leute in einer Gaststätte, zahlen Sie und gehen.

- Personen und Situationen, die Ihnen gefährlich erscheinen, sollten Sie wenn möglich weiträumig und in Ruhe umgehen. Lassen Sie Ihr Verhalten aber nicht wie eine Flucht aussehen. Gewaltbereite Menschen deuten das als Schwäche und werden zur Gewalt ermutigt.
- Informieren Sie sich über die gefährlichen Ecken und Stadtviertel Ihrer neuen Heimat und meiden Sie sie. Allgemein gefährlichere Orte sind meist die Stadtviertel rund um Bahnhöfe oder sogenannte Rotlichtviertel.

- ✔ Sollte es zu gewalttätigen Demonstrationen oder inneren Unruhen kommen, bleibt man am besten zu Hause. Zu schnell gerät man zwischen die Fronten, ohne dass man eigentlich etwas damit zu tun hat.

Wenn möglich, gewalttätige Konflikte vermeiden und flüchten. Selbst wenn Sie nicht ganz ungeübt in Selbstverteidigung sind, können Sie keine Situation ganz unter Kontrolle haben. Nutzen Sie also unbedingt immer jede Gelegenheit zur Flucht.

Eine kritische Situation beruhigen

Bleibt keine Möglichkeit zur Flucht, sollten Sie zunächst versuchen, die Situation zu beruhigen. Dabei ist natürlich gerade im Ausland wichtig, dass man eine Sprache spricht, die der Angreifer auch versteht. Ansonsten bleibt einem nur die Körpersprache, mit der man ausdrückt, dass man keinen Ärger will, so zum Beispiel die nach oben gedrehten, leeren Handflächen. Manch andere Haltung ist allerdings auch wieder eine Frage der Kultur:

- ✔ So würde man Männern empfehlen, die Brust herauszudrücken, das Kinn zu heben und Augenkontakt zu suchen, um zu signalisieren, dass man Widerstand leisten kann. In manchen Kulturen bedeutet der Blick in die Augen aber auch eine Herausforderung. Wichtig ist es also, die Körpersprache der jeweiligen Kultur zu kennen.
- ✔ Es kann auch nicht schaden, sich demütig und beschwichtigend zu geben: Entweder man beruhigt so den Angreifer oder man wiegt ihn dadurch in Sicherheit, um dann – wenn es schon nicht anders geht – selbst heftig zuzuschlagen.
- ✔ In vielen Situationen kann es helfen, laut zu werden, wenn es nicht anders geht, auch in der eigenen Sprache. Indem man Menschen um sich herum auf den Angreifer aufmerksam macht, schafft man Öffentlichkeit und zieht die Blicke auf sich. Manchen gewaltbereiten Menschen lässt das zurückschrecken.

Handelt es sich um einen Raubüberfall, sollten Sie einfach Ihre Sachen herausrücken und hoffen, dass die Räuber abziehen. Geld und Dokumente sind ersetzbar und es nicht wert, Gesundheit und Leben dafür aufs Spiel zu setzen. Verfolgen Sie auch die Räuber nicht, sonst wird es für Sie doch noch gefährlich.

Jetzt wird's ernst: Sich verteidigen

Die meisten Menschen sind in der Lage, sich gegen einen Angriff wirkungsvoll zu verteidigen. Das trifft auch auf Frauen zu. Das Problem ist allerdings, dass die meisten Menschen Scheu davor haben, Gewalt anzuwenden. Das trifft besonders auf Frauen zu. Es ist deshalb wenig sinnvoll, hier nun viele Tipps zur Selbstverteidigung zu geben. In einem Kurs für Selbstverteidigung lernt man zwar auch Techniken zur Selbstverteidigung. Noch wichtiger ist, die innere Einstellung zu verändern und den Willen zur Gewaltanwendung zu bekommen, wenn man sich verteidigen muss. Wenn es um Leben und Gesundheit geht und man nicht mehr fliehen kann, muss man die feste Absicht haben, seinen Gegner ernsthaft zu verletzen, um ihn zu stoppen. Zaghafte Gegenwehr reizt den Gegner nur.

Wer ein Selbstverteidigungstraining besuchen möchte, sollte darauf achten, dass Folgendes trainiert wird:

- ✔ Umgang mit Stress und Angst
- ✔ Der Wille zu überleben und zu gewinnen
- ✔ Gesprächstechniken, um einen Konflikt zu entschärfen
- ✔ Kampftechniken, um einen Angreifer schnell und wirkungsvoll unschädlich zu machen.

Man sollte jede Chance nutzen, ohne Anwendung von Gewalt aus einer kritischen Situation herauszukommen. Lernen muss man aber auch, Gewalt anzuwenden, wenn man angegriffen wird. Das geschieht am besten in einem Selbstverteidigungskurs.

Sich bewaffnen?

Ein Wort zum Thema »Waffen« darf nicht fehlen. Denn es ist durchaus nicht immer so, dass eine Waffe schützt. Wann immer jemand in einem Konflikt eine Waffe zieht, hebt er die Auseinandersetzung auf eine höhere Stufe. Es gibt dann kaum noch ein Zurück. Das gilt besonders für Gegenden dieser Welt, in der schon jeder Teenager mit einer Waffe im Hosenbund herumläuft. An Folgendes sollte man denken:

- ✔ Wer eine Waffe trägt, sollte sie legal tragen, also je nach Gesetzeslage zum Beispiel mit Waffenschein.

Sollten Sie im Ausland eine Waffe tragen wollen, machen Sie sich genau mit den Gesetzen des Landes vertraut. Sonst kann es passieren, dass Sie im Ernstfall nicht Opfer bleiben, sondern Angeklagter werden.

- ✔ Mit einer Waffe sollte man auch umgehen können. Man kann nicht erwarten, dass ein erfahrener Straßenräuber das Weite sucht, nur weil sein Opfer mit einem Messer droht. Außerdem kann eine Waffe im Kampf leicht gegen einen selbst gerichtet werden.
- ✔ Wer eine Waffe hat, muss bereit sein, sie einzusetzen. Gerade dort, wo Gewalt zum Alltag gehört, schüchtert der bloße Anblick einer Waffe selten ein.
- ✔ Eine Waffe verleitet schnell zu übertriebenen Reaktionen. Auch »Notwehr« muss angemessen erfolgen. Schießt man einen Betrunkenen nieder, nur weil man von ihm begrapscht wird, wird man vor Gericht kaum mit Notwehr durchkommen. Schon gar nicht als Ausländer.

Frauen in Gefahr: Sexuelle Gewalt

Auch Frauen können sich wehren. Und auch Frauen können leicht siegreich sein. Nur fehlt der »normalen« Frau eben das vielleicht noch mehr, was auch dem »normalen« Mann fehlt: der absolute Wille, den Angreifer zu verletzen. So ist es auch für Frauen notwendig, Selbstsicherheit und das Besiegen der Angst in einem Kurs zu üben. Denn jemanden ernsthaft verletzen zu können, ist relativ leicht gelernt. Lernen, jemanden verletzen zu wollen, ist schwer.

Und für Frauen gilt auch: Eine kritische Situation zu meiden oder wenn möglich aus ihr zu fliehen, sollte immer die erste Wahl sein.

Filmtipp: Willenbrock

Bernd Willenbrock, ein Autohändler aus Magdeburg, hat sein Leben im Griff: Er ist erfolgreicher Geschäftsmann, hat ein Haus und eine attraktive Frau. Daneben gibt es noch eine Geliebte und auch auf die Tochter seines Nachtwächters hat er einen Blick geworfen. Doch eines Tages ist es vorbei mit der Kontrolle: In ihrem Wochenendhaus werden er und seine Frau überfallen, kämpfen um ihr Leben und fliehen.

Nichts mehr ist nun sicher, die Welt ein unsicherer, angsteinflößender Ort und auch der Gang zur Polizei kann die verlorene Sicherheit nicht zurückbringen. Vielmehr wird Willenbrock deutlich, dass er nur einer unter vielen ist, die mit dieser Angst leben müssen. Selbst eine Alarmanlage und eine Pistole können die Angst nicht mehr nehmen.

»Willenbrock« zeigt einen selbstsicheren Menschen, dem der Boden unter den Füßen weggezogen wird. Gewalt war immer weit weg, aber einmal erlebt, bleibt die Angst und verändert das Leben. Selbst eine Waffe bringt diese Sicherheit nicht mehr zurück.

Vergewaltiger kommen in den meisten Fällen aus dem persönlichen Umfeld des Opfers. Überfälle durch Unbekannte sind seltener. Achten Sie auch darauf, dass Sie nicht mit Handwerkern oder Lieferanten allein bleiben.

- ✔ Es ist wichtig, dass man sich mit den Sitten und der Kultur des neuen Landes bekannt macht. Gehen Frauen allein aus? Unternehmen sie etwas gemeinsam mit Männern oder verbringen die Frauen ihre Freizeit nur mit Freundinnen? Jede Abweichung von den kulturellen Regeln der neuen Heimat kann eine Frau in den Augen der einheimischen Männer als sexuell besonders freizügig und »willig« erscheinen lassen.
- ✔ Wenn Sie als Frau allein unterwegs sind, bleiben Sie unter Menschen. Gehen Sie nicht allein nach Hause, wenn Sie dafür durch einsame Gegenden müssen.
- ✔ In Gefahr sollte man lieber »Feuer, Feuer!« rufen als »Hilfe!« (natürlich in der Landessprache, das sollte man vorher lernen). Bei Feuer fühlt sich jeder Mensch bedroht und holt Hilfe oder läuft sogar herbei, um zu helfen (oder zu gaffen). Bei »Hilfe« weiß er, dass etwas Unangenehmes oder sogar Gefährliches von ihm verlangt wird. Außerdem überrascht diese Reaktion den Täter wahrscheinlich und bietet Ihnen vielleicht die Möglichkeit zur Flucht.
- ✔ Trampen Sie nicht. Und wenn es denn unbedingt sein muss, machen Sie sich im Auto gleich mit Türöffner, Sicherheitsgurt und Fensterheber vertraut, damit Sie im Ernstfall schnell fliehen können.
- ✔ Sollten Sie im Auto (beim Trampen, im Taxi …) bedroht werden, öffnen Sie das Fenster und werfen alles Greifbare (auch aus dem Handschuhfach) aus dem Fenster. Das macht Leute auf Sie aufmerksam und erschreckt den Fahrer.

Auch im Auto gehen sexuelle Übergriffe meist von Bekannten aus. Sie sollten also stets aufmerksam bleiben. Schon allein Ihr schlechtes Gefühl sollte Sie im Zweifelsfall am Mitfahren hindern.

Männer sollten mit auf die Sicherheit Ihrer Freundinnen, Bekannten und Kolleginnen achten. Bringen Sie sie bis zur Haustür und warten Sie, bis sie in ihrer Wohnung ist. Auf Sätze wie »Die letzten hundert Meter kann ich ruhig laufen!« sollten Sie besonders nachts auf keinen Fall hören. Lieber parken Sie das Auto und laufen die letzten hundert Meter mit ihr gemeinsam.

Entführt werden

In Deutschland hört man, dass hier und da mal reiche Menschen entführt werden. Oder Kinder reicher Menschen. Alles schlimm genug. Doch als Auswanderer oder als Auslandsmitarbeiter seiner Firma kann es passieren, dass man in Länder kommt, in denen »Kidnapping« viel eher auf der Tagesordnung steht.

- ✔ In Ländern wie dem Irak, dem Jemen oder Afghanistan entführt man Ausländer, um eine politische Botschaft zu geben. Und natürlich auch um des Geldes willen.
- ✔ In manchen südamerikanischen Ländern wie Kolumbien oder Venezuela ist die Entführung schon fast so etwas wie ein boomender Wirtschaftszweig.

Man sollte mit den Reisewarnungen des Auswärtigen Amtes vertraut sein und sich nicht unnötig in Gefahr begeben.

Entführer gehören normalerweise einer der folgenden Gruppen an:

- ✔ Sie sind Kriminelle, die mit der Entführung ein möglichst hohes Lösegeld erpressen wollen. Das ist meist in Südamerika der Fall.
- ✔ In anderen Gegenden wie dem Irak oder dem Jemen sind Entführer oft Fanatiker, die mit der Entführung Angst verbreiten wollen. So ist es manchmal ihr einziges Ziel, eine Geisel medienwirksam zu töten. Aber da auch diese Terroristen für ihren Kampf Geld brauchen, entführen sie Menschen auch, um Lösegeld zu erpressen.
- ✔ Dann gibt es einfach Verrückte, die Menschen aus ganz unterschiedlichen Gründen entführen.

Bei Entführungen liegt die Überlebensquote von Geiseln bei über 80 Prozent, wenn sie die ersten 24 Stunden überleben. Natürlich nur, wenn es um Geld geht. Wer Fanatikern in die Hände fällt, hat wesentlich geringere Überlebenschancen.

Von offizieller Seite wie dem Auswärtigen Amt oder dem Bundeskriminalamt hört man übrigens mit Absicht nichts über Entführungen von Deutschen im Ausland. Zum einen will man niemanden zu einer Entführung ermuntern, zum anderen ist eine Entführung oft auch diplomatisch schwierig. Denn in manchen Ländern ist die Polizei nicht immer ganz unbeteiligt an Entführungen.

Vorsorge treffen

Wer in einem Land lebt, in dem Kidnapping ein Problem ist, sollte ein paar Grundregeln beachten, um nicht zur Zielscheibe einer Entführung zu werden.

- ✔ Man sollte alles vermeiden, was einen als reichen Ausländer erscheinen lassen könnte: keine dicken Autos, keine Visitenkarten mit toll klingenden Titeln, keine teure Uhr und so weiter.
- ✔ Eine Wohnung sollte man sich wenn möglich in weniger gefährlichen Teilen einer Stadt suchen.
- ✔ Vermeiden Sie feste Routinen: Nehmen Sie jeden Tag einen anderen Weg ins Büro, fahren Sie die Kinder auf verschiedenen Wegen zur Schule. Bleiben Sie unberechenbar.
- ✔ Halten Sie die Augen offen. Vielleicht werden Sie beobachtet. Misstrauisch sein, schadet auch hier nicht. Überprüfen Sie Besucher wie Handwerker oder Wasseruhrableser. Fragen Sie bei den entsprechenden Firmen oder Stellen nach, ob der Auftrag seine Richtigkeit hat.
- ✔ Geben Sie über sich und Ihre Familie keine Auskünfte am Telefon.

Wer aus welchen Gründen auch immer in einem Land leben und arbeiten möchte, in dem es ein erhöhtes Risiko für Entführungen gibt, sollte auch ein darauf ausgerichtetes Sicherheitstraining besuchen.

Überleben

Für das Opfer einer Entführung kommt es zunächst einmal darauf an, die ersten Stunden zu überleben. Denn meist wird man mit den Entführern auf der Flucht sein, die Situation ist extrem angespannt, die Entführer sind nervös. Ein paar Grundregeln sollte man beachten:

- ✔ Lassen Sie den Blick gesenkt, schauen Sie den Entführern nicht in die Augen und erregen Sie auch sonst keine Aufmerksamkeit. Tun Sie, was Ihnen gesagt wird, und geben Sie keine Widerworte.
- ✔ Versuchen Sie, während der Gefangenschaft ein positives Verhältnis zu Ihren Entführern aufzubauen. Führen Sie keine politischen Diskussionen, aber geben Sie sich als Sohn, Vater, Großvater, Tochter, Mutter, Großmutter und so weiter zu erkennen, kurz: als Mensch.
- ✔ Auch in Gefangenschaft sollte man versuchen, seinen Tag zu strukturieren: Wenn möglich regelmäßig schlafen, essen und Gymnastik treiben. Wie eingeschränkt Ihre Möglichkeiten auch sein mögen: Versuchen Sie, fit zu bleiben.
- ✔ Halten Sie sich auch geistig fit. Beobachten Sie, was um Sie herum passiert: die Geiselnehmer, den Ort, an dem Sie gefangen gehalten werden, andere Geiseln, das Leben um Sie herum.
- ✔ Versuchen Sie, die Orientierung zu behalten, besonders zeitlich. Gibt es in Ihrem Gefängnis kein Tageslicht, suchen Sie andere Punkte, um sich zu orientieren, zum Beispiel an täglichen Routinen oder an Temperaturunterschieden.
- ✔ Geben Sie sich nicht auf. Solange Sie leben, besteht auch Hoffnung.

Für den Fall des Falles: Die Lösegeldversicherung

Entführungen sind in vielen Teilen der Welt eine ganz reale Gefahr. Bevor man sich also auf eine Arbeit im Ausland einlässt (und dazu gehören neben den längeren Aufenthalten auch die kürzeren Geschäftsreisen), sollte man die Gefahr so genau wie möglich einschätzen und Vorsorge treffen.

Eine unschätzbare Unterstützung für gefährliche Auslandseinsätze kann eine sogenannte Lösegeldversicherung sein. Sie wird von Versicherern unter strengen Auflagen der »Bundesanstalt für Finanzdienstleistungsaufsicht« (BaFin) angeboten. Das sind zum Beispiel:

- ✔ Für Lösegeldversicherungen darf keine Werbung gemacht werden.
- ✔ Die Laufzeit beträgt höchstens ein Jahr.
- ✔ Der Versicherte muss den Versicherungsschutz geheim halten.

Der Vorteil einer Lösegeldversicherung liegt aber nicht nur darin, dass Geld für eine Lösegeldzahlung bereitgestellt wird. Denn bis es zur Geldübergabe und zur Freilassung der Geisel kommt, ist es ein langer Weg voller Verhandlungen, Misstrauen und Kompromisse. Die Verhandlungen müssen von Spezialisten geführt werden, die meist zu einem Beraternetzwerk der Versicherung gehören. Die Bezahlung der Spezialisten ist außerdem ebenfalls Teil der Lösegeldversicherung.

Besonders kleinere Unternehmen sollten den Abschluss einer Lösegeldversicherung ins Auge fassen, wenn sie Mitarbeiter in gefährliche Gebiete entsenden. Denn geht etwas schief, kann das nicht nur schwere Folgen für die Mitarbeiter haben, sondern auch für das Unternehmen:

- ✔ Wird deutlich, dass ein Unternehmen seine Mitarbeiter schlecht vorbereitet und leichtsinnig in Gefahr bringt, kann das das Ansehen der Firma schwer schädigen.
- ✔ Ein Unternehmen verletzt in diesem Fall die Fürsorgepflicht für seine Mitarbeiter und muss mit rechtlichen Konsequenzen rechnen, wenn etwas schiefgeht.
- ✔ Die Entführung eines Mitarbeiters kann ein kleineres Unternehmen finanziell ruinieren.

Auf den Überlebenswillen und den Zustand der Geisel kann eine Lösegeldversicherung positiven Einfluss haben: Das Opfer weiß nicht nur, dass das Geld zur Verfügung steht, es auszulösen, sondern auch, dass ein Team von Fachleuten bereitsteht, die alles dafür tun, es gesund nach Hause zu bringen. Nicht nur wegen der Zahlung eines Lösegelds ist also eine Lösegeldversicherung zu empfehlen.

Natürlich könnte auch ein ganz normaler Auswanderer für sich und seine Familie eine solche Versicherung abschließen. Das ist allerdings eine Kostenfrage und im meist eher knappen Auswanderungsbudget kaum noch unterzubringen. Bleibt allerdings die Frage, warum man ohne dringende Notwendigkeit überhaupt in ein Land auswandern will, das besonders für Ausländer gefährlich ist. Um ein neues Leben zu beginnen, gibt es viele Orte auf der Welt, die relativ sicher sind.

Nichts wie weg: Kriege und andere Katastrophen

Das schönste Auswandererparadies kann sich durch ein Erdbeben oder einen Sturm in eine Trümmerwüste verwandeln. Politische Verhältnisse können sich schlagartig ändern, sodass aus einem Land mit attraktiven Geschäftsmöglichkeiten ein Kriegsschauplatz wird. Vor den Augen der Welt weitgehend verborgene Konflikte können aufbrechen und auch im schönsten Urlaubsparadies Aufstände und innere Unruhen auslösen.

Was einem bei Naturkatastrophen, Kriegen und inneren Unruhen passieren kann, hat man noch weniger in der Hand als die persönlichen Angriffe durch andere Menschen. Man kann aber Vorkehrungen treffen, die das persönliche Risiko kleiner werden lassen oder sogar eine rechtzeitige Flucht ermöglichen.

Informiert sein und bleiben

Als Auswanderer oder Auslandsmitarbeiter mit geringen Sprachkenntnissen ist es manchmal schon mühsam, der Tagespolitik oder den Katastrophenschutzmaßnahmen der neuen Heimat zu folgen. Lieber liest man die deutschen Nachrichten im Internet und richtet seine Fernsehantenne auf den Satelliten mit den deutschen Sendern aus. Doch wer vorbereitet sein will, muss informiert sein. Dazu gehört, dass man sich der Risiken, die es vielleicht gibt, bewusst wird.

Natürlich kann man sich nicht auf alle möglichen Krisen und Katastrophen vorbereiten. Wichtig ist, herauszufinden, was in Ihrer neuen Heimat wirklich zum Problem werden kann. Wenn Sie sich dazu eine Meinung gebildet haben, müssen Sie sie aber unbedingt durch Fakten bestätigen und absichern. Es kann sein, dass jemand große Angst vor eine Entführung hat und sich darauf konzentriert. Nur liegt der letzte Entführungsfall in Ihrem Ort 15 Jahre zurück, wogegen Taifune vielleicht jedes Jahr auftreten. Dann legen die Fakten nahe, sich eher auf einen Taifun vorzubereiten als auf eine Entführung.

Es geht darum, sich Informationen zu beschaffen. Außerdem sollte man diese Informationen von verschiedenen Quellen beziehen, je mehr Quellen, desto besser. Die Quellen für Information kann man in zwei Gruppen aufteilen:

- ✔ Offizielle Informationen: Die Aussagen von Politikern oder Nachrichten in Zeitung, Rundfunk und Fernsehen.
- ✔ Inoffiziellen Informationen: Sie hört man von Nachbarn, Arbeitskollegen, Freunden und Bekannten. Da gibt es manche Gerüchte, aber oft auch »die wahre Geschichte«.

Folgende Informationsquellen sind wichtig:

- ✔ Die Politik: Die Verlautbarungen der Regierung des Gastlands und auch die der Opposition.
- ✔ Medien: Rundfunk, Fernsehen, Internet. Auch internationale Medien helfen, sie werfen den Blick von außen auf die Situation.

- Die zuständige Botschaft oder das Konsulat seines Heimatlands. Man sollte sich in die Krisenvorsorgeliste des Auswärtigen Amtes eintragen.
- Das Gespräch mit den Einheimischen: In Kaffeehäusern, Teestuben und anderen Orten, an denen man sich trifft, sollte man immer ein offenes Ohr für die gegenwärtige Stimmung haben. Wenn es nicht gesetzlich verboten ist, mit Ausländern zu sprechen, unterhalten sich die Menschen gern über ihr Land. Auch wenn es viel Schwierigkeiten oder viel zu jammern gibt.
- Das Gespräch mit anderen Ausländern: Entwicklungshelfer, Missionare oder Ordensgeistliche (Nonnen, Mönche, Priester …), da sie oft eng mit der einheimischen Bevölkerung zusammenleben und die Stimmung im Land kennen.
- Wer für seine Firma im Ausland arbeitet, dem stehen vielleicht Berater zur Seite. Größere Firmen haben manchmal auch Sicherheitsbeauftragte im Ausland.

Nicht alle Informationsquellen sind gleich zuverlässig. Hier hilft meist nur die Erfahrung. So muss man Informationen auch nach ihrer Herkunft beurteilen:

- Es gibt Informationen von Stellen, die auch früher schon richtige und wertvolle Informationen geliefert haben. Denen wird man auch weiterhin vertrauen.
- Es gibt Informationen aus Quellen, die schon früher falsch lagen. Damit wird man vorsichtig sein.
- Es gibt oft Quellen, mit denen man noch keine Erfahrung hat. Sie muss man vorsichtig behandeln und prüfen.

Je mehr Informationen Sie sammeln, desto vernünftiger können Sie eine Entscheidung darüber treffen, ob Sie und Ihre Familie sich in Gefahr befinden oder nicht.

Wenn es kritisch wird

Das Sammeln von Informationen hat ein bestimmtes Ziel: den Zeitpunkt zu bestimmen, wann einem der Boden zu heiß wird und man verschwinden sollte. Das muss nicht unbedingt bedeuten, dass man seine neue Heimat verlässt, vielleicht sollte man nur mal zwei Wochen in einiger Entfernung vom Wohnort Urlaub machen und die Situation weiter beobachten.

Unterscheiden muss man zwei Situationen:

- Man hat ein einziges Ereignis, das eine Krise auslöst, vielleicht ein Erdbeben oder einen Bombenanschlag. Ein Ereignis kann man zeitlich festmachen und genau beschreiben.
- Dann gibt es eine Serie von miteinander zusammenhängenden Ereignissen, von denen man nicht genau weiß, wohin sie führen. Das können Aufstände sein oder zunehmend gewalttätiger werdende Demonstrationen. Hier spricht man von Trends. Wenn man gefährliche Trends beobachtet, muss man rechtzeitig entscheiden, welche Situation eintreten muss, bevor man flieht. Also zum Beispiel sagt man, dass man sich in Sicherheit bringen wird, sobald die Aufstände die Stadt XY erreicht haben oder sobald das Hochwasser soundso viel Meter erreicht hat.

Ziehen Sie auch bei »Trends« früh genug die Notbremse. »Ich gehe, sobald auf mich geschossen wird …« ist kein guter Plan. Bedenken Sie, dass Sie fliehen müssen, solange noch alle Fluchtwege offen sind.

Falls allerdings Ihre zuständige Botschaft die Empfehlung gibt, dass Sie das Land sofort verlassen sollten, gehen Sie sofort. In den meisten Fällen gehen die Botschaften auf Nummer sicher und warnen früh genug. Wer im Falle dieser Warnung das Land allerdings nicht verlässt, ist auf sich allein gestellt. Sollte eine Rettungsaktion notwendig werden, geht sie auf Ihre Kosten. Und aus eigener Erfahrung weiß ich: Ein Hubschraubereinsatz der US-Marines, der Sie im »Feindesland« aufsammeln muss, weil Sie stur waren und geblieben sind, bis Ihnen die Kugeln um die Ohren flogen, ist nicht ganz billig.

So wertvoll Informationen von Entwicklungshelfern, Priestern, Nonnen oder Missionaren auch sein können, sollten Sie im Ernstfall lieber auf die Anweisungen der Botschaft hören als auf Geistliche. Das ist nicht böse gemeint, nur haben Sie es bei den oben genannten mit Menschen zu tun, die meist ungern die Menschen verlassen, für die sie sich verantwortlich fühlen. Außerdem haben Missionare und Ordensleute oft eine extrem hohe Risikotoleranz. Sie setzen ihr Leben für die ihnen anvertrauten Menschen deshalb leichter aufs Spiel.

Steht die Gefahr erst einmal unmittelbar vor der Tür, kann es schnell hektisch werden. Besonders, wenn man ein Land schnell verlassen will. Dann ist es fast unmöglich, an alles Wichtige zu denken. Wer also nach Einholung aller Informationen zu dem Schluss kommt, dass er in einer gefährdeten Situation lebt, sollte rechtzeitig einen Notfallplan erstellen, nach dem er sich in einer aktuellen Krise richtet.

Damit man weiß, was zu tun ist: Notfallpläne

Notfallpläne sind besonders für Unternehmen und ihre Mitarbeiter wichtig. Sie helfen, im Krisenfall das Risiko für Mitarbeiter und Unternehmen kleiner zu halten.

Als Einzelperson und als Familie sollte man sich zumindest darüber Gedanken machen, wie man sich am besten und am schnellsten in Sicherheit bringen kann. Dazu ist es wichtig zu wissen, wohin man im Notfall zuerst will. Das muss nicht gleich Deutschland sein, vielleicht kann man das Land auch zunächst nur über die nächste Grenze verlassen, um dort eine Weile abzuwarten. Dann muss man aber auch wissen, wie man am sichersten an diesen Ort kommt. Was kann man tun, wenn Flughäfen gesperrt sind und Straßen zerstört? Über solche Möglichkeiten sollte man nachdenken und sich mehrere Alternativen überlegen.

Bei Familien oder Teams stellt sich auch die Frage, was zu tun ist, wenn die Krise überraschend eintrifft und die einzelnen Personen voneinander trennt. Wo werden Treffpunkte sein? Wie lange wartet man aufeinander? Was ist zu tun, wenn es keine Telefonverbindungen gibt?

Ein Notfallplan sollte eine Schritt-für-Schritt-Anleitung für eine Krise sein. Mögliche Krisen sollte man gründlich durchdenken. Gehen Sie vom Schlimmsten aus, zum Beispiel davon, dass sich die Familienmitglieder während eines Erdbebens an verschiedenen Orten befinden und Telefone nicht gleich funktionieren. Ein Notfallplan sollte so praktisch ausgelegt sein, dass auch Kinder und Jugendliche im Notfall leicht das Richtige tun können.

Gerade in Situationen, in denen »Trends« darauf hinweisen, dass sich eine Krise jederzeit ereignen könnte, sollte man auch ständig einen »Notfallkoffer« vorbereitet haben.

Ein Griff und nichts wie weg: Der Fluchtkoffer

Wer in Gebieten lebt, die ständig von Naturkatastrophen bedroht sind, oder in politischen Krisengebieten, in denen sich Konflikte jederzeit verschärfen können, sollte sich darauf vorbereiten, möglichst schnell verschwinden zu können. Eine Hilfe ist es, wenn man schon eine Tasche mit den wichtigsten Dingen vorbereitet hat. Im Notfall muss man dann nicht mehr an Kleinigkeiten denken, sondern hat sie schon bereit.

Halten Sie dieses Notfallgepäck möglichst klein. Für eine Familie dürfen es auch zwei Taschen sein, viel mehr aber nicht. Denken Sie daran, was im Notfall noch auf Sie zukommt: Müssen Sie vielleicht noch kleine Kinder tragen? Sind die Kinder schon groß und können ihre eigene Tasche tragen? Auf jeden Fall müssen Sie sich schnell und möglichst unbehindert auch über länger Zeit bewegen können.

Was in der Notfalltasche auf jeden Fall enthalten sein sollte:

- ✔ Eine Garnitur frische Kleidung
- ✔ Hygieneartikel (Zahnpasta, Zahnbürste etc.)
- ✔ Fotokopien aller Pässe, Visa und wichtiger Dokumente
- ✔ Etwas Bargeld in der Landeswährung und in Dollar oder Euro (das, was man unterwegs am besten brauchen kann). Banknoten sollten in kleiner Stückelung vorhanden sein.

Neben Geld sollte man für den Notfall auch immer Zigaretten als Tauschmittel mit sich führen. Auch wenn Sie selbst nicht rauchen. Unter Umständen helfen Zigaretten schneller weiter als Geld. Auch bei Helfern kann man sich mit Zigaretten bedanken.

- ✔ Wasser und ein wenig zu essen. Das sollte nahrhaft sein und doch wenig Platz brauchen, also zum Beispiel Schokoriegel oder Eiweißriegel, wie sie Bodybuilder essen. Die Haltbarkeit sollte man regelmäßig prüfen und die Lebensmittel gegebenenfalls austauschen. Es gibt allerdings auch besondere Notfallnahrung, die wenig Platz wegnimmt und einen sehr hohen Nährwert hat.
- ✔ Medikamente, die dringend und regelmäßig gebraucht werden
- ✔ Ein Erste-Hilfe-Set, auch Wundsalbe, Durchfallmittel (Kohletabletten), Insektenschutz
- ✔ Tabletten zur Wasserreinigung (besonders bei Vorbereitung auf Naturkatastrophen)

- ✔ Toilettenpapier
- ✔ Taschenlampe

Wer sich eher darauf einstellt, Notzeiten in seiner neuen Heimat zu überstehen, kann sich auch einen Krisenvorrat in seiner Wohnung anlegen. Informationen darüber gibt das Bundesministerium für Ernährung, Landwirtschaft und Verbraucherschutz auf der Internetseite `www.ernaehrungsvorsorge.de`.

Keinen Unsinn machen

Wer auswandert oder nur zeitlich begrenzt im Ausland arbeitet, sollte nicht nur aufpassen, dass er nicht zum Opfer wird. Er sollte auch nicht Täter werden, weder aus Unwissenheit noch absichtlich.

Aus Unwissenheit gegen Gesetze zu verstoßen ist schnell passiert, schützt aber nicht vor Strafe. Um sich davor zu schützen, sollte man die Kultur und die Traditionen der neuen Heimat gut kennen. Das gilt auch für den Straßenverkehr, nicht alle Verkehrsregeln sind immer überall gleich.

- ✔ Drogenbesitz ist nirgends ein Spaß, in manchen Ländern aber auch tödlich. Schon auf kleine Mengen Drogenbesitz steht in Singapur oder Malaysia die Todesstrafe.
- ✔ Elfenbein und andere Produkte geschützter Tierarten sind keine harmlosen Souvenirs, sondern bringen den Besitzer leicht ins Gefängnis.
- ✔ Der Besitz einer Bibel oder zumindest die Weitergabe einer Bibel oder christlicher Schriften an Einheimische wird in manchen Ländern schwer bestraft.
- ✔ Niemals sollte man für irgendeinen Bekannten irgendwelche Päckchen für irgendeinen Freund irgendwohin mitnehmen.
- ✔ So gerecht Ihnen eine Sache auch scheinen mag: Schließen Sie sich keinen politischen Demonstrationen an. Läuft die Sache aus dem Ruder, ist man als Ausländer schutzlos. Man kann schnell seine Aufenthaltsgenehmigung verlieren.

Ob man nun auswandert oder nur für eine Weile einen Posten im Ausland besetzt: Man ist verletzbarer, als man es zu Hause wäre. Das ist kein Grund zur Panik und es geht den vielen Tausenden Ausländern in Deutschland auch nicht anders. Wichtig ist, dass man um die Gefährdungen weiß, ein paar Grundregeln beachtet und keine Dummheiten macht. Dann kann man auch das Thema Sicherheit ohne Angst angehen.

In der alten Heimat geht das Leben weiter

17

In diesem Kapitel

- Über das Heimweh
- Der Heimat fremd werden
- Wie man den Kontakt halten kann
- Geliebte und ungeliebte Besucher

Die wenigsten Menschen leben und arbeiten im Ausland, ohne nicht auch manchmal wehmütig und mit Heimweh an das zu denken, was sie zurückgelassen haben. Obwohl es kaum jemanden gibt, der nicht schon einmal Heimweh empfunden hat, interessieren sich Psychologen heute kaum dafür. Allenfalls wirft man es mit anderen Schwierigkeiten in den großen Topf mit den »Anpassungsproblemen«.

In diesem Kapitel geht es nicht so sehr um praktische Dinge der Auswanderung, sondern um das Heimweh und die Gefühle, die einen in der Fremde überkommen können. Es geht auch um das, was den Auswanderer noch an die alte Heimat bindet. Doch es sollen auch Mittel und Wege gezeigt werden, seine Wurzeln nicht zu verleugnen und den Kontakt in die Heimat zu halten.

Niemals geht man so ganz

Nicht nur den, der für begrenzte Zeit im Ausland arbeitet, kann das Heimweh packen. Auch die meisten Auswanderer behalten eine Bindung an die alte Heimat, an ihre Herkunft. Mancher möchte das so beibehalten, andere kämpfen dagegen, wollen sich vom alten Leben lösen und ganz in der neuen Kultur aufgehen. Was nun besser ist, ist schlecht zu sagen, kommt aber auch darauf an, warum man gegangen ist:

- ✔ Sieht man den zeitlich begrenzten Auslandsjob, den die Firma bietet, als Stufe auf der Karriereleiter, wird man sicher nicht alle Brücken hinter sich abbrechen wollen. Man erwartet ja, zu Familie und Freunden zurückzukehren.
- ✔ Wer auswandert, weil er in Deutschland keine Zukunft mehr für sich sieht, lässt Freunde und Verwandte vielleicht nur schweren Herzens zurück, sieht aber keinen anderen Weg.
- ✔ Auswanderer, die es hinaus in die weite Welt treibt, haben meist auch schon in der Heimat ihren Wohnort oft gewechselt und die Bindungen zur Familie schon gelockert. Ihnen wird auch im Ausland wenig fehlen.
- ✔ Und dann gibt es natürlich mehr oder weniger schwierige Kombinationen in Familien: den forschen Mann, der unbedingt auswandern will, und seine zögerliche Partnerin; El-

tern, die in Deutschland keine Zukunft für sich sehen, und Kinder, die auf keinen Fall von Freunden und Großeltern getrennt sein wollen.

Niemals geht man so ganz, irgendwas von mir bleibt hier – das ist eine Aussage, die man im Guten wie im Schlechten verstehen kann. Je enger der Familienzusammenhalt in der Heimat war, desto größer ist die Lücke, die man hinterlässt, desto schwerer aber auch für einen selbst das Einleben am neuen Ort – nun so ganz allein (oder als Kleinfamilie). Aber auch derjenige, der auf der Flucht ist, wird nicht einfach nur verschwinden. Er hinterlässt wahrscheinlich Wut und Enttäuschung bei den Menschen, die ihn kennen und die noch zwischenmenschliche oder finanzielle Rechnungen mit ihm offen haben.

Jeder Mensch, der seine Familie verlässt und ins Ausland geht, bleibt im Herzen seiner Lieben. Dabei ist die Belastung oft ungleich verteilt: Derjenige, der geht, macht sich schließlich freiwillig auf den Weg, er will sich auf den Weg machen, er will das Vertraute verlassen. Die Zurückbleibenden können sich nur damit abfinden. Eltern tun sich damit meist wesentlich schwerer als Freunde. Dabei muss man sich bewusst machen, dass in der Beziehung zu den Daheimgebliebenen die Zeit ein wenig stehen bleibt. Denn derjenige, der ins Ausland geht, wird weder auf Fotos noch in Erinnerungen älter. Aber von Jahr zu Jahr entspricht es weniger dem wahren Leben, wie es sich entwickelt, es sei denn, man tut etwas dagegen.

Was nimmt man mit von Freunden und Familie? Oft mehr, als man denkt: die Muttersprache, sein Lieblingsessen, seine Ansichten über Kindererziehung, Politik und vieles mehr. Es sind nicht nur kleine »Andenken«, die man einem Auswanderer mitgibt. Es ist ein ganzes Leben und das meiste von diesem Leben wird in jedem bleiben, der geht. Wenn jemand Heimweh hat, wird es ausgelöst von dem, was er aus dem alten Leben mitgebracht hat. Der Auswanderer fühlt sich in dem Moment, in dem er Heimweh empfindet, fehl am Platz und wünscht sich, dass alles wieder seine Ordnung hätte und er daheim wäre …

Es hilft also nichts, so zu tun, als hätte man in Deutschland kein Leben, keine Familie und keine sonstigen Beziehungen gehabt. Allein schon die Kinder werden einen oft genug daran erinnern, wenn sie Oma und Opa und die Freunde vermissen.

Es kommt vor, dass man sich von seinen Lieben nicht im Frieden trennt. Denken Sie daran, dass ein Auslandsaufenthalt oder sogar eine Auswanderung normalerweise eine lange Abwesenheit bedeutet. Schnell kann es passieren, dass der Tod einem die Möglichkeit zur Versöhnung nimmt. Sie sollten sich also überlegen, ob Sie das in Kauf nehmen wollen oder ob Sie einen letzten Versuch der Versöhnung starten, bevor Sie gehen.

Heimweh: Trauer über das verlorene Nest

Manchen Menschen macht Heimweh schwer zu schaffen. Meist vermutet man es nur bei Kindern und stellt sich bei ihnen zumindest darauf ein. Eine kurze Suche im Internet zeigt kaum fachliche Artikel zum Thema Heimweh. Meist unterhalten sich Menschen (besonders Studenten und Austauschschüler) in Foren darüber und versuchen einander Tipps zu geben, über das Heimweh hinwegzukommen. Aber was ist jetzt Heimweh?

Vielleicht bezeichnet man Heimweh am besten als eine Art von Trauer. Es hat mit Verlusten zu tun, die man erleidet – Familie, Freunde und die gewohnte Umgebung. Mit dem Verlust der gewohnten Umgebung tritt aber noch etwas anderes ins Leben: die ungewohnte Umgebung. Zur Trauer kommt die Unsicherheit, vielleicht sogar die Angst vor der fremden, neuen Welt. Das trifft auch dann zu, wenn man sich selbst für diese neue Umgebung entschieden hat. Denn in den wenigsten Fällen weiß man wirklich, worauf man sich beim neuen Leben im Ausland einlässt. Das kann nur der wirklich verstehen, der sich ohne Rückflugticket auf den Weg macht. Heimweh ist also eine Mischung aus der Trauer über das, was man verlassen hat, und dem Wunsch nach Sicherheit. Sie ist auch die Sehnsucht nach einer Welt, in der man weiß, wo sein Platz ist.

Es gibt aber auch robuste Naturen, die kein Heimweh zu kennen scheinen. Dabei geht es nicht darum, wie viel oder wie wenig ein Mensch zurücklassen musste. Manche Menschen treibt es einfach hinaus. Sie halten vielleicht Kontakt mit Eltern oder Geschwistern, aber sind glücklich dort, wo sie leben – Hauptsache, es ist nicht ihre frühere Heimat. Manche Menschen müssen einfach weg …

Sei, was du bist

Sicher gibt es in der neuen Heimat andere Regeln zu beachten und neue Dinge zu lernen. Aber das muss nicht alles an einem Tag geschehen und Fehler machen ist erlaubt. Wer sich krampfhaft von heute auf morgen an eine fremde Kultur anpassen will, weiß bald nicht mehr genau, wer er selbst ist. Man kann sich auf alles einlassen (fremde Speisen, neue Feste …), aber man muss sich nicht zwingen, alles auch zu mögen und gut zu finden. Wer auch im Ausland weiß, was ihm gefällt und nicht gefällt (auch wenn man Letzteres lieber für sich behält), bleibt »bei sich« und fühlt sich nicht so stark verloren und entwurzelt.

Sicher wird es auch den meisten Ihrer neuen Freunde gefallen, Traditionen und Speisen aus Ihrer Heimat kennenzulernen. Laden Sie sie doch mal zum »deutschen Kaffeetrinken« mit selbst gebackener Torte oder zu einem typisch deutschen Mittagessen ein. So lernen Ihre neuen Freunde Sie besser kennen und Sie selbst verlieren sich nicht so ganz in der neuen Kultur.

Sich gern erinnern: Fotos und Andenken

Die Fotos von Verwandten, Freunden und Bekannten stimmen manchmal wehmütig. Aber deshalb sollte man sie nicht in den Schrank sperren. Sie gehören an die Wand oder auf den Computerbildschirm, so wie früher auch. Denn wie schwer oder leicht der Abschied auch immer fiel: Er ist Teil der eigenen Lebensgeschichte und es hilft nichts, ihn vergessen zu wollen. Vielmehr machen die Fotos deutlich, dass man immer noch Teil einer Familie ist.

Da man digitale Fotos heute ohne Probleme per Internet und E-Mail verschicken kann, bietet sich auch ein digitaler Bilderrahmen an. Das ist ein kleiner Bildschirm, den man aufstellen oder an die Wand hängen kann und der von einer Speicherkarte Bilder zeigt. Man kann sich also immer wieder die aktuellen Bilder aus der Heimat schicken lassen. Besonders Bilder von Kindern, damit man es nicht verpasst, wenn sie beim nächsten Heimatbesuch nicht mehr zehn, sondern fünfzehn Jahre alt sind …

Man bekommt, was man gibt

Noch wer vor 30 Jahren auswanderte, konnte nur mit Mühe oder mit großem zeitlichen Abstand mit der alten Heimat in Kontakt bleiben. Briefe mussten geschrieben werden und waren ein paar Tage bis Wochen unterwegs, die Antworten darauf ebenso. Telefonieren war kostspielig, wenn man das um die halbe Welt tun wollte. Im Zeitalter von E-Mail und Internet kann fast jeder rund um die Uhr schnell erreichbar sein. Nur größerer Unterschiede in den Zeitzonen behindern manchmal noch spontane Kontakte.

Besonders für Auslandsmitarbeiter ist es sehr wichtig, den Kontakt in die Heimat zu behalten. Auch wer nur ein paar Jahre im Ausland war, wird bei seiner Rückkehr einige Mühe haben, sich wieder einzuleben. Das wird umso schwieriger, je weniger man sich in der Fremde um das gekümmert hat, was zu Hause passiert.

Hier also einige Möglichkeiten, wie man mit Freunden und Verwandten in Kontakt bleiben kann:

- ✔ Der gute alte Brief ist ja fast aus der Mode gekommen. Er hat natürlich einige Nachteile: Er kostet Geld (Porto), er braucht eine Weile, bis er den Empfänger erreicht, und man braucht Zeit, ihn zu schreiben. Und selbst wenn man ihn nicht handschriftlich, sondern mit dem Computer schreibt, muss man ihn ausdrucken, das Blatt in einen Umschlag stecken und ihn absenden. Doch hat der Brief auch ein paar Vorteile: Der Empfänger kann den Brief aus der Fremde in der Hand halten. Außerdem wird ein Brief immer noch mehr respektiert als eine E-Mail, die unter vielen anderen schnell untergeht. Etwas Besonderes ist es auch, wenn der Briefumschlag eine schöne, fremde Briefmarke trägt. Dann ist der Brief wirklich wie ein Gruß aus einer anderen Welt, der vielleicht sogar auch noch anderen gezeigt wird.
- ✔ Der üblichere »Brief« ist heute sicher der per E-Mail. Er hat den Vorteil, dass er den Empfänger innerhalb weniger Sekunden erreicht und man ganz aktuelle Ereignisse zeitnah schildern kann. Außerdem kann der Empfänger gleich antworten. Der Nachteil ist, dass viele Menschen täglich eine wahre Flut von E-Mails bekommen, in denen manche Nachrichten einfach untergehen. Wird sie nicht ausgedruckt, sieht sie manchmal auch nur die Person in der Familie, die am häufigsten vor dem Rechner sitzt.
- ✔ Eine gute Möglichkeit, kostenlos miteinander zu sprechen, bieten Internetservices wie Skype, ICQ oder Yahoo. Wenn beide Gesprächspartner einen Computer mit Webcam haben (einer Kamera, die Bilder über das Internet sendet), kann man einander sogar sehen. Problematisch kann es aber sein, wenn man zu viele Zeitzonen voneinander entfernt lebt. Da kann es oft passieren, dass man eine Weile braucht, bis man einen Zeitpunkt findet, an dem beide wach sind und miteinander telefonieren können.
- ✔ Mittlerweile müssen sich Menschen, die um die 40 Jahre alt sind, sagen lassen, dass sie Mitglieder bei Facebook werden sollten, wenn sie in Zukunft noch Geburtstags- oder Feiertagswünsche von ihren Kindern erhalten möchten. Facebook ist eine Internetplattform, mit der Freunde und Bekannte miteinander in Kontakt bleiben oder auch im Internet neue Freundschaften schließen können. Für Auswanderer oder den Auslandsmitarbeiter ist interessant, dass man auch kurze Nachrichten hinterlegen kann. So kann man kurz besondere Ereignisse beschreiben oder Freunden und Verwandten Nachrichten (wie eben

Geburtstagsgrüße …) schicken. Auch die neuesten Fotos kann man veröffentlichen. Umgekehrt erhält auch derjenige, der im Ausland lebt, oft viele kleine Neuigkeiten, die er sonst verpassen würde: Klein Tinas erster Zahn ist schließlich heute wichtig, aber nicht mehr in acht Jahren, wenn Sie zu Besuch kommen … Wer also über Länder und Grenzen hinweg Kontakt mit Freunden und Verwandten halten möchte, der sollte sich die Möglichkeiten von Facebook einmal näher anschauen.

- ✔ Wer sein Tun und Lassen gern in einem Satz zusammenfasst, der »twittert«. Twitter ist eine Internetplattform, auf der man seine Freunde mit kurzen Mitteilungen auf dem Laufenden halten kann. Dazu müssen diese ebenfalls bei Twitter registriert sein. Länger als 140 Zeichen darf eine solche Nachricht nicht sein, man muss sich also kurzfassen. Gleichzeitig kann man denjenigen Freunden überall auf der Welt folgen, die ebenfalls »twittern.«
- ✔ Nach Facebook und Twitter hat man fast schon den Eindruck, dass der Blog langsam zum alten Eisen gehört. Ein Blog ist eine Internetseite, auf der man so etwas wie ein öffentliches Tagebuch führen kann. Zwar sollte man dort auch keine Romane verfassen, aber für die kurze Beschreibung von Erlebnissen, Anekdoten oder das Einstellen von Fotos ist er gut geeignet. Einen Blog (also ein Web-Tagebuch) zu führen, erfordert mehr Arbeit als das schnelle »Twittern«. Man sollte sich überlegen, ob man sich für einen Blog wirklich die Zeit nehmen kann und will. Andererseits ist er dann eine tolle Möglichkeit, Freunde und Verwandte über das neue Leben in der Fremde auf dem Laufenden zu halten.

Bei allen Möglichkeiten, die das Internet zur Heimwehbekämpfung bietet, sollte man das neue Leben nicht vernachlässigen. Wenn das Erlernen der neuen Sprache und das Schließen neuer Freundschaften im Ausland unter Facebook, Twitter & Co. zu leiden beginnen, ist es Zeit, den Rechner auszuschalten und ein wenig unter die Menschen zu gehen.

Ein kleiner Kaffeeklatsch: Treffen mit Landsleuten

Besonders diejenigen Auswanderer und Auslandsmitarbeiter, deren Ziel größere Städte oder sogar Tourismuszentren sind, werden hin und wieder Landsleute treffen. Vielleicht sind die sogar in Vereinen und Klubs organisiert, sodass man sich regelmäßig trifft. Dagegen ist nichts einzuwenden. Wer unter Heimweh leidet, ist manchmal dankbar für jedes Wort, das er in seiner Muttersprache hört. Wenn einem die Decke (oder eher: die fremde Kultur) auf den Kopf zu fallen droht, sollte man sich mit Landsleuten treffen. Gut, wenn man dann schon Bekanntschaften gemacht hat und sich auch mal in seiner Muttersprache aussprechen kann.

So erleichternd das Gespräch mit Landsleuten auch sein kann, sollte man sich davor hüten, das Schimpfen anzufangen. Schnell ist man dabei, die Menschen in der Wahlheimat als unzuverlässig, unordentlich, unpünktlich, unehrlich und so weiter zu bezeichnen. Umso mehr, je mehr negative Erlebnisse man hat. Vieles von dem, was heute noch Teil des Kulturschocks ist, wird morgen für Sie selbstverständlich sein und gar nicht mehr so schlecht aussehen. Reden Sie also lieber über sich selbst und Ihre Probleme und Sehnsüchte, nicht über die fremden Menschen um Sie herum.

Es ist für das Einleben in der neuen Heimat weniger gut, wenn man seine Zeit hauptsächlich mit Landsleuten verbringt. Das kann in großen Ballungszentren mit vielen Ausländern schnell geschehen. Wenn man vor der fremden Kultur etwas Angst hat, kann man es sich in dieser Nische mit anderen Ausländern gemütlich machen. Doch es behindert das Lernen der Sprache und man findet in der Kultur der Gastgeber nicht seinen Platz. Und das wird letztlich immer wieder zu neuem Heimweh führen.

Spaß haben nicht vergessen

Natürlich ist man nicht ins Ausland gekommen, um in einer Art »ewigem Urlaub« zu leben. Andererseits geht man auch nicht nur wegen des Geldes ins Ausland, oder? Ein bisschen Spaß und Abenteuer hat man sich schon vorgestellt und wenn das Heimweh kommt, wird es Zeit, mal wieder etwas zu unternehmen. Sich mit Freunden verabreden, den Reiseführer aus dem Regal nehmen und ein Ziel heraussuchen, das einen schon länger interessiert, sich mal wieder seinen Hobbys widmen – alles, was interessant ist und Spaß macht, vertreibt Heimweh …

Neue Freundschaften pflegen

Es hilft alles nichts, Angst und Schüchternheit hin oder her: Wer sich ein neues Leben aufbauen möchte, muss Schritte zur Tür hinaus tun und auf Menschen zugehen.

Zunächst werden das Nachbarn und Kollegen sein, vielleicht Sprachlehrer und andere Sprachschüler. Man sollte sich da an seinen eigenen Interessen orientieren: Vielleicht kann man den in der Heimat betriebenen Sport auch weiter treiben, vielleicht einen Kochkurs besuchen. Eine weitere Möglichkeit ist ehrenamtliches Engagement. Ein Kollege in Istanbul hat sich dort dem Katastrophenschutzteam angeschlossen und bereitet sich gemeinsam mit den Einheimischen darauf vor, Nothilfe bei Erdbeben zu leisten.

Niemals unterschätzen sollte man den Wert des gemeinsamen Essens. Ob man nun zu sich nach Hause einlädt oder sich im Restaurant trifft, hängt ganz von der Kultur ab. Aber in den meisten Kulturen der Welt stiftet gemeinsames essen Gemeinschaft. Achten Sie darauf, wo und wann man in Ihrer neuen Heimat gemeinsam isst, und werden Sie Teil der Tafelrunde.

Wer weiß: Vielleicht kommen mit der neuen Kultur ja auch ganz andere, neue Interessen auf. Da, wo sich Menschen mit gleichen Interessen finden, schließen sie leichter Freundschaft.

Auch Schokolade soll angeblich gegen Anflüge von Heimweh helfen. Doch spielen wohl dabei weniger sogenannte Glückshormone eine Rolle als vielmehr das Essen an sich. Satt macht nun mal glücklich – egal, ob für das Glück nun das Serotonin oder die Kohlehydrate verantwortlich sind. Manchmal muss man sich einfach verwöhnen, sich sein Lieblingsessen kochen, sein Lieblingsrestaurant besuchen oder seinen Lieblingswein trinken. Und wenn es das in der neuen Heimat nicht gibt, kann man auch ruhig mal versuchen, sich Zutaten für sein Lieblingsessen übers Internet zu besorgen oder es sich mitbringen zu lassen. Auch nach fünfzehn Jahren Slowenien gibt es für mich ein paar Dinge, die ich noch aus Deutschland importieren muss: scharfe Lakritze, ostfriesischen Tee und dazu passenden Kandiszucker (Kluntje). Mein erster Gang bei Deutschlandbesuchen? Eine Currywurst essen.

Die Welt dreht sich weiter

Auch wenn man ins Ausland geht, bleibt die Welt nicht stehen. Nicht für die, die zurückbleiben und auch nicht für den, der geht. Nirgends steht das Leben still, und jeder neue, seltene Besuch »zu Hause« macht das deutlich. Dabei ist das für den Auswanderer natürlich dramatischer als für den Auslandsmitarbeiter. Sie sind normalerweise nur ein paar Jahre im Ausland und haben vielleicht sogar geregelte Heimaturlaube. Auswanderer kommen vielleicht viele Jahre oder Jahrzehnte nicht zu Besuch.

In der Spannung zwischen neuem Leben und Heimweh, zwischen den Lieben »daheim« und dem Leben in der neuen Heimat zeigt sich manchmal, was es wirklich bedeutet, auszuwandern. Man ist nicht nur einfach weiter weg von zu Hause. Je länger man im Ausland ist, desto größer lassen Zeit, Alter und Tod den Abstand von der Heimat werden.

- ✔ Menschen verändern sich. Die Jungen werden älter, die Alten sterben nach und nach. Freunde zerstreuen sich in alle Winde, befreundete Paare sind plötzlich geschieden. Der kleine Neffe, an den man sich so gern erinnert, weil man ihm das Radfahren beigebracht hat, als er fünf Jahre alt war, ist mittlerweile zwanzig und kennt den Onkel nur noch vom Hörensagen. Manchem passiert es, dass er niemanden mehr hat, den er besuchen kann. So werden Auswanderer zu wirklichen Auswanderern: Die Wurzeln in der alten Heimat sind abgestorben, es gibt nichts mehr, was dorthin zieht.
- ✔ Die vergangenen Jahre werden auch deutlich, wenn man plötzlich seinen Weg nicht mehr findet. Da gibt es neue Umgehungsstraßen und Autobahnen. Häuser, die früher vertraut waren, sind abgerissen worden. Einem Auswanderer wird vielleicht daran am stärksten deutlich, dass nichts bleibt, wie es ist.
- ✔ Für manche ist es am überraschendsten, dass sich selbst die Sprache verändert. Das Deutsch von 1996 ist nicht mehr ganz das Deutsch von 2011. Mitte der 1990er-Jahre grüßten Verkäuferinnen in den Geschäften noch mit »Guten Tag!«, heute reicht ein »Hallo!«. Wo man vor fünfzehn Jahren noch mit »Nein!« antwortete, hört man heute ein verwirrend-unbestimmtes »Nicht wirklich …«. Und »Das kann man nicht machen« oder »Das passt nicht« ist zu einem »Das geht gar nicht.« geworden. Es kann einen Auswanderer verunsichern, wenn er merkt, dass ihm die neuen, modernen Redewendungen nicht recht über die Lippen kommen wollen. In der Sprache der neuen Heimat, die mal Fremdsprache war, ist man oben auf. Aber in Deutschland gehört man wohl nicht zu den »Junggebliebenen«. Und jeder hört es.
- ✔ Das tägliche Leben von Auswanderern ist normalerweise ganz anders als das der Daheimgebliebenen. Wenn statt Hühnern Affen über den Hof laufen, wenn man ständig mit Moskitos und Malaria statt mit grippalen Infekten zu tun hat, wenn es keinen Herbst und Winter, sondern nur noch Regen oder keinen Regen gibt, kann man das zwar erzählen – aber wirklich verstehen und nachfühlen kann das kaum jemand. Den Alltag, den die zurückgebliebenen Freunde und Verwandte mehr oder weniger gemeinsam haben, haben Auswanderer eben nicht. Und niemand kann wirklich nachempfinden, wie es ist, irgendwo als Ausländer zu leben. Vielleicht wird hier die Trennung endgültig und am schmerzlichsten: Man wird einfach nicht mehr verstanden.

Wer wirklich auswandern will, darf nicht erwarten, dass das Leben in der alten Heimat auf ihn wartet. Auch wenn man sich gefühlsmäßig noch an vieles von dem gebunden fühlt, was man verlassen hat. Irgendwann muss vielleicht das Elternhaus verkauft werden und bei Besuchen findet man nur noch die erwachsenen Kinder von Freunden vor. Daher sollte man dort, wo man sich niederlässt, auch Wurzeln schlagen. Sonst bleibt einem am Ende statt einer neuen Heimat gar keine Heimat.

Den Anschluss behalten

Wer nicht gerade darauf aus ist, alle Brücken hinter sich abzubrechen, für den gibt es natürlich auch Möglichkeiten, den Anschluss an die alte Heimat nicht zu verlieren. Das geht auf der persönlichen Ebene, aber auch ganz allgemein.

In den ersten Monaten in der neuen Heimat hat man normalerweise genug damit zu tun, dort Fuß zu fassen und zu verstehen, wie privates und öffentliches Leben dort laufen. Da kann die Politik der alten Heimat ruhig mal ohne Sie voranschreiten. Man muss nicht alle Hebel in Bewegung setzen, um informiert zu bleiben. Den Anschluss findet man dann später wieder leicht, wenn auch der normale Alltag in der Fremde entspannt läuft.

Anschluss halten heißt informiert bleiben. Das kann auf viele Arten geschehen, und das Internet macht es besonders leicht.

- ✔ Wer gern etwas in der Hand hält, kann sich eine deutsche Zeitung oder eine Zeitschrift abonnieren. Das ist eine Kostenfrage. Dabei ist eine Tageszeitung normalerweise nicht sehr sinnvoll (zumindest nicht, wenn sie mehr als einen Tag unterwegs ist). Denn darin liest man immer nur die Nachrichten von gestern, vorgestern oder noch ältere. Nützlicher sind Wochenzeitungen, die Ereignisse zusammenfassen und kommentieren.
- ✔ Die tagesaktuellen Nachrichten sollte man im Internet lesen. Mittlerweile hat ja jede Zeitung und jede Zeitschrift ihre eigene Internetseite. Wer sie als Startseite in seinem Webbrowser einstellt, hat morgens gleich die neuesten Nachrichten – und dazu auch noch während des Tages immer wieder.

Nicht vergessen sollte man bei allem Interesse an deutschen Nachrichten die Nachrichten des Gastlandes. Autoradio, Fernsehen oder eine Tageszeitung halten hier auf dem Laufenden.

- ✔ Wer gern Bücher liest, muss den Anschluss an die deutsche Literatur nicht verlieren. Durch die großen Internetversandhändler ist alles überall erreichbar und zu kaufen. Es ist dann oft nur noch eine Frage der Porto- und Zollkosten.

Radio aus der alten Welt ...

Was nutzt es mir hier in Slowenien, übers Internet »Radio Berg« zu hören, den Lokalsender meiner alten Heimat rund um Wuppertal, Remscheid, Solingen und Wermelskirchen? Gar nichts. Trotzdem ist es manchmal schön, Neuigkeiten aus der Region zu hören, in der man aufgewachsen ist. Eine Art »Radio aus der alten Welt«, das vielleicht hilft, beim nächsten Besuch nicht wieder so ganz fremd zu sein.

Besucher – Freude oder Frust?

»Im Urlaub kommen wir euch bald einmal besuchen!« – Welcher Auswanderer oder Auslandsmitarbeiter hört das nicht gern? Die Freunde wollen einen nicht vergessen und sind bereit, selbst etwas auf sich zu nehmen, um den Kontakt zu halten. Wer innerhalb von Europa umzieht, kann sich vielleicht über Freunde freuen, die beim Umzug helfen.

Doch wie so manches haben auch die Besuche von Freunden und Verwandten ihre Licht- und Schattenseiten. Zunächst gibt es liebe Menschen, die für einen Besuch auch um die halbe Welt fliegen, egal wohin. Das sind meist Eltern und Großeltern, besonders kleine Enkel werden von ihnen sehr vermisst. Auch Geschwister gehören vielleicht zu diesen lieben Besuchern.

Wer im Ausland lebt, muss allerdings auch feststellen, dass er mehr Besuch bekommt, wenn seine neue Heimat sehr attraktiv ist. So kann jemand, der auf die beliebte Touristeninsel Phuket (Thailand) zieht, mit mehr Besuchern rechnen als jemand, den es nach Krasnojarsk in Sibirien verschlägt.

Leute, die an die attraktiveren Orte dieser Welt ziehen, entdecken außerdem schnell, dass sie in Deutschland mehr gute Bekannte haben, als sie eigentlich dachten. Leute, die es die letzten fünfzehn Jahre nicht geschafft haben, einen am anderen Ende der Stadt zu besuchen, kaufen plötzlich Flugtickets, um zu Besuch zu kommen. Meist mit einer Frage wie: »Können wir dann bei euch schlafen ...?«

Auch wenn es ein bisschen gemein klingt: Die Erfahrung zeigt, dass man sich vor Besuchern auch schützen muss. Das gilt besonders für diejenigen, die nun an der Adria, in Thailand, auf Mallorca und ähnlich beliebten Urlaubszielen leben. Gern wird man dort besonders von Leuten besucht, die man in Deutschland eigentlich nur als entfernte Bekannte eingestuft hätte. Natürlich meinen es die Besuchswilligen gar nicht böse. Aber sie haben nun mal keine Ahnung von Ihrem Alltag und davon, dass Sie dort nicht im ewigen Urlaub sind. Auch die Belastung, die ein Besuch für Sie sein kann, ist Besuchswilligen nicht immer bewusst.

Wie kann man Urlauber aus der Heimat gut und ohne größere Belastungen organisieren?

- ✔ Bei einer Anfrage muss man sich zuerst überlegen, was man selbst will: Sollen die Besucher eher nebenherlaufen, während für Sie der Alltag weiterläuft? Oder wollen Sie auch Urlaub nehmen und ihn mit Ihren Besuchern verbringen?

- Gleiches gilt für den Besuch von engen Familienmitgliedern wie Eltern und Geschwistern: Wird erwartet, dass Sie Urlaub nehmen, oder sind Ihre Verwandten bereit, sich für eine Weile in Ihren Alltag einzugliedern?
- Allen Besuchern, mit denen Sie nicht wirklich von Herzen gern für ein paar Wochen Ihre Wohnung teilen möchten, sollten Sie ein Hotel in der Nähe anbieten. Das ist zugleich ein guter Test: Hier scheiden sich schon diejenigen, die wirklich Sie besuchen möchten, von denen, die preiswert in Urlaub fahren wollen.
- Stellen Sie schon bei der Planung klar, wie es laufen wird: Sollten Sie, während Sie Besuch haben, arbeiten müssen, machen Sie den zukünftigen Gästen klar, dass Sie keine Zeit haben werden, Fremdenführer zu spielen.
- Vergessen Sie nicht, dass Besucher auch Geld kosten. Die wenigsten lassen Ihnen nachher Geld für Strom und Wasser da. Das läppert sich, wenn Sie im Jahr mehrmals Besuch bekommen.

Gerade im ersten Jahr in der Fremde hat man gern Besuch. Die Erfahrung zeigt allerdings, dass gerade im ersten Jahr Besucher auch extrem hinderlich sind. Sie halten Sie vom Lernen der Sprache ab (was Ihnen dummerweise meist auch ganz recht sein wird). Außerdem werden Sie Mühe haben, Ihren eigenen Alltag und Tagesrhythmus zu finden. Bringen Sie also im Schlepptau Ihres Auslandsumzugs nicht gleich alle möglichen Besucher mit. Sagen Sie lieber ein Jahr lang allen Besuchswilligen konsequent ab und konzentrieren Sie sich auf Ihr neues Leben.

Zurück in die Heimat

18

In diesem Kapitel

- Gründe für die Heimkehr
- Noch einmal: Kulturschock
- Auslandserfahrung positiv nutzen
- Alte Freunde neu finden

Nicht jeder Umzug ins Ausland ist für immer. Für einen Auslandsmitarbeiter ist normalerweise von vornherein klar, dass es irgendwann wieder nach Deutschland zurückgeht. Er hat etwas, wohin er zurückgeht, ist fest eingebunden ins deutsche Sozialversicherungssystem und hat in der Regel auch in Deutschland einen Job, der auf ihn wartet. Die Schwierigkeiten der Rückkehrer liegen also eher darin, wie man wieder in der Heimat in Alltag und Arbeit zurechtkommt. Je nachdem, wie alt die Kinder sind und wie lange man im Ausland war, haben Kinder vielleicht auch besondere Schwierigkeiten.

Für Auswanderer wird eine Rückkehr hingegen problematisch. Denn normalerweise sind sie nicht mehr Teil des deutschen Sozialsystems. Wenn sie mit nichts zurückkommen, stehen sie auch in Deutschland erst mal vor dem Nichts.

Gründe für die Heimkehr

Eine Heimkehr nach Deutschland kann ganz normal und geplant sein, manchmal ist sie aber auch ein echtes Drama.

✔ Am natürlichsten (wenn auch nicht unbedingt problemlos) ist die Heimkehr, wenn ein Auslandseinsatz nach ein paar Jahren planmäßig beendet wird. Auslandsmitarbeiter haben ihre Aufgabe erfüllt und kehren zurück in ihre Heimat und auch mehr oder weniger in ihr altes Leben.

Waren der Mitarbeiter und seine Familie mehr als fünf Jahre im Ausland, wird die Rückkehr meist stressig. Sowohl das private als auch das berufliche Umfeld können sich in der Zeit so stark ändern, dass Heimkehrer sich nicht unbedingt ohne Weiteres zurechtfinden. Das trifft besonders auf Kinder zu, die ja vielleicht einen Großteil ihres Lebens im anderen Land verbracht haben.

✔ Auch Auswanderer kehren häufig aus beruflichen Gründen zurück nach Deutschland. Allerdings ist das dann in der Regel kein geordneter Rückzug, sondern Ergebnis des Scheiterns. Wer keine Arbeit findet oder mit seinem Geschäft Pleite macht, sieht oft keine andere Möglichkeit als die Rückkehr in die alte Heimat.

- Ein weiterer häufiger Rückkehrgrund für Auswanderer und Auslandsmitarbeiter ist die Ausbildung der Kinder. Manchmal ist man mit der Qualität der Schulen im Ausland nicht zufrieden, manchmal möchte man die Kinder auch im deutschen Umfeld weiterlernen lassen. Ein ehemaliger Kollege von mir verließ Rumänien, weil eines seiner Kinder eine Lernschwäche hatte, für die es dort keine Förderung gab.

Auslandsmitarbeiter sollten darauf achten, dass im Entsendungsvertrag die Kostenübernahme für die Rückkehr nach Deutschland eingeschlossen ist. Auch ein Seminar zur Wiedereingliederung in Deutschland kann hilfreich sein.

- Für jeden, der ins Ausland geht, kann es auch noch einen weiteren Grund für die Heimkehr geben: Er (oder Partner und Kinder) kommt dort einfach nicht zurecht. Nicht jeder Mensch kann sich an jede beliebige Kultur der Welt anpassen. Jeder Mensch wird Kulturen finden, in die er eher passen würde als in andere. Und manchmal trifft man tatsächlich die falsche Wahl. Ein Auslandsmitarbeiter mag da für ein paar Jahre die Zähne zusammenbeißen können und den Einsatz durchstehen. Für einen Auswanderer ist das schwierig und auch sinnlos. Wer nicht rechtzeitig geht, wenn er nicht klarkommt, wird meist irgendwann Hals über Kopf »flüchten« und seine Situation damit nicht gerade verbessern.
- Ein weiterer Rückkehrgrund können auch äußere Umstände wie Naturkatastrophen, Wirtschaftskrisen oder Kriege und innere Unruhen sein. Dann wird Auslandsmitarbeitern die Entscheidung darüber zu bleiben oder zu gehen oft vom Arbeitgeber abgenommen und die Rückkehr nach Deutschland gleicht eher einer Flucht.

Menschen, die ins Ausland gehen, tun das aus verschiedenen Gründen. Aber sie tun es freiwillig und sie wählen ein Leben an einem Ort, an dem sie Fremde sind. Warum auch immer ein Mensch seine Entscheidung zurücknimmt – man sollte das respektieren.

Schwierige Heimkehr für Auslandsmitarbeiter

Nun hat man gern die Vorstellung, dass jemand, der aus einer schwierigen Zeit im Ausland zurückkehrt, nach Hause kommt, dorthin, wo er sich sicher und wohlfühlt. Nach ein paar Jahren im Ausland ist das allerdings meist nicht mehr so einfach. Denn das Leben bleibt nicht stehen, weder für die Daheimgebliebenen noch für den, der im Ausland ist (mehr dazu erfahren Sie in Kapitel 17).

- Wer als Auslandsmitarbeiter vor der Entsendung erst kurz Mitarbeiter der sendenden Firma war, wird es nach ein paar Jahren im Ausland schwer haben, in seinen Job in Deutschland hineinzufinden. Seine Firma kennt er ja fast nur aus dem Ausland. Wie es in der Firma in Deutschland wirklich läuft, konnte er noch nicht erleben.
- Wer lange Zeit im Ausland war (mehr als fünf Jahre), wird es schwer haben, seinen Platz in Deutschland wiederzufinden. Vieles gilt es neu zu lernen und Beziehungen müssen neu geknüpft oder erneuert werden. Die Wiederanpassung an zu Hause kostet Kraft und bereitet Stress.

✔ Wer im Gastland geheiratet hat, sieht sich bei der Rückkehr ebenfalls größeren Problemen ausgesetzt. Zum einen war die Anpassung an das Gastland in der Regel stark, denn man war Fremder »mit Familienanschluss« und lebte vielleicht tiefer in der neuen Kultur als andere Ausländer. Zum anderen ist der Ehepartner Ausländer in Deutschland und braucht eventuell Visum und Aufenthaltserlaubnis. Zumindest wird der Ehepartner sich mit der fremden Kultur auseinandersetzen müssen.

✔ Kinder, die im Ausland aufgewachsen sind, haben es besonders schwer, sich wieder in Deutschland einzufinden. Besonders dann, wenn sie im Ausland nationale Kindergärten und Schulen besucht haben. Viele von ihnen empfinden es durchaus nicht so, als würden sie nach Deutschland zurückgehen. Für sie ist es, als würden sie jetzt erst ins Ausland gehen und die Belastungen für die Familie sind dementsprechend hoch. Mehr dazu finden Sie in Kapitel 5.

Eine Rückkehr nach Deutschland kann mindestens genauso stressig werden wie der Umzug ins Ausland: den Haushalt auflösen, verpacken und umziehen, Schulen für die Kinder finden und wieder Abschied nehmen von Freunden, Nachbarn und Kollegen. Ein Lichtblick für die, die außerhalb von Europa gearbeitet haben, ist, dass einem bei der Rückkehr in die Heimat der Kampf um Visum, Aufenthalts- und Arbeitserlaubnis erspart bleibt.

Doch nicht nur die praktischen Seiten sind anstrengend und stressig. Mehr noch sind es vielleicht die privaten und beruflichen Enttäuschungen, die man erleben kann. Privat wird man oft feststellen, dass man sich von Menschen, auf die man sich eigentlich gefreut hatte, in der Zeit der Abwesenheit entfremdet hat. Vielleicht haben sie mittlerweile andere Hobbys als früher. Oft gibt es im Leben der früheren Freunde auch neue Freunde, die man noch nicht kennt.

Im Beruf wird man oft ebenfalls auf Kollegen stoßen, die man früher nicht kannte. Manchmal haben sich Abläufe in der Firma verschoben und Verantwortungen wurden neu aufgeteilt. Vieles war für den Auslandsmitarbeiter weit entfernt nicht wichtig. Jetzt aber kennt man sich plötzlich nicht mehr aus.

Stress und Enttäuschungen nach der Rückkehr ins heimatliche Unternehmen lösen oft den Wunsch nach einer Neuorientierung aus. Es kommt nicht selten vor, dass ehemalige Auslandsmitarbeiter ihre Firma innerhalb von zwei Jahren nach der Rückkehr verlassen. Da sollte sich doch die Frage stellen, ob ein Unternehmen sich das leisten kann? Der Unternehmer oder Vorgesetzte sollte nicht vergessen, dass man viel Geld in den Menschen investiert hat, der nun bei seiner Rückkehr enttäuscht und unzufrieden ist. Dabei sollte eigentlich das Ziel sein, die Erfahrungen des Mitarbeiters weiterhin zum Wohle der Firma zu nutzen. Es ist also notwendig, sich Gedanken darüber zu machen, wie der zurückgekehrte Mitarbeiter am besten eingesetzt werden kann. Ihm einfach seinen alten Schreibtisch wiederzugeben und zurück zum »früheren Leben« zu gehen ist schwer möglich. Und Geldverschwendung.

Man sollte nicht davon ausgehen, dass ein Auslandsmitarbeiter einfach nur wieder »nach Hause« kommt. Es ist vielleicht gar nicht mehr sein Zuhause, und schon gar nicht mehr das seiner Kinder. Auch ein Rückkehrer braucht gute Vorbereitung für diesen neuen Lebensabschnitt.

Als Auswanderer Schiffbruch erleiden

Für Auswanderer stellt sich die Lage meist dramatischer dar als für Auslandsmitarbeiter. Im glücklichsten Falle haben Auswanderer in der Fremde ein wenig Geld verdient und kommen zurück, weil es ihnen in Deutschland doch besser gefällt. Dann stehen zwar auch ein stressiger Umzug und eine schwierige Eingewöhnung an, aber zumindest gibt es keine finanziellen Probleme. Wer allerdings aus wirtschaftlicher Not nach Deutschland zurückkommt (sofern er überhaupt das Geld für die Reise hat), wird es auch in Deutschland schwer haben, wieder auf die Füße zu kommen.

Der schwere Weg zurück

Gründe für die Rückkehr können auch bei Auswanderern verschieden sein.

- ✔ Mancher stellt erst in der Fremde fest, dass ihm Deutschland fehlt und dass er woanders schlecht zurechtkommt. Es gibt für alles begabte und weniger begabte Menschen, warum nicht auch für die Auswanderung? Manchem fehlt die Familie, manchem die Stammkneipe oder die Vereine. Man macht halt manchmal Umwege, bis man weiß, was man wirklich will.
- ✔ Schwieriger wird es, wenn ein Riss durch eine Partnerschaft oder die Auswandererfamilie geht. Wenn ein Teil der Familie mit dem Leben im Ausland nicht klarkommt, muss man vielleicht seinen Traum begraben und den Rückweg antreten.
- ✔ Wirklich schwierig wird es, wenn man seinen Job verliert (oder keinen findet), Pleite macht oder aus sonstigen Gründen kein Auskommen mehr hat. Dann wird in vielen Fällen sogar die Rückkehr problematisch.
- ✔ Auch Krankheit in der Familie kann sich dermaßen auswirken, dass eine Rückkehr nach Deutschland geraten scheint.

Wenn irgend möglich sollte man früh genug abschätzen, ob das finanzielle Überleben im Ausland gesichert ist oder nicht. Wer bis zum letzten Cent hofft, dass sich noch etwas ändern wird, verspielt damit vielleicht die Möglichkeit auf die Rückkehr. Ein Rückzug sollte geordnet erfolgen und nicht in Panik.

Wer nach Deutschland zurückkommen will oder muss, sollte zunächst versuchen, die Rückkehr mit der Hilfe von Freunden und Verwandten zu organisieren. Außerdem ist es ratsam, aus dem Ausland rechtzeitig in Deutschland einen Job zu suchen.

Wer ohne finanzielle Reserven, ohne Hilfe, ohne Arbeit und ohne Unterkunft wieder in Deutschland landet, ist ein Fall für das Sozialamt und muss Arbeitslosengeld 2 (ALG2/Hartz IV) beantragen. Je nachdem, wo man ankommt, werden wahrscheinlich von einem Hilfswerk Notunterkünfte bereitgestellt (besonders als »Härtefall« mit Kindern). Eventuell erhält man auch Lebensmittelgutscheine und etwas Bargeld.

Später kann man sich dann nach den Vorgaben des Sozialamts eine Wohnung suchen. Für auch weiterhin Hilfsbedürftige werden Kaution, Erstausstattung und Miete übernommen. Das alles allerdings nur, wenn die Hilfsbedürftigkeit nachgewiesen werden kann.

Wer bei der Rückkehr Hartz IV beantragt, muss seine Bedürftigkeit nachweisen können. Man sollte also aus dem Ausland alle Bankunterlagen, Konto- und Kreditkartenauszüge und alle anderen Belege, die die finanzielle Situation bestätigen, mitbringen. Es könnte sonst sein, dass sich die Genehmigung des Antrags verzögert.

Eine gescheiterte Auswanderung bewältigen

Wer nicht gerade ein supergroßes Selbstbewusstsein hat, für den hat die Heimkehr nach Deutschland immer auch etwas Demütigendes. Das ist natürlich, hat man doch die Auswanderung in der Regel gegen alle Bedenken von Freunden und Verwandten durchgezogen. Ob es nun eine »Niederlage« ist (vielleicht aufgrund von Arbeitslosigkeit oder Pleite) oder ob es Sachzwänge sind (zum Beispiel Krankheit oder die Ausbildung der Kinder): Auswanderer müssen die Rückkehr erklären – zunächst einmal sich selbst. Aber auch Freunde und Verwandte werden nach dem Abenteuer fragen.

- ✔ Niederlagen sind normal und wie man so schön sagt: Es passiert den Besten.
- ✔ Auswanderer haben nicht nur geträumt, wie es viele tun. Sie haben auch etwas gewagt und versucht, sich ihren Traum zu erfüllen. Das ist schon mal mehr, als die meisten Menschen wagen.
- ✔ Arbeitslosigkeit, Pleite, Krankheit oder Berufsunfähigkeit sind Schicksalsschläge, die jedem Menschen überall zustoßen können. Auch wenn das Risiko für Auswanderer höher sein mag, ist es kein Zeichen von Unfähigkeit, wenn man seine Existenzgrundlage verliert.
- ✔ Vielleicht war die Auswanderung tatsächlich der falsche Weg, man hat sich geirrt. So wie sich die meisten Menschen in ihrem Leben immer mal wieder irren. Deshalb ist man noch kein Versager. Auch einen Irrtum kann man offen zugeben.

Eines sollten Sie nicht tun: Die Schuld am Scheitern jemand anderem zuschieben. Sicher war es im Ausland schwierig und ungewohnt und vielleicht ist man auch manchem eher zweifelhaften Zeitgenossen begegnet. Aber ist die Auswanderung tatsächlich gescheitert, weil im anderen Land die Bürokratie so kompliziert, die Menschen so unfreundlich, die Geschäftspartner Betrüger waren und die Kunden keine Zahlungsmoral hatten? Wer die Schuld bei anderen sucht, wird leicht unglaubwürdig. Und erst dann werden die Erklärungsversuche zur gescheiterten Auswanderung peinlich.

Was immer auch passiert ist auf dem Weg zwischen der Auswanderung und der Heimkehr – man hat versucht, seinen Traum zu leben. Und auch wenn es nicht so geklappt hat, wie man es geplant und sich gewünscht hatte: War es nicht schön, den Traum gehabt und es versucht zu haben?

Der umgekehrte Kulturschock

Normalerweise bezeichnet das Wort Kulturschock die Umstellungs- und Anpassungsschwierigkeiten, die man beim Umzug in eine andere Kultur erlebt. In Kapitel 15 ist davon ausführlich die Rede.

Wer aber nach langen Jahren in der Fremde wieder in seine Heimat kommt, wird meist erstaunt erleben müssen, dass er auch dort Anpassungsschwierigkeiten hat. Man nennt das einen umgekehrten Kulturschock.

Wer sich in Literatur oder Internet noch näher damit beschäftigen möchte, der wird meist fündig unter dem Fachwort »Reentry Shock« (Wiedereintrittsschock).

Der umgekehrte Kulturschock wird oft unterschätzt, denn man ist ja eigentlich darauf eingestellt, nach Hause zu kommen. Selten ist einem bewusst, wie sehr und in welchen Bereichen man sich die letzten Jahre verändert hat. Genauso wenig erwartet man, dass sich die Heimat und die Menschen dort verändert haben.

Die neue Sicht der Welt

Wer ins Ausland geht, entdeckt eine neue Welt. Im Laufe der Zeit wird er Teil dieser Welt, besonders dann, wenn er auch die Sprache der Menschen dort lernt. Dabei wird man sich zwar kaum als »Chinese« oder als »Italiener« fühlen, nur weil man ein paar Jahre in ihrem Land gelebt hat und die Sprache spricht. Man bleibt aber auch nicht für immer ganz fremd und lebt sich gut ein. Doch »Ausländer« bleibt man.

Was Ausländer allerdings auszeichnet, ist ihr weiter Horizont. Sie bringen eine Geschichte mit, die ihre Gastgeber nicht haben und von der sie vielleicht noch nicht mal eine Vorstellung haben. Und sie sehen und erleben auch Dinge, von denen ihre Landsleute in der Heimat oft keine Ahnung haben. Nach einer Weile fangen Ausländer an, in ihrem Leben ihre eigene und die neue Kultur zu verbinden. Doch all das, was sie neu lernen und was ihnen hilft, in der neuen Kultur zu funktionieren, behindert sie dann, wenn sie wieder nach Hause gehen.

Kinder – »umgekehrter Kulturschock«?

Bei Kindern, die im Ausland in nationale Kindergärten und Schulen gegangen sind, kann man oft kaum von einem »umgekehrten Kulturschock« sprechen. Deutschland – das ist für viele ein echter Kulturschock, denn sie kennen »die Heimat« nicht oder vielleicht nur von kurzen Besuchen. Man darf also nicht davon ausgehen, dass Kinder sich darauf freuen, wieder »nach Hause« zu gehen. Das ist am ehesten bei Kindern der Fall, die schon als Teenager ins Ausland kamen und in Sprache und Kultur nicht mehr recht heimisch geworden sind.

Eltern sollten sich bewusst machen, dass sie und ihre Kinder sich während des Auslandsaufenthalts vielleicht gegensätzlich entwickeln. Während bei den Eltern gegen Ende des Auslandseinsatzes die Freude überwiegen mag, wieder nach Hause zu gehen, kann der Abreisetermin für die Kinder zur Bedrohung werden. Denn sie verlassen ja ihre gefühlte Heimat für die Heimat, die sie nur aus Erzählungen der Eltern kennen.

Für viele Kinder bedeutet die Rückkehr in die Heimat keinen umgekehrten Kulturschock, sondern es ist vielleicht der erste Kulturschock, den sie erleben. In den Kindern kann das Wut und Rebellion auslösen, weil sie diese Entscheidung nicht in der Hand haben und den Erwachsenen hilflos ausgeliefert sind.

Wen interessiert's?

Viele würden über ihre Auslandserlebnisse gern Bücher schreiben. So viele Geschichten. So viele kleine und große Abenteuer. Und dann spielt sich in den ersten Wochen ständig das gleiche Ritual ab:

»Hallo! Auch wieder im Lande?« »Ja, letzte Woche wieder in Frankfurt gelandet.« »Schön, wir war es?« »Also im Großen und Ganzen super. Den Kindern fiel es schwer zurückzukommen, sie mögen auch das Essen hier noch nicht so. Meine Frau hat zwar noch Nachwirkungen von der Malaria, ist aber nicht mehr so ein Problem. Bei mir hat sich geze…« »Schön, du, ich muss los! Sonst geht's euch gut, oder?« »Ähh, ja …« »Super, bis dann mal …«

Das Desinteresse der meisten Menschen an den Erfahrungen von Auswanderern oder Auslandsmitarbeitern hat manchmal etwas Kränkendes. Man hätte doch so viel zu erzählen. Von den Leuten ist es noch nicht einmal böse gemeint, es ist noch nicht mal wirkliches Desinteresse. Aber die meisten Menschen haben keine Vorstellung davon, was jemand erlebt, der Jahre im Ausland verbringt. Und vor allem fehlt ihnen das Verständnis dafür, wie sich ein solcher Mensch verändert.

Es kann gut sein, dass Sie sich vom Desinteresse der Menschen in der Heimat verletzt fühlen. Wer aber wirklich etwas von seinen Erlebnissen weitergeben will, der sollte Geschichten erzählen. Die Story, wie nachts der Löwe um Ihr Haus schlich. Die Geschichte, wie Sie Schlangeneintopf gegessen haben, ohne es zu wissen. Das Erlebnis mit dem Taxifahrer, der nicht wusste, wohin Sie wollten, aber trotzdem eine Stunde mit Ihnen durch die Gegend gefahren ist … Auch wenn es Ihnen nicht ganz ehrlich vorkommt: Interessant und im Gedächtnis bleiben Sie für andere durch Ihre lustigen oder spannenden Erlebnisse, nicht durch die Beschreibung Ihrer Depressionen infolge des Kulturschocks.

Was tun, um den »Rückkehr-Schock« in den Griff zu bekommen?

- ✔ Es ist wichtig, sich bewusst zu machen, dass sich in der Heimat manche Dinge geändert haben. Man sollte nicht davon ausgehen, dass man einfach zurück in sein altes Leben geht.
- ✔ Schwer ist manchmal, dass nichts mehr »normal« ist. Wer viel von der Armut in Indien gesehen hat, dem wird Wasser kostbarer erscheinen als vor seiner Auslandserfahrung. Versuchen Sie dann nicht, jeden darauf hinzuweisen, wie gut er es hat. Niemand lässt sich gern ein schlechtes Gewissen machen.
- ✔ Auch wenn man von den Menschen in der Heimat kaum verstanden wird, sollte man sich die Auslandserfahrung als einen Schatz bewahren, der einem nicht genommen werden kann. Machen Sie sich die Dinge bewusst, die Sie gelernt haben und wie Sie sie jetzt in der Heimat einbringen können.

Zurück ins Unternehmen

Wer nach einigen Jahren im Ausland zu seinem Arbeitgeber in der Heimat zurückkehrt, wird nicht alles unverändert vorfinden. Meist wird er auch nicht gerade eine Lücke vorfinden, in der er jahrelang gefehlt hat. Während seiner Abwesenheit kam man ohne ihn zurecht, und um ihn wieder einzugliedern, muss sogar nun manchmal hier und da etwas angepasst und umstrukturiert werden. Um einem Auslandsmitarbeiter einen guten Start zu ermöglichen und um als Unternehmen den größtmöglichen Nutzen vom Heimkehrer zu haben, ist Planung notwendig.

- ✔ Neun bis zwölf Monate vor der Rückkehr sollte der Termin der Rückkehr feststehen. Denn auch im Ausland müssen Mitarbeiter ihre Zelte abbrechen, einen Mietvertrag kündigen und sich von mittlerweile lieb gewonnenen Menschen verabschieden.
- ✔ Hilfreich ist am Anfang der Planung zur Rückkehr auch ein Vorbereitungsbesuch im Unternehmen in Deutschland. So können Mitarbeiter aus erster Hand sehen, was sich verändert hat und wo ihr neuer Platz sein könnte.

Bei Mitarbeitern mit Kindern sollte darauf geachtet werden, dass die Kinder in Deutschland ein neues Schuljahr beginnen können. Während eines Vorbereitungsbesuchs in Deutschland sollten die Eltern sich auch schon um die neue Schule kümmern.

- ✔ Unbedingt sollte man mit seinem Arbeitgeber besprechen, ob und wie der neue Arbeitsplatz an den Auslandsaufenthalt anknüpft. So könnte der Mitarbeiter bei der Betreuung anderer Auslandsmitarbeiter hilfreich sein. Sinnvollerweise sollte er auch an einem Platz eingesetzt werden, an dem er auch weiterhin mit seinem früheren Einsatzland zu tun hat.

Wer eine Weile im Ausland war, fühlt sich nicht nur fremd, weil sich so viel verändert hat. Vieles, was früher normal war, erscheint nicht mehr selbstverständlich. So kann es passieren, dass man von seiner Firma in Deutschland plötzlich den Eindruck hat, dass es anders oder besser laufen könnte. Umso größer kann dann die Enttäuschung sein, wenn man den Eindruck hat, dass Denken in neuen Bahnen wenig geschätzt wird. »Das kann man vielleicht in Singapur so machen, aber nicht hier ...« mag es dann heißen.

Es gibt so manches, was einen nach der Heimkehr verletzen kann: Das scheinbare Desinteresse von Freunden und Kollegen oder die Tatsache, dass man anscheinend einfach nicht weiß, wie man das besondere Wissen des ehemaligen Auslandsmitarbeiters nutzen kann.

Manchmal ist ein wenig Geduld gefragt. Man muss sich wieder auf Sie einstellen und Sie sich auf die Firma. Geben Sie sich und der Firma ruhig ein oder zwei Jahre. Erst wenn Sie deutlich merken, dass Ihr im Ausland erworbenes Wissen nicht abgerufen wird und man nichts auf Ihr Fachwissen gibt, sollten Sie sich eine Stelle suchen, in der Ihre Erfahrung mehr geschätzt wird.

Ein Wort an Chefs und Unternehmer

Auslandsmitarbeiter haben ihren Job gut gemacht. Sie haben sich gut eingelebt und die Ziele des Auslandseinsatzes erreicht. Nun sind fünf Jahre rum und sie befinden sich langsam auf dem Heimweg. Ihre Stelle im Unternehmen ist mittlerweile besetzt. Außerdem läuft manches jetzt ganz anders als vor fünf Jahren. Jünger sind die Mitarbeiter auch nicht geworden. Was tun mit ihnen?

Zunächst einmal muss man sich überlegen, was für ein Mitarbeiter aus der Fremde zurückkommen ist. Dabei gehe ich erst mal davon aus, dass die Auslandsmitarbeiter ihre Arbeit gut gemacht haben und sie wieder nach Deutschland kommen, weil ihre Arbeit erledigt ist oder sie abgelöst werden.

- ✔ Haben sie die Jahre im Ausland gut gemeistert, sind sie belastbar. Sie können Stress aushalten und unter Stress arbeiten. Besonders wenn sie mit Familie im Ausland waren.
- ✔ Wenn sie nicht gerade in einem deutschsprachigen Land waren, können sie eine oder mehrere Fremdsprachen fließend sprechen.
- ✔ Da sie sich als Ausländer in fremdem Umfeld bewährt haben, können sie auch mit Menschen umgehen und zurechtkommen. Wahrscheinlich auch mit Leuten, die ihnen weniger gut liegen.
- ✔ Fremde Sitten, anderes Klima, unterschiedliche Arbeitseinstellung: Haben die Mitarbeiter das alles gemeistert, sind sie auch anpassungsfähig.
- ✔ In vielen Ländern zählen persönliche Kontakte mehr als Firmennamen. Es kann sein, dass im Einsatzland das Unternehmen aufs Engste mit dem Gesicht und der Persönlichkeit der Mitarbeiter verbunden ist.
- ✔ Auch fachlich scheinen die Mitarbeiter so gut drauf zu sein, dass sie ihr Wissen auch in einem anderen Land in einer anderen Sprache umsetzen können.

Vielleicht wissen die Heimkehrenden nicht mal, was sie alles wissen. Sie haben sich ein Riesenpaket von Erfahrungen und Einsichten, Fähigkeiten und Ideen den Jahren Im Ausland angeeignet.

Ich gehe davon aus, dass man mit der Leistung der Kollegen im Ausland zufrieden war. Bevor man jetzt für sie in der Zentrale keinen Platz mehr findet, sollte man darüber nachdenken, was diese Mitarbeiter gekostet haben: Auslandsgehalt und Zulagen, Umzug hin und zurück, Schulgeld für die Kinder, Versicherungen und so weiter. Normalerweise haben Auslandsmitarbeiter die Firma mehr gekostet als ein Mitarbeiter in Deutschland.

Warum sollte man riskieren wollen, dass diese Mitarbeiter, in die man so viel Geld gesteckt hat, nach ein paar Monaten unzufrieden zur Konkurrenz wechseln? Ein Unternehmen sollte also großes Interesse daran haben, diese Mitarbeiter zu halten.

- ✔ Wer sich im Ausland über Jahre »durchgebissen« hat, kann sich stark unterfordert fühlen, wenn man ihm einen abwechslungsarmen Schreibtischjob gibt. Warum ihm also nicht auch in Deutschland einen Job geben, bei dem er unter Druck steht und herausgefordert wird?

- Wer im Ausland gearbeitet hat, sollte gelernt haben, mit Menschen verschiedener Herkunft und unterschiedlichen Glaubens zu arbeiten. Gibt es eine solche Stelle im Unternehmen, an dem unterschiedliche Überzeugungen und Ansätze zusammengeführt werden müssen? Vielleicht wäre der ehemalige Auslandsmitarbeiter ein guter Vermittler.
- Neue Auslandsmitarbeiter sollten von den Erfahrungen der Heimkehrer lernen können. Warum sollte man mit jeder Entsendung das Rad neu erfinden müssen?
- Auch die Erfahrungen unterwegs sollte man nutzen. Ein Mitarbeiter, der gewohnt ist, sich als Ausländer zu bewegen, ist auch bei Geschäftsreisen und internationalen Verhandlungen gut einsetzbar.

Aus manchem Mitarbeiter, der eine Zeit im Ausland verbracht hat, wird ein bunter Vogel, ein Querdenker oder ein findiger Problemlöser. Oft sind es Menschen, die schon vorher sehr unabhängig waren. Dabei ist es manchmal nicht ganz einfach, sie nicht zu langweilen. Zurück in der Heimat brauchen sie aber auch aufmerksame Vorgesetzte, die wissen, wie man diese manchmal etwas wilden Fähigkeiten der Heimkehrer gewinnbringend einsetzt. Ein Mitarbeiter, der Jahre im Ausland verbracht hat und bald nach seiner Rückkehr kündigt, ist verlorenes Geld. Und ein Geschenk an die Konkurrenz …

Teil V

Der Top-Ten-Teil

In diesem Teil ...

Kein ... *für Dummies*-Buch ist vollständig ohne den Top-Ten-Teil. In diesem Teil geht es zuerst einmal um die zehn beliebtesten Auswanderungsländer der Deutschen. Es folgen zehn Tipps, um einen Auslandsaufenthalt gelingen zu lassen, aber auch zehn Punkte für den Fall, dass es im Ausland schiefgeht. Und dann gebe ich Ihnen noch zehn Lesetipps, um schon zu Hause ein Gefühl für die Fremde und für Menschen anderer Kulturen zu bekommen.

Die zehn beliebtesten Auswanderungsländer

19

In diesem Kapitel

- Die beliebtesten Auswanderungsländer
- Eigenheiten und Besonderheiten der Länder
- Wer geht wohin?

Auch wenn man manchmal den Eindruck hat, dass die meisten Auswanderer nach Australien, Neuseeland und in die USA strömen, sagen die tatsächlichen Zahlen doch etwas anderes. Ob man das nun als typisch deutsch bezeichnen will oder nicht: Deutsche ziehen anscheinend die Sicherheit dem Abenteuer vor und bleiben vorwiegend in Europa. Beliebtestes Auswanderungsland ist seit einigen Jahren die Schweiz, erst danach kommen die USA. Unter den ersten zehn der beliebtesten Auswanderungsländer finden sich zwei Klassiker *nicht*: Australien und Neuseeland müssen sich sogar den Niederlanden geschlagen geben. Dafür findet sich unter den Top Ten immer noch Kanada.

Anscheinend zieht es also viele Deutsche nicht zu Strand und Palmen, sondern zum sicheren Verdienst: Die gute Sozialversicherung bestimmt das Wunschziel vieler Auswanderer.

Die Schweiz: Der Spitzenreiter

Nicht Spanien, Thailand und Australien sind die Traumauswanderungsziele der Deutschen, sondern die Schweiz ist das beliebteste Auswanderungsland. Was sie in die Schweiz zieht, sind die (einigermaßen) deutsche Sprache, der gute Verdienst und die niedrigen Steuern.

Auch ohne Palmen und Strand scheint es sich zu lohnen, in der Schweiz zu leben. So steht sie regelmäßig an der Spitze der Länder mit der höchsten Lebensqualität. Da trüben vielleicht nur zwei Punkte das schöne Bild der Schweiz: Zum einen die hohen Lebenshaltungskosten, die das höhere Gehalt gleich wieder klein erscheinen lassen. Und zum anderen die Umfragen unter den Schweizern, die zeigen, dass es manchem langsam ein bisschen viel wird mit den vielen Deutschen im Land. Die Deutschen sind eben Ausländer, wie alle anderen auch – und Ausländer machen in der Schweiz ungefähr 20 Prozent der Bevölkerung aus.

Die Schweiz ist zwar nicht Mitglied der Europäischen Union, trotzdem können sich seit 2007 Deutsche ohne Beschränkungen in der Schweiz Arbeit suchen. Zur Einreise benötigt man den Personalausweis oder den Reisepass, danach hat man sechs Monate Zeit, sich eine Arbeit zu suchen. Vernünftiger wird es allerdings sein, sich über den Europäischen Arbeitsmarktservice (EURES) erst einmal über die Schweiz zu informieren und sich auch über dieses Internetportal eine Arbeit zu suchen: `http://ec.europa.eu/eures`. Auf der Internetseite des EURES findet man auch die Adressen von EURES-Beratern in der Schweiz, mit denen man seine Wünsche und Pläne erst einmal besprechen kann.

Die Schweiz ist das ideale Ziel für Leute, die

- ✔ soziale Sicherheit und Stabilität schätzen.
- ✔ nicht auf Abenteuer aus sind.
- ✔ gut verdienen wollen.
- ✔ wenig Steuern zahlen wollen.
- ✔ Deutsch sprechen möchten (auch wenn man mit der Zeit Schweizerdeutsch zumindest verstehen lernen sollte). Wer allerdings auch noch Französisch oder Italienisch kann, dem steht damit nicht nur der deutschsprachige Teil der Schweiz offen.
- ✔ damit umgehen können, dass man für manchen Einheimischen auch ungeliebter Ausländer ist.

Klassiker auf dem zweiten Platz: Die USA

Wer an Auswanderer denkt, dem kommen vielleicht gleich die Scharen von Auswanderern in den Sinn, die im 19. Jahrhundert Deutschland verließen und in die USA gingen. Auch wenn es nicht mehr so viele Menschen wie vor 120 Jahren in die Vereinigten Staaten zieht: Sie bleiben ein Traumziel für viele. Nur leider macht auch dieses ehemalige Einwandererparadies so langsam seine Grenzen dicht. Eine Aufenthalts- und Arbeitsgenehmigung (die sogenannte Greencard) bekommt man nur noch mit sehr viel Glück über eine Lotterie oder wenn man bereits einen Job hat. Allerdings werden Menschen mit besonderen Qualifikationen bevorzugt behandelt. Diese Qualifikationen sollte man auch mit ein paar Urkunden, Diplomen und Auszeichnungen in seinem Fachgebiet nachweisen können.

Genauere Informationen erhält man von `www.americandream.de` oder persönlich bei den Informationsstellen des Raphaels-Werkes `www.raphaels-werk.de` oder bei der Evangelischen Auslandsberatung `www.ev-auslandsberatung.de`.

Wer sich für die USA entscheidet, der verabschiedet sich allerdings auch von vielen Sicherheiten, die er in der Europäischen Union genießt. So gibt es zum Beispiel keine Krankenversicherungspflicht.

Wer in die USA auswandern will, ist auch heute noch der eher klassische Auswanderer.

- ✔ In den USA ist man weitgehend auf sich selbst gestellt. Das soziale Netz ist ziemlich grobmaschig geknüpft und schon eine schwerere Erkrankung kann eine Existenz ruinieren.
- ✔ Ist man erst mal dort, ist es immer noch das Land mit den unbegrenzten Möglichkeiten: wenig Bürokratie, große persönliche Freiheit und die Größe des Landes bieten jedem eine Chance.
- ✔ Immer noch ist der »amerikanische Traum« vom »Tellerwäscher zum Millionär« möglich. Doch auch in den USA liegt das Geld nicht auf der Straße und Millionär wird man auch heute noch nur mit harter Arbeit und ein wenig Glück. Wer aber nicht gelernt hat, sich ganz allein durchzubeißen, wird seinen Weg nur schwer machen.

- Auch in den USA sind die Beherrschung der englischen Sprache und eine gute Berufsausbildung zwei starke Säulen für den Aufbau eines neuen Lebens.

Deutschsprachiger Nachbar Österreich: Die Nummer drei

Für den Nachbarn im Süden entscheiden sich jährlich mehr Deutsche als für Australien oder Neuseeland. Wieder ist es natürlich die gemeinsame Sprache, die Österreich interessant macht, selbst wenn man mit den Dialekten seine Schwierigkeiten haben wird. Arbeit gibt es meist in der Gastronomie und im Tourismus, was bedeutet, dass Auswanderer Österreich meist dort erleben, wo es am schönsten ist. Viele Deutsche, die in der Tourismusbranche arbeiten, tun das auch als Saisonkräfte, wohnen also außerhalb der Saison daheim in Deutschland. Sie sind also nicht wirklich Auswanderer. Aber auch Handwerker werden je nach Wirtschaftslage gesucht, in dem Fall ist es aber nicht immer sicher, dass man gerade eine der schönsten Ecken Österreichs erwischt.

Da auch Österreich Mitglied der Europäischen Union ist, haben EU-Bürger keine Probleme, dort Arbeit zu suchen und in das österreichische Sozialsystem eingebunden zu werden. Krankenkasse, Rente, Arbeitslosenversicherung – alles wunderbar geregelt. Wieder also ein Auswanderungsland, das einem Sicherheit verspricht.

Als Nachteil mag mancher es empfinden, dass man Deutsche manchmal eher misstrauisch beäugt. Sie werden in Österreich »Piefkes« genannt und leider ist es oft so, dass jemand, der Hochdeutsch spricht, gleich einen arroganten Eindruck macht. Obwohl er für seine Sprache genauso wenig kann wie der Bayer …

Startpunkt für Interessierte kann wie immer in der Europäischen Union das EURES-Portal sein: `http://ec.europa.eu/eures`. Hier gibt es zahlreiche Stellenangebote in ganz Österreich und auch die Adressen der österreichischen EURES-Berater, die man persönlich kontaktieren kann.

Nach Österreich auszuwandern, sollte ins Auge fassen, wer

- die schwere Arbeit in Gastronomie und Tourismus nicht scheut.
- die Berge dem Meer vorzieht (obwohl man mit einem Umzug nach Österreich den Weg an die Adria vielleicht schon halbiert).
- in einem sicheren Sozialversicherungssystem leben will.

Nur weil die Österreicher auch Deutsch sprechen, sollte man nicht annehmen, dass sie auch so denken und leben wie Deutsche. Gerade in Österreich (und der Schweiz) kann man leicht Schwierigkeiten bekommen, weil man meint, es sei alles wie in Deutschland. Beobachten Sie die Menschen und ihre Lebensweise genau, halten Sie sich ein wenig zurück, seien Sie eine Spur weniger geradeheraus und ein gutes Stück höflicher, als Sie das von Deutschland gewöhnt sind. Das wäre schon mal ein guter Start.

Vierter Platz für den östlichen Nachbarn: Polen

Wer würde denken, dass Polen in der Gunst der deutschen Auswanderer so weit oben liegt? Die Löhne sind teilweise immer noch unterirdisch, aber immerhin ist Polen Mitglied der Europäischen Union und man braucht sich um Aufenthalts- und Arbeitsgenehmigung keine Sorgen zu machen. Andererseits haben wohl über die Hälfte dieser »Auswanderer« polnische Wurzeln oder sogar die polnische Staatsangehörigkeit. Damit sind sie wohl eher Rückwanderer. Trotzdem: Gute Aussichten auf gehobene Posten haben gut ausgebildete, erfahrene Führungskräfte.

Das EURES-Portal (`http://ec.europa.eu/eures`) hilft zwar auch diesmal weiter, doch ein kurzer Blick auf die Stellenanzeigen macht deutlich, dass man erst mal eines tun muss – Polnisch lernen. Auch wenn man eine Stelle bekommt, bei der man für die Verbindung zu deutschen Geschäftspartnern zuständig ist, kann der Alltag doch recht einsam werden, wenn man kein Polnisch spricht. Der erste und vernünftigste Gang wird also wieder der zum EURES-Berater sein.

Somit ist Polen ein Auswanderungsland

- ✔ für Leute mit polnischen (oder auch ostpreußischen) Wurzeln.
- ✔ für Leute, die mit wenig zufrieden sind, aber Land und Leute mögen.
- ✔ für findige Unternehmer mit einer vielversprechenden Geschäftsidee. Denn Polens Wirtschaft wächst weiter, und mit der richtigen Idee kann man auch dort sein Glück machen.

Gastarbeiter willkommen: Die Nummer fünf für Großbritannien

Für Ärzte ist Großbritannien schon lange kein Geheimtipp mehr. Sie finden dort bessere Arbeitsbedingungen als in Deutschland. Es heißt, dass viele britische Ärzte nur noch wochentags arbeiten und die Wochenenddienste den »Gastarbeitern« aus Deutschland überlassen. Ansonsten mag man in Großbritannien das, was man in Deutschland am liebsten nur als Übergang zur Festanstellung sieht: die Zeitarbeit. Dass der Arbeitsmarkt bewegliche Menschen erfordert, hört man zwar auch in Deutschland. Doch auf der Insel lebt man es und Zeitarbeit ist eine echte Alternative zum festen Job und wird nicht schlecht angesehen. Das macht die Zeitarbeit auch zur guten Startmöglichkeit für Auswanderer.

Zeitarbeit in Großbritannien hat folgende Vor- und Nachteile:

- ✔ Bezahlt wird man nur, wenn man auch tatsächlich arbeitet. Dafür kann man leicht mehrere Jobs bei verschiedenen Firmen annehmen.
- ✔ Durch mehrere Jobs hat man höhere Verdienstmöglichkeiten.
- ✔ Man genießt mehr Freiheit bei weniger Verpflichtungen.
- ✔ Langfristig kann man seine berufliche Entwicklung allerdings nicht planen.
- ✔ Man ist vom Arbeitgeber unabhängig. Wo es schlecht läuft, zieht man weiter.

Kurz gesagt: Viel Arbeit, hoher Verdienst, viel Freiheit und wenig soziale Sicherheit. Wer damit leben kann, der kann sich ein Ticket für die Kanalfähre kaufen. Vorher aber trotzdem nicht vergessen, den EURES-Berater und die entsprechende Internetseite aufzusuchen: `http://ec.europa.eu/eures`.

Wer nach Großbritannien will, darf natürlich nicht unbedingt aufs Wetter schauen, das sollte für ihn eher zweitrangig sein. Und das berüchtigte englische Essen – nun, das ist wohl Geschmackssache, über die man sich streiten kann. Und außerdem kocht man wohl eh meist selbst.

Palmen und Touristen: Sechster Platz für Spanien

Klar – wen reizt es nicht, sich vorzustellen, für immer in seinem liebsten Urlaubsland zu leben? Schlecht nur, dass Spanien eine der höchsten Arbeitslosenquoten der Europäischen Union hat. Wenn mehr als ein Fünftel der Menschen ohne Arbeit ist, gibt es zum einen auch für Einwanderer keine Jobs. Zum anderen können die Menschen, die nichts verdienen, auch nichts ausgeben und so steht auch die tollste Geschäftsidee eines deutschen Auswanderers gleich auf wackligen Füßen.

Wer es trotzdem in Spanien versuchen möchte, dem sei ans Herz gelegt, dass ohne Spanischkenntnisse so gut wie nichts laufen wird. Warum sollte man einen »sprachlosen« Ausländer einstellen, wenn 20 Prozent der Landsleute arbeitslos sind? Ohne gute fachliche Kenntnisse und Ausbildung läuft da nichts.

Natürlich kann man versuchen, unter Touristen zu arbeiten. Aber auch dabei sollte man bedenken, dass die Saison nur ein paar Monate dauert. In dieser Zeit muss man auch das Geld für den Rest des Jahres verdienen. Die Zeiten bleiben hart und werden auch für Auswanderer nicht leichter.

Spanisch ist eine Sprache, die in Deutschland sehr oft in den Volkshochschulen angeboten wird. Man sollte dieses Angebot unbedingt nutzen und sich die Zeit nehmen, schon vor dem Umzug etwas Spanisch zu lernen.

Bürokratische Hürden gibt es für Bürger der Europäischen Union nicht. Wären die wirtschaftlichen Umstände nicht so deprimierend, könnte Spanien ein Auswanderer-Traumland sein. So aber schaffen es tatsächlich nur wenige, in Spanien dauerhaft Fuß zu fassen. Gerade in solch einer kniffligen Situation sollte der erste Weg zum EURES-Berater führen: `http://ec.europa.eu/eures`. Mit etwas Glück findet man auch eine Stelle.

Wer in der Tourismusbranche arbeitet, alleinstehend ist und das Wanderleben nicht scheut, könnte sich nach der Sommersaison in den warmen Ländern im Winter Arbeit in den Skigebieten in Österreich und der Schweiz suchen.

Großer Nachbar und Partner: Frankreich Nummer sieben

Gutes Essen, sehr gute Weine und auch ganz allgemein bescheinigen Statistiken Frankreich eine hervorragende Lebensqualität. Kein Wunder, dass Frankreich viele Deutsche lockt.

Doch mit fast 10 Prozent Arbeitslosigkeit bietet auch Frankreich nicht unbedingt die besten Voraussetzungen für eine problemlose Auswanderung. Wie immer ist wohl die beste Taktik, sich einen Job zu suchen, bevor man seine Sachen zusammenpackt. Hier kommt ebenfalls das europäischen »Arbeitsamt« EURES (`http://ec.europa.eu/eures`) ins Spiel. Dort findet man zahlreiche Jobangebote. Auch der französische EURES-Berater hilft weiter.

Wie überall in der Europäischen Union sind Aufenthalts- und Arbeitsgenehmigung nicht nötig, man meldet sich lediglich bei den zuständigen Behörden an.

Bleibt eine Hürde, die in wenigen anderen Ländern so hoch ist (in Ungarn vielleicht ...): die Sprache. Franzosen sind berüchtigt dafür, dass sie in ihrem Land keine anderen Sprachen tolerieren. Wer also in Frankreich arbeiten will, muss Französisch sprechen. Darum kommt man nicht herum. Dann aber findet man die Jobs, die fast überall in Europa zu bekommen sind: als Krankenschwester, Pflegepersonal oder in der Gastronomie und der Tourismusbranche. Am ehesten wird man Arbeit in und um Paris finden. Der Süden von Frankreich bietet dagegen den Menschen mehr, die sich zur Ruhe setzen wollen.

Zu guter Letzt noch ein Problem, das nicht jeden betreffen wird: Manche deutsche Eltern und Kinder halten den strengen Drill in französischen Schulen nur schwer aus. Wer Arbeit findet und ansonsten weiß, die schönen Seiten des Lebens zu genießen, der ist in Frankreich richtig.

Noch ein Klassiker: Kanada auf Nummer acht

Mit Kanada befindet sich unter den beliebtesten Auswanderungsländern der Deutschen ein weiteres Land von der Liste der Länder mit der höchsten Lebensqualität der Welt. Zwei Millionen Seen und 25 Prozent Wald bedecken das Land – eine Chance für jeden, der »zurück zur Natur« will. Und doch lassen auch die Kanadier nicht jeden in ihr Land.

Zunächst sind wieder die bürokratischen Hürden zu nehmen, denn man braucht eine Aufenthalts- und Arbeitsgenehmigung. Wer ein Jobangebot hat, ist natürlich im Vorteil. Allerdings muss dieses Jobangebot zum einen vom kanadischen Arbeitsamt bestätigt sein, zum anderen muss der zukünftige Arbeitgeber nachweisen, dass er für den Job keinen Kanadier finden konnte. Außerdem muss man fließend Englisch und so einigermaßen Französisch sprechen können. Des Weiteren muss man eine Ausbildung nachweisen, weitgehend gesund sein und im Führungszeugnis darf sich kein Eintrag finden. Nicht zuletzt muss man auch finanzielle Reserven nachweisen, um in Kanada einige Monate überleben zu können. Alles also nicht ganz einfach.

Bevorzugt werden deshalb gut ausgebildete, junge Leute. In Kanada hat auch Handwerk goldenen Boden: Deutsche Handwerker sind in Kanada angesehen und stehen für Qualität.

Man sieht also: Auch die Kanadier möchten keine Einwanderer, die in ihrem eigenen Land nicht zurechtkamen. Wer aber zu den »Besten der Besten« gehört, ist in Kanada willkommen.

Warm, aber abenteuerlich: Nummer neun für die Türkei

Über 3.000 Deutsche zieht es jährlich in die Türkei. Es gibt schöne Orte, an denen man sich zur Ruhe setzen kann, und wer Arbeit sucht, findet sie meist in der Tourismusbranche.

Auch wenn die Preise wie überall steigen, sind die Lebenshaltungskosten in der Türkei relativ niedrig (an deutschen Einkommen gemessen). Die Gastfreundschaft der Menschen ist herzlich-orientalisch, wer gern zurückgezogen für sich lebt, sollte sich also nicht gerade die Türkei als Ziel wählen.

Als Tourist kann man drei Monate bleiben, wer länger bleiben und arbeiten will, braucht eine Aufenthalts- und Arbeitsgenehmigung. Wenn man noch keinen Job hat, muss man auf jeden Fall nachweisen können, dass man genug Mittel zur Verfügung hat, um davon eine Weile leben zu können. Wer unter Touristen arbeitet, ist wohl nicht darauf angewiesen, Türkisch zu lernen. Doch wer *auswandert* und eine neue Heimat und neue Freunde sucht, findet diese am leichtesten über die Sprache.

Als einziges muslimisches Land unter den Top Ten ist die Türkei ein ungewöhnliches Auswanderungsziel. Vielleicht aber auch reizvoll, weil man sein Leben in viel mehr Bereichen umgestalten muss als etwa in Österreich oder der Schweiz.

Zwar ist die Türkei heute nicht streng muslimisch, doch als Auswanderer sollte man sich durchaus auch mit dem Islam beschäftigen und sich darüber Gedanken machen, wie man persönlich auf diese religiöse Umgebung eingehen kann und will.

Unter dem Meeresspiegel: Nummer zehn für die Niederlande

Still und fast übersehen entwickelt sich der Nachbar Deutschlands zum Einwanderungsland. Die Arbeitslosenquote (keine 3 Prozent) ist niedrig, in vielen Berufen werden Fachkräfte gesucht und das Sozialversicherungssystem ist hervorragend.

Gegen die Niederlande spricht eigentlich nur, dass man klimatisch vom Regen in die Traufe kommt (war »auswandern« nicht die Sache mit den weißen Palmenstränden?) und dass man eine Sprache lernen muss. Aber wer auf Nummer sicher gehen und problemlos in der EU arbeiten will, sollte nicht nur auf die Schweiz und Österreich, sondern auch auf die Niederlande einen Blick werfen. Also `http://ec.europa.eu/eures` aufsuchen, den nächsten EURES-Berater kontaktieren und bei der Volkshochschule einen Niederländisch-Kurs belegen.

20

Fast zehn Tipps, damit der Auslandsaufenthalt gelingt

In diesem Kapitel

- Ausreise gut organisieren
- Sich schnell anpassen
- Fehler vermeiden
- Sich selbst treu bleiben

In diesem Buch geht es in jedem Kapitel darum, eine Auswanderung oder einen Auslandseinsatz gelingen zu lassen. Die Abschnitte dieses Kapitels fassen noch einmal die wichtigsten Punkte zusammen.

Erst den Job suchen, dann auswandern

Das trifft erst mal für Auswanderungswillige zu, denn wer für seine Firma ins Ausland geht, hat zumindest das Problem der Jobsuche nicht. Mit einem Touristenvisum kommt man in fast jedes Land der Welt, ein Auswanderer aber will bleiben. Deshalb hängt fast alles am Job:

- ✔ Ohne Job kein Einkommen.
- ✔ Ohne Job keine Krankenversicherung.
- ✔ Ohne Job und Krankenversicherung gibt es keine Aufenthaltsgenehmigung.

Wer mit der Hoffnung ins Ausland geht, dass »sich dort sicher was finden wird«, der riskiert damit ein schnelles Scheitern seiner Pläne. Daher sollte man alle Möglichkeiten ausschöpfen, einen Job zu finden, bevor man sich auf dem Weg in die Fremde macht.

Überstürzen Sie die Auswanderung nicht, planen Sie früh und lassen Sie sich Zeit. Gehen Sie in Ruhe alle Möglichkeiten und Wege durch, einen Job zu finden. Denken Sie immer daran, dass der Job Ihre weitere Zukunft im Ausland beeinflusst und über Gelingen oder Scheitern der Auswanderung entscheidet. Und solange Sie noch warten und suchen, können Sie auch schon mal einen Sprachkurs belegen.

Bürokratie nicht unterschätzen

Vermutlich haben wenige Menschen so viel mit Ämtern, Behörden und Versicherungsträgern zu tun wie Ausländer. Wer plant, der deutschen Bürokratie zu entfliehen, der wirft sich meist in die Arme einer ausländischen Bürokratie. Und die versteht oft keinen Spaß.

Als Auswanderer und Auslandsmitarbeiter darf man nicht vergessen, dass man Ausländer ist und man schon allein deshalb nicht überall auf der Welt das volle Vertrauen aller Menschen genießt. Von einem Ausländer will man wissen, ob er vielleicht eine zwielichtige Gestalt ist, aus welchem Grund er im Land leben möchte und ob er Arbeit und Krankenversicherung hat. Dabei kann es sein, dass man freundlich und höflich behandelt wird. Genauso gut kann es einem aber auch passieren, das man von den Amtspersonen respektlos behandelt und einem eher deutlich gemacht wird, dass man eigentlich unerwünscht ist. Umso wichtiger ist es dann, zumindest das Recht auf seiner Seite zu haben und alle Anforderungen einer Aufenthaltsgenehmigung zu erfüllen.

- ✔ Egal wie kompliziert die Sache wird und wie lange man Sie auch warten lässt: Bleiben Sie höflich und freundlich.
- ✔ Bringen Sie alle geforderten Papiere und Dokumente mit, egal wie unsinnig es scheinen mag. Die Entscheidung darüber, was nötig ist und was nicht, liegt leider nicht bei Ihnen.
- ✔ Achten Sie genau darauf, Termine für Verlängerungen von Visa und Arbeitsgenehmigungen nicht zu verpassen.

Einen Bestechungsversuch sollten Sie nur unternehmen, wenn Sie hundertprozentig wissen, dass das nötig und vor allem üblich ist. Und dann am besten auch nur über einen einheimischen Mittelsmann, der sich mit solchen Dingen auskennt.

Die Kosten überschlagen

Ein Umzug kostet immer Geld. Ein Umzug ins Ausland kostet in den meisten Fällen noch mehr Geld. Es geht also nicht nur darum, in der Fremde einen Job und eine Aufenthaltsgenehmigung zu haben, man muss an seinen neuen Wohnort kommen und zumindest die Zeit bis zum ersten Gehalt oder Lohn überbrücken können.

Wer mit seinem Haushalt umzieht, wird viel Geld für den Umzug brauchen. Wer mit weniger geht und alles neu anschaffen möchte, braucht das Geld später, um sich neu einzurichten.

Geld braucht man außerdem eventuell für die Schulen der Kinder, für ein Auto, für eine Übergangszeit im Hotel, falls man noch keine Wohnung hat, für Visum und Aufenthaltsgenehmigungen und für die Reisekosten. Bevor man in der neuen Heimat den ersten Cent verdient, muss zumindest der Auswanderer viel Geld ausgeben. Auslandsmitarbeiter sollten darauf achten, dass ihre Firma einen möglichst großen Teil der Umzugs- und Eingewöhnungskosten übernimmt. Ob es eigenes Geld ist oder die Firma das Startkapital stellt: Für einen guten Start ins neue Leben sollte man sich ein gesundes Finanzpolster zulegen.

Auch für die Finanzen gilt, dass man nichts überstürzen sollte. Planen Sie langfristig und rechnen Sie ruhig noch eine bestimmte Zeit ein, um sich ein Finanzpolster anzusparen.

Die neue Sprache lernen

Kaum etwas wird denjenigen, der ein neues Leben im Ausland sucht, weiter bringen, als die Sprache seiner neuen Heimat zu lernen. Es ist nicht nur die Verständigung mit den Menschen im Alltag, die sich dadurch enorm erleichtert. Vielmehr öffnet sich mit jeder Sprache eine neue Welt: Man sieht manche Dinge aus anderen Blickwinkeln, man versteht unmittelbarer, was im Land vor sich geht, und man erfährt leichter, was den Menschen auf dem Herzen liegt. Außerdem respektieren viele Menschen es sehr, wenn ein Ausländer sich die Mühe macht, ihre Sprache zu lernen.

Daher lohnt es sich, Geld und Mühe einzusetzen, um die neue Sprache zu lernen. Im Idealfall geschieht das schon vor dem Umzug. Vielleicht gibt es in Deutschland Angebote bei der Volkshochschule.

Im Trubel des Aufbruchs unterschätzt man die Bedeutung der Sprache. Aber Hand aufs Herz: Möchten Sie in Deutschland in einem Restaurant von einem spanischen Kellner bedient werden, der nur gebrochenes Schulenglisch beherrscht? Wohl kaum. Warum sollte also jemand einen deutschen Auswanderer einstellen, der mit Kunden und Kollegen nicht reden kann? Es ist auch gar nicht so einfach, eine Sprache nur durch das Alltagsleben zu lernen. Gönnen Sie sich also jede Hilfe, die Sie bekommen können. Eine Fremdsprache intensiv zu lernen mag zwei oder drei Jahre harte Arbeit sein. Aber sie ist die Grundlage für das neue Leben, das durch die Sprache umso leichter und schöner wird.

Die fremde Kultur beobachten und verstehen lernen

Wer die Sprache seiner neuen Heimat beherrscht, wird auch mehr und mehr vom Leben und Denken der Menschen entdecken. Eine »Kultur zu lernen«, bedeutet zu verstehen, wie die Menschen denken und warum ihnen die Dinge wichtig sind, die sie tun. Es bedeutet, einen fremden Alltag verstehen zu lernen und ihn auch in das eigene Leben mit aufzunehmen. Wer eine andere Kultur versteht, der weiß, wie er sich ausdrücken und was er tun muss, um sich mit den Menschen zu verständigen.

Das ist besonders wichtig, wenn es um Gefühle geht. Drückt man sie deutlich aus oder lässt man sie sich nicht anmerken? Wie zeigt man Anteilnahme? Durch reden? Durch Geschenke? Durch schweigen? Durch Essen und Trinken? Meist sind all diese Sitten, Traditionen und Verhaltensweisen für die Menschen einer Kultur selbstverständlich. So selbstverständlich, dass man mit einem Fremden nicht einmal darüber redet. Es heißt also, aufmerksam zu sein und zu beobachten.

In einer glücklichen Lage ist derjenige, der einheimische Freunde hat, die er mit Fragen zur Kultur löchern kann. Dabei wird man zwar bisweilen feststellen, dass diese Freunde selbst manchmal nicht wissen, warum sie gewisse Dinge tun. Je mehr man sich aber in der neuen Kultur auskennt und je besser man sich orientieren kann, desto wohler fühlt man sich.

So mancher stürzt sich am Anfang zu 100 Prozent in die neue Kultur und sagt sich: »Was die können, kann ich auch.« Mit dieser Einstellung landete ich in Japan in Situationen, in denen ich lebende Scampi aß und ein Bad nahm, dass so heiß war, dass nicht mal die Japaner es aushalten konnten (womit ich eine gewisse Bekanntheit erlangte: »Du bist also der Typ, der ein heißeres Bad nehmen kann als ein Japaner?«). Doch im Grunde ist das die andere Seite des Kulturschocks: Alles Fremde akzeptieren, egal was es kostet. Auch beim Entdecken und Lernen der neuen Kultur sollte man locker und entspannt bleiben und sich nicht überfordern.

Die neue Heimat nicht mit der alten vergleichen

Wer ins Ausland geht, der sollte das Vergleichen verlernen. Zunächst ist es sicher eine ganz natürliche Reaktion auf die neue Kultur: Schließlich macht einem die eigene Kultur erst deutlich, was an der fremden Kultur so anders ist. Doch meist lässt man es nicht beim Vergleichen, und der Schritt hin zum Bewerten ist klein. Und plötzlich findet man viele Dinge, die in der alten Heimat doch so viel besser geregelt sind. Und je schwerer man es hat und je stärker einen der Kulturschock packt, desto weniger Gutes sieht man in der neuen Heimat. Dabei war diese neue Heimat doch vielleicht sogar mal Ziel aller Träume und Hoffnungen ... Vergleichen hilft nicht weiter. Es deprimiert und macht mit der Zeit sogar verbittert.

Hatte man sich nicht irgendwann einmal das Gastland als Traumland ausgewählt? Hat man sich nicht das Leben dort einmal toll vorgestellt? Gut, vielleicht sah man am Anfang alles zu sehr durch die rosarote Brille. Aber wichtig ist, mit dem Leben zurechtzukommen, das man in der neuen Heimat vorfindet.

Vergleichen hilft nicht. »Es ist nicht falsch, nur anders« ist ein viel besserer Grundsatz, um sich in das Leben in der Fremde einzufinden. Nicht mehr »In Deutschland läuft das besser«, sondern »So läuft es hier eben und okay ... « sollte die Gedanken bestimmen. Mit der Zeit wird dann auch das Andere und Fremdartige der neuen Heimat immer normaler. Selbst wenn es ganz anders ist, als man es von zu Hause kannte.

Nicht zu viel Besuch bekommen

Aller Anfang ist schwer – besonders im Ausland. Amtsgänge, der neue Job und die Schule der Kinder fordern in den ersten Monaten die volle Aufmerksamkeit. Da aber der Kontakt zur Heimat noch ganz frisch ist, machen sich gerade in der ersten Zeit gern auch Besucher auf den Weg. Besonders dann, wenn die neue Heimat der ausgewanderten Freunde oder Familie auch touristisch reizvoll ist. So schön es aber auch sein mag, Freunde oder Familie zu Besuch zu haben, gibt es doch zwei Gruppen von Gästen:

- ✔ Die einen sind gerade am Anfang des Auslandslebens hilfreiche Gäste: Sie kümmern sich um die Kinder, während man auf dem Ausländeramt wartet oder damit man die Hausaufgaben für den Sprachkurs erledigen kann. Kurzum: Gute, hilfreiche Gäste.

✔ Die anderen sind zwar Freunde und Bekannte, suchen aber eher einen günstigen Urlaub. Oft steht die Erwartung im Raum, dass man selbst seinen Alltag unterbricht, um die Gäste herumzuführen und Zeit mit ihnen zu verbringen. Solche Gäste werden zumindest in der Anfangsphase schnell zur Last.

Überlegen Sie sich immer, ob Sie für Ihre Gäste aus der Heimat Ihren Urlaub nehmen wollen oder ob Sie sich im Alltag Zeit für sie nehmen können. Lernen Sie am Anfang des Auslandsaufenthalts »Nein« zu sagen, wenn Sie das Gefühl haben, dass Besucher Ihr Einleben in die neue Situation stören würden.

Neue Freundschaften schließen

Einziges wirkliches Mittel gegen die Einsamkeit in der Fremde sind neue Freunde. Die findet man natürlich nicht von heute auf morgen, zwei überall benötigte Fertigkeiten verhelfen am ehesten zu neuen Freunden:

✔ Wer die Sprache der Menschen beherrscht, findet leichter Kontakt zu ihnen. Manchmal entsteht ein Kontakt gerade deshalb, weil man die neue Sprache gerade lernt und Einheimische gern dabei helfen möchten, indem sie dem Fremden Einblick in ihre Welt geben.

✔ Die andere Fertigkeit ist die Kenntnis der neuen Kultur. Man muss wissen, wo man Menschen treffen kann, wie in der neuen Heimat Freundschaften und Gastfreundschaft ausgeübt werden und was man gemeinsam mit Freunden so tut. Kaffee und Kuchen am Sonntagnachmittag mögen in Deutschland immer richtig sein – dem Rest der Welt scheint das eine eher seltsame Sitte zu sein. Woanders ist Kuchen (falls man ihn überhaupt kennt) meist Nachtisch. Sich zum Kuchenessen zu treffen, wirkt da ein bisschen eigenartig …

Kontakte knüpfen kann man bei vielen Gelegenheiten: Vielleicht gibt es Kollegen bei der Arbeit, mit denen man sich anfreundet. Manchmal sind es Familien von Schulfreunden der Kinder, mit denen man eine Freundschaft aufbaut, manchmal die Nachbarn. Um neue Freundschaften aufzubauen, muss man die Augen aufhalten und sich aus seinem Schneckenhaus wagen.

Seine eigene Kultur nicht verleugnen

Bei aller Anpassung, bei allem Lernen von Kultur und Sprache sollte man aber doch nicht vergessen, woher man kommt und wer man ist. Auch wenn man sich noch so bemüht, wird es einem nie gelingen, seine Erziehung und Vergangenheit loszuwerden. Natürlich wird man manche Dinge nicht mehr tun, die man aus der alten Heimat gewohnt war. So wird man vielleicht nach und nach vergessen, deutsche Feiertage zu feiern. Anderes wird man aus der neuen Kultur selbstverständlich übernehmen – die neuen Feiertage, manche Speisen oder die Art, wie Gäste bewirtet werden.

Mit der Zeit wird das Leben in der Fremde eine Mischung aus zwei Kulturen, mit dem man sich wohlfühlt. Diese Erfahrung werden alle machen, die Kinder in nationalen Schulen haben. Kinder sind Meister darin, alles in sich aufzunehmen und zu einem neuen Ganzen zu verbinden.

Auf neue Sitten, Gebräuche, Traditionen und Speisen sollte man sich einlassen und vieles auch übernehmen, um in der neuen Umwelt vernünftig leben und arbeiten zu können. Aber man muss nicht krampfhaft auch alles toll und super finden, was einem über den Weg läuft. Wenn man aber Dingen begegnet, die einem nicht gefallen, sollte man das nicht unbedingt lautstark kundtun. Man lässt diese Dinge einfach links liegen und wendet sich denen zu, die einem mehr zusagen …

Zehn Tipps für den Fall, dass es schiefgeht

21

In diesem Kapitel

- Für alle Fälle – Plan B
- Die Nerven behalten
- Dokumente und Nachweise zusammenhalten

Eine Auswanderung ist immer ein Risiko und selbst ein von der Firma bezahlter Auslandseinsatz kann scheitern. Man muss zwar nicht immer mit dem Schlimmsten rechnen, aber es ist nicht schlecht, sich Gedanken darüber zu machen, was passiert, wenn man nicht Fuß fasst. Hier ein paar Tipps zur »Minimalvorsorge« für den Ernstfall.

In den meisten Fällen werden sich Auswanderer und Auslandsmitarbeiter mit Familien mehr Gedanken über ein Scheitern machen als Singles oder Paare. Singles können Notzeiten mal mit Tee und Dosenravioli überbrücken. Man wird vielleicht mal etwas mehr wagen und sich selbst dann noch durchwurschteln, wenn der letzte Cent verbraucht ist. Familien haben es da schwerer. Je weniger Risiko man eingehen will oder kann, desto wichtiger sind die folgenden Tipps.

Rechtzeitig den Rückzug antreten

Wer auswandert, der muss in der ersten Zeit seine Möglichkeiten ständig mit seinen Finanzen abgleichen.

- ✔ Ist noch kein Job da, muss man seine Geldreserven ständig im Auge behalten, um zu wissen, wie lange man noch ohne Job durchhalten kann.
- ✔ Hat man einen Job, sollte man sich von Zeit zu Zeit genau ansehen, ob man wirklich genug verdient, um sein Leben so führen zu können wie man es möchte.

Die aufmerksame Beobachtung der eigenen Finanzen soll erkennen helfen, ob das Leben im Ausland wirklich läuft oder nicht.

Wichtig ist, dass man mit der Rückkehr nach Deutschland nicht wartet, bis der letzte Cent aufgebraucht ist. Dann gibt es keine Rückkehr mehr und man ist nicht mehr ausgewandert, sondern an irgendeinem Ort der Welt mittellos gestrandet.

Setzen Sie sich eine finanzielle Grenze und fragen Sie sich, wie viel Geld Sie brauchen werden, um aus der Fremde wieder in die Heimat zu kommen. Haben Sie Ihr Geld aufgebraucht und diese Grenze erreicht, sollten Sie lieber die Heimreise antreten als mittellos im Ausland zu sitzen.

Einen Notgroschen anlegen

Ob man sich für alle Fälle einen Notgroschen zurücklegen sollte, ist keine so einfache Frage und betrifft auch nur den Auswanderer. Als Auslandsmitarbeiter sollte schon im Vertrag stehen, dass auch bei vorzeitigem Abbruch der Entsendung die Rückreisekosten von der Firma übernommen werden.

Das Schwierige an der Frage ist, ob man sich einen »Notgroschen« überhaupt leisten kann. Bei den meisten Auswanderern ist das Geld zumindest am Anfang knapp und für die Reserve müsste man Geld festlegen, das woanders dringend gebraucht würde. Andererseits kann diese Reserve auch der Punkt sein, an dem die Entscheidung fällt: Wenn nur noch das Geld für die Rückreise da ist und keine Einnahmen in Sicht sind, sollte man sich auf den Rückweg machen.

Die deutsche Staatsbürgerschaft behalten

Staatsbürgerschaften spielen für Bürger der Europäischen Union nur noch eine untergeordnete Rolle, wenn sie in der EU leben. In jedem Land der EU hat ein EU-Bürger die Rechte auf Arbeit und Aufenthalt, die ein Einheimischer auch hat. In der EU nennt man das Arbeitnehmerfreizügigkeit und Niederlassungsfreiheit. Wer allerdings seine Staatsangehörigkeit für eine andere Staatsangehörigkeit der EU aufgibt, braucht für Deutschland zwar kein Visum, muss aber seinen Lebensunterhalt und die Krankenversicherung nachweisen, wenn er wieder in seiner alten Heimat leben will.

Möchte man eine andere Staatsangehörigkeit annehmen, sollte man zunächst prüfen, ob nicht eine doppelte Staatsangehörigkeit möglich ist.

Sollte man außerhalb der EU seine deutsche Staatsangehörigkeit abgeben, ist man von da an in Deutschland tatsächlich Ausländer, der unter Umständen sogar für die Einreise nach Deutschland ein Visum beantragen muss. Eine sogenannte Wiedereinbürgerung ist zwar möglich, aber einen wirklichen Anspruch darauf hat man nicht. Schließlich hat man freiwillig beschlossen, seine Staatsbürgerschaft aufzugeben.

Manche Menschen zieht es nach einem Leben im Ausland im Alter doch wieder nach Deutschland. Auch wenn Sie davon jetzt noch weit entfernt sind, sollten Sie diesen vielleicht noch zukünftigen Wunsch im Auge behalten, bevor Sie den deutschen Pass abgeben.

Einkommensnachweise und Dokumente sammeln

Wer nach Deutschland zurückkommt und auf die Hilfe des Sozialamts angewiesen ist, muss seine Bedürftigkeit auch nachweisen. Zu diesen Nachweisen gehören Gehaltsabrechnungen oder Nachweise sonstiger Einkünfte, Bankdaten, Kontoauszüge und Meldung und Abmeldung des Wohnsitzes im Ausland. Einfach alles, was die im Ausland verbrachte Zeit nachweist und die Notlage bestätigt. Wenn man diese Nachweise erst von Deutschland noch mühsam besorgen muss, kann sich die Bewilligung von finanzieller Hilfe in die Länge ziehen.

Einen Rückzugsplan in der Schublade haben

Überstürzt die Zelte abbrechen, weil man gerade den letzten Cent ausgegeben hat, führt meist vom Regen in die Traufe. Am besten erstellt man sich schon bei der Planung der Auswanderung oder des Auslandsaufenthalts einen Plan mit der Frage: »Was machen wir, wenn es schiefgeht?«

Dabei sollte man sich folgende Fragen stellen und beantworten:

- ✔ Woher kommt das Geld für die Rückreise?
- ✔ Wo könnten wir in Deutschland übergangsweise wohnen?
- ✔ Werden wir auf Sozialhilfe (Hartz IV) angewiesen sein?
- ✔ Welche Möglichkeiten gibt es, in Deutschland wieder Arbeit zu finden?

Eine Unterkunft in Deutschland sichern

In Ihrem Rückzugsplan sollten Sie sich darüber ausführlich Gedanken machen. Ein Single mag leicht für ein paar Tage bei den Eltern oder Freunden unterkommen. Auch für ein Paar hat man vielleicht noch Platz. Schwieriger wird es für Familien. Wohin, wenn man schnell nach Deutschland zurück muss?

- ✔ Zunächst sollte man sich bei Freunden und Familie umhören. Erklären Sie denen, die infrage kommen, dass es hoffentlich nicht so weit kommen wird, dass es aber immer mal passieren kann, dass man zurückkommt und dann schnell irgendwo unterkommen muss.
- ✔ Wer plant, die ersten Tage im Hotel zu verbringen, begibt sich in eine unsichere und unter Umständen kostspielige Situation. Je länger die Wohnungssuche dauert, desto höher werden die Kosten für ein Hotel. Vergessen Sie nicht, dass Sie es nicht unbedingt in der Hand haben, wie lange die Wohnungssuche dauert.

Hilfreich kann es sein, wenn man sich schon bei der Planung der Notfall-Rückkehr einen Makler sucht, den man noch vor der Heimkehr kontaktieren kann und der vielleicht schon Wohnungsangebote hat, wenn Sie den Fuß wieder auf heimatlichen Boden setzen.

Früh geeignete Schulen für die Kinder finden

Ebenso wie die Unterkunft für die Familie sollten auch Schulen und Kindergarten für die Kinder rechtzeitig (am besten noch vom Gastland aus) ausgesucht werden. In der ersten Zeit nach der Rückkehr wird es eh genug Stress geben. Da kann es hilfreich sein, wenn die Kinder schnell einen neuen Rhythmus finden. Vielleicht können es die gleichen Schulen sein, die die Kinder auch früher besucht haben.

In gefährlichen Gegenden: Notfallplan und -tasche

Nicht jede ungewollte Heimkehr hat mit dem Lebensunterhalt zu tun. Manchmal sind es die äußeren Umstände, die keine andere Wahl lassen, als sich aus dem Staub zu machen. Dabei kann man in verschiedene kritische Situationen geraten:

- ✔ Naturkatastrophen kommen meist plötzlich. Selbst wenn man vorher weiß, dass man in einem gefährdeten Gebiet lebt, ist es schwierig vorauszusehen, wie und ob einen eine Katastrophe treffen wird.
- ✔ Es gibt bekannte Krisengebiete, in denen man immer darauf gefasst sein muss, dass etwas passiert. Hier wird man sich schon bei der Ausreise aus Deutschland darauf vorbereiten, dass man vielleicht schnell flüchten muss, und entsprechende Vorkehrungen treffen (ausführliche Informationen dazu finden Sie in Kapitel 16).

In all den Fällen, in denen man mit Krisen rechnen muss, sollte man sowohl seine schnelle Flucht als auch das Ziel der Rückkehr schon eingeplant haben.

Hilfe in Anspruch nehmen

Auch bei einer Rückwanderung nach Deutschland ist es nicht immer ganz einfach, den Überblick zu behalten. Besonders dann nicht, wenn die finanzielle Not schon drückt. Deshalb kann es hilfreich sein, sich Beratung von fachkundiger Stelle zu holen. Die Stellen, die bei der Auswanderung helfen, helfen meist auch bei der Rückwanderung:

- ✔ die Zentrale Auslands- und Fachvermittlung (ZAV) der Agentur für Arbeit: `www.ba-auslandsvermittlung.de` (unter dem Menüpunkt »Arbeitnehmer« findet sich auch der Punkt »Rückwanderer«)
- ✔ die Evangelische Auslandsberatung: `www.ev-auslandsberatung.de`
- ✔ das katholische Raphaels-Werk: `www.raphaels-werk.de`

Ohne Ausreden und Selbstmitleid auskommen

Wer immer seine Zelte in der Fremde abbrechen muss und in die Heimat zurückkehrt, sollte zwei Extreme vermeiden: zum einen die Annahme, dass man selbst unfähig war und zu nichts taugt, und zum anderen die Meinung, dass die Menschen in der Fremde so schlecht waren, dass man keine Chance hatte, den Auslandsaufenthalt erfolgreich zu meistern.

Beide Einstellungen ziehen einen herunter und sind wenig hilfreich. Kein Mensch hat alles, was in seinem Leben geschieht, in der Hand. Allein schon die Tatsache, dass man es versucht hat, ist mehr, als die meisten Menschen sich trauen. Und deshalb kann man auch zum Scheitern einer Auswanderung stehen, ohne dass es einem peinlich sein muss.

Zehn Mal fremde Welten erlesen

22

In diesem Kapitel

- Krasse Reisen
- Seltsame Sitten
- Verwirrende Begegnungen
- Exotische Deutsche

Menschen berichten gern von ihren Reisen. Sie erzählten ihre Abenteuer an Lager- und Herdfeuern. Denn kaum etwas ist so abenteuerlich, wie sich auf den Weg zu machen und fremde Länder und Kulturen zu entdecken. Die einen tun das wissenschaftlich und beschreiben genau Pflanzen, Tiere, Menschen, Sprache und Kultur anderer Länder. Andere machen sich einfach neugierig auf den Weg und sind gespannt, was ihnen unterwegs passieren wird. Manche mögen die Fremde und sind beeindruckt von Schönheit und Kultur anderer Länder. Wieder andere schimpfen auf alles, was nicht so ist wie zu Hause. Die einen reisen immer wieder gern, die anderen können gerade mal ihre nackte Haut retten. Wer sich entscheidet, Ausländer zu werden, muss mit allem rechnen.

Dieses Kapitel stellt Bücher von all diesen Menschen vor. Eines wurde schon vor 400 Jahren geschrieben, andere berichten von Menschen aus der Gegenwart. Allen gemeinsam ist, dass sie deutlich machen, wie fremd die Fremde sein kann und wie schwer es manchmal ist zu verstehen, was dort eigentlich läuft.

Lesen schärft den Blick für die Fremde. Und so manche Ungeschicklichkeit und manches Abenteuer derer, die sich vor einem auf den Weg gemacht haben, hilft dabei, es besser zu machen.

Dan Everett: Das glücklichste Volk

Ende der 1970er-Jahre macht Dan Everett sich mit seiner Familie auf nach Brasilien. Er hat eine bestimmte Aufgabe: Die Sprache des kleinen Stammes der Pirahãn zu erforschen und aufzuschreiben und dann die Bibel in ihre Sprache zu übersetzen. Dan Everett ist Missionar und möchte den Pirahãn den christlichen Glauben näherbringen. Die Menschen, die er im brasilianischen Urwald vorfindet, sind aber ganz anders, als er es sich jemals hätte vorstellen können.

Zunächst einmal ist die Sprache der Pirahãn sehr ungewöhnlich. Die Pirahãn bilden keine Nebensätze und haben keine Wörter für Farben und keine Zahlwörter. Die ferne Vergangenheit und die Zukunft interessieren sie nicht, denn sie reden nur von Dingen, die sie selbst oder ein Augenzeuge erlebt haben. Das macht es für Everett schwierig, ihnen den Glauben an Jesus nahezubringen. Denn auch Everett ist kein Augenzeuge. Er hat Jesus nie getroffen, also bedeuten seine Worte den Pirahãn nichts.

Dan Everetts Buch erzählt von seinen Erlebnissen bei den Pirahãn und bringt dem Leser auch die Kultur, Lebens- und Denkweise dieser Menschen näher. Dabei ist es fast unmöglich zu verstehen, wie Menschen ohne Zahlen, Vergangenheit und Zukunft auskommen können.

Im zweiten Teil des Buches geht es um die Sprache und der Sprachwissenschaftler Everett geht auf Theorie und Praxis der Sprache der Pirahãn, aber auch von Sprache allgemein ein. Das ist manchmal recht anspruchsvoll, doch wen die Diskussionen der Gelehrten weniger interessieren, der blättert einfach bis zur nächsten spannenderen Stelle.

Der dritte, kürzeste Teil handelt von der Entwicklung, die Dan Everetts Denken bei den Pirahãn durchläuft. Das Leben mit ihnen stellt Everetts Glauben und Denken so lange infrage, bis er irgendwann vor sich selbst und anderen zugeben muss, dass er selbst nicht mehr glaubt und die Konsequenzen zieht …

»Das glücklichste Volk. Sieben Jahre bei den Pirahãn-Indianern am Amazonas« ist ein Buch, das einem Fremdheit deutlich macht. Everett beschreibt sehr schön, wie sehr er selbst den Pirahãn immer wieder als seltsamer Mensch erscheint. Wer Everetts Buch gelesen hat, wird sich selbst und seine Kultur in der Fremde vielleicht nicht mehr so wichtig nehmen.

William Lithgow: Die wundersamen Irrfahrten des William Lithgow

Wenn jemand lieber hätte zu Hause bleiben sollen, dann William Lithgow. Doch da ihm die vier Brüder seiner Angebeteten eines Tages beide Ohren abschnitten, dachte er, dass dieser Verlust wohl unter einem Turban am wenigsten bemerkt würde und machte sich auf in Richtung Süden. Das alles geschah im Jahre 1603 und hinterlassen hat Lithgow wohl einen der krassesten und schrillsten Reiseberichte, die je gedruckt wurden.

Lithgow mag die Fremden nicht: Weder die Katholiken noch die Juden, weder die Griechen noch die Türken und alle anderen Muslime. Allerdings hat man auch immer wieder den Eindruck, dass es aus dem Wald so herausschallt, wie man hineinruft: Ständig wird Lithgow verprügelt, überfallen und betrogen. Und wie ein Stehaufmännchen rappelt er sich immer wieder auf und läuft weiter, dem nächsten Schiffbruch und dem nächsten Überfall entgegen. Die unfreiwillige Komik, die seine Berichte durchzieht, wird nur im letzten Kapitel durch etwas Beklemmung abgelöst: Dort findet sich Lithgow in den Folterkammern der spanischen Inquisition wieder und man kann kaum glauben, dass ein Mensch solche Leiden überleben kann.

Wer William Lithgow liest, wird unter ungläubigem Kopfschütteln lernen, wie man es lieber nicht machen sollte. Auch wenn die Berichte von seinen Reisen unterhaltsam (und durch eine schöne Übersetzung sehr lesbar) sind: Ein wenig mehr Respekt für die Menschen links und rechts des Weges sollte den meisten Auswanderern doch Beschimpfungen und Prügel ersparen …

Nigel Barley: Traumatische Tropen

Und noch ein Wissenschaftler, der am Gegenstand seiner Forschung verzweifelt: Nigel Barley macht sich Ende der 1970er-Jahre auf, um das Volk der Dowayos in Kamerun zu erforschen. Allerdings nicht ganz reibungslos: Zwei Jahre braucht er, um zunächst einmal genug Geld und die Forschungserlaubnis zu bekommen.

Barley beschreibt seine Gefühle von Einsamkeit und Hilflosigkeit, von Unfähigkeit und Nutzlosigkeit. Er beschreibt den Frust beim Erlernen der Sprache und die Mühe, Beziehungen aufzubauen, ohne ausgenutzt zu werden. Selbst den Rückkehrschock erlebt er, als er endlich wieder englischen Boden betritt.

Nigel Barleys »Traumatische Tropen« ist ein Klassiker und jedem zu empfehlen, der vergnüglich erlesen will, was einen Fremden zum Fremden macht ...

Bruce Chatwin: Traumpfade

Bruce Chatwins »Traumpfade« ist wahrscheinlich eines der bekanntesten Reisebücher des 20. Jahrhunderts. Zuerst 1987 erschienen, hat es Australien zum Thema, oder vielmehr die Tradition der australischen Ureinwohner (Aborigines), durch das Land zu wandern und sich darin anhand von überlieferten Liedern zu orientieren.

Der Ton von »Traumpfade« ist ein wenig ernster als der der bisher genannten Bücher. Dazu trägt es die Bezeichnung Roman – ganz klar ist also nicht, was in diesem Buch wahr ist und was erfunden.

Fesselnd ist allerdings, Chatwins rotem Faden durch das Buch zu folgen: Der Mensch als Nomade, als das Lebewesen, das umherziehen muss. Manch einer, den es ins Ausland zieht oder der dort schon wohnt, wird sich in diesen Abschnitten des Buches wiederfinden. Denn viele Menschen treibt es hinaus in die weite Welt, obwohl sie nicht unter wirtschaftlichem Druck stehen. Vielleicht versteht man den eigenen Drang in die Fremde nach der Lektüre von Chatwins Buch besser. Und man sieht, dass es da noch viele andere Menschen gibt, die einfach wegwollen ...

Evelyn Waugh: Befremdliche Völker, seltsame Sitten

Und wieder ein Engländer unterwegs – und wieder begegnet er den Menschen, denen er begegnet, sehr distanziert. Als der Schriftsteller Evelyn Waugh Anfang Oktober 1930 zur Krönung des äthiopischen Kaisers Haile Selassie aufbricht, hat er eigentlich nur aus einer Laune heraus beschlossen, für eine englische Zeitung von dort zu berichten. Nach den Krönungsfeierlichkeiten macht er sich auf, um auch noch Kenia, den Kongo und andere Teile von Afrika zu sehen. Knapp sechs Monate ist Waugh unterwegs, bis er im März 1931 wieder London erreicht.

Neben manch schrillen Erlebnissen und Begegnungen weiß Waugh auch deutlich zu machen, was das Leben im Ausland neben den Abenteuern sonst noch so mit sich bringt: Warten und

Langeweile. Dabei hat er gerade mit der Langeweile ein Problem: Er langweilt sich schnell. Ihn deprimiert »die Abwesenheit von Problemen« in Sansibar. Die viertägige Wartezeit auf ein Schiff ist ihm ein eigenes Kapitel mit dem Titel »Erster Alptraum« wert.

Schon vor über 80 Jahren geschrieben, ist Evelyn Waughs Buch nicht nur die Beschreibung eines lange vergangenen politischen Ereignisses, sondern auch zeitloser Bericht über einen Menschen unterwegs. Wer Evelyn Waugh und die Geschichte von Kaiser Haile Selassie nicht kennt, der sollte zuerst das informative Nachwort lesen.

Ilja Trojanow: Nomade auf vier Kontinenten

Sir Richard Francis Burton (1821–1890) war einer der großen Weltreisenden des 19. Jahrhunderts und der Schriftsteller Ilja Trojanow widmet ihm gleich zwei Bücher: den Roman »Der Weltensammler« und »Nomade auf vier Kontinenten – auf den Spuren von Sir Richard Francis Burton«, in dem er seine eigenen Reisen in der Nachfolge Burtons beschreibt.

Ausgangspunkt der Reise ist ein Antiquariat in Shimla im Norden von Indien, weiter geht es durch Indien, Nord- und Ostafrika bis zum Endpunkt Triest (Italien), wo Burton starb. Interessant sind immer wieder die Gegenüberstellungen von Burtons Reisen und denen von Trojanow 150 Jahre später. Spannend sind die Berichte von der Pilgerreise nach Mekka, immer wieder fremdartig die Begegnungen mit Menschen.

Wer Trojanows »Burton« liest, springt zwischen der Vergangenheit und der Gegenwart von fremden Kulturen hin und her, begegnet alten Problemen wie dem Sklavenhandel und neuen wie dem Tourismus. Auch wenn es heute kaum noch weiße Flecken auf der Landkarte zu entdecken gibt, entdeckt doch immer noch jeder Mensch die Fremde für sich selbst.

Helge Timmerberg: Tiger fressen keine Yogis

Andalusien, Indien, Amsterdam, Kairo, Berlin und viele andere Orte besucht Helge Timmerberg auf seinen Reisen. Seine Ziele scheinen wahllos und in kurzen Reportagen lässt er den Leser an seinen oft skurrilen Erlebnissen teilhaben. Timmerberg versteht es, das Seltsame und Fremde einer Begegnung einzufangen, kann aber auch innehalten und über die Sehnsucht des Weltenbummlers nach Familie nachdenken. Was Timmerbergs Reportagen von vielen »klassischen« Reiseberichten unterscheidet, sind die Themen Sex und Drogen. Aber darüber schreibt man heutzutage eben leichter als Mitte des 19. Jahrhunderts. Alles in allem: viele wilde Erlebnisse, die zu guten Geschichten geworden sind.

Mick Confrey: Wie man bei Windstärke 10 stilvoll eine Tasse Tee trinkt

Dieses Buch ist ein wildes Durcheinander von allem. Die Überschriften der Kapitel sind: Bis es so weit ist – Los geht's – Unterwegs – Am Ziel – Und zurück. Darunter versammelt sind Tipps, Anekdoten und Listen von jedem und über alles Mögliche, von Polarforschern und Safarireisenden, von Bergsteigern und Entdeckern. Dieses Buch liest man wohl nicht vor vorn nach hinten durch, sondern es ist ein Buch zum Blättern und Entdecken: Wie man sich gegen einen Haiangriff schützt, wie das Zusammenleben unter Stress in der Fremde funktioniert und welche Tiere einen fressen …

Natürlich geht es hier eher um Forscher und Entdecker als um Auswanderer und Auslandsmitarbeiter. Doch neben vielen amüsanten Details über die Fahrten der großen Entdecker wird jeder, der ins Ausland geht oder dort lebt, Tipps finden, die ihm weiterhelfen. Und selbst wenn das nicht der Fall sein sollte, öffnet dieses Buch den Blick für die Abenteuer, die auf dieser Welt immer noch warten.

Wolfgang Koydl: Gebrauchsanweisung für Deutschland

Wer dieses Buch liest, wird eine Ahnung davon bekommen, warum auch Deutsche Exoten sind, sobald sie sich in der Fremde niederlassen. Da gibt es ziemlich wilde, krasse Sitten, die dem Rest der Welt unbekannt sind: Kaffee und Kuchen am Sonntagnachmittag zum Beispiel. Oder die erstaunliche Tatsache, dass das Wetter schlecht wird, wenn die Kinder ihren Teller nicht leer essen. Dann gibt es den Eindruck von Ausländern, dass das wichtigste deutsche Wort wohl »verboten« sein muss. Was man steigern kann zu einem »Streng verboten« – und die Frage aufwirft, worin denn da der Unterschied besteht.

Wolfgang Koydl schrieb das Buch zuerst als Russe getarnt unter dem Namen »Maxim Gorski« und nimmt voller Witz die Eigenheiten seiner deutschen Landsleute aufs Korn.

Wer ins Ausland geht, sollte vorher ein Buch über Deutschland lesen. Denn es ist gar nicht so einfach, sich selbst von außen als »fremdartig« für den Rest der Welt zu sehen. Aber auch das gehört zum Kennenlernen fremder Kulturen: Wissen, woher man selbst kommt, was in der eigenen Kultur wichtig und normal ist und vor allem, was Fremden wohl an der deutschen Kultur seltsam vorkommen mag.

Don George:
Freunde weltweit: Von Freundschaften auf Reisen

Ein Buch, das schöne Begegnungen mit Fremden erzählt und dazu noch ein Vorwort des Dalai Lama aufweist– das ist fast zu viel des Guten. Kann es auf dieser Welt wirklich so freundlich zugehen? Sicher. Und so erzählen die Geschichten des Buches von Freundlichkeiten in aller Welt: Von wildfremden Passanten auf der Straße, die einem aus dem Dreck helfen, wenn man gestolpert ist, über verlorenes Geld in London, das über Umwege wieder zum Besitzer findet, bis hin zu einem mörderischen Paar, das einen freundlicherweise am Leben ließ … So verliert man doch nicht ganz die Hoffnung, von allen Auslandsaufenthalten vielleicht doch mit heiler Haut davonzukommen. Und weil sich folgendes Erlebnis meines ältesten Sohnes in »Freunde weltweit« leider nicht findet, hat er es für dieses Buch aufgeschrieben:

Ein spanischer Engel

Hungrig, durstig, mit den Kräften völlig am Ende. Die Sonne Andalusiens kennt kein Erbarmen. Auf gut Glück halte ich immer wieder meinen Daumen raus, aber das Glück hat mich wohl verlassen …

Seit zwei Monaten bin ich jetzt unterwegs, mit ein paar Euros in der Tasche getrampt von Deutschland bis nach Portugal. Nun bin ich auf dem Rückweg nach Venedig, wo mich mein Vater abholen will. Aber ich hänge fest. Jetzt nur nicht aufhören zu laufen, ein Fuß vor den anderen … Wie schwer Füße sein können, unglaublich. Auf einmal fange ich an zu weinen, ich will nicht mehr, ich kann nicht mehr. Tränenüberströmt taumel ich weiter durch die Hitze … Nur noch bis zur nächsten Raststätte, da bleibe ich auf Gedeih und Verderb stehen und warte (wenn nötig auch Tage), bis mich jemand mitnimmt. Wenn ich wenigstens noch ein paar Cent hätte …

In der Raststätte finde ich ein nasses Brötchen und in einem benutzten Glas ein paar Eiswürfel. Trinkwasser hätte ich kaufen müssen, also blieb mir nur die Zapfsäule mit widerlichem, warmem Wasser, das wohl eigentlich zum Autowaschen gedacht ist. Ein Wagen nimmt mich mit nach Archidona, es ist dunkel. Und noch 2.500 km bis Venedig. Aber in drei Tagen? Unmöglich. Ich versuche zu schlafen, aber mein Magen …

Ich war noch nie in meinem Leben so hungrig, dass ich nicht schlafen konnte. Irgendwo im Gebüsch, am Rande des Olivenfeldes, in dem ich liege, höre ich Grillen zirpen. Jetzt nur eine Grille – wenigstens etwas im Magen. Also gehe ich auf die Jagd. Meine Beute: eine Gottesanbeterin und eine große Ameise. Mit etwas Zucker und über meinem Feuerzeug geröstet ist es das beste Essen, das ich jemals gegessen habe. Irgendwann schlafe ich ein.

Am nächsten Vormittag stehe ich wieder auf der Autobahnauffahrt. Mir graut vor der Mittagshitze. Doch dann kommt meine Rettung und die sieht auf den ersten Blick sehr unscheinbar aus. Ein kleines Auto, das nur 25 km/h fahren kann, hält auf der anderen Straßenseite. Ein sehr behaarter andalusischer Mann Mitte fünfzig steigt aus und kommt auf mich zu, ich versuche zu lächeln und nett auszusehen. Dann spricht er mich an. Ich verstehe »Autobus, Archidona, Granada«. Mein Argument »No money« lässt ihn stutzen. Doch dann gibt er mir acht Euro für den Bus nach Granada und fährt mich in die Stadt zur Bushaltestelle. Ich bedanke mich eine Million Mal und er freut sich sichtlich über den komischen Typen aus Alemania.

An der Haltestelle angekommen, schenkt er mir noch ein paar Dosen Cola, die er im Kofferraum hat, und schreibt mir auf, wann der Bus fährt. Er setzt mich an den Tisch einer Bar und sagt: »More money.« Dann verschwindet er und kommt mit weiteren fünf Euro wieder. Wieder verschwindet er, doch nach 15 Minuten höre ich wieder das monotone Geräusch des Motors, das mir mittlerweile wie eine Symphonie klingt.

Der Mann steigt aus, in seiner Hand eine Tüte mit zwei Baguette, zwei Päckchen Wurst, einem Joghurtdrink, ein Spanienführer auf Spanisch und ein Umschlag. In dem Umschlag: Zweihundert Euro!! Völlig geplättet, gerührt und ohne Atem nehme ich diesen Engel, der in dieser weißen Stadt wohnt, in den Arm.

Wir sitzen noch etwas zusammen, er gibt mir noch seinen Lieblingskartoffelsalat und ein Getränk aus und ich trenne mich schweren Herzens von einem Menschen, den ich erst eine Stunde kenne, der mein Opa sein könnte und den ich kaum verstanden habe. In Granada angekommen, kaufe ich ein Busticket nach Venedig. Meine Reisekasse am Ende: 0 Euro und doch einer der reichsten Menschen der Welt.

Niklas Kranjc, Hannover

Anhang

A

Checklisten für den Umzug

Um Ihnen die Arbeit zu ersparen, aus dem Buch selbst Checklisten herauszuarbeiten, folgen hier Checklisten für all die Dinge, auf die Sie beim Umzug achten sollten.

Ich gehe davon aus, dass alle Formalitäten, besonders Aufenthalts- und Arbeitserlaubnis, zu diesem Zeitpunkt geklärt sind. Im Idealfall haben Sie in der neuen Heimat auch schon einen Job gefunden. Auch die Wohnungsfrage sollte geklärt sein, bevor Sie den Umzug planen.

Achten Sie auf all die Dinge, für die Sie die Hilfe anderer benötigen. Handwerkern und freiwilligen Helfern sollte bewusst sein, dass Sie ins Ausland umziehen, also nach dem Umzugstermin nur noch schwer bis gar nicht mehr verfügbar sind. Pünktlichkeit und Zuverlässigkeit werden für Sie umso wichtiger, je näher der Umzugstermin rückt.

Denken Sie daran, dass Sie ins Ausland umziehen. Wenn auf Sie ein Flugzeug wartet, möchten Sie auf dem Weg zum Flughafen nicht noch schnell zum Einwohnermeldeamt oder die Handwerker bezahlen müssen. Es zahlt sich auf jeden Fall aus, zumindest einen groben Zeitplan zu erstellen.

In den folgenden Checklisten wird nicht mehr auf alles ausführlich eingegangen. Punkte, zu denen Sie in Kapitel 12 ausführlichere Informationen finden, sind unterstrichen.

Checkliste für den Umzug mit einer Spedition

Acht Monate vor dem Umzugstermin

- ✔ Sollten Sie Ihr Haus oder Ihre Eigentumswohnung verkaufen wollen, wird es jetzt Zeit, das in die Wege zu leiten.
- ✔ Wenn irgend möglich, machen Sie eine Erkundungsreise in Ihre neue Heimat. Besonders als Auswanderer müssen Sie sich ja um Arbeit und Wohnung selbst kümmern.

Vier Monate vorher

- ✔ Erkundigen Sie sich nach den Kündigungsfristen Ihrer Wohnung und kündigen Sie rechtzeitig.
- ✔ Schauen Sie sich Ihre Wohnung an und notieren Sie, was an Renovierungen zu tun ist.
- ✔ Eventuell müssen Sie sich auch um einen Nachmieter kümmern.

- Stellen Sie einen Kostenplan für den Umzug auf.
- Sie und Ihre Familie sollten noch einmal zum Zahnarzt zur Kontrolle gehen, um einen Notfall in den ersten Wochen so weit wie möglich auszuschließen.
- Jetzt sollten Sie sich überlegen, ob Sie Ihr Auto mitnehmen oder verkaufen wollen. Nehmen Sie es mit, erkundigen Sie sich genau nach den nötigen Dokumenten, um es in der neuen Heimat anmelden zu können.

Drei Monate vorher

- Holen Sie Angebote von Umzugsfirmen ein, vergleichen Sie genau Preise und Leistungen. Vergleichen Sie die Angebote der Umzugsfirmen mit Ihrem Budget.
- Buchen Sie verbindlich eine Umzugsfirma.
- Sprechen Sie mit Ihren Versicherungen über die Bedingungen Ihrer Policen. Eventuell müssen Sie ein paar Versicherungen kündigen.
- Vereinbaren Sie Ablesetermine für Strom, Gas und Wasser.
- Kündigen Sie zum Umzugstermin Telefon, Internet, GEZ-Gebühren.
- Möchten Sie ein Bankkonto in Deutschland behalten, sollten Sie jetzt Online-Banking beantragen und sich den SWIFT-Code und die IBAN für Ihr Konto geben lassen.
- Melden Sie Ihre Kinder vom Kindergarten beziehungsweise von der Schule ab.
- Möchten Sie Haustiere und Pflanzen mitnehmen, sollten Sie sich jetzt darüber informieren, ob und unter welchen Bedingungen sie in die neue Heimat gebracht werden dürfen. Eventuell sind für Haustiere Impfungen nötig.
- Überlegen Sie, was Sie sicher nicht mitnehmen werden. Entrümpeln Sie.
- Sollten Sie Teile Ihres Hausrats per Internet verkaufen wollen, sollten Sie jetzt damit beginnen.

Sechs Wochen vorher

- Wenn nötig, suchen Sie im Familien- und Freundeskreis nach Umzugshelfern und lassen Sie sich feste Zusagen für den Umzugstag geben.
- Fertigen Sie Kopien Ihrer wichtigsten Dokumente (Pässe, Personalausweise, Geburtsurkunden, Heiratsurkunde ...) an.
- Erkundigen Sie sich beim Finanzamt, ob vor Ihrem Umzug ins Ausland noch etwas zu beachten ist.
- Melden Sie Zeitschriftenabonnements ab oder um.
- Sind Sie Auswanderer und nicht bei einer deutschen Firma angestellt, müssen Sie außerdem die Familienkasse (wegen Kindergeld) über Ihren Wegzug aus Deutschland informieren.

Einen Monat vorher

- ✔ Wenn nötig, organisieren Sie die Sperrmüllabfuhr.
- ✔ Klären Sie die Wohnungsübergabe und Heizkostenabrechnung mit dem Vermieter; legen Sie einen Termin fest.
- ✔ Überlegen Sie mit Ihren Kindern, wie Sie den Abschied aus Schule oder Kindergarten »feiern« möchten.

Drei Wochen vorher

- ✔ Überlegen Sie, was Sie den Umzugshelfern zu essen und zu trinken anbieten, und machen Sie eine Einkaufsliste.
- ✔ Sollten Sie trotz Umzugsfirma alles selbst verpacken wollen, sollten Sie sich nun das passende Material besorgen – Umzugskisten, Klebeband, Luftpolsterfolie …
- ✔ Sollten Sie Möbel einlagern wollen, sollten Sie jetzt Lagerraum mieten und anfangen, Dinge dort unterzubringen.
- ✔ Bevor alle möglichen Leute anfangen, Ihnen beim Packen der Kisten zu helfen, sollten Sie jetzt mit dem Entrümpeln anfangen.
- ✔ Wer die Kisten selbst packen will, kann jetzt damit anfangen. Wichtig: Listen der Kisteninhalte für den Zoll erstellen.
- ✔ Brauchen Sie jetzt nach und nach Ihre Lebensmittelvorräte auf, besonders die aus der Kühltruhe.

Eine Woche vorher

- ✔ Erinnern Sie die Umzugshelfer an den Umzugstermin.
- ✔ Kaufen Sie Essen und Getränke für den Umzugstag ein.
- ✔ Legen Sie einen Koffer oder eine Kiste mit Wertgegenständen und Dokumenten an, die Sie persönlich transportieren.
- ✔ Stellen Sie eine Werkzeugkiste für den Umzugstag zusammen.
- ✔ Melden Sie sich beim Einwohnermeldeamt ab.
- ✔ Tauen Sie Kühl- und Eisschränke ab und reinigen Sie sie.

Der Umzugstag

- ✔ Behalten Sie je nach Absprache den Rechnungsbetrag für die Umzugsfirma bereit.
- ✔ Stellen Sie Essen, Getränke und ein Trinkgeld für die Leute von der Umzugsfirma bereit.
- ✔ Legen Sie Wertgegenstände, Unterlagen und was sonst noch ins normale Reisegepäck soll, beiseite.

- Schreiben Sie eventuelle Schäden auf und fotografieren Sie sie und lassen Sie das Ganze von Mitarbeitern der Umzugsfirma unterschreiben.

Checkliste für den Umzug in Eigenregie

Einen Umzug in Eigenregie, ohne die Hilfe einer Spedition oder einer Umzugsfirma, kann ich guten Gewissens nur in der Europäischen Union empfehlen. Will man seinen Hausrat per Seecontainer verschicken, sollte man ihn lieber einem Profi anvertrauen. Besondere Schwierigkeiten wird Laien immer der Zoll machen.

Acht Monate vor dem Umzugstermin

- Sollten Sie Ihr Haus oder Ihre Eigentumswohnung verkaufen wollen, wird es jetzt Zeit, das in die Wege zu leiten.
- Wenn irgend möglich, machen Sie eine Erkundungsreise in Ihre neue Heimat. Besonders als Auswanderer müssen Sie sich ja um Arbeit und Wohnung selber kümmern.

Vier Monate vorher

- Erkundigen Sie sich nach den Kündigungsfristen Ihrer Wohnung und kündigen Sie rechtzeitig.
- Schauen Sie sich Ihre Wohnung an und notieren Sie, was an Renovierungen zu tun ist.
- Eventuell müssen Sie sich auch um einen Nachmieter kümmern.
- Stellen Sie einen Kostenplan für den Umzug auf.
- Sie und Ihre Familie sollten noch einmal zum Zahnarzt zur Kontrolle gehen, um einen Notfall in den ersten Wochen so weit wie möglich auszuschließen.
- Jetzt sollten Sie sich überlegen, ob Sie Ihr Auto mitnehmen oder verkaufen wollen. Nehmen Sie es mit, erkundigen Sie sich genau nach den nötigen Dokumenten, um es in der neuen Heimat anmelden zu können. Sprechen Sie mit dem Spediteur über die Kosten und Formalitäten, falls das Auto verschifft werden soll.

Drei Monate vorher

- Besorgen Sie sich einen Umzugswagen, entweder über eine Autovermietung oder einen Bekannten. Oder:
- Buchen Sie die Verschiffung Ihres Hausrats mit einem Container. Das sollte auf jeden Fall von einer Spedition übernommen werden.
- Finden Sie heraus, ob der Spediteur die Verzollung übernehmen kann und er Ihnen den Container dann auch gleich an die neue Adresse liefern kann.
- Sprechen Sie mit Ihren Versicherungen über die Bedingungen Ihrer Policen. Eventuell müssen Sie ein paar Versicherungen kündigen.

- ✔ Vereinbaren Sie Ablesetermine für Strom, Gas und Wasser.
- ✔ Kündigen Sie zum Umzugstermin Telefon, Internet, GEZ-Gebühren.
- ✔ Möchten Sie ein Bankkonto in Deutschland behalten, sollten Sie jetzt Online-Banking beantragen und sich den SWIFT-Code und die IBAN für Ihr Konto geben lassen.
- ✔ Melden Sie Ihre Kinder vom Kindergarten beziehungsweise von der Schule ab.
- ✔ Möchten Sie Haustiere und Pflanzen mitnehmen, sollten Sie sich jetzt darüber informieren, ob und unter welchen Bedingungen sie in die neue Heimat gebracht werden dürfen. Eventuell sind für Haustiere Impfungen nötig.
- ✔ Überlegen Sie, was Sie sicher nicht mitnehmen werden. Entrümpeln Sie.
- ✔ Sollten Sie Teile Ihres Hausrats übers Internet verkaufen wollen, sollten Sie jetzt damit beginnen.

Sechs Wochen vorher

- ✔ Suchen Sie im Familien- und Freundeskreis nach Umzugshelfern und lassen Sie sich feste Zusagen für den Umzugstag geben.
- ✔ Fertigen Sie Kopien Ihrer wichtigsten Dokumente (Pässe, Personalausweise, Geburtsurkunden, Heiratsurkunde …) an.
- ✔ Erkundigen Sie sich beim Finanzamt, ob Sie vor Ihrem Umzug ins Ausland noch etwas beachten müssen.
- ✔ Melden Sie Zeitschriftenabonnements ab oder um.
- ✔ Sind Sie Auswanderer und nicht bei einer deutschen Firma angestellt, müssen Sie außerdem die Familienkasse (wegen Kindergeld) über Ihren Wegzug aus Deutschland informieren.

Einen Monat vorher

- ✔ Wenn nötig, organisieren Sie die Sperrmüllabfuhr.
- ✔ Klären Sie die Wohnungsübergabe und Heizkostenabrechnung mit dem Vermieter; legen Sie einen Termin fest.
- ✔ Überlegen Sie gemeinsam mit Ihren Kindern, wie Sie den Abschied aus Schule oder Kindergarten »feiern« möchten.

Drei Wochen vorher

- ✔ Überlegen Sie, was Sie den Umzugshelfern zu essen und zu trinken anbieten, und machen Sie eine Einkaufsliste.
- ✔ Besorgen Sie das passende Material, um den Hausrat zu verpacken – Umzugskisten, Klebeband, Luftpolsterfolie …

- Sollten Sie Möbel einlagern wollen, sollten Sie jetzt Lagerraum mieten und anfangen, Dinge dort unterzubringen.
- Bevor alle möglichen Leute anfangen, Ihnen beim Packen der Kisten zu helfen, sollten Sie entrümpeln.
- Wichtig bei einem Umzug außerhalb der EU: Erstellen Sie genaue Listen der Kisteninhalte für den Zoll.
- Brauchen Sie jetzt nach und nach Ihre Lebensmittelvorräte auf, besonders die aus der Kühltruhe.

Eine Woche vorher

- Erinnern Sie die Umzugshelfer an den Umzugstermin.
- Kaufen Sie Essen und Getränke für den Umzugstag ein.
- Legen Sie einen Koffer oder eine Kiste mit Wertgegenständen und Dokumenten an, die Sie persönlich transportieren.
- Stellen Sie eine Werkzeugkiste für den Umzugstag zusammen.
- Tauen Sie Kühl- und Eisschränke ab und reinigen Sie sie.
- Melden Sie sich beim Einwohnermeldeamt ab.

Der Umzugstag

- Holen Sie zuerst den Umzugswagen (oder bestellen Sie ihn früh), damit der Umzug auch zügig vonstattengehen kann.
- Richten Sie die Halteverbotszone ein.
- Weisen Sie die Umzugshelfer ein.
- Halten Sie Essen und Getränke für Ihre Helfer bereit.
- Stellen Sie Werkzeug, Erste-Hilfe-Kasten oder Pflaster und Putzmittel bereit.

Anhang B

Auf den nächsten Seiten finden sich zu einigen Kapiteln Adressen, Internetadressen und Literatur. In manchen Kapiteln finden sich diese Informationen gleich an Ort und Stelle, wo es ein wenig mehr wird, gibt es hier Ergänzungen.

Informationen zu Kapitel 2

Schon seit der Zeit der Auswanderungen im 19. Jahrhundert gibt es Organisationen, die auswanderungswilligen Menschen zur Seite stehen.

- ✔ Das »Raphaels-Werk: Dienst am Menschen unterwegs e.V.« ist ein von der katholischen Kirche unterstütztes Hilfswerk für Auswanderer. Schon 1871 gegründet, bietet es auch heute noch Beratung und Hilfe für Auswanderer. Adressen der Beratungsstellen finden sich unter `www.raphaels-werk.de`.
- ✔ Ebenfalls in Hamburg wurde dann 1873 die »Evangelische Auslandsberatung« gegründet. Ihr Beratungsangebot findet man unter `www.ev-auslandsberatung.de`.
- ✔ Ebenfalls Beratung und viele Informationen im Internet findet man unter `www.deutsche-im-ausland.de`.

Informationen zu Kapitel 4

Für den ersten Blick in eine neue Sprache sind die »Kauderwelsch-Sprachführer« des Reise Know-How Verlags eine große Hilfe. Viele Bände gibt es auch mit Audiomaterial, damit man die Sprache auch hören kann, oder als Download für den Computer. Die kleinen, handlichen »Kauderwelsch-Sprachführer« gibt es auch für so entlegene Sprachen wie Schottisch-Gälisch und Hindi für Bollywoodfans.

In der ... *für Dummies*-Reihe finden Sie ebenfalls Sprachführer unter anderem für Englisch, Französisch, Italienisch, Spanisch, Arabisch, Russisch oder Chinesisch. Ausführlicher als die Kauderwelsch-Reihe verschaffen die jeweiligen ... *für Dummies*-Bände auch eine gute Grundlage in einer neuen Sprache.

Informationen zu Kapitel 5

Für die deutsche Übersetzung des Buches »Third Culture Kids. Aufwachsen in mehreren Kulturen.« von David Pollock und Ruth Van Reken hat man den englischen Titel beibehalten. Wer mit Kindern ins Ausland geht, dem sei dieses Buch empfohlen.

Eine Fülle von Informationen und Beratungsangeboten findet man auf www.auslandsschulwesen.de. Hier finden Sie auch das Auslandsschulverzeichnis mit einer »Weltkarte der deutschen Schulen«.

Wer Grundschulkinder per Fernschule unterrichten möchte, findet Hilfe bei der »Deutschen Fernschule« in Wetzlar, im Internet unter www.deutsche-fernschule.de. Ältere Schüler werden vom »Institut für Lernsysteme« in Hamburg betreut (www.ils.de). Beide Fernschulen arbeiten im Auftrag des Deutschen Auswärtigen Amtes.

Adressen und Beratung für Internate finden sich unter www.internatsberatung.com und www.internate.org.

Informationen zu Kapitel 8

Wer sich für ein Working-Holiday-Visum interessiert, kann sich unter anderem hier informieren: www.working-holiday-visum.de.

Au-pair-Agenturen findet man über eine Internet-Suchmaschine reichlich. Hier muss man ein wenig Zeit investieren, um die den eigenen Wünschen entsprechende zu finden.

Gleiches gilt für die freiwillige Arbeit an gemeinnützigen Projekten im Ausland. Unter dem Suchbegriff »Volunteering« findet man im Internet ein großes Angebot.

Noch ein Buchtipp für Single-Frauen unterwegs: »Als Frau allein unterwegs« von Birgit Adam (Bielefeld, 2006).

Informationen zu Kapitel 9

Viele Fragen zu Dokumenten und Urkunden lassen sich durch das Standesamt I in Berlin lösen: www.berlin.de/standesamt1

Fragen rund um den neuen Personalausweis (seit 1. November 2010) werden hier beantwortet: www.personalausweisportal.de

Informationen zu Kapitel 10

EURopean **E**mployment **S**ervices (EURES) ist als europäische Arbeitsagentur erste Anlaufstelle für die Jobsuche im europäischen Ausland: http://ec.europa.eu/eures

Erster Ansprechpartner in Deutschland selbst ist die Zentrale Auslands- und Fachvermittlung in Bonn: www.ba-auslandsvermittlung.de

Für Österreicher ist die erste Anlaufstelle das Arbeitsmarktservice Österreich (in Österreich heißt es tatsächlich »das«): www.ams.at

Bei der SECO-Direktion für Arbeit finden Schweizer auch Jobangebote aus dem Ausland: www.treffpunkt-arbeit.ch

Auf der Seite www.europass-info.de findet man alle europass-Formblätter in verschiedenen Sprachen.

Informationen zu Kapitel 12

Wer sich dazu entschließt, ein »Relocation-Unternehmen« mit seinem Umzug zu beauftragen, findet Unternehmen in seiner Nähe unter www.eura-relocation.com.

Umzugsfirmen findet man unter www.immobilienscout24.de oder www.umzug4me.de.

Wer einen Lagerraum braucht, findet einen in seiner Nähe unter www.lagerraum-anbieter.de.

Wer in die Internet-Suchmaschine »Umzugsmaterial« eingibt, findet eine Fülle von Anbietern, die meist auch versenden.

Informationen zu Kapitel 14

Die Menschen einer anderen Kultur zu verstehen ist nicht immer ganz einfach. Hilfen geben mittlerweile einige Buchreihen:

Die »Kulturschock«-Reihe des Reise Know-How Verlags (Bielefeld) konzentriert sich auf die Beschreibung von Kultur, Mentalität und Alltagsleben eines Landes. Die Reihe besteht aus mittlerweile über 40 Bänden und wird ständig erweitert: www.reise-know-how.de.

In kleine Geschichten verpacken die »Fettnäpfchenführer« (Conbook Medien, Meerbusch) ihr Wissen um fremde Kulturen: www.conbook-Verlag.de.

Informationen zu Kapitel 16

- ✔ Grundlegende Informationen und eventuelle Reisewarnungen sind auf der Seite des Deutschen Auswärtigen Amtes zu finden: www.auswaertiges-amt.de.
- ✔ In die Krisenvorsorgeliste kann man sich hier selbst eintragen: www.konsularinfo.diplo.de/krisenvorsorgeliste
- ✔ Hilfreich bei verschwundenen Kreditkarten, Bankkarten und Ausweisen: www.sperr-notruf.de

Zwei Bücher, in denen es um Gesundheit und Erste Hilfe unterwegs geht:

- ✔ Die deutsche Ausgabe des Klassikers »Where There is No Doctor«: »Wo es keinen Arzt gibt« von David Werner und Peter Rump
- ✔ Als Ergänzung dazu von Armin Wirth »Erste Hilfe unterwegs, effektiv und praxisnah: Der komplette Ratgeber für die Erste Hilfe zu Hause, im Urlaub und auf Expeditionen«

Wer sich gegen Naturkatastrophen wappnen muss, findet hier Hilfe:

- ✔ Ein ungewöhnlicher Ratgeber für Erdbeben, ist das japanische Comicbuch »Tokyo Inferno« (Deutsch beim Tokyopop-Verlag, zwei Bände). In eine spannende Geschichte verpackt wird das richtige Verhalten bei Erdbeben und anderen Naturkatastrophen vermittelt. Manchmal sicher nur auf Japan anwendbar, oft beklemmend, aber sehr lehrreich.
- ✔ Das Bundesministerium für Ernährung, Landwirtschaft und Verbraucherschutz gibt ausführliche Tipps zur Vorsorge für einen Notfall unter `www.ernaehrungsvorsorge.de`.

Zum Schutz vor Kriminalität, Gewalt und Terrorismus helfen folgende Bücher und Adressen:

- ✔ Klein, handlich und hilfreich ist das Buch »Schutz vor Kriminalität unterwegs« von Matthias Faermann.
- ✔ Anbieter von Lösegeldversicherungen sind unter anderem die Nassau Versicherungen (`www.nassauversicherungen.de`) und die Allianz (`www.allianz.de`). Lösegeldversicherungen bucht man allerdings nicht einfach übers Internet; sie unterliegen strengen Auflagen und Kontrollen und verlangen intensive Beratung.
- ✔ Im Internet findet man detaillierte Informationen zur weltweiten Sicherheitslage unter `www.stratfor.com`, allerdings nur auf Englisch.

Informationen zu Kapitel 17

Kontakt mit der alten Heimat ist nicht immer leicht zu halten, aber doch möglich. Per Internet kostenlos telefonieren kann man mit

- ✔ Skype unter `www.skype.de`,
- ✔ ICQ unter `www.icq.de`,
- ✔ Yahoo! unter `www.yahoo.de`, im Menü unter »Messenger«.

Wer auch im Ausland nicht auf deutsche Bücher verzichten möchte, kann den Service der Buchhandlung Gerbers (Itzehoe) nutzen. Das Besondere: Der Versand ist weltweit portofrei: `www.gerbers.de`. Außerhalb der Europäischen Union muss man allerdings trotzdem damit rechnen, Zoll bezahlen zu müssen.

Stichwortverzeichnis

B

C

D

E

F

G

L

M

N

O

P

Q

R

V

W

Z

FÜR DUMMIES

FÜR EINEN ERFOLGREICHEN EINSTIEG

Business-Knigge für Dummies
ISBN 978-3-527-70651-8

Businessplan für Dummies
ISBN 978-3-527-70568-9

Erfolgreich bewerben für Dummies
ISBN 978-3-527-70325-8

Existenzgründung für Dummies
ISBN 978-3-527-70341-8

GMAT für Dummies
ISBN 978-3-527-70557-3

Journalismus für Dummies
ISBN 978-3-527-70415-6

Knigge für Dummies
ISBN 978-3-527-70540-5

Körpersprache für Dummies
ISBN 978-3-527-70449-1

Neue deutsche Rechtschreibung
für Dummies
ISBN 978-3-527-70351-7

Online bewerben für Dummies
ISBN978-3-527-70539-9

Top-Antworten im Bewerbungsgespräch
für Dummies
ISBN 978-3-527-70422-4

FÜR DUMMIES

ZUFRIEDENE KUNDEN UND KOLLEGEN

AGG für Dummies
ISBN 978-3-527-70380-7

Betriebsrat für Dummies
ISBN 978-3-527-70418-7

Coaching für Dummies
ISBN 978-3-527-70360-9

Erfolgreich führen für Dummies
ISBN 978-3-527-70090-5

Erfolgreich Teams leiten für Dummies
ISBN 978-3-527-70326-5

Kurse und Seminare erfolgreich
durchführen für Dummies
ISBN 978-3-527-70428-6

Management für Dummies
ISBN 978-3-527-70240-4

Meetings und Events organisieren
für Dummies
ISBN 978-3-527-70389-0

Mitarbeiter motivieren für Dummies
ISBN 978-3-527-70071-4

NLP im Beruf für Dummies
ISBN 978-3-527-70542-9

Qualitätssicherung für Dummies
ISBN 978-3-527-70429-3